高等职业教育"十三五"创新示范教材

高等职业教育财务会计专业系列教材

NEIBU KONGZHI YU FENGXIAN GUANLI

内部控制与风险管理

主 编 蒋淑玲

高等教育出版社·北京

内容提要

本书是高等职业教育"十三五"创新示范教材。

本书是在深入研究《企业内部控制基本规范》和《企业内部控制应用指引》的基础上编写而成的。本书第一部分为内部控制理论篇,第二部分为内部控制风险管理篇,第三部分为内部控制实务篇。其中,第一部分包括:内部控制导论、企业内部控制的基本理论;第二部分包括:企业风险管理;第三部分包括:企业主要业务内部控制制度、企业内部控制评价、企业内部控制审计。每个项目均提供职业能力目标和典型工作任务,并配备习题。为了利便教学,本书部分内容旁附有二维码,学生可通过手机扫描进行相关理论与案例的拓展学习。

本书不仅可以作为高等职业院校会计、财务管理专业用书,也可以供内部控制爱好者自学使用。

图书在版编目(CIP)数据

内部控制与风险管理 / 蒋淑玲主编. —北京:高等教育出版社,2019.9
ISBN 978-7-04-052631-8

Ⅰ.①内… Ⅱ.①蒋… Ⅲ.①企业内部管理–高等职业教育–教材②企业管理–风险管理–高等职业教育–教材 Ⅳ.①F272.3

中国版本图书馆 CIP 数据核字(2019)第 181699 号

| 策划编辑 | 钱力颖 | 责任编辑 | 毕颖娟 | 钱力颖 | 封面设计 | 张文豪 | 责任印制 | 高忠富 |

出版发行 高等教育出版社	网　　址 http://www.hep.edu.cn
社　　址 北京市西城区德外大街 4 号	http://www.hep.com.cn
邮政编码 100120	http://www.hep.com.cn/shanghai
印　　刷 上海华教印务有限公司	网上订购 http://www.hepmall.com.cn
开　　本 787mm×1092mm　1/16	http://www.hepmall.com
印　　张 20.75	http://www.hepmall.cn
字　　数 525 千字	版　次 2019 年 9 月第 1 版
购书热线 010-58581118	印　次 2019 年 9 月第 1 次印刷
咨询电话 400-810-0598	定　价 43.00 元

本书如有缺页、倒页、脱页等质量问题,请到所购图书销售部门联系调换
版权所有　侵权必究
物　料　号　52631-00

编写委员会

主　编：蒋淑玲　颜　青　杨道衡
副主编：陆雪晴　蒋丽华　周宇霞　王宏波
参　编：罗　健　刘会平　赵文莉　段辉军

出版说明

当今,新一轮科技革命和产业升级,对现有的产业结构、生产方式和生活方式产生了深远的影响,也对高等职业教育提出了更高的要求和新的挑战。"十三五"时期是我国高等职业教育现代化建设的关键时期,加快发展现代高等职业教育已成为我国教育发展的重要战略。深化教学改革,提高教学质量,培养社会迫切需要的发展型、复合型和创新型的技术技能人才,促进高等职业教育健康持续发展,是高等职业教育工作者的历史使命。

课程和教材是高等职业教育教学改革的关键与核心,其开发和建设也伴随着我国经济发展进入了新的阶段。"十三五"期间,高等教育出版社组织来自全国高等职业院校的骨干教师、行业企业的教育培训专家和从事高等职业教育教学研究的专家,申报、立项了一批中国职业技术教育学会教学工作委员会、教材工作委员会有关高等职业教育课程改革和教材建设的研究课题。这些课题研究成果体现了高等职业教育教学改革的新思想、新观念,有力地促进了高等职业教育教学改革的发展。在此基础上,高等教育出版社上海出版事业部组织编写、修订并出版了一批反映当前高等职业教育教学改革研究与实践成果的创新示范教材。教材的编写着重在以下几个方面进行了创新尝试。

精炼编写内容

教材内容紧扣立德树人的核心要求,把培养学生的职业道德、职业素养和创新创业能力融入教学内容和教学活动设计中,力图通过全局设计、过程贯通、细节安排提升职业教育课程教学的内涵,培养德智体美全面发展的社会主义事业接班人。

技术的快速发展、经济转型升级使职业教育的专业结构调整、课程内容更新更为常态化,编写满足培养行业、企业人才需要的职业教育新教材,也是本系列教材在创新示范方面的突出特色。

系列教材对部分重点课程还采用了"一纲多本"的编写形式,即同一课程编写多种版本,较好地解决了"通用性"和"个性化"的矛盾。教材内容编写遵守共同基础与多样选择相统一的原则,构建更加开放、更具弹性的课程教材体系,为教师选择和使用教材提供空间,以适应"分层教学"和"专业需求多元化"的现实。

丰富内容组织

高等职业教育课程内容的多样化特征决定了教材多样化的特点。本系列教材不拘于统一的内容组织形式,以满足课程教学需要、有助于职业人才的培养为核心,切实服务于任务引领、项目驱动等多种形式的职业教育课程改革。

本系列教材在内容组织和编写体例方面,根据课程性质、教材内容特点和教学的实际需要进行了多样化的尝试,改变了"章节体"一统天下的局面。教材在结构编排上,在每部分内容的开始有导学,构建学习情景,提出本部分内容的学习目标,在结束时用小结方式强调重点,最后用习题等形式帮助学生自我检查评价。在呈现形式上,体例新颖活泼、直观,用大量的插图表达,双色、彩色印刷使"重点""难点"醒目、鲜明。着重在"便教"与"利学"上努力创新,强化教材的使用功能。

服务教学设计

教学设计是教师以教育教学原理为依据,为了达到教学目标,根据学生认知特点,对教学过程、教学内容、教学组织形式、教学方法和使用的教学手段进行的策划。教学资源在服务教学设计中具有举足轻重的作用。应用现代教育技术的数字化教学资源,具有丰富的表现力,可以突破教学重点和难点;交互性强,可以充分发挥学生的主体作用;信息量大,更新方便,大大提高学习效率;可碎片化,易于二次开发,方便综合化利用和共享。本系列教材依托高等教育出版社已建设成熟的 MOOC、SPOC 平台,数字出版技术,以及二维码资源平台,统筹规划教学资源建设,为课程教学设计和创新教学方法提供有力的支撑。

教师是教学改革的主体。教学改革与教材建设只有得到教师的支持与参与,才有成功的可能。在教材和配套教学资源建设的同时,我们陆续组织了各种形式的教师培训、教学研讨活动,以帮助教师确立现代职业教育理念,促进教学质量与效率的提高,实现教学改革与教材建设的同步发展。

本系列创新示范教材的出版及其配套工作是一项持续进行、不断完善的工程,我们殷切希望能够得到广大教师的支持和积极参与,共同创新、示范,分享高等职业教育教学改革的成果与经验,为我国高等职业教育的发展做出应有的贡献。

高等教育出版社

前 言

按照新修订的高职会计、财务管理专业标准的课程体系,"企业内部控制""内部控制与风险管理"分别是会计、财务管理专业的专业核心课程。本书《内部控制与风险管理》可作为这两门专业核心课程的教学用书。本书以《企业内部控制基本规范》和《企业内部控制应用指引》为依据,将企业内部控制的基本知识、内部控制制度设计基本原理,以及中小企业在货币资金、实物资产、采购、销售、筹资等业务的控制内容紧密结合起来,融教、学、做于一体,以培养具备内部控制应用知识能力和创新创业精神的现代人才。

本书主要特色有:

(一)定位于"能学、辅教"。"能学"指凡有学习意愿并具备基本学习条件的高等职业院校学生、教师和社会学习者,均能够通过自主使用本书实现不同起点的系统化、个性化学习,并达到一定的学习目标。"辅教"指教师可以针对不同的教授对象和课程要求,利用本书灵活组织教学内容、辅助教学实施,实现教学目标;学生可以在课堂教学以外,通过使用本书巩固所学知识并拓展眼界。

(二)在保障科学性和有效性的前提下,尽可能设计成较小的学习任务单元,颗粒化存储,便于检索和组课。

(三)以企业需求为导向,加强学校、教师与企业的合作,追求教学内容的先进性和实用性。本书编写团队多名教师系会计师事务所的执业注册会计师,通过与湖南天翼、兴源等会计师事务所合作,成功地引进了他们的真实案例资源,并融入到教学体系中,培养学习者熟练运用所学知识和技能,帮助企业解决实际问题。

(四)配有"内部控制与风险管理"课程教学标准、教学课件、教学视频、技能题库、全国会计技能竞赛规章等,课程资源丰富。

本书由湖南财经工业职业技术学院蒋淑玲、颜青、杨道衡担任主编,湖南财经工业职业技术学院陆雪晴、蒋丽华、周宇霞和湖南高速铁路职业技术学院王宏波担任副主编。湖南财经工业职业技术学院罗健、刘会平、赵文莉、段辉军共同参与编写。其中,项目一由蒋丽华、周宇霞、刘会平编写,项目二、项目三由杨道衡编写,项目四由颜青、王宏波、罗健编写,项目五由陆雪晴编写,项目六由蒋淑玲、赵文莉、段辉军编写。最后由蒋淑玲、颜青对全书进行修改和总纂定稿。

本书在编写过程中得到了湖南财经工业职业技术学院何万能副院长及湖南兴源会计师事务所所长胡键的帮助和指导,特此致谢。

由于编者水平有限,本书难免存在不当之处,致请读者批评指正。

编 者
2019 年 9 月

目 录

第一部分 内部控制理论篇

项目一 内部控制导论 …… 003
  任务一 国外企业内部控制的演进历程 …… 004
  任务二 我国企业内部控制的建设历程 …… 010
  任务三 我国企业内部控制的基本框架 …… 014
  习 题 …… 020

项目二 企业内部控制的基本理论 …… 023
  任务一 企业内部控制概述 …… 024
  任务二 企业内部控制目标 …… 027
  任务三 企业内部控制原则 …… 031
  任务四 企业内部控制要素 …… 032
  习 题 …… 038

第二部分 内部控制风险管理篇

项目三 企业风险管理 …… 043
  任务一 企业风险管理概述 …… 044
  任务二 企业风险管理方法 …… 051
  任务三 企业风险管理体系及其建立 …… 065
  习 题 …… 071

第三部分 内部控制实务篇

项目四 企业主要业务内部控制制度 …… 077
  任务一 资金活动内部控制 …… 078

126	任务二	采购业务内部控制
149	任务三	资产管理内部控制
206	任务四	销售业务内部控制
229	任务五	财务报告内部控制
254	习　题	

274　项目五　企业内部控制评价

275	任务一	企业内部控制评价概述
283	任务二	内部控制缺陷的认定
288	任务三	内部控制评价工作底稿与报告
296	习　题	

301　项目六　企业内部控制审计

302	任务一	内部控制审计概述
304	任务二	内部控制审计的程序
307	任务三	内部控制审计报告
314	习　题	

318　**参考文献**

第一部分
内部控制理论篇

项目一　内部控制导论

职业能力目标

通过本项目学习,学生应能够解释国内外内部控制的演进历程;能够归纳我国企业内部控制的建设历程和我国企业内部控制规范的框架体系;能够做到理论联系实际,运用基本理论和方法为企业设计一定程度的内部控制制度,为企业服务。

典型工作任务

1. 了解国外企业内部控制的演进历程。
2. 熟悉我国企业内部控制的建设历程。
3. 掌握我国企业内部控制规范的框架体系。

任务一　国外企业内部控制的演进历程

> **引例**
>
> **英国巴林银行倒闭案**
>
> 　　巴林银行创建于1763年。由于经营灵活变通、富于创新,巴林银行很快就在国际金融领域获得了巨大的成功。20世纪初,巴林银行荣幸地获得了一个特殊客户:英国王室。由于巴林银行的卓越贡献,巴林家族先后获得了五个世袭的爵位。这一世界纪录奠定了巴林银行显赫地位的基础。
>
> 　　然而,这一具有230多年历史、在全球范围内掌控270多亿英镑资产的巴林银行,竟毁于一个年龄只有28岁的毛头小子尼克·李森之手。李森未经授权,在新加坡国际货币交易所从事东京证券交易所日经225股票指数期货合约,交易失败了,致使巴林银行产生了高达6亿英镑的亏损,这一数字远远超出了该行的资本总额(3.5亿英镑)。
>
> 　　李森在1992年去新加坡后,任职巴林新加坡期货交易部兼清算部经理。作为一名交易员,李森本来的工作是代巴林客户买卖衍生产品,并替巴林从事套利,这两种工作基本上没有太大的风险。因为代客操作,风险由客户自己承担,交易员只是赚取佣金,而套利行为亦只赚取市场间的差价。例如,李森利用新加坡及其他市场极短时间内的不同价格,替巴林赚取利润,一般银行允许其交易员持有一定额度的风险部位。但为了防止交易员在其所属银行暴露在过多的风险中,这种许可额度通常定得相当有限。而通过清算部门每天的结算工作,银行对其交易员和风险部位的情况也可予以有效了解并掌握。但不幸的是,李森却一人身兼交易与清算二职。
>
> 　　1995年2月27日,英国中央银行英格兰银行宣布:巴林银行不得继续从事交易活动并需申请资产清理。10天后,这家拥有233年历史的银行以1英镑的象征性价格被荷兰国际集团收购。这意味着巴林银行的彻底倒闭。
>
> 　　巴林银行事件引发了人们的思考,从表面上看,交易员的违规操作直接导致了巴林银行的灭亡。然而,隐藏在背后失效的内部控制才是巴林银行倒闭的根本原因。
>
> 　　**问题与任务**:分析巴林银行倒闭的原因。

【知识准备与业务操作】

　　内部控制的发展经历了一个漫长的时期。"内部控制"一词最早见诸于文字,是作为审计术语出现在审计文献中的。1936年,美国会计师协会(美国注册会计师协会的前身)在其发布的《注册会计师对财务报表的审查》文告中,首次正式使用了"内部控制"术语,其指出:"注册会计师在制定审计程序时,应考虑的一个重要因素是企业的内部牵制和控制,企业的会计制度和内部控制越好,财务报表需要测试的范围则越小。"内部控制漫长的发展过程,基本上可以分为内部牵制、内部控制制度、内部控制结构、内部控制整体框架、企业风险管理整体框架五个阶段。

一、内部牵制阶段

　　一般认为,20世纪40年代以前是内部牵制阶段。内部牵制就是指一个人不能完全支配一个账户,另一个人也不能独立地对该账户加以控制的制度。某位职员的业务与另一位职员的业务必须是相互弥补、相互牵制的关系,即必须进行组织上的责任分工和业务上的交叉检查或交叉控制,以便相互牵制,防止错误或弊端。这就是内部控制的雏形。根据《柯勒会计辞典》的解释,内部牵制是指:"以提供有效的组织和经营,并防止错误和其他非法业务发生的业务流程设计。其主要特点是以任何个人或部门不能单独控制任何一项或一部分业务权力的方式进行组织上的责任分工,每项业务通过正常发挥其他个人或部门的功能进行交叉检查或交叉控制。设计有效的内部牵制以使每项业务能完整正确地经过规定的处理程序,而在这规定的处理程序中,内部牵制机制永远是一个不可缺少的组成部分。"

内部牵制基于的基本设想有两个:①两个或两个以上的人或部门无意识地犯同样错误的机会是很小的;②两个或两个以上的人或部门有意识地合伙舞弊的可能性大大低于单独一个人或部门舞弊的可能性。

例如,在古罗马时代,对会计账簿实施的"双人记账制",即某笔经济业务发生后,由两名记账人员同时在各自的账簿上加以登记然后定期核对双方账簿记录,以检查有无记账差错或舞弊行为,进而达到控制财务收支的目的,这就是典型的内部牵制措施。

二、内部控制制度阶段

在内部牵制思想的基础上,产生了内部控制制度的概念。内部控制制度的形成,可以说是传统的内部牵制思想与古典管理理论相结合的产物。该阶段内部控制一分为二,由此内部控制进入"制度二分法"时期。

1936年,美国颁布了《独立公共会计师对财务报表的审查》,首次定义了内部控制:"内部稽核与控制制度是指为保证公司现金和其他资产的安全,检查账簿记录的准确性而采取的各种措施和方法",此后美国审计程序委员会又对其进行了多次修改。

1958年,美国审计程序委员会又发布了《独立审计人员评价内部控制的范围》的报告,将内部控制分为内部会计控制和内部管理控制。内部会计控制包括与财产安全和财产记录可靠性有关的所有方法和程序,如授权与批准控制;从事财物记录与审核的职务及从事经营与财产保管的职务实行分离控制;实物控制和内部审计等。内部管理控制包括组织规划的所有方法和程序,这些方法和程序主要与经营效率和贯彻管理方针有关,一般与财务会计是间接相关的,如统计分析、业绩报告、员工培训、质量控制等。

1972年,美国审计准则委员会在《审计准则公告第1号》中,更加明确地阐述了内部会计控制和内部管理控制的定义。内部控制制度有两类:内部会计控制制度和内部管理控制制度,内部会计控制包括(但不限于)组织规划、保护资产安全以及与财务报表可靠性有关的程序和记录。内部管理控制包括(但不限于)组织规划及与管理当局进行经济业务授权的决策过程有关的程序和记录。

西方学术界在对内部会计控制和内部管理控制研究时,逐步发现这两者是不可分割、相互联系的。因此在20世纪80年代提出了内部控制结构的概念。

三、内部控制结构阶段

进入20世纪80年代以来,内部控制的理论研究又有了新的发展,人们对内部控制的研究重点逐步从一般含义向具体内容深化。其标志是美国注册会计师协会于1988年5月发布的《审计准则公告第55号》。

1988年美国注册会计师协会发布的《审计准则公告第55号》，从1990年1月起取代1972年发布的《审计准则公告第1号》。

这个公告首次以"内部控制结构"代替"内部控制制度"。明确企业的内部控制结构包括为提供取得企业特定目标的合理保证而建立的各种政策和程序。内部控制结构包括：控制环境、会计系统、控制程序三个要素。

控制环境主要表现在股东、董事会、经营者及其他员工对内部控制的态度和行为。具体包括：管理理念、经营风格、组织机构、董事会及审计委员会的职能、人事政策和程序、确定职责和责任的方法，以及管理者监督控制和检查工作时所采用的方法，如经营计划、利润计划、预算和预测、责任会计和内部审计等。

会计系统规定各项经济业务确认、计量、记录、归集、分类、分析和报告的方法，也就是要建立企业内部的会计制度。一个有效的会计系统应当包括：鉴定和登记一切合法的经济业务；对各项经济业务作适当的分类，作为编制报表的依据；计量经济业务的价值以使其货币价值能在财务报表中体现；确定经济业务发生的时间以确保其记录在适当的会计期间内；在财务报表中恰当地表述经济业务和相关的披露。

控制程序指管理当局为达到控制的目标而制定的政策和程序。其中包括：经济业务和经济活动的适当授权；明确各人员的职责分工；账簿和凭证的设置、记录与使用，以保证经济业务活动得到正确的记载；资产及记录的限制接触；对已经登记业务的记录的复核。

与以前的内部控制定义相比，内部控制结构有两个特点：一是将内部控制环境纳入内部控制的范畴，二是不再区分会计控制和管理控制。至此，在企业管理实践中产生的内部控制活动，经过审计人员的理论总结，已经完成了从实践到理论的升华。

四、内部控制整合框架阶段

在1992年，由美国会计学会、注册会计师协会、美国内部审计师协会、财务经理人员协会和管理会计师协会等组织成立的，专门研究内部控制问题的美国反虚假财务报告委员会下属的发起人委员会（简称COSO委员会）发布了指导内部控制的纲领性文件（COSO报告）——内部控制整体框架，并于1994年进行了增补，这份报告堪称内部控制发展史上的一个里程碑。

COSO报告指出，内部控制是由公司董事会、管理层和其他员工实施的，为实现经营的效果性和效率性、财务报告的可靠性以及适用法律法规的遵循性等目标提供合理保证的一个过程。内部控制的根本目的是防范风险。根据COSO委员会的这一定义，内部控制是为达到目标提供合理保证而设计的过程。其目标具体来说，是为了提供可靠财务报告、遵循法律法规和提高经营效率效果等。COSO委员会提出了企业内部控制的整体框架，在COSO内部控制框架中，管理层需要履行的职责包括五个要素：控制环境、风险评估、控制活动、信息与沟通和监控。

COSO将内部控制要素以一个金字塔结构提出，其中控制环境位于金字塔的最底部，风险评估和控制活动位于上一层次，信息与沟通接近顶部，监控处于最顶端。内部控制各要素之间的关系如图1-1所示。

图1-1表明：五大要素中，控制环境是基础，是其余要素发挥作用的前提条件。如果没有一个有效的控制环境，其余四个要素无论其质量如何，都不可能形成有效的内部控制。风险评估、控制活动、信息与沟通是整个控制框架的组成要素，监控则是对另四个要素所进行的持续不间断的检验和再控制。

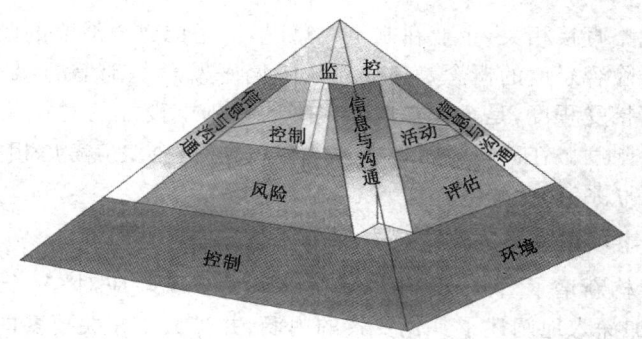

图 1-1　COSO 报告内部控制整合框架图

五、企业风险管理整体框架阶段

2004 年，COSO 委员会在借鉴以往有关内部控制研究报告基本精神的基础上，结合《萨班斯—奥克斯利法案》在财务报告方面的具体要求，发表了新的研究报告——《企业风险管理框架》(Enterprise Risk Management Framework，ERM 框架)。

COSO 对风险管理框架的定义是："企业风险管理是一个过程，它由一个主体的董事会、管理当局和其他人员实施，应用于战略制定并贯穿于企业之中，旨在识别可能会影响主体的潜在事项，管理风险以使其在该主体的风险容量之内，并为主体目标的实现提供合理的保证。"《企业风险管理框架》中将内部控制的要素进一步扩展为内部环境、目标设定、事项识别、风险评估、风险应对、控制活动、信息与沟通、监控。

与 1992 年 COSO 报告提出的内部控制整体架构相比，企业风险管理架构增加了四个概念和三个要素，即"风险组合观""战略目标""风险偏好"和"风险容忍度"的概念，以及"目标设定""事项识别"和"风险应对"要素。

(一) 风险组合观

企业风险管理要求企业管理者以风险组合的观点看待风险，对相关的风险进行识别并采取措施使企业所承担的风险在风险偏好的范围以内。对企业内每个单位而言，其风险可能落在该单位的风险容忍度范围内，但从企业总体来看，总风险可以超过企业总体的风险偏好范围。因此，应从企业总体的风险组合的观点看待风险。

(二) 战略目标

内部控制将企业的目标分为经营、财务报告和合规性三类。企业风险管理架构也包含三个类似的目标，但是其中只有两个目标与内部控制架构中的定义相同，财务报告目标的界定则有所区别。内部控制架构中的财务报告目标只与公开披露的财务报表的可靠性相关，而企业风险管理架构中报告目标的范围有很大的扩展，该目标覆盖了企业编制的所有报告，既包括企业内部管理者使用的报告，也包括向外部提供的报告；既包括法定报告，也包括向其他利益相关者提供的非法定报告；既包括财务信息，也包括非财务信息。此外，企业风险管理架构比内部控制架构增加了一类新的目标——战略目标。该目标的层次比其他三个目标更高。企业的风险管理既应用于实现企业其他三类目标的过程，也应用于企业的战略制定阶段。

(三) 风险偏好与风险容忍度

从广义上看，风险偏好是指企业在实现其目标的过程中愿意接受的风险的数量。企业的风险偏好与企业的战略直接相关,企业在制定战略时,应考虑将该战略的既定收益与企业的风险偏好结合起来。风险容忍度的概念是建立在风险偏好概念基础上的,是指在企业目标实现的过程中对差异的可接受程度,是企业在风险偏好的基础上设定的对相关目标实现过程中所出现的差异的可容忍限度。在确定各目标的风险容忍度时,企业应考虑相关目标的重要性,并将其与企业风险偏好联系起来。

(四)目标设定、事项识别与风险应对

企业风险管理架构新增了"目标设定""事项识别"和"风险应对"三个风险管理要素。此外,风险管理架构更加深入地阐述了其他要素的内涵,并扩大了相关要素的范围。在控制环境要素上,企业风险管理架构将"控制环境"扩展为"内部环境",更加直接、广泛地关注风险是如何影响企业的风险文化。在风险评估方面,企业风险管理架构建议从固有风险和残存风险的角度来看待风险;还要求注意相互关联的风险,确定一件单一的事项如何为企业带来多重的风险。在信息与沟通方面,企业风险管理架构扩大了企业信息和沟通的构成内容,认为企业的信息应包括来自过去、现在和未来潜在事项的数据。

总的来讲,新的架构强调在整个企业范围内识别和管理风险的重要性。COSO 委员会强调风险管理框架必须和内部控制框架相一致,把内部控制目标和要素整合到企业全面风险管理过程中。因此,风险管理框架是对内部控制框架的扩展和延伸,它涵盖了内部控制,并且比内部控制更完整、有效。企业风险管理整合框架如图 1-2 所示。

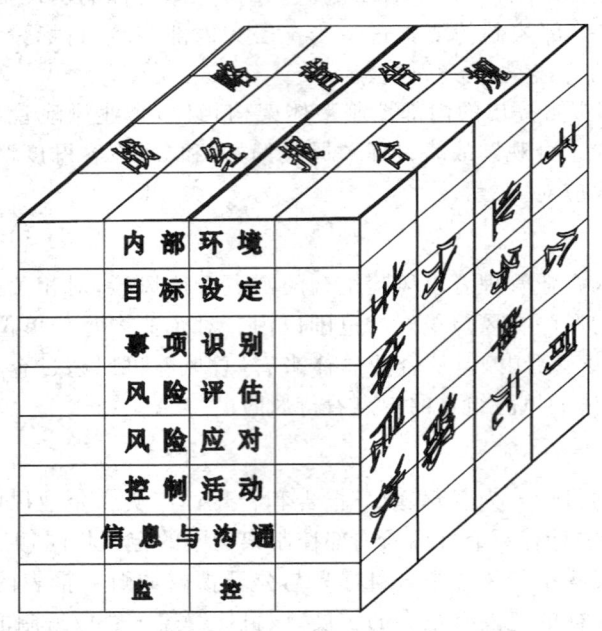

图 1-2 企业风险管理整合框架图

需要说明的是,企业风险管理框架虽然较晚于内部控制整体框架产生,但是它并不是要完全替代内部控制整体框架。

在企业管理实践中,内部控制是基础,风险管理只是建立在内部控制基础之上的、具有更高层次和更有综合意义的控制活动。如果离开良好的内部控制系统,所谓的风险管理只能是一句空话而已。

1-1 萨班斯-奥克斯利法案

【引例解析】

根源：从制度上看，巴林银行最根本的问题在于交易与清算角色的混淆。

倒闭的根本原因：

1. 公司内部原因

(1) 巴林银行内部管理不善，控制不力缺乏风险防范机制。

在新加坡分行，李森既是清算部负责人，又是交易部负责人，说明巴林银行内部管理极不严谨。同时，巴林银行也没有风险控制检验机构对其交易进行审计。

(2) 管理层不执行银行期货交易内部规定。

对海外银行投入其本金超过25%的限额规定。无视新加坡期货交易所的审计与税务部发函提示，继续维持账号所需资金的注入。

(3) 交易员权力过于集中，过度从事期货投机交易。

李森作为经理，他除了负责交易外，还集监督行政财务管理人员；签发支票；负责把关新加坡国际货币交易活动的对账调节；负责把关与银行的对账调节。多种权力集于一身。稳健经营的机构，都应严格控制衍生产品的投资规模，完善内部控制制约机制。

(4) 混淆代客交易和自营交易。

如果代客户交易，公司会向客户收取一定的佣金或交易费。但如果混淆了代客交易和自营交易，则不便于管理，对风险无法进行辨识，最终导致控制失败。

2. 外部原因

英国和新加坡的金融监管当局事先监管不力，或未协力合作，是导致巴林银行倒闭的重要原因之一。

英国监管部门出现的问题是：第一，负责监管巴林等投资银行的部门曾口头上给予宽免，巴林将巨额款项汇出，炒卖日经指数时，无需请示英格兰银行。第二，英格兰银行允许巴林集团内部银行给予证券部门无限制的资金支持。

新加坡监管部门出现的问题是：首先，新加坡国际金融交易所面对激烈的国际竞争，为了促进业务的发展，在持仓量的控制方面过于宽松，没有严格执行持仓上限，对会员公司持有合约数量和缴纳保证金情况没有及时进行监督。其次，李森频繁地从事对倒交易，且交易数额异常庞大，竟没有引起交易所的关注。如果英格兰银行、新加坡和大阪交易所之间能够加强交流，共享充分的信息，就会及时发现巴林银行在两个交易所持有的巨额头寸，或许巴林银行不会倒闭。

【工作任务 1-1】

了解国外企业内部控制的演进历程

任务分析：

内部控制理论的产生与发展历经的阶段，《企业风险管理框架》(ERM 框架)与《内部控制整体框架》相比具有哪些进步？

操作步骤：

(1) 学习内部控制理论的产生与发展历经的阶段，并指出每一阶段的特点。

(2) 请比较分析《企业风险管理框架》与《内部控制整体框架》相比具有哪些进步。

任务二　我国企业内部控制的建设历程

> **引例**
>
> **中航油（新加坡）事件引发的内部控制思考**
>
> 中航油新加坡公司［以下简称"中航油（新加坡）"］于2001年底获批在新加坡上市，在取得中国航空油料集团公司（简称"中航油集团"）授权后，自2003年开始做油品套期保值业务。但在此期间，总裁陈久霖擅自扩大业务范围，从事石油衍生品期权交易。2004年12月初，全球的财经媒体都在错愕中将注意力聚焦在一起爆炸性的事件上：一家被誉为新加坡最具透明度的上市公司，因从事投机行为造成5.54亿美元的巨额亏损；一个在层层光环笼罩之下的海外国企"经营奇才"，沦为千夫所指的罪魁祸首。
>
> 　　分析人士认为，中航油（新加坡）的巨额亏损，有可能是其投机过度、监督不力、内控失效后落入了国际投机商设下的"陷阱"。中航油（新加坡）事件是一个内部控制缺失的典型案例。监控机制形同虚设，导致其违规操作一年多且无人知晓。
>
> 　　相比套期保值业务，衍生品期权交易风险极大，且不易控制。不论是中航油（新加坡）内部，还是中航油集团，在内部控制和风险管理上都暴露出了重大缺陷。
>
> 　　根据中航油（新加坡）内部规定，损失20万美元以上的交易，要提交公司风险管理委员会评估；累计损失超过35万美元的交易，必须得到总裁同意才能继续；任何将导致50万美元以上损失的交易，将自动平仓。在累计多达5亿多美元的损失之后，中航油（新加坡）才向集团公司报告，而且中航油（新加坡）总裁陈久霖同时也是中航油集团的副总经理，中航油（新加坡）经过批准的套期保值业务是中航油集团给其授权的，中航油集团事先并没有发现问题。2004年12月，中航油（新加坡）因从事投机性石油衍生品交易，亏损5.54亿美元，不久就向新加坡证券交易所申请停牌，并向当地法院申请破产保护，成为继巴林银行破产以来最大的投机丑闻。
>
> 　　**问题与任务**：分析中航油（新加坡）的内部控制问题。

【知识准备与业务操作】

一、我国内部控制理论和实务的发展

我国对内部控制的系统研究大致开始于20世纪80年代末。然而，与美国不同，我国没有类似于COSO委员会这种专门研究内部控制的专业组织。有关内部控制的研究主要是由学术界和会计审计职业管理机构进行的，其看法基本上能够代表我国对内部控制的认识和理解程度。

我国学术界对于内部控制的理解和概括主要有以下三种。

（1）内部控制制度论。认为内部控制是为了保证会计信息可靠、企业的资产安全和完整以及经营效率的提高所采用的控制制度，这些制度又包括会计控制制度和管理控制制度两部分。

（2）内部控制结构论。认为内部控制包括控制环境、会计系统和控制程序。

（3）内部控制成分论。认为内部控制主要由控制环境、风险评估、控制活动、信息与沟通、

监控五个成分构成。

1996年12月,中国注册会计师协会发布的《独立审计具体准则第9号——内部控制与审计风险》指出,内部控制是指被审计单位为了保证业务活动的有效进行,保证资产的安全和完整,防止、发现、纠正错误与舞弊,保证会计数据的真实、合法、完整而制定和实施的政策与程序。

在改革开放的40年中,我国的内部控制制度建设经历了不同的阶段,走过了新兴经济体独有的建设里程。我国企业内部控制的发展历程主要体现在政府管理部门出台的相关政策和法规上,企业必须按照这些法规去建立相应的内部控制制度。

(一)起步阶段

1996年6月,财政部颁布《会计基础工作规范》,正式提出了内部会计控制概念。该规范将内部会计控制表述为:"单位为了提高会计信息质量,保护资产的安全、完整,确保有关法律法规和规章制度的贯彻执行而制定和实施的一系列控制方法、措施和程序。"

1996年12月,财政部发布《独立审计具体准则第9号——内部控制与审计风险》,要求注册会计师在会计报表审计时研究和评价被审计单位的内部控制及其风险,并对内部控制的定义、内容作出规定。这些描述促进了我国企业内部控制制度的初步建设。

1997年5月,我国专门针对内部控制的第一个行政规定出台——中国人民银行颁布的《加强金融机构内部控制的指导原则》,要求金融机构建立健全内部控制运行机制。

(二)亚洲金融危机影响下内部控制制度的发展阶段

1997年6月以后,在亚洲金融危机的背景下,我国借鉴亚洲各国在金融危机中的经验教训,积极推进内部控制制度建设。

1999年,我国修订了《会计法》,将会计监督写入法律当中,是我国内部控制制度建设里程中一次重大突破。

1999年,中国保险监督管理委员会(简称保监会)颁布了《保险公司内部控制制度建设指导原则》,该指导原则对于推动保险公司加强内控建设起到了积极的作用。但由于缺乏相应的配套措施,落实情况不尽如人意。

2000年1月,国家审计署实施《中华人民共和国国家审计基本准则》,其中对企业(单位)内部控制制度的测试当作"作业准则"予以明确。

2000年11月,中国证监会发布《公开发行证券公司信息披露编报规则》第1至6号,要求公开发行证券的商业银行、保险公司、证券公司建立健全企业内部控制制度。

2001年1月,证监会发布了《证券公司内部控制指引》,要求所有的证券公司建立和完善内部控制机制和内部控制制度。

2001年6月,财政部发布了《内部会计控制规范——基本规范(试行)》和《内部会计控制规范——货币资金(试行)》。

2002年6月13日,中国注册会计师协会制定发布了《企业内部控制审核指导意见》。

2002年9月7日,中国人民银行发布《商业银行内部控制指引》,指出企业内部控制是商业银行为实现经营目标,通过制定和实施一系列制度、程序和方法,对风险进行事前防范、事中控制、事后监督和纠正的动态过程和机制。

2002年12月19日,中国证监会发布了《证券投资基金管理公司内部控制指导意见》,首次系统地提出基金公司企业内部控制的目标和要求。

2002年12月，财政部发布了《内部会计控制规范——采购与付款（试行）》和《内部会计控制规范——销售与收款（试行）》。

2003年10月，财政部发布了《内部会计控制规范——工程项目（试行）》。

2004年，财政部为了规范审计人员在审计过程中对被审计单位内部控制的测评行为，保证审计工作质量，根据《中华人民共和国国家审计基本准则》，制定了《审计机关内部控制测评准则》，并规定自2004年2月1日起施行。该准则共24条，主要是规定了内部控制测评的程序与方法。

2004年8月20日，中国银行业监督管理委员会通过《商业银行内部控制评价试行办法》，自2005年2月1日起施行。

2005年10月，国务院批转了证监会发布的《关于提高上市公司质量的意见》，要求上市公司对内部控制制度的完整性、合理性及其实施的有效性进行定期检查和评估。

（三）萨班斯法案推动下我国内部控制制度建设阶段

2005年6月，国务院领导在财政部、国资委和证监会联合上报的《关于借鉴〈萨班斯法案〉完善我国上市公司内部控制制度的报告》上作出批示，同意"由财政部牵头，联合证监会及国资委，积极研究制定一套完整公认的企业内部控制指引"。

2006年1月10日，保监会颁布《寿险公司内部控制评价办法（试行）》，旨在通过加强并规范内部控制评价工作，最终推动寿险公司完善内部控制。

2006年5月17日，中国证券监督管理委员会发布了《首次公开发行股票并上市管理办法》。该办法第29条规定"发行人的内部控制在所有重大方面是有效的，并由注册会计师出具了无保留结论的内部控制鉴证报告"。这是中国首次对上市公司内部控制提出具体的要求。

2006年6月5日，上海证券交易所出台了《上市公司内部控制指引》，要求上市公司建立内部控制体系，并于2006年7月1日全面执行。

2006年6月6日，国务院国有资产监督管理委员会发布了《中央企业全面风险管理指引》，文件共10章70条，借鉴了发达国家有关企业风险管理的法律法规、国外先进的大公司在风险管理方面的通行做法，以及国内有关内控机制建设方面的规定，对中央企业开展全面风险管理工作的总体原则、基本流程、组织体系、风险评估、风险管理策略、风险管理解决方案、监督与改进、风险管理文化、风险管理信息系统等方面进行了详细阐述。

2006年7月15日，根据我国市场经济的发展要求和国务院领导的指示，财政部会同审计署、证监会、银监会、保监会等部门成立了中国企业内部控制标准委员会，向全国乃至全世界郑重地发出了"创建中国企业内部控制标准体系"的宣言。标准委员会的目标是，力争通过未来一段时间的努力，基本建立一套以防范风险和控制舞弊为中心、以控制标准和评价标准为主体，结构合理、内容完整、方法科学的内部控制标准体系，推动企业完善治理结构和内部约束机制。

2006年9月28日，继上交所和国资委之后，深圳证券交易所也出台了《上市公司内部控制指引》，敦促上市公司建立健全的公司内部控制制度，并于2007年7月1日起正式执行。

二、我国企业内部控制标准体系的完善

2007年3月2日，企业内部控制标准委员会公布了《企业内部控制规范——基本规范》和

17项具体规范的征求意见稿。

2008年5月22日,《企业内部控制规范——基本规范》正式发布。要求2009年7月1日起在上市公司范围内施行,并且鼓励非上市的大中型企业也执行基本规范。

2008年6月12日,财政部发布了《企业内部控制应用指引》(征求意见稿)、《企业内部控制评价指引》(征求意见稿)、《企业内部控制审计指引》(征求意见稿)。

2010年4月26日,财政部会同证监会、审计署、银监会、保监会等五部门又发布了《企业内部控制配套指引》。该配套指引包括了《企业内部控制应用指引》《企业内部控制评价指引》和《企业内部控制审计指引》。标志着中国企业内部控制标准体系基本建成。

2012年5月,财政部联合国资委下发了《关于加快构建中央企业内部控制体系有关事项的通知》,要求各中央企业全面启动内部控制建设与实施工作。

2012年8月,财政部、政监会出台了《关于2012年主板上市公司分类分批实施企业内部控制规范体系的通知》,明确了内控审计在上市公司分步实施的时间表。

2017年1月,财政部发布了《行政事业单位内部控制报告管理制度(试行)》文件的通知,规定自2017年3月1日起在全国范围内施行。

2018年11月,财政部发布了《开展2018年度行政事业单位内部控制报告编报工作》,并要求各中央部门于2019年4月30日前完成本部门所属行政事业单位内部控制报告的审核和汇总工作,将本部门行政事业单位内部控制报告报送财政部(会计司)。

【引例解析】

问题根源:积弊已久的国企公司治理问题,即内部控制问题。

控制环境分析:①股权结构中,集团公司一股独大,股东会、董事会和管理层三者合一,决策和执行合一,最终发展成由经营者一人独裁统治。②法治观念淡薄,没有对外披露期货交易将会导致重大损失这一重大信息。③管理者素质方面,陈久霖有很多弱点,最明显的就是赌性重,其次是盲目自大。④企业文化方面,国企外部监管不力、内部治理结构不健全,尤其是董事会虚置、国企管理人过分集权。

风险评估分析:①集团公司竟没有阻止其违规行为,也不对风险进行评估,由部门领导、风险管理委员会和内部审计部组成的三层"内部控制监督结构"形同虚设。②控股股东没有对境外上市子公司行为进行实质性控制,既没有督促中航油(新加坡)建立富有实际效力的治理结构,也没有做好日常的内部监管。

控制活动分析:①"事实先于规则",成为中航油(新加坡)在期货交易上的客观写照。②中航油(新加坡)的董事会形同虚设。

信息与沟通分析:中航油(新加坡)通过做假账欺骗上级。

监控分析:①中航油(新加坡)董事兼中航油集团资产与财务管理部负责人没有审阅过公司年报。②由于监事会成员绝大多数缺乏法律、财务、技术等方面的知识和素养,监事会的监督功能只能是一句空话。内部审计平时形同虚设。

中航油(新加坡)违规之处有三点:一是做了国家明令禁止的事;二是场外交易;三是超过了现货交易总量。

有一点可以肯定,中航油(新加坡)事件的根本原因在于其内部控制缺陷。不仅在衍生金融市场,在企业经营的其他领域也不乏其例。千里之堤,溃于蚁穴。无数的事实一再证明,缺乏有效的内部控制将会使一个个名噪一时的"企业帝国"崩塌于旦夕之间。中航油(新加坡)的

1-2 我国内部控制的发展

巨额亏损由诸多因素造成,主要包括:2003年第四季度对未来油价走势的错误判断;公司未能根据行业标准评估期权组合价值;缺乏推行基本的对期权投机的风险管理措施;对于期权交易的风险管理规则和控制,管理层没有做好执行的准备;等等。

2002年中航油(新加坡)的年报显示其当年的投机交易盈利。2002年下半年,中航油(新加坡)开始进行石油期权交易,到年底收益颇多,此时就面临着事项识别中的识别机会与风险问题。当我们看到该事项为公司赚取了大量利润的同时,也应清醒地认识到,其可能产生巨大风险。但是,中航油(新加坡)的决策者风险意识淡薄,判断、控制和驾驭风险的能力明显偏弱。如果管理当局在赚取巨额利润的同时,能认清形势,清醒地意识到可能产生的风险,或许中航油(新加坡)的事件就不会发生。

【工作任务 1-2】

熟悉我国企业内部控制的建设历程

任务分析:

了解我国内部控制理论和实务的发展阶段,我国企业内部控制标准体系的完善过程。

操作步骤:

(1) 学习我国内部控制理论和实务的发展阶段,并了解每一个阶段的特点。

(2) 熟悉我国企业内部控制标准体系的完善过程。

任务三 我国企业内部控制的基本框架

引 例

郑州亚细亚集团内部控制案例

郑州亚细亚商场于1989年5月开业,之后仅用短短7个月的时间就实现了销售额9000万元。到了1990年销售额达到1.86亿元,并实现税前利润1315万元,一年就跨入全国50家大型商场行列。到了1995年,其销售额一直呈增长趋势,1995年达到4.8亿元。从1993年起亚细亚集团以参股的形式投资十亿多元,先后在河南省内建立了4家亚细亚连锁店,在全国各地建立了很多参股公司,还有遍布全国各地的"仟村百货"。亚细亚曾取得过几个"全国第一":全国商场中第一个设立迎宾小姐、电梯小姐,第一个设立琴台,第一个创立自己的仪仗队,第一个在中央电视台做广告。当年的亚细亚以其在经营和管理上的创新创造了一个平凡而奇特的"亚细亚现象"。来自全国三十多个省市的近200个大中城市的党政领导、商界要员来到亚细亚参观学习。然而,1998年8月15日,郑州亚细亚商场悄然关门!面对这残酷的事实,人们众说纷纭。有人认为,导致亚细亚倒闭的原因是多方面的,而其内部控制的极端薄弱是促成倒闭的主要原因之一。

问题与任务: 分析亚细亚倒闭的原因。

【知识准备与业务操作】

一、我国企业内部控制的标准体系

我国企业内部控制标准体系主要由一项基本规范和系列应用指引、评价指引、审计指引构成。

《企业内部控制基本规范》规定了内部控制定义、目标、原则和要素,是制定配套指引的基本依据,在内部控制标准体系中起统驭作用。

《企业内部控制应用指引》是对企业按照内部控制原则和内部控制五要素建立健全本企业内部控制所提供的指引,在配套指引乃至整个内部控制规范体系中占据主体地位。

《企业内部控制评价指引》是为企业管理层对本企业内部控制有效性进行自我评价提供的指引。

《企业内部控制审计指引》是注册会计师和会计师事务所执行内部控制审计业务的执业准则。三者既相互独立,又相互联系,形成一个有机整体。

二、企业内部控制基本规范

《企业内部控制基本规范》,是内部控制体系的最高层次,起驾驭作用。它描述了建立与实施内部控制体系必须建立的框架结构,规定了内部控制的定义、目标、原则、要素等,是制定应用指引、评价指引、审计指引和企业内部控制的基本依据。

内部控制目标包括5个方面:合理保证企业经营管理合法合规、资产安全完整、财务报告及相关信息真实完整,提高经营效率和效果,促进企业实现发展战略。

《企业内部控制基本规范》第四条规定了企业建立与实施内部控制的5项原则:全面性原则、重要性原则、制衡性原则、适应性原则、成本效益原则。

《企业内部控制基本规范》第五条规定了企业建立与实施内部控制的5个要素:内部环境、风险评估、控制活动、信息与沟通、内部监督。

三、企业内部控制应用指引

《企业内部控制基本规范》规定了内部控制的基本目标、基本要素、基本原则和总体要求,是内部控制的总体框架,在内控标准体系中起统驭作用,但内控体系的有效实施,还需要一些具有可操作性的具体应用规范。财政部在发布《企业内部控制基本规范》之后,还发布了《企业内部控制应用指引》,共18项。应用指引可以划分为三类,即内部环境类指引、控制活动类指引、控制手段类指引,基本涵盖了企业资金流、实物流、人力流和信息流等各项业务和事项。

(一)内部环境类指引

内部环境是企业实施内部控制的基础,支配着企业全体员工的内控意识,影响着全体员工实施控制活动和履行控制责任的态度、认识和行为。内部环境类指引有5项,包括组织架构、发展战略、人力资源、企业文化和社会责任等指引。

(二)控制活动类指引

企业在改进和完善内部环境控制的同时,还应对各项具体业务活动实施相应的控制。为此,我们制定了控制活动类应用指引,包括资金活动、采购业务、资产管理、销售业务、研究与开发、工程项目、担保业务、业务外包、财务报告等9个指引。

(三)控制手段类指引

控制手段类指引偏重于"工具"性质,往往涉及企业整体业务或管理,对企业经济活动起到指导和管理的作用。此类指引有 4 项,包括全面预算、合同管理、内部信息传递和信息系统。

四、企业内部控制评价指引

内部控制评价是指企业董事会或类似决策机构对内部控制有效性进行全面评价、形成评价结论、出具评价报告的过程。在企业内部控制实务中,内部控制评价是极为重要的一环。《企业内部控制评价指引》的制定发布,为企业开展内部控制自我评价提供了一个共同遵循的标准,为参与国际竞争的中国企业在内部控制建设方面提供了自律性要求,有利于提高投资者、社会公众乃至国际资本市场对中国企业素质的信任度。

《企业内部控制评价指引》主要内容包括评价的原则和组织、评价的内容和标准、评价的程序和方法、缺陷认定和评价报告等。根据指引的规定,企业应当对与实现整体控制目标相关的内部环境、风险评估、控制活动、信息与沟通、内部监督等内部控制要素进行全面系统且有针对性的评价。应用信息系统加强内部控制的企业,应当对信息系统的有效性进行评价,包括信息系统一般控制评价和信息系统应用控制评价。企业对内部控制评价过程中发现的问题,应当从定量和定性等方面进行衡量,判断是否构成内部控制缺陷。对内部控制缺陷进行分类分析。内部控制缺陷一般可分为设计缺陷和运行缺陷。同时根据内部控制缺陷影响整体控制目标实现的严重程度,将内部控制缺陷分为一般缺陷、重要缺陷和重大缺陷(也称实质性漏洞)。结合年末控制缺陷的整改结果,编制年度内部控制评价报告,作为进一步完善内部控制、提高经营管理水平和风险防范能力的重要依据。企业对于内部控制评价报告中列示的问题,应当采取适当的措施进行改进,并追究相关人员的责任。企业管理层和董事会应当根据评价结论对相关单位、部门或人员实施适当的奖励和惩戒。

五、企业内部控制审计指引

内部控制审计是指会计师事务所接受委托,对特定基准日内部控制设计与运行的有效性进行审计。为了规范注册会计师执行企业内部控制审计业务,特别制定了《企业内部控制审计指引》。国内外一系列公司财务报表舞弊事件发生后,人们认识到健全有效的内部控制对于预防舞弊事件发生至关重要。随着我国法律法规对上市公司和金融机构内部控制建设提出新要求,聘请注册会计师对企业内部控制进行审计成为保证内部控制有效性的关键环节。内部控制审计指引,着重从以下方面就如何做好内部控制审计业务提出明确要求或强调说明:第一,关于审计责任划分;第二,关于审计范围;第三,关于整合审计;第四,关于利用被审计单位人员的工作;第五,关于审计方法;第六,关于评价控制缺陷;第七,关于审计报告出具。

《企业内部控制审计指引》旨在为注册会计师执行企业内部控制审计业务提供专业规范和指导。《企业内部控制审计指引》中规定,注册会计师在制定审计计划时,应当评价下列事项对企业财务报表和内部控制是否具有重要影响,以及对注册会计师程序的影响:

(1)注册会计师执行其他业务时了解的内部控制情况。
(2)影响企业所在行业的事项,包括财务报告实务、经济状况、法律法规和技术革新。
(3)与企业业务相关的事项,包括组织结构、经营特征和资本结构。

(4) 企业经营活动或内部控制最近发生变化的程度。

(5) 注册会计师对重要性、风险以及与确定重大缺陷相关的其他因素所作的初步判断。

(6) 以前与审计委员会或管理层沟通的控制缺陷。

(7) 企业注意到的法律法规事项。

(8) 针对内部控制可获得的相关证据的类型和范围。

(9) 对内部控制有效性作出的初步判断。

(10) 与评价财务报表发生重大错报的可能性和内部控制有效性相关的公共信息。

(11) 注册会计师对客户和业务的接受与保持,进行评价时了解的与企业相关的风险情况。

(12) 经营活动的相对复杂程度。在进行风险评估以及确定必要的程序时,注册会计师应当考虑企业组织结构、经营单位或流程的复杂程度可能产生的重要影响和作用。

1-3 中国内部控制规范发展路线

【引例解析】

郑州亚细亚集团倒闭的原因有:

1. 控制环境失败

COSO 报告认为,控制环境是指对建立、加强或削弱特定政策、程序及其效率产生影响的各种因素,具体包括企业的董事会、企业管理人员的品行、操守、价值观、素质与能力,管理人员的管理哲学与经营观念,企业文化,企业各项规章制度,信息沟通体系等。企业控制环境决定其他控制要素能否发挥作用,是内部控制其他要素发挥作用的基础,直接影响到企业内部控制的贯彻和执行以及企业内部控制目标的实现,是企业内部控制的核心。那么,郑州亚细亚集团(简称"郑亚集团")的内部控制环境如何呢?

(1) 经营者品行、操守、价值观。1992 年 11 月,亚细亚商场总经理王遂舟在海南注册了"海南亚细亚商联总公司"(简称"海南商联"),郑亚集团没有投资,法人代表是王遂舟本人。郑亚集团公司董事会作出决定,委托海南商联管理和经营郑亚集团股份公司;在郑亚集团董事会 1995 年 6 月 28 日的会议纪要中,明确规定"董事会同意公司经营者(海南商联)按销售额 1‰的比例提取管理费"。于是形成了海南商联受托经营郑亚集团的运作模式,并与郑亚集团"一套人马、两块牌子",总部设在广州。从此总经理在外地遥控实施对郑亚集团和商场的管理。王遂舟既是海南商联的法人代表,又是郑亚集团的总经理,可以随意抽调人员与资金。这种制度安排的结果是郑亚集团的信誉和人员被海南商联利用,郑亚集团的经营利润被海南商联占有,而这一切都是无偿的。

又如,南阳亚细亚商场借到贷款 2 000 万元,某股东却拿了 600 万元。该股东将 600 万元给其一位在成都的朋友做房地产生意,结果 600 万元全部亏损,只能以两栋楼房抵债。抵债手续尚未办妥,该股东却对欠债人说:"你不要向南阳还债了,你把两栋楼房给我,南阳的钱由我还。"最终,南阳亚细亚分文未得。

上述事实只是郑亚集团暴露出来的一个小问题,但已能说明郑亚集团经营者的品行与操守状况。

(2) 董事会。COSO 报告认为,企业内部控制环境的一个要素是董事会,并认为企业应该建立一个强有力的董事会,董事会要能对企业的经营管理决策起到监督引导的作用。在郑亚集团公司内部,董事会一直处于瘫痪状态。郑亚集团公司的注册日期是 1993 年 10 月,但直到 1995 年 6 月才最后确立董事会。在近两年的时间里,集团公司决策层一直处于不断变化的状态之中,没有按章程规范化运作,董事会从未召集董事们就重大决策进行过表决,凡事都由总经理王遂舟一人拍板。1995年年初,亚细亚的主要股东中原不动产公司董事长换人,新任董事长认为前任批准的股权转让造成公司资产流失,不予承认,表示股权纠纷问题不解决就不参加董事会。从此,郑亚集团最高决策机构、监督机构陷于瘫痪。比如,冠名权等无形资产,其转让照理应该经董事会讨论通过,但实际上,只要王遂舟签字同意,别人就可建个"亚细亚",许昌、安阳、洛阳、商丘的亚细亚都是如此。在郑亚集团,总经理成了"国王",董事会形同虚设。

(3) 人事政策与员工素质。COSO报告认为,人是企业最重要的资源,亦是重要的内部控制环境因素。那么,郑亚集团的人事政策与员工素质如何呢?

① 以貌取人。1995年年末,广州、上海、北京三地大型商场相继开业,管理人员严重不足。亚细亚从西安招聘了几百名青年,经过短期培训后,准备派往三地。由于不了解个人情况,只好对名观相,五官端正、口齿清楚的派往广州、上海或北京的商场当经理或处长,其他人员则当营业员。

② 随意用人。亚细亚商场艺术团的报幕员周某,不懂管理不会看账,被任命为开封亚细亚商场的总经理。

③ 任人唯亲。亚细亚某领导的一位表弟,被任命为北京一家大型商场总经理;某领导的两位妻弟,也被委以重任,就连他家的小保姆也被任命为亚细亚集团配送中心的财务总监。

④ 排斥异己。亚细亚曾有四位年轻的副总,因他们不附和总经理的意见,在1990年借故被派往外地办事处。1991年夏季,亚细亚驻外办事处撤销,四位副总返回商场时,他们的位置已被别人取代,半年后被调离商场。

(4) 企业产权关系及组织结构。郑亚商场是由河南省建行租赁公司和中原不动产公司共同出资200万元设立的股份制企业,其中,租赁公司102万元,占51%的股份,中原不动产公司98万元,占49%的股份。郑亚商场计划在1992年改组成股份有限公司,面向社会公众发行股票。按照有关规定,上市公司的股东必须在5个以上才具备上市资格。由于种种原因,改建的郑州亚细亚股份有限公司上市未成功。1993年9月,经河南省体改委批准,仅仅有过渡意义的郑州亚细亚股份有限公司正式更名为郑州亚细亚集团股份有限公司。于是,亚细亚上市未成,但虚拟的股权转让已被河南省体改委等政府职能部门认定,即河南建行租赁公司51%的股权转让给海南大昌实业发展公司18%,转让给广西北海巨龙房地产公司10%;中原不动产公司49%的股权转让给海南三联企业发展公司18%,转让给海南汇通信托投资公司18%。由于股权受让方未按协议及时把购股资金兑付,从此埋下了一个巨大的资金隐患。后来中原不动产公司新任董事长认为,前任批准的股权转让造成公司资产流失,不予承认。郑亚集团产权关系混乱局面就此形成。

郑亚集团设有一个"货物配送中心",其职能是为郑亚商场本店和4家直接连锁店配货,该中心负责向厂家直接订货,目的是降低进货成本并防止各商场自行进货时吃回扣。但该中心配送给各大商场的所有商品,价格不但比市场上的批发价高出许多,甚至高于自由市场上的零售价!"货物配送中心"实际上成了一个大黑洞。

上述4个方面较清楚地说明了郑亚集团的控制环境情况。其内部控制环境如此,其最终结局就在意料之中。

2. 风险意识不强

COSO报告认为,环境控制和风险评估是提高企业内部控制效率和效果的关键。郑亚集团如何进行环境控制和风险评估呢？原郑亚集团总经理王遂舟，对以往的经营失误总结了6大教训，其中有4条涉及对风险的认识和把握问题。第一是"对市场认识不足，对形势认识不足"。"在我们前进的过程中，不但遇到了国内商业同行的压力，而且国外零售业的大举进入也给我们造成了很大的冲击，导致我们认为较先进的经营模式一下子就被冲得体无完肤。"第二是"过于自信、乐观、想当然，其结果是骄兵必败"。第三是"面对零售业艰难的状况，我们的应变能力差，整个经营进入死胡同，最后到了山穷水尽的地步"。第四是"抗风险能力差，一遇事阵脚就乱了"。这几个教训说明，在郑亚集团管理层的思想中缺乏风险概念，没有设置风险管理机制，因此抗风险能力极低。

3. 缺乏适当的控制活动

COSO报告认为，控制活动是确保管理层的指令得以实现的政策和程序，旨在帮助企业保证其针对"使企业目标不能达成的风险"采取必要行动。郑亚集团运作中几乎不存在控制活动，或者即使存在所谓的政策和程序，也是名存实亡，未发生实际作用。且看一组数据：亚细亚一年一度的场庆花费超70万元；集团某股东从郑亚商场借出800万元，连借条也没有，后来归还300万元，剩余500万元商场账面和收据显示是"工程款"；集团另一个股东1993年从商场借走57万元，也无人催要。到1997年，郑亚商场仅管理费用就高达18.6亿元。郑亚集团的控制活动如此，怎能确保管理层的指令得到实现？

4. 信息沟通不顺畅

COSO报告认为，一个良好的信息与沟通系统有助于提高内部控制的效率和效果。企业须按某种形式在某个时间段内，辨别、取得适当的信息，并加以沟通，使员工顺利执行其职责。在郑亚集团内部，信息沟通系统几乎不存在。据称，集团内部一不需要成本信息，二不计算投资回收期及投资回报率，三不收集市场方面的信息。会计信息系统由管理层随意控制导致资金被大量挪用，不知去向。在郑亚集团，信息系统已经不再是一个管理和控制的工具，而是上层管理人员的话筒，信息随其意愿变化而变。

5. 内部监督缺乏

COSO报告认为，企业内部控制是一个过程，这个过程是通过纳入管理过程的大量制度及活动实现的。要确保内部控制制度切实执行且执行的效果良好、内部控制能够随时适应新情况等，内部控制必须被监督。在亚细亚，自开业以来，没有进行过一次全面彻底的审计。偶尔、局部的内部审计中曾发现几笔几百万元资金被转移出去的情况，后来也不了了之。任何事情都是总经理说了算，属下当然包括内部审计人员在内，毫无发言权，可见内部监督空缺是既成事实。

【工作任务1-3】

掌握我国企业内部控制规范的框架体系

任务分析：

简要概括我国企业内部控制规范的框架体系，掌握《企业内部控制基本规范》的基本框架与具体内容。

操作步骤：

（1）学习我国企业内部控制规范的框架体系。

（2）请比较分析《企业内部控制基本规范》的基本框架与具体内容。

项目小结

内部控制的产生最初来源于组织内部管理的需要。随着现代企业制度的建立,特别是所有权与经营权相分离后,内部控制得到迅速发展,逐步形成了一系列组织、调节、制约和监控企业经营管理活动的方法。本项目介绍了国内外内部控制的发展历程。

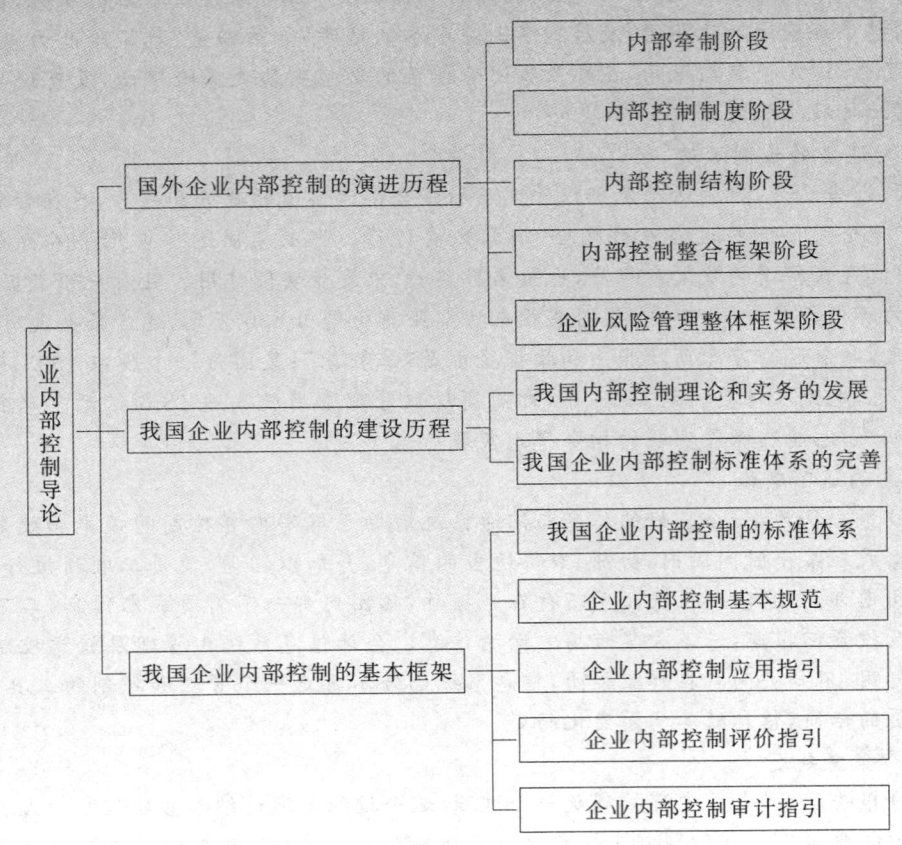

习 题

一、单项选择题

1. COSO 著名的《内部控制整体框架》是在( )发布的,该报告是内部控制发展历程中的一座重要里程碑。

A. 20 世纪 80 年代　　B. 1992 年　　　　C. 2002 年　　　　D. 2004 年

2. 内部控制结构阶段又称三要素阶段,其中不包括( )要素。

A. 控制环境　　　　B. 风险评估　　　　C. 会计系统　　　　D. 控制程序

3. ( ),内部控制的理论研究又有了新的发展,人们对内部控制的研究重点逐步从一般含义向具体内容深化。其标志是美国 AICPA 于 1988 年 5 月发布的《审计准则公告第 55 号》。

A. 20 世纪 80 年代　　B. 1992 年　　　　C. 2002 年　　　　D. 2004 年

4. 基于我国内部控制法规的发展,下列说法不正确的是( )。

A. 1986 年财政部颁布《会计基础工作规范》,正式提出了内部控制概念

B. 2001 年 1 月,证监会发布了《证券公司内部控制指引》,要求所有的证券公司建立和完

善内部控制机制和内部控制制度

C. 2005年10月,国务院批转了证监会发布的《关于提高上市公司质量的意见》,要求上市公司对内部控制制度的完整性、合理性及其实施的有效性进行定期检查和评估

D. 2010年出台的应用指引、评价指引和审计指引要求在上海证券交易所、深圳证券交易所主板上市的公司自2011年1月1日起施行

5. (　　)年,我国颁布修订《会计法》,将会计监督写入法律当中,是我国内部控制制度建设里程中一次重大突破。

  A. 1999   B. 2001   C. 2002   D. 2010

6. (　　)规定了内部控制定义、目标、原则和要素,是制定配套指引的基本依据,在内部控制标准体系中起统驭作用。

  A. 企业内部控制应用指引   B. 企业内部控制评价指引
  C. 企业内部控制基本规范   D. 企业内部控制审计指引

7. (　　)是对企业按照内部控制原则和内部控制五要素建立健全本企业内部控制所提供的指引,在配套指引乃至整个内部控制规范体系中占据主体地位。

  A. 企业内部控制应用指引   B. 企业内部控制评价指引
  C. 企业内部控制基本规范   D. 企业内部控制审计指引

8. (　　)是为企业管理层对本企业内部控制有效性进行自我评价提供的指引。

  A. 企业内部控制应用指引   B. 企业内部控制评价指引
  C. 企业内部控制基本规范   D. 企业内部控制审计指引

二、多项选择题

1. 下列属于内部控制整合框架构成要素的有(　　)。

  A. 控制环境   B. 风险评估   C. 控制活动   D. 信息与沟通
  E. 监控

2. 下列属于内部控制整合框架中提出的目标的有(　　)。

  A. 战略目标   B. 经营目标   C. 报告目标   D. 合规目标
  E. 发展目标

3. 相对于《内部控制整合框架》,企业风险管理框架的创新在于(　　)。

  A. 提出了一个更具管理意义和管理层次的战略管理目标,同时还扩大了报告的范畴
  B. 增加了目标制定、风险识别和风险应对三个管理要素
  C. 对内部控制提出了一个迄今为止最为权威的定义
  D. 提出了两个新概念——风险偏好和风险容忍度
  E. 提出了一个新概念——风险组合观

4. 为确保企业内控规范体系平稳顺利实施,财政部等五部门制定了实施时间表:自(　　)年1月1日起首先在境内外同时上市的公司施行,自(　　)年1月1日起扩大到在上海证券交易所、深圳证券交易所主板上市的公司施行;在此基础上,择机在中小板和创业板上市公司施行。

  A. 2011   B. 2001   C. 2012   D. 2010
  E. 2011

5. 2010年4月26日财政部会同(　　)等五部门发布了《企业内部控制配套指引》。

  A. 证监会   B. 审计署   C. 银监会   D. 保监会
  E. 财政部

6. 财政部在发布《企业内部控制基本规范》之后，还发布了《企业内部控制应用指引》。应用指引可以划分为（　　　　），基本涵盖了企业资金流、实物流、人力流和信息流等各项业务和事项。

  A. 内部环境类指引　　　　　　　　B. 控制活动类指引
  C. 控制手段类指引　　　　　　　　D. 控制结构类指引
  E. 风险管理类指引

7. 中国内部控制标准体系包括（　　　　）。
  A. 企业内部控制应用指引　　　　　B. 企业内部控制评价指引
  C. 企业内部控制监督指引　　　　　D. 企业内部控制基本规范
  E. 企业内部控制审计指引

8. 内部控制审计指引，着重从（　　　　）方面就如何做好内部控制审计业务提出明确要求或强调说明。
  A. 审计责任划分　　　　　　　　　B. 审计范围
  C. 审计方法　　　　　　　　　　　D. 评价控制缺陷
  E. 审计报告出具

三、判断题

1. 内部控制系统阶段是内部控制发展的第一阶段。（　　）
2. 内部控制二要素阶段是内部控制结构阶段。（　　）
3. 内部控制整合框架阶段中明确了内部控制的三个目标和五个构成要素，这五个要素分别为内部环境、风险评估、控制活动、信息与沟通和监督。（　　）
4. 风险偏好和风险容忍度是在内部控制整合框架中提出来的。（　　）
5. 合规目标是《企业风险管理框架》新提出来的内部控制目标。（　　）
6. 我国内部控制规定起步的标志是1985年1月颁布的《中华人民共和国会计法》。（　　）
7. 2008年5月22日，《企业内部控制规范——基本规范》正式发布。要求2009年7月1日起在上市公司范围内施行，并且鼓励非上市的大中型企业也执行基本规范。（　　）
8. 2010年4月26日，财政部会同证监会、审计署、银监会、保监会五部门又发布了《企业内部控制配套指引》，标志着中国企业内部控制标准体系基本建成。（　　）
9. 目前我国企业内部控制规范的框架体系是由《企业内部控制基本规范》《企业内部控制评价指引》和《企业内部控制审计指引》组成的。（　　）
10. 《企业内部控制基本规范》第五条规定了内部控制的五要素，即内部环境、风险评估、控制活动、信息与沟通和内部监督。（　　）
11. 《企业内部控制应用指引》是对企业按照内部控制原则和内部控制五要素建立、健全本企业内部控制所提供的指引，在配套指引乃至整个内部控制规范体系中占主体地位。（　　）
12. 组织架构、发展战略、人力资源属于内部环境应用指引的内容，而合同管理、内部信息传递和信息系统属于控制手段类指引的内容。（　　）
13. 《企业内部控制评价指引》主要内容包括：实施内部控制评价应遵循的原则、内部控制评价的内容、内部控制评价的程序、内部控制缺陷的认定以及内部控制评价报告。（　　）
14. 内部控制应用指引、评价指引和审计指引之间既相互独立，又相互联系，形成一个有机整体。（　　）

项目二　企业内部控制的基本理论

职业能力目标

理解企业内部控制定义、作用及分类；了解企业内部控制目标；理解企业内部控制原则；掌握企业内部控制要素。

能够运用企业内部控制原则对企业内部控制进行分析；能够运用企业内部控制目标对企业内部控制进行分析；能够运用企业内部控制要素对企业内部控制进行分析。

典型工作任务

1. 掌握企业内部控制概述。
2. 掌握企业内部控制目标。
3. 熟悉企业内部控制原则。
4. 熟悉企业内部控制要素。

任务一　企业内部控制概述

引例

三鹿集团的兴衰

河北石家庄三鹿集团股份有限公司（以下简称"三鹿集团"）是国内最大的奶粉生产企业，在乳制品加工企业中位居全国第三名，是一个有半个世纪历史，集奶牛饲养、乳品加工、科研开发为一体的大型企业集团。

2002年，三鹿奶粉、液态奶被确定为国家免检产品，并荣获"中国名牌产品"荣誉称号，"三鹿"商标被认定为"中国驰名商标"。2005年，"三鹿"品牌被世界品牌实验室评为中国500个最具价值品牌之一。2006年，三鹿集团引入贵为全球最大乳品原料出口商的实力股东新西兰恒天然集团，在国际知名杂志《福布斯》评选的"中国顶尖企业百强"中位居乳品行业第一位，经"中国品牌500强"组委会评定的三鹿品牌价值高达149.07亿元。2007年，三鹿集团被河北省工商业联合会和河北省企业家协会等组织评为最具社会责任感企业，"三鹿"被商务部评为最具市场竞争力品牌，其"新一代婴幼儿配方奶粉研究及其配套技术的创新与集成项目"获得由国务院颁发的2007年度国家科学技术进步奖，三鹿集团也是国内唯一一登上国家最高科技领奖台的乳品企业。

但2008年9月11日，三鹿集团的形势急转直下。由于三鹿婴幼儿配方奶粉掺杂致毒化学物三聚氰胺的事实曝光，三鹿集团被迅速推向破产边缘，并引发中国奶业的"大地震"，董事长田文华由此成为中国乳业的"罪人"。2009年1月22日，三鹿案一审宣判，田文华被判无期徒刑。2009年2月12日，法院正式宣布三鹿集团破产。

问题与任务：分析三鹿集团事件给企业内部控制带来的思考。

【知识准备与业务操作】

一、企业内部控制的定义

我国的《企业内部控制基本规范》中把内部控制定义为由企业董事会、监事会、经理层和全体员工实施的、旨在实现控制目标的过程。内部控制的目标是合理保证企业经营管理合法合规、资产安全、财务报告及相关信息真实完整，提高经营效率和效果，促进企业实现发展战略。

控制的内涵在不断扩展，从"会计控制"扩展到"管理控制"，从"部分控制"发展到"全部控制"。可以从以下几个方面来理解：

(1) 内部控制是由内部人实施的控制。

(2) 内部控制是对组织内部事务实施的全方位、全员、全过程行动。

(3) 内部控制是个管理系统，是通过人来制定标准的，通过这些标准使经营管理活动保持在设定的控制范围之内。内部控制不是为了不冒风险，而是为了预先发现风险，并把风险控制在可以接受的限度内。

(4) 内部控制是一个过程，是对控制目标的实现提供合理保证的过程。

内部控制学属于管理学科的范畴。

二、企业内部控制的作用

内部控制系统有助于企业达成自身的经营目标。随着社会主义市场经济体制的建立,内部控制的作用会不断扩展。目前,它在经济管理和监督中主要有以下作用:

(一)提高会计信息资料的正确性和可靠性

企业决策层要想在瞬息万变的市场竞争中有效地管理经营企业,就必须及时掌握各种信息,以确保决策的正确性,并可以通过控制手段尽量提高所获信息的准确性和真实性。因此,建立内部控制系统可以提高会计信息的正确性和可靠性。

(二)保证生产和经营活动顺利进行

内部控制系统通过确定职责分工,严格执行各种手续、制度、工艺流程、审批程序、检查监督手段等,可以有效地控制本单位生产和经营活动,使之顺利进行,防止出现偏差,纠正失误和弊端,保证单位经营目标的实现。

(三)保护企业财产的安全完整

财产物资是企业从事生产经营活动的物质基础。内部控制可以通过适当的方法对货币资金的收入、支出、结余以及各项财产物资的采购、验收、保管、领用、销售等活动进行控制,防止贪污、盗窃、滥用、毁坏等不法行为,保证财产物资的安全完整。

(四)保证企业既定方针的贯彻执行

企业决策层不但要制定管理经营方针、政策、制度,而且要严格贯彻执行。内部控制可以通过制定办法、审核批准、监督检查等手段促使全体职工贯彻和执行既定的方针、政策和制度;同时,可以促使企业领导和有关人员执行国家的方针、政策,在遵守国家法规纪律的前提下认真贯彻企业的既定方针。

(五)为审计工作提供良好基础

审计监督必须以真实可靠的会计信息为依据,检查错误,揭露弊端,评价经济责任和经济效益。只有具备了健全的内部控制制度,才能保证信息的准确、资料的真实,并为审计工作提供良好的基础。总之,良好的内部控制系统可以有效地防止各项资源的浪费和舞弊的发生,提高生产、经营和管理效率,降低企业成本费用,提高企业经济效益。

三、企业内部控制的分类

内部控制可以根据不同的标准进行分类:

(一)按控制的目的,可以分为财产物资控制、会计信息控制和经营决策控制

财产物资控制是指为了保护财产物资的安全完整所实施的控制,如材料的验收和领用制度、固定资产的定期盘点制度。

会计信息控制是指为保证会计信息的真实可靠所实施的控制,如会计凭证的复核制度、会计记录的定期核对制度。

经营决策控制是指为保证经营决策的贯彻执行所实施的控制,如质量控制、计划控制。

(二)按控制的内容,可以分为一般控制和应用控制

一般控制,是指对企业经营活动赖以进行的内部环境所实施的总体控制,因而也称为基础控制或环境控制。它包括组织控制、人员控制、业务记录以及内部审计等内容。这类控制的特征,是并不直接地作用于企业的生产经营活动,而是通过应用控制对全部业务活动产生影响。

应用控制,是指直接作用于企业生产经营业务活动的具体控制,因此也称为业务控制,如

业务处理程序中的批准与授权、审核与复核、以及为保证资产安全而采用的限制接近措施。这类控制的特征,在于它们构成了生产经营业务处理程序的一部分,并都具有防止和纠正一种或几种错弊的作用。

(三) 按控制的地位,可以分为主导性控制和补偿性控制

主导性控制,是指为实现某项控制目标而首先实施的控制。例如,凭证连续编号,可以保证所有业务活动都得到记录和反映。因此,凭证连续编号对于保证业务记录的完整性就是主导性控制。在正常情况下,主导性控制能够防止错弊的发生,但如果主导性控制存在缺陷,不能正常运行,就必须有其他的控制措施进行补充。

补偿性控制,就是指能够全部或部分弥补主导性控制缺陷的控制。就上例而言,如果凭证没有连续编号,有些业务活动可能得不到记录。这时,实施凭证、账证、账账之间的严格核对,可以基本上保证业务记录的完整性,避免遗漏重大的业务事项。因此,"核对"相对于凭证"连续编号"来说,就是保证业务记录完整性的一项补偿性控制。

(四) 按控制的功能,可以分为预防式控制和察觉式控制

预防式控制是指为防止错弊的发生所实施的控制,如授权审批控制、职责分工控制。

察觉式控制是指为了及时查明已发生的错弊所实施的控制,如实物盘点、会计记录核对。

(五) 按控制的时序,可以分为原因控制、过程控制和结果控制

原因控制,也称事先控制,是指企业单位为防止人力、物力、财力等资源在质和量上发生偏差,而在行为发生之前所实施的内部控制,如领取现金支票前的核准、报销费用前的审批。

过程控制,也称事中控制,是指企业单位在生产经营活动过程中针对正在发生的行为所进行的控制,如对生产过程中使用材料的核算、对在产品的监督和对加工工艺的记录。

结果控制,也称事后控制,是指企业单位针对生产经营活动的最终结果而采取的各项控制措施,如对产出产品的质量进行检验、对产品数量加以验收和记录等。

【引例解析】

三鹿集团事件,反映了一个企业如果没有充分实行内部控制,必然会导致内部管理的失效和内部权力的失衡,这也说明了我国企业内部控制存在着种种的弊端。三鹿事件对我国企业的内部控制起了警示作用,在实施内部控制时应该注重加强公司管理权力的制衡、信息的交流和沟通、风险机制的构建。随着内部控制法规法律的不断完善,企业应该根据自身的情况结合现行内部控制规范的要求,构建适合自身管理的内部控制制度。健全和完善的内部控制制度能有效指导公司长期发展战略的稳定实行,促使企业完成各项经营目标。

【工作任务 2-1】

掌握企业内部控制概述

甲公司系境内外同时上市的公司,其 A 股在上海证券交易所上市。根据财政部等五部委联合发布的《企业内部控制基本规范》《企业内部控制配套指引》以及据此修改后的《公司内部控制手册》,甲公司应自 2015 年起实施内部控制评价制度。鉴于公司在 2008 年 5 月《企业内部控制基本规范》发布后就已经着手建立、完善自身内部控制体系并取得了较好效果,甲公司决定从 2014 年开始提前实施内部控制评价制度,并由审计部牵头拟订内部控制评价方案。该方案摘要如下:

关于内部控制评价的组织领导和职责分工。董事会及其审计委员会负责内部控制评价的领导和监督。经理层负责实施内部控制评价,并对本公司内部控制有效性负全责。审计部具

体组织实施内部控制评价工作,拟订评价计划、组成评价工作组、实施现场评价、审定内部控制重大缺陷、草拟内部控制评价报告,及时向董事会、监事会或经理层报告。其他有关业务部门负责组织本部门的内控自查工作。

关于内部控制评价的内容和方法。内部控制评价围绕内部环境、风险评估、控制活动、信息与沟通、内部监督等五要素展开。鉴于本公司已按《公司法》和公司章程建立了科学规范的组织架构,组织架构相关内容不再纳入企业层面评价范围。同时,本着重要性原则,在实施业务层面评价时,主要评价上海证券交易所重点关注的对外担保、关联交易和信息披露等业务或事项。在内部控制评价中,可以采用个别访谈、调查问卷、专题讨论、穿行性测试、实地查验、抽样和比较分析等方法。考虑到公司现阶段经营压力较大,为了减轻评价工作对正常经营活动的影响,在内部控制评价中,仅采用调查问卷法和专题讨论法实施测试和评价。

任务分析:

(1) 第一项工作存在不当之处有:经理层对内部控制有效性负全责,审计部审定内部控制重大缺陷。

理由:董事会对建立健全和有效实施内部控制负责以及审定内部控制方面有重大缺陷。

(2) 第二项工作存在不当之处表现如下:

① 不当之处:组织架构相关内容不纳入公司层面评价范围。

理由:组织架构是内部环境的重要组成部分,直接影响内部控制的建立健全和有效实施,应当纳入公司层面评价范围。

② 不当之处:在实施业务层面评价时,主要评价上海证券交易所重点关注的对外担保、关联交易和信息披露等业务。

理由:业务层面的评价应当涵盖公司各种业务和事项(或体现全面性原则),而不能仅限于证券交易所关注的少数重点业务事项来展开评价。

③ 不当之处:为了减轻评价工作对正常经营活动的影响,在本次内部控制评价中,仅采用调查问卷法和专题讨论法实施测试和评价。

理由:评价过程中应按照有利于收集内部控制设计、运行是否有效的证据的原则,充分考虑所收集证据的适当性与充分性,综合运用评价方法。

任务二　企业内部控制目标

引例

三鹿奶粉事件

如前例,2008年三鹿奶粉事件引发中国奶粉事业的"大地震",惊扰了国人的生活,引发了市场对中国食品行业产品质量的担心,食品板块股票价格下跌,各行业多多少少受到影响。生产者在利益的驱使下作出了有害消费者权益的事件,最后自食其果,受到法律的制裁。这件事值得国人去深思。

问题与任务:从企业内部控制目标的角度来分析出现三鹿奶粉事件的原因。

【知识准备与业务操作】

内部控制的根本目的是防范风险。根据COSO委员会的这一定义,内部控制是为达到目标提供合理保证而设计的过程。具体来说,是为了达到遵循法律法规、维护资产安全完整、提供可靠财务报告、提高经营管理效率和促进企业实现发展战略等目标。

一、遵循法律法规

遵循法律法规目标是指内部控制要合理保证企业在国家法律法规允许的范围内开展经营活动,严禁违法经营。企业的终极目标是生存、发展和获利,但是如果企业盲目追求利润、无视国家法律法规,必将为其违法行为付出巨大的代价。一旦被罚以重金或者被吊销营业执照,那么其失去的就不仅仅是利润,而是持续经营的基础。因此,合法合规是企业生存和发展的客观前提,是内部控制的基础性目标,是实现其他内控目标的保证。

内部控制作为存在于企业内部的一种制度安排,可以将法律法规的内在要求嵌入内部控制活动和业务流程之中,从最基础的业务活动开始将违法违规的风险降低到最小限度,从而合理保证企业经营管理活动的合法性与合规性。

企业作为社会公民,在从事经营和其他特定活动时必须遵守适用的法规。这些要求可能与市场定价、税务、环境、员工福利和国际贸易相关,在某些方面对于全企业或全行业是类似的。企业在实现企业目标的整个过程中必须遵循相应的法律法规。一个违反相关法律法规、丧失道德底线、声名狼藉的企业,必然会遭到环境的摒弃。不仅如此,有时其对社会具有很大的危害性。为此,企业建立健全内部控制的一个重要目标就是使企业的各项活动和事项遵守相关的法律法规。

二、维护资产安全完整

维护资产安全完整目标主要是为了防止资产损失。保护资产的安全与完整是企业开展经营活动的物质前提。资产安全目标有两个层次:一是确保资产在使用价值上的完整性,主要是指防止货币资金和实物资产被挪用、转移、侵占、盗窃以及对无形资产控制权的旁落。二是确保资产在价值量上的完整性,主要是防止资产被低价出售,损害企业利益。同时要充分提高资产使用率、提升资产管理水平。为了保障内部控制、实现资产安全目标,首先必须建立资产的记录、保管和盘点制度,确保记录、保管与盘点岗位的相互分离,并明确职责和权限范围。

资产是资本赖以存在的自然形态,是对企业未来经济效益有用的经济资源。企业实现资本增值保值也有赖于资产的安全完整,这就要求企业会计在稳健等会计原则基础上遵循会计职业道德,从事会计核算及监督工作。可见,资产安全完整既是自然物质和权利形态的安全完整,也是财产价值形态的安全完整。因此,保证资产安全完整,不仅是财产经管和使用部门的内部控制目标,也是企业出资者及管理当局的内部控制目标。

内部控制的基本思想在于制衡,因为有了制衡,两个人同时犯同一个错误的概率大大减少,从而加大了不法分子实施犯罪计划、进行贪污舞弊行为不被发现的难度,进而保护企业的资产不被非法侵蚀或占用,保障企业正常经营活动的顺利开展。

三、提供可靠财务报告

提供可靠财务报告的目标,是指内部控制要合理保证企业提供真实可靠的财务信息及其他信息。内部控制的重要控制活动之一是对信息系统的控制,尤其是对财务报告的控制。财务报告及相关信息反映了企业的经营业绩,以及企业的价值增值过程。财务报告反映了企业的过去和现状,并可预测企业的未来发展,是投资者进行投资决策、债权人进行信贷决策、管理者进行管理决策和宏观经济调控部门进行政策决策的重要依据。因此,财务报告目标是对经营目标的成果的反映。此外,财务报表及相关信息的真实披露还可以将企业诚信、负责的形象公之于众，有利于企业市场地位的稳固与提升以及未来价值的增长。从这点来看，提供可靠财务报告目标的实现程度又在一定程度上影响经营目标的实现程度。

企业财务报告目标是提供对现在的、潜在的投资者和债权人以及其他使用者作出合理的投资、信贷及类似决策有用的信息。可见财务报告对企业（尤其对于上市公司）来说是多么重要。首先，可靠的信息报告为管理层提供适合其既定目的的准确而完整的信息，支持管理层的决策和对营运活动及业绩的监控。其次，保证对外披露的信息报告的真实完整，有利于提高企业的诚信度和公信力，维持企业良好的声誉和形象。企业内部控制的目标之一就是确保财务报告的及时、可靠。

信息真实完整是内部控制的永恒目标，三鹿集团原董事长田文华曾强调，"诚信对企业而言，就如同生命对于个人"。可惜他们没有做到言行一致、有始有终，其信息披露不能遵循诚信原则。2008年三鹿集团被发现其奶粉中含有三聚氰胺，但管理层对新西兰恒天然集团要求采取的应对措施置之不理，意图瞒天过海。不及时披露信息，甚至瞒报、谎报信息，三鹿集团的信息目标与内部控制要求是背道而驰的。

要确保财务报告及相关信息真实完整，一方面应按照企业会计准则的有关规定如实地核算经济业务、编制财务报告，满足会计信息的一般质量要求。另一方面则应通过内部控制制度的建设，包括不相容职务分离控制制度、授权审批控制制度、日常信息核对制度、惩罚制度等，来防止提供虚假会计信息，抑制虚假交易的发生。

四、提高经营管理效率

提高经营管理效率是内部控制要达到的最直接也是最根本的目标。企业存在的根本目的在于获利，而企业能否获利往往直接取决于经营的效率和效果如何。企业所有的管理理念、制度和方法都应该围绕着提高经营的效率和效果来建设、运行并进行适时的调整，内部控制制度也不例外。内部控制的核心思想是相互制衡，而实现手段则是一系列详尽而复杂的流程，这似乎与提高效率的目标相悖，实则不然。内部控制是科学化的管理方法和业务流程，其本质是对于风险的管理和控制，它可以将对风险的防范落实到每个细节和环节当中，真正地做到防微杜渐，使企业可以在低风险的环境中稳健经营。而忽视内部控制的经营管理，貌似效率很高，实则使企业处于高风险的经营环境中，一旦不利事项发生，轻则对企业产生创伤，重则导致企业灭亡。

企业经营管理是搞好企业的关键。管理是制约和决定企业效益的重要因素，管理水平的高低关键取决于管理效率的状况，较低的管理效率很难使企业获得较高的收益，回报较高的管理效率一般与较好的企业效益相一致。所以企业内部控制的一个目标就是提高经营管理效率。企业制定的任何制度都不可能超越设立这些制度的人，企业内部控制的有效性同样也无法超越那些创造、管理与监督制度的人的人文理念和价值观。以沃尔玛的创始人山姆·沃尔顿为例，他的个性、风格、理念、价值观深刻影响着沃尔玛的发展与壮大。山姆崇尚节俭，沃尔玛始终坚持"低加价"的零售经营模式。在这种控制环境影响下，沃尔玛的采购、管理等采取了最低成本策略。例如，向制造商直接采购并与制造商谈判以获得尽可能低的采购价格，建立分销中心尽可能实现规模化的低成本物流，严格将管理费用控制在销售额的2%之内。在此基础上，沃尔玛售出商品的"加价率"绝不超过30%，将尽可能多的利润让给客户，以符合消费者利益最大的销售理念。山姆谦虚随和，平易近人，这种谦虚谨慎的观念一直贯穿着沃尔玛的经营发展。沃尔玛规模越大，考虑的问题就越基本。他们从不夸耀庞大的销售额和利润，他们认为，所有一切都是大家努力工作、保持态度和蔼以及发扬团队精神所创造的。除此之外，沃尔玛管理者其他诸如勇敢坚韧、善于创新、精力充沛、诚实公正等风格也深刻渗入了沃尔玛的企业文化,融入沃尔玛的内部管理控制,值得国内企业去借鉴学习。

一个良好的内部控制制度可以从以下四个方面来提高企业的经营管理效率。

1. 组织精简、权责划分明确

组织精简、权责划分明确,各部门之间、工作环节之间要密切配合,协调一致,充分发挥资源潜力,充分有效地使用资源、提高经营绩效。

2. 优化与整合内部控制业务流程

优化与整合内部控制业务流程,避免出现控制点的交叉和冗余,也要防止出现内控盲点,要建设最优的内控流程并严格执行,最大限度地提高执行效率。

3. 建立良好的信息和沟通体系

建立良好的信息和沟通体系,可以使会计信息以及其他方面的重要经济管理信息快速地在企业内部各个管理层次和业务系统之间有效地流动,提高管理层经济决策和反应的效率。

4. 建立有效的内部考核机制

建立有效的内部考核机制,对经营效率的优劣进行准确的考核,可以实行企业对部门考核、部门对员工考核的二级考核机制,并将考核结果落实到奖惩机制中去,对部门和员工起到激励和促进的作用,提升工作的效率和效果。

五、促进企业实现发展战略

促进企业实现发展战略是内部控制的最高目标,也是终极目标。战略与企业目标相关联,是支持目标实现的基础,是管理行为实现企业价值最大化的根本目标而针对环境作出的一种回应和选择。如果说提高经营的效率和效果是从短期利益的角度定位的内部控制目标,那么促进企业实现发展战略则是从长远利益的角度定位的内部控制目标。因此,战略目标是总括性的长远目标,而经营目标则是战略目标的短期化与具体化,内部控制要促进企业实现发展战略,必须立足于经营目标,着力于经营效率和效果的提高。只有这样,才能提高企业核心竞争力,促进实现发展战略。

战略目标要求企业将近期利益与长远利益结合起来,在企业经营管理中努力作出符合战略要求,有利于提升可持续发展能力和创造长久价值的选择。企业发展战略是指针对企业在竞争中具有全局性、长远性、基本性这几个特征的发展谋略,是企业发展中长期计划的灵魂与纲领。现在已进入战略制胜时代,优秀的企业家必然会十分重视企业的发展战略,要时刻关注长期的、未来的、整体层次的、事关企业生存发展的问题,主动把握好整个企业发展的未来。现代企业的经营应是战略导向型的,而这些年来无论是国内还是国外的很多知名企业的倒塌,都和战略目标出现问题有关。因此,企业战略目标的制定尤为重要。

【引例解析】

三鹿奶粉的领导人明知道奶粉里面含有三聚氰胺,还不顾消费者的健康继续生产,被近期利益所迷惑,导致公司最终走上破产道路。企业若想长期发展下去,就应该统筹布局企业的规划,有一个合理的战略目标来引导企业的发展,三鹿奶粉事件给中国企业敲响了警钟,不以长远利益为出发点的交易是不会长久的。

要实现这一目标,首先应由公司董事会或总经理办公会议制定总体战略目标,并通过股东代表大会表决通过,战略目标的制定要充分考虑外部环境和内部条件的变化,根据相应的变化进行适时的调整,确保战略目标在风险容忍度之内实现。其次是将战略目标按阶段和内容划分为具体的经营目标,确保各项经营活动围绕战略目标开展。再次是依据既定的目标实施资源分配,使组织、人员、流程与基础结构相协调,以便促成战略的成功实施。最后是将目标作为主体从事活动可计量的基准,围绕目标的实现程度和实现水平实行绩效考核。

【工作任务 2-2】

掌握企业内部控制目标

2018年6月,A公司(上市公司)召开董事会,研究贯彻执行基本规范事宜。会议责成A公司经理层根据基本规范中关于建立与实施内部控制的五项原则,抓紧拟订本公司实施基本规范的工作方案,报董事会批准后执行。2018年8月,A公司经理层提交了基本规范实施方案,与内部控制目标相关要点如下:

"明确控制目标,本公司实施内部控制的目标,是保证经营管理合法合规、资产安全完整、财务报告真实可靠,确保聘请会计师事务所进行内部控制审计后获得标准无保留审计意见。"

任务分析:

A公司实施内部控制的目标定位不当,或者说,将确保获得标准无保留审计意见作为内控目标不当。

理由: 建立健全内部控制的目标是合理保证企业经营管理合法合规、资产安全完整、财务报告及相关信息真实完整,提升经营效率和效果,促进企业实现发展战略。企业内部控制目标包括战略目标、经营目标、报告目标、资产目标、合规目标。企业内部控制目标除保证经营管理合法合规、资产安全完整、财务报告真实可靠外,还应当包括提升经营效率和效果,促进实现发展战略。

任务三　企业内部控制原则

引例

甲集团重组方案的选择

甲集团对其某一子公司进行重组,需要在方案A和方案B两种方案中选择一种执行。经过公司领导班子集体讨论,最后选择方案A。但在实施过程中,甲集团发现重组条件已经发生改变,方案B对集团更有利,于是,集团董事长决定改用方案B。

问题与任务: 请问集团董事长的做法是否正确,并说明理由。

【知识准备与业务操作】

《企业内部控制基本规范》是内部控制体系的最高层次,起统驭作用。它描述了建立与实施内部控制体系必须建立的框架结构,规定了内部控制的定义、目标、原则、要素等,是制定应用指引、评价指引、审计指引和企业内部控制的基本依据。

内部控制目标规定了五个方面:合理保证企业经营管理合法合规、资产安全完整、财务报告及相关信息真实完整,提高经营效率和效果,促进企业实现发展战略。

基本规范第四条规定了企业建立与实施内部控制的五项原则:

一、全面性原则

内部控制应当贯穿决策、执行和监督全过程,覆盖企业及其所属单位的各种业务和事项。

二、重要性原则

内部控制应当在全面控制的基础上,关注重要业务事项和高风险领域。

三、制衡性原则

内部控制应当在治理结构、机构设置及权责分配、业务流程等方面形成相互制约、相互监督的效果,同时兼顾运营效率。

四、适应性原则

内部控制应当与企业经营规模、业务范围、竞争状况和风险水平等相适应,并随着情况的变化及时加以调整。

五、成本效益原则

内部控制应当权衡实施成本与预期效益,以适当的成本实现有效控制。

【引例解析】

不正确。关于重大事项决策的问题,任何个人不得单独进行决策或者擅自改变集体决策意见。

【工作任务 2-3】

熟悉企业内部控制原则

某小型企业员工数量较少,仅有 1 名会计人员负责记账和编制报表。出于成本效益原则的考虑,企业指定该会计人员兼任出纳工作。该小型企业的做法是否恰当,并说明理由。

任务分析:

该小型企业的做法恰当。

理由:根据制衡性原则,会计和出纳应当相互分离。但是,考虑到企业规模较小的实际情况,从节约运营成本和促进企业经营效率最大化的角度出发,企业可以这样做,但是,企业管理层必须定期或不定期对上述人员的工作进行独立的监督检查。(不适用于具备一定规模的企业)

任务四 企业内部控制要素

引 例

三鹿集团破产案件

同"三鹿集团的兴衰"和"三鹿奶粉事件"的引例。

问题与任务:通过三鹿集团破产案件,运用内部控制五要素(内部环境、风险评估、控制活动、信息与沟通、内部监督)的分析方法,对三鹿集团进行内部控制案例分析。

【知识准备与业务操作】

《企业内部控制基本规范》规定了企业内部控制的整体框架,提出在企业内部控制框架中,管理层需要履行的职责包括 5 个要素:控制环境、风险评估、控制活动、信息与沟通和内部监督。

一、控制环境

控制环境主要指企业内部的文化、价值观、组织结构、管理理念和风格等。

这些因素是企业内部控制的基础,将对企业内部控制的运行及效果产生广泛而深远的影响。

具体来说,包括员工的忠诚和职业道德、人员胜任能力、管理者的管理哲学和经营风格、董事会及审计委员会、组织机构、权责划分、人力资源政策及执行等方面。控制环境作为内部控制整体框架中所有构成要素的基础,为内部控制提供了前提和结构。

二、风险评估

风险评估是指识别和分析与实现目标相关的风险,并采取相应的行动措施加以控制。这一过程包括风险识别和风险分析两个部分。

通常,企业的风险主要来自外部环境和内部条件的变化。

其中,风险识别包括对外部因素(如技术发展、竞争、经济变化)和内部因素(如员工素质、公司活动性质、信息系统处理的特点)进行检查。

风险分析则涉及估计风险的重大程度、风险发生的可能性、如何控制风险等。

风险评估是确定和分析目标实现过程中的风险,并为决定如何对风险进行管理提供基础。在风险评估过程中,管理层识别并分析实现目标过程中所面临的风险,从而制定管理风险的制度。管理层应该在审计师开始审计之前,识别重大的风险,并基于这些风险发生的可能性和影响,采取措施缓和这些风险。之后,审计师对这一风险评估过程进行评价。

三、控制活动

控制活动是指确保管理层的指令得以实现的机制,包括那些被识别能够缓和风险的活动。控制活动存在于组织的所有层面及组织所有的功能中,如核准、授权、验证、调节、复核经营绩效、保障资产安全、职务分工及信息系统。

控制活动是指企业对所确认的风险采取必要的措施,以保证企业目标得以实现的政策和程序。

一般来说,与内部控制相关的控制活动包括职务分离、实物控制、信息处理控制、业绩评价等。

职务分离是指为了防止单个雇员舞弊或者隐藏不正当行为而进行的职责划分。一般来说,应该分离的职务有:业务授权与业务执行、业务执行与业务记录、业务记录与业务稽核等。

实物控制是指针对企业的具体实物所进行的控制行为,如针对现金、存货、固定资产、有价证券等所进行的控制。

信息处理控制可分为两类:一般控制和应用控制。一般控制通常与信息系统的设计和管理有关。应用控制则与个别数据在信息系统中处理的方式有关。

业绩评价是指将实际业绩与业绩标准进行比较,以便确定业绩的完成程度和质量。

四、信息与沟通

信息与沟通是指为了使管理者和员工能执行其职责,企业各个部门及员工之间必须沟通与交流相关的信息。

这些信息既有外部的信息,也有内部的信息。

通常而言,信息与沟通包括确认记录有效的经济业务、采用恰当的货币价值计量、在财务报告中作恰当揭示。

信息是指员工能够获得其工作中所需要的信息,是确保员工履行职责的必要条件。沟通是指各级人员接收最高管理层关于控制责任的指令方式和他们对待内部控制的严谨程度,包括信息向上的、向下的、横向的、在组织内外自由的流动。在企业运行和目标实现过程中,组织的各个层面都需要一系列包括来自企业内部和外部的财务和运营信息。信息系统对战略行动提供支持,并融入经营活动。沟通的目的主要是让员工了解其职责,了解其在工作中如何与他人相联系,如何向上级报告例外情况。沟通的方式一般有政策手册、财务报告手册、备查簿,以及口头交流等。

五、内部监督

内部监督是由实时评价内部控制执行质量的程序组成的,这一程序包括持续监督、独立评价,或者是两者的综合。独立评价的范围和频率取决于所评估的风险程度,内部控制系统需要内部监督,内部监督能够确保内部控制的有效运行。内部监督要素包括经理人员日常的监督,审计师和其他群体定期的审核以及经理人员用以揭示和纠正已知缺陷与不足的程序。内部监督可以用来保证其他控制的运行。

【引例解析】

三鹿集团的内部控制要素分析如下:

(1)内部环境。该要素是内部控制框架的基础所在,涵盖治理结构、机构设置及权责分配、内部审计、人力资源政策、企业文化、诚信与道德观等多方面内容。尽管内部控制更强调相互牵制的制度性安排,但显然人的因素在内部控制,尤其是内部环境中发挥着重要的作用。我们常说"道德使之不愿、法律使之不敢、制度使之不能",这说明诚信与道德观或者企业文化在某种程度上是高于制度本身的。资料显示,三鹿集团早在2008年3月就接到消费者反映,但到2008年8月三鹿已经秘密召回部分问题奶粉之时,仍然没有将事件真相及可能产生的后果公之于众,有媒体称这种做法直接导致此后的一个多月里又有一批婴儿食用了三鹿问题奶粉。显然此次事件在某种程度上检验出了三鹿集团决策层的诚信与道德观。事实上除了三鹿集团外,向牛奶中添加三聚氰胺的耿氏兄弟等不法分子、告知这些不法分子通过添加三聚氰胺可通过检测的技术人员、销售给不法分子三聚氰胺化工原料的人员,都存在着只顾利益不顾消费者健康的问题,而这种环境因素也许才是真正导致此次事件的罪魁祸首。我国的《企业内部控制基本规范》中将职业道德修养和专业胜任能力作为聘用员工的重要标准,要求企业加强文化建设,培育积极向上的价值观和社会责任感,这对培育一个良好的环境氛围,更好地发挥内部控制的风险防范作用有着积极的意义,而要实现这个目标显然非一朝一夕之功。

（2）风险评估。这个要素要求企业及时识别、系统分析经营活动中与实现内部控制目标相关的风险，并合理确定风险应对策略。众所周知，食品中不能添加的物质远比能添加的多，现有的检测手段不可能对每种有害物质都进行检查。就奶粉这种需要从分散农户处采购原料的食品而言，每个农户的奶牛喂养过程、原料奶的加工、储存和运输过程等都可能存在不同的风险，这就给原料奶的质量检验带来了挑战。我们知道，一般的企业内部控制都是针对常规事项进行设计的（如奶粉的营养成分是否达标），而对例外事项（如添加三聚氰胺）则重视不足。这对内部控制的设计提出了挑战。显然，食品加工企业除了对原料采购、产品加工、存储储藏、物流配送等各个环节进行风险评价、分析之外，还应该就最可能产生风险的环节设立应对措施。例如，风险评估时针对生产的奶粉原料中可能会含有哪些有害物质，原料提供者添加这些物质的可能性以及消费者食用这些物质的后果严重性等进行评价、排序，并从原料采购、产成品的检测验收等方面设定有针对性的指标，以提高内部控制的效率和效果。

（3）控制活动。该要素是指企业根据风险评估结果，采取相应的控制措施将风险控制在可接受的程度之内。显然，食品行业的风险问题更多地与消费者的生命财产安全密切相关，控制活动也更应该切实、有效。奶粉的污染物三聚氰胺尽管对普通消费者而言还非常陌生，但在食品行业并非首次出现。早在2007年4月，中国徐州的一家宠物食品公司在出口美国的宠物食品中添加此种物质冒充蛋白质，导致大批宠物肾衰竭而死亡。美国食品和药品管理局也曾检测出我国部分企业在出口的用于制造宠物食品的小麦蛋白、大米蛋白及麸皮等植物源性蛋白中添加了三聚氰胺。对这种"有前科"的食品添加物，食品企业显然应该有所记录和警惕。此次三鹿集团奶粉事件曝光后，根据警方抓获的耿某介绍，在2007年年底前向三鹿集团销售的牛奶屡次因检验不合格而被拒收。而三鹿集团对这种"屡次不合格"牛奶的提供者居然没有"诚信记录"，在其向牛奶中添加三聚氰胺，使得"问题奶"进一步演化为"毒奶"而顺利通过检测后没有保持"合理怀疑"。从事实看，三鹿集团能够在2007年前"屡次"查出耿某提供的牛奶不合格，说明企业拥有严格的采购验收制度并得到切实执行，但如果能对日常控制活动中发现的一些不良信息进行收集、整理，并对异常现象（屡次不合格的原料提供者后来提供的都是合格原料）寻找合理解释，以进一步提高控制活动的效率效果，则发现"耿某"类不法分子的伎俩并非没有可能。

（4）信息与沟通。这个要素从某种程度上可以看作是内部控制的神经系统，它要求企业及时、准确地收集、传递与内部控制相关的信息，确保信息在企业内部、企业与外部之间进行有效沟通。从现有的报道看，早在2008年3月三鹿集团就已经接到消费者的投诉，6月份反映的人越来越多，但直到2008年8月2日，三鹿集团才将相关信息上报给石家庄市政府。这中间已存在信息与沟通不及时、不全面的问题。而根据《国家重大食品安全事故应急预案》的有关规定，地方人民政府和食品安全综合监管部门接到重大食品安全事故报告后，应当立即向上级人民政府和上级食品安全综合监管部门报告，并在2小时内报告至省（区、市）人民政府，也可以直接向国务院和食品药品监管局及相关部门报告。上述规定事实上是对信息沟通的及时性作出了明确的要求，但实际情况是，石家庄市政府直到9月8日才将有关情况的书面报告提交给河北省政府。这种信息与沟通的延迟在一定程度上加大了毒奶粉的危害后果。

（5）内部监督。该要素要求企业对内部控制建立与实施情况进行监督检查，评价内部控制的有效性，发现内部控制缺陷，应当及时加以改进。内部监督分为日常监督和专项监督。作为中国食品工业百强、农业产业化国家重点龙头企业，三鹿对内部监督不能说不重视，因为其产品是经过"1100道检测"的。而对于为何没有检测出三聚氰胺，专家给出的解释是在现有的检测指标中主要是通过检测氮元素来确定奶粉的蛋白质含量,没有针对三聚氰胺的专门检测。而三聚氰胺这种化工原料的含氮量高达66%,不法分子正是通过增加牛奶中的氮元素含量来达到通过检测的目的的。这表明企业的监督活动中,除了日常的监督活动外,还应该有一些专项的、非常规的监督活动,从而达到发现控制缺陷的目的。除了三鹿产品,还有其他被发现存在问题的古城、圣元、伊利奶粉等都被授予"免检产品"称号,这意味着上述产品在获取了免检证书后可以在有效期内不受各地质检部门的监督检查,这显然也不符合内部控制的持续监控原则。

为了及时发现内部控制缺陷,修正与完善内部控制系统,专项监督不可或缺。2004年,在追查"大头娃娃"劣质奶粉过程中,三鹿集团被列入不合格奶粉和劣质奶粉"黑名单"。随后,三鹿婴儿奶粉及系列奶粉在全国遭到封杀,每天损失超过1 000万元,三鹿集团陷入生存危机。经过快速、灵活、务实的紧急公关,三鹿集团成功化解了此次突发危机,还荣获2003—2004年度危机管理优秀企业称号。但遗憾的是,"大头娃娃"奶粉事件并没有让三鹿集团警醒。三鹿集团看到的只是农村奶粉市场的外部扩张机会,根本没有将关注点放在内部控制机制的完善上。轰动一时的三鹿"早产奶"事件中,生产厂销售部与仓库人员在经济利益的驱动下,为了缩短物流时间,违背业务流程和相关法规,擅自将正在下线并处在检测过程中的"三鹿原味酸牛奶"提前出厂。三鹿集团本应开展全面的业务流程专项大检查,但除了将销售部门有关人员调离岗位,对三鹿酸奶销售直接负责人扣除20%年薪之外,没能从消除内控隐患的角度去解决问题。

【工作任务2-4】

熟悉企业内部控制要素

X公司是一家从事商品零售业的大型上市公司,X公司董事会起草并制定了非常全面的内部控制规章制度,董事长认为每个员工都是好员工,大家都会自觉地遵守企业制定的规章制度,从而其领导的内部审计部门人手很少,在遇到大型的审计项目时,临时从被审计的部门调取熟悉审计业务的人员。企业另外设有风险管理部门,识别和分析影响目标实现的风险,对于识别出的风险,不论付出多大的代价,一律采取风险规避策略予以应对。企业倡导员工信息传递的真实性,严格规定有关信息必须逐层传达。另外,财务部门人手较为紧张,一人长时间处在同一岗位或者同时兼任多个岗位的现象普遍存在。

操作要求:根据内部控制五要素,指出资料中哪些方面存在问题,并简要说明理由。

任务分析:

(1) 内部环境存在问题。高级管理层的管理理念作为控制环境的重要因素,认为"大家都会自觉地遵守企业制定的规章制度"将导致控制环境薄弱。控制环境是其他内部控制因素的根基,薄弱的控制环境必然导致企业内部控制整体的失效。"其领导的内部审计部门人手很少,在遇到大型的审计项目时,临时从被审计的部门调取熟悉审计业务的人员"这违反了内部审计机制,企业应当加强内部审计工作,保证内部审计机构设置、人员配备和工作的独立性。从被审计单位调取熟悉审计业务的人员,进行审计,严重影响独立性。

(2) 风险评估存在问题。对于识别的风险应进行分析和排序,确定关注重点和优先控制的风险。在分析了相关风险发生的可能性和影响程度之后,结合风险承受度,权衡风险与收益,确定风险应对策略。风险应对策略往往需要结合运用,不能不考虑付出的代价而一律采取风险规避策略。

（3）控制活动存在问题。财务部门存在长时间处在同一岗位和同时兼任多个岗位的现象，没有做到不相容职务相互分离。

（4）信息与沟通存在问题。只强调了信息的真实性，没有强调信息传递的及时性，有关信息可以越级进行传递。

（5）内部监督存在问题。内部审计部门丧失了独立性，而且人手较少，无法进行持续的监察活动或单独的评估。

项目小结

本项目讲述了内部控制的定义、作用和分类。企业内部控制是为达到遵循法律法规、维护资产安全完整、提供可靠财务报告、提高经营管理效率与促进企业实现发展战略五个目标提供合理保证而设计的过程，应遵循全面性、重要性、制衡性、适应性、成本效益五项原则。管理层需要履行的职责包括五个要素：控制环境、风险评估、控制活动、信息与沟通和内部监督。

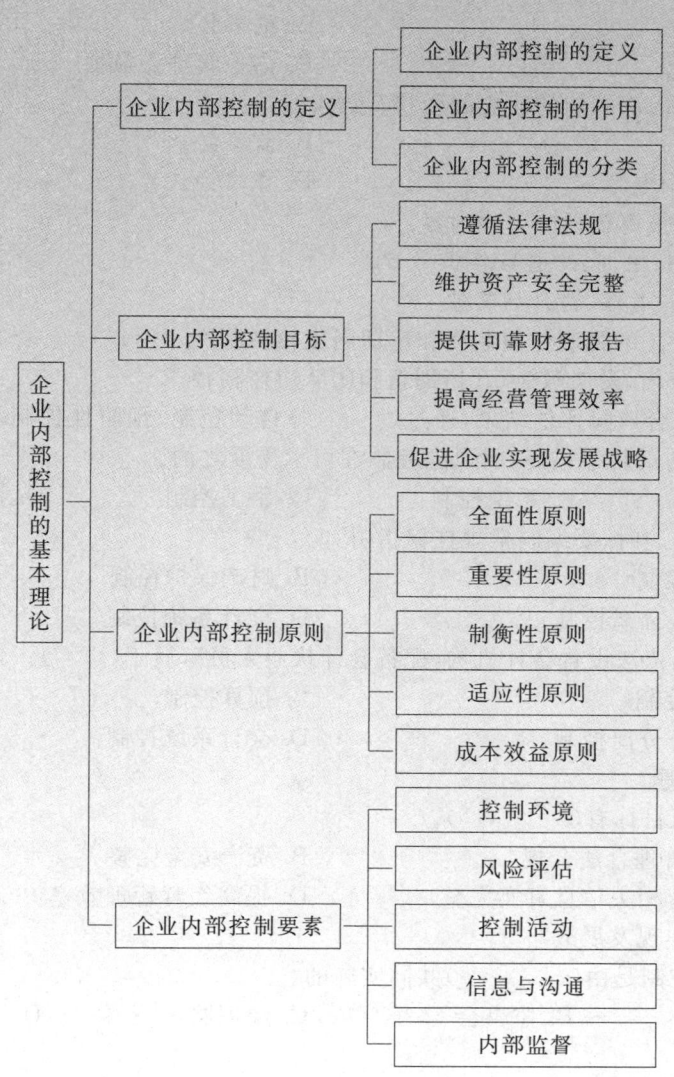

习 题

一、单项选择题

1. 企业内部控制的目标不包括（　　）。
   A. 追求利益最大化　　　　　　　　　B. 合法合规
   C. 财产安全　　　　　　　　　　　　D. 促进企业实现发展战略

2. 通过内部控制实施，能（　　）实现控制目标。
   A. 一般保证　　　B. 普遍保证　　　C. 合理保证　　　D. 绝对保证

3. 内部控制五原则不包括（　　）。
   A. 全面性　　　　B. 重要性　　　　C. 制衡性　　　　D. 效益性

4. 内部控制五要素不包括（　　）。
   A. 企业文化　　　B. 内部环境　　　C. 内部监督　　　D. 控制活动

5. 在治理结构中，（　　）对股东（大）会负责，依法行使企业的经营决策权。
   A. 经理层　　　　　　　　　　　　　B. 董事会
   C. 董事长　　　　　　　　　　　　　D. 内控管理委员会

6. （　　）负责内部控制的建立健全和有效实施。
   A. 经理层　　　　　　　　　　　　　B. 监事会
   C. 内控管理部门　　　　　　　　　　D. 董事会

7. 人力资源政策不包括（　　）内容。
   A. 员工的聘用、培训、辞退与辞职
   B. 员工的薪酬、考核、晋升与奖惩
   C. 关键岗位员工的强制休假制度和定期岗位轮换制度
   D. 倡导诚实守信、爱岗敬业、开拓创新和团队协作精神

8. 企业应当结合风险评估结果，通过（　　）与自动控制、预防性控制与发现性控制相结合的方法，运用相应的控制措施，将风险控制在可承受度之内。
   A. 信息控制　　　B. 系统控制　　　C. 手工控制　　　D. 授权控制

9. 在运用（　　）时，要编制常规授权指引。
   A. 授权审批控制　　　　　　　　　　B. 财产保护控制
   C. 不相容职务分离控制　　　　　　　D. 会计系统控制

10. "企业应当依法设置会计机构，配备会计从业人员"，属于（　　）。
    A. 授权审批控制　　　　　　　　　　B. 预算控制
    C. 不相容职务分离控制　　　　　　　D. 会计系统控制

二、多项选择题

1. 内部控制五目标有（　　）。
   A. 企业经营管理合法合规　　　　　　B. 资产安全完整
   C. 财务报告及相关信息真实完整　　　D. 提高经营管理效率
   E. 促进企业实现发展战略

2. 企业内部控制是由（　　）共同实施的。
   A. 董事会　　　B. 监事会　　　C. 经理层　　　D. 全体员工
   E. 股东

3. 《企业内部控制基本规范》的制定依据包括(　　　　)。
   A. 《中华人民共和国公司法》　　　　B. 《中华人民共和国证券法》
   C. 《中华人民共和国会计法》　　　　D. 《中华人民共和国注册会计师法》
   E. 其他有关法规
4. 经理层应当综合运用(　　　　)等方面的信息,进行运营分析控制。
   A. 生产　　　　B. 购销　　　　C. 投资　　　　D. 筹资
   E. 财务
5. 财产保护控制的常用措施有(　　　　)等方面的信息。
   A. 财产记录　　B. 实物保管　　C. 定期盘点　　D. 账实核对
   E. 账账核对
6. 绩效考评控制的考评结果作为确定(　　　　)的依据。
   A. 员工薪酬　　B. 职务晋升　　C. 评优　　　　D. 降职
   E. 调岗、辞退
7. 在信息与沟通中,重要信息应当及时传递给(　　　　)。
   A. 董事会　　　B. 监事会　　　C. 股东会　　　D. 员工
   E. 经理层
8. 企业至少应当将下列(　　　　)情形作为反舞弊工作的重点。
   A. 未经授权或者采取其他不法方式侵占、挪用企业资产,牟取不当利益
   B. 在财务会计报告和信息披露等方面存在的虚假记载、误导性陈述或者重大遗漏等
   C. 董事、监事、经理及其他高级管理人员滥用职权
   D. 玩忽职守,造成重大差错
   E. 相关机构或人员串通舞弊
9. 内部监督分为(　　　　)。
   A. 日常监督　　B. 常规监督　　C. 财务监督　　D. 权力监督
   E. 专项监督
10. 企业应当建立(　　　　)。
    A. 投诉制度　　　　　　　　　　B. 举报人保护制度
    C. 检举制度　　　　　　　　　　D. 反舞弊制度
    E. 内部监督制度

三、判断题

1. 为企业内部控制提供咨询的会计师事务所,不得同时为同一企业提供内部控制审计服务。(　　)
2. 企业选聘员工时,应以才能为先。(　　)
3. 董事、监事、经理及其他高级管理人员应当在企业文化建设中发挥主导作用。(　　)
4. "出纳不得兼任稽核等工作",属于授权审批控制思想的运用。(　　)
5. 大中型企业可自主决定是否设置总会计师。(　　)
6. 内部控制应当权衡实施成本与预期效益,以适当的成本实现有效控制。(　　)
7. 内部控制缺陷包括设计缺陷和运行缺陷。(　　)
8. 预算控制要求企业实施全面预算管理制度。(　　)
9. 企业对于重大的业务和事项,应当实行集体决策审批或者联签制度,任何个人不得单

独进行决策或者擅自改变集体决策。   (   )

10. 有了内部控制就能为企业内部控制目标的实现提供合理保证。   (   )

四、案例分析题

甲会计师事务所具有证券期货业务资格,接受委托对 A 公司、B 公司、C 公司和 D 公司 2018 年度内部控制的有效性实施审计,并于 2019 年 4 月对上述 4 家上市公司出具了内部控制审计报告。有关资料如下:

(1) A 公司。A 公司于 2018 年 3 月通过并购实现对 A_1 公司的全资控股,交易前 A 公司与 A_1 公司不存在关联方关系。甲会计师事务所在对 A 公司内部控制有效性进行审计的过程中发现:A 公司未将 A_1 公司纳入 2018 年度内部控制建设与实施的范围。

(2) B 公司。甲会计师事务所在审计过程中发现 B 公司的内部控制存在以下问题:

① 审计委员会缺乏明确的职责权限、议事规则和工作程序,未能有效发挥监督职能。

② 下属子公司 B_1 公司在未履行相应审批程序的情况下为关联方提供担保。

③ 与售后"三包"返利业务相关的销售收入确认不符合《企业会计准则第 14 号——收入》的规定。甲会计师事务所认定上述问题已构成财务报告内部控制重大缺陷,出具了否定意见的内部控制审计报告。

(3) C 公司。甲会计师事务所在对 C 公司内部控制有效性进行审计的过程中发现下列事项:

① C 公司自 2018 年年初起陆续发生多起重大关联交易事项,为规范关联交易行为,C 公司于 2018 年 12 月底制定了关联交易内部控制制度,将其纳入《C 公司内部控制手册》。

② C 公司限制甲会计师事务所审计人员对某类重要资产内部控制流程的测试,且未提出正当理由。甲会计师事务所据此出具了无法表示意见的内部控制审计报告。

(4) D 公司。D 公司为专门从事证券经营业务的上市公司。甲会计师事务所在对 D 公司内部控制有效性进行审计的过程中发现:D 公司策略交易系统的某模块存在重大技术设计缺陷,但该重大缺陷不影响 D 公司财务报表的真实可靠程度。甲会计师事务所出具了无保留意见的内部控制审计报告。

假定不考虑其他因素,要求:

(1) 根据资料(1),判断 A 公司未将 A_1 公司纳入 2018 年度内部控制建设与实施范围的做法是否恰当,并说明理由。

(2) 根据《企业内部控制基本规范》及其配套指引的要求,逐项说明资料(2)中事项①至③可能产生的主要风险;并针对每项主要风险,分别提出相应的控制措施。

(3) 根据资料(3),说明甲会计师事务所出具无法表示意见的内部控制审计报告的理由。

(4) 根据资料(4),针对 D 公司策略交易系统某模块存在的重大技术设计缺陷,说明甲会计师事务所在内部控制审计报告中应当如何处理。

第二部分

内部控制风险管理篇

项目三　企业风险管理

职业能力目标

理解企业风险的含义；理解企业管理的目标、特征和基本原则；掌握企业风险的类别；了解企业风险管理与其他管理体系的关系。

能够分析企业风险构成要素；能够运用企业风险管理的方法分析企业风险；能够运用企业风险管理流程及五个步骤，按流程步骤分析公司风险；能够提出创建企业风险管理体系的构想。

典型工作任务

1. 了解企业风险管理概述。
2. 掌握企业风险管理方法。
3. 熟悉企业风险管理体系及其建立。

任务一　企业风险管理概述

> **引例**
>
> **酒鬼酒塑化剂事件**
>
> 酒鬼酒股份有限公司前身为始建于1956年的吉首酒厂,1997年7月在深圳证券交易所上市,简称"酒鬼酒",股票代码为000799。自上市以来,"酒鬼酒"不断发展壮大,并成为"中国驰名商标"。2012年11月21日,国家质量监督检验检疫总局发布公告,确定50度酒鬼酒样品中含有塑化剂(DBP)成分,其中DBP最高检出值为"1.08 mg/kg"。2011年6月,卫生部在其签发的551号文件《卫生部办公厅官员通报食品及食品添加剂中邻苯二甲酸酯类物质最大残留量的函》中规定,DBP的最大残留量为0.3 mg/kg。酒鬼酒中的塑化剂DBP明显超标,超标达260%。
>
> 事件回顾:
>
> 2012年11月19日,酒鬼酒被曝光,上海天祥质量技术服务有限公司查出其塑化剂超标2.6倍。当日,酒鬼酒公司开始停牌。
>
> 2012年11月21日,国家质量监督检验检疫总局发布公告,确定50度酒鬼酒样品中含有塑化剂成分,其中DBP最高检出值为1.08 mg/kg。2012年11月21日23点58分,酒鬼酒在微博上发出一则声明称,"酒鬼酒股份有限公司衷心感谢广大消费者、投资人、新闻媒体及社会各界人士长期以来给予的关心和支持",并"对近日发生的所谓酒鬼酒'塑化剂'超标事件给大家造成的困惑与误解表示诚挚的歉意"。酒鬼酒在声明中强调"未发现人为添加'塑化剂'""不存在所谓'塑化剂'超标"等字眼。酒鬼酒同时还称,"可以放心饮用"。
>
> 2012年11月22日,酒鬼酒于晚间再发公告,表示就该事件向消费者及投资者道歉,称公司将整改,但仍强调不存在限制酒类塑化剂含量的国家标准。
>
> 2012年11月23日,酒鬼酒复牌跌停。
>
> 2012年11月25日,酒鬼酒受访时表示已找到塑化剂的三大来源,"包装线嫌疑最大"。
>
> 2012年11月27日,酒鬼酒否认全面停产,称不会召回问题酒。
>
> 2012年11月28日,酒鬼酒发布《股票异常波动公告》,表示公司未全面停产,正积极进行整改,将于11月30日前完成整改工作。酒鬼酒股票于当月的23日、26日、28日均跌停。
>
> 问题与任务:
>
> 1. 根据上述材料,分析酒鬼酒股份有限公司经营过程中可能存在的风险有哪些?应怎样进行风险识别?
>
> 2. 试对酒鬼酒股份有限公司的风险应对措施作出评价。

【知识准备与业务操作】

一、企业风险的含义及其类别

（一）企业风险的含义

企业风险是指未来的不确定性对企业实现其经营目标的影响。一般用事件后果和发生可能性的组合来表达。企业在市场竞争环境中，将受到各种事件的影响，这些事件对目标的实现均有积极或消极的影响。风险的内涵应从以下两个方面理解：

1. 风险与目标实现相关

企业在创造价值的过程中，需要拥有战略、经营、财务、合规等目标，同时目标也体现在企业的不同层次（如战略、组织范围、项目、产品和过程）中。要实现这些目标，就要根据不同主体所定目标逐一分析可能面临的事件及其影响，目标不同，面临的风险就不同。

2. 风险来自不确定性

企业经营所处的环境中，诸如全球化、技术、重组、变化中的市场、竞争和管制这些因素，都会导致不确定性。受限于各种原因，这些不确定的事件和后果，并不能保证被企业充分认识。不确定性带来了不利影响，也带来了机遇，如果能够合理认识和有效管理企业风险，则有助于优化企业资源配置，创造更大的价值。

（二）企业风险的类别

1. 按照风险的内容划分

可以分为战略风险、财务风险、市场风险、运营风险和法律风险等。

（1）战略风险。主要考虑：国内外宏观经济政策以及经济运行情况、本行业状况、国家产业政策；科技进步、技术创新的有关内容；市场对本企业产品或服务的需求；与企业战略合作伙伴的关系，未来寻求战略合作伙伴的可能性；本企业主要客户、供应商及竞争对手的有关情况；与主要竞争对手相比，本企业实力与差距；本企业发展战略和规划、投融资计划、年度经营目标、经营战略，以及编制这些战略、规划、计划、目标的有关依据；本企业对外投融资流程中曾发生或易发生错误的业务高级会计实务流程或环节。

（2）财务风险。主要考虑：负债、或有负债、负债率、偿债能力；现金流、应收账款及其占销售收入的比重、资金周转率；产品存货及其占销售成本的比重、应付账款及其占购货额的比重；制造成本和管理费用、财务费用、销售费用；盈利能力；成本核算、资金结算和现金管理业务中曾发生或易发生错误的业务流程或环节；与本企业相关的行业会计政策、会计估计、与国际会计准则的差异与协调趋同等信息。

（3）市场风险。主要考虑：产品或服务的价格及供应变化；能源、原材料、配件等物资供应的充足性、稳定性和价格变化；主要客户、主要供应商的信用情况；税收政策和利率、汇率、股票价格指数的变化；潜在竞争者、竞争者及其主要产品、替代品情况。

（4）运营风险。主要考虑：产品结构、新产品研发；新市场开发，市场营销策略，包括产品或服务定价与销售渠道，市场营销环境状况等；企业组织效能、管理现状、企业文化，高、中层管理人员和重要业务流程中专业人员的知识结构、专业经验；期货等衍生产品业务中曾发生或易发生失误的流程和环节；质量、安全、环保、信息安全等管理中曾发生或易发生失误的业务流程或环节；因企业内、外部人员的道德风险致使企业遭受损失或业务控制系统失灵；给企业造成损失的自然灾害以及除上述有关情形之外的其他纯粹风险；对现有业务流程和信息系统操作运行情况的监管、运行评价及持续改进能力;企业风险管理的现状和能力。

(5) 法律风险。主要考虑:国内外与本企业相关的政治、法律环境;影响企业的新法律法规和政策;员工道德操守的遵从性;签订的重大协议和有关贸易合同中本企业发生重大法律纠纷案件的情况;企业和竞争对手的知识产权情况。

2. 按照能否为企业带来盈利等机会为标志划分

可以分为危险性因素、控制性风险(或不确定风险)和机会风险。危险性因素是指只为企业带来损失这一种可能性的风险;而控制性风险和机会风险则是指既有为企业带来损失的可能性,也有为企业带来盈利可能性的风险。

3. 按照来源和范围划分

可以分为外部风险和内部风险。

(1) 外部风险,包括法律风险、政治风险和经济风险。法律风险、政治风险和经济风险是相互影响、相互联系的。一个国家法律健全稳定,市场竞争会在法律法规的框架内运行,经济稳健发展,竞争会更加公平和规范,企业的整体经营环境会更好一些,决策和行动也就具有一定可预期性。

(2) 内部风险,包括战略风险、财务风险、经营风险。与外部风险相比,内部风险源自企业自身的经营业务,一般更容易识别和管理,并可以通过一定的手段来降低风险和控制风险。

此外,按照风险有效性可以分为固有风险和剩余风险。按照作用的时间可将风险分为企业的短期、中期和长期风险。通常,企业所面对的风险是兼而有之的。对风险分类,有利于对风险进行管理。

二、企业风险管理的作用与构成要素

(一) 企业风险管理的作用

企业风险管理是一个过程,它由董事会、管理层和其他人员实施,应用于战略制定并贯穿于企业之中,旨在识别可能会影响企业的潜在事件,并通过管理风险使不利因素控制在该企业的可承受范围之内,并为企业目标的实现提供合理保证。企业风险管理的几个基本概念是:

(1) 一个正在进行并贯穿于整个企业的过程。

(2) 受到企业各个层级人员的影响。

(3) 战略制定时得到应用。

(4) 贯穿于企业的各个层级和单元,还包括采取企业层级的风险组合观。

(5) 目标是分析企业面对的不确定性,识别一旦发生将会影响企业的潜在事件,并把不利因素控制在可以承受的范围之内。

(6) 能够向企业的管理层和董事会提供合理保证。

(7) 力求实现一个或多个不同类型但相互交叉的目标。

企业风险管理强调风险组合观,目标是能够从容应对所有风险,实施对各种风险所带来的综合影响力的管理,帮助企业顺利实现发展目标。企业风险管理可以看作是能够实现所有种类风险之间紧密联系的哲学,而不是简单地看作是一种新的或者不同的风险管理方法。当企业将其所面临的所有风险以及这些风险将如何对战略、项目及运营产生影响都考虑在内时,企业即在着手运用企业风险管理方法。

企业风险管理的主要作用如下:

（1）协调企业可承受的风险容量与战略。应该在以下环节考虑可以承受的风险容量：一是企业在制定战略过程中；二是在设定与战略相协调的目标的过程中；三是在构建管理相关风险机制的过程中。

（2）增进风险应对决策。使得企业在识别和选择风险应对方案（回避、降低、分担和承受）时更具严密性。例如，为了防止公司运输业务的车辆损坏和人身伤害成本，通过有效的司机招聘和培训降低风险，通过外包回避风险，通过保险分担风险。风险管理可为这些决策提供技巧和方法。

（3）减少经营意外和损失。增强企业识别潜在事件、评估风险及加以应对的能力，降低意外的发生和由此带来的成本和损失。例如，为减少意外的火灾损失，公司购买了火灾保险。

（4）识别和管理贯穿于企业的风险。企业面临着影响其不同部分的无数风险。对管理层而言，不仅需要了解个别风险，还需要了解其相互关联的影响。

（5）提供对多重风险的整体应对。经营过程带来许多固有的风险，而企业风险管理能够为管理这些风险提供整体解决方案。例如，一家上市子公司产品不适应市场、盈利能力差，面临着退市风险。总公司通过实施重组方案，通过评估和满足监管要求，支持旗下另一家成长较好、寻求优化资金结构的子公司收购该上市子公司，优化了资源配置，解决了问题。

（6）抓住机会。通过考虑潜在事件的各个方面，管理层能够识别代表机会的事件，提高决策水平，降低不确定性的程度。例如，某集团公司全产业链经营，长期拥有大量供应商和客户，为推进公开采购并适应互联网发展，及时开发电子商务平台，方便自己通过互联网采购的同时，为供应商之间的交易搭建平台，并寻找机会开展互联网金融业务。

（7）改善资本调配。通过风险评估，改善企业的运营效率和服务质量，优化资源配置，提升为股东创造价值的能力。例如，随着新能源汽车的发展，汽车生产公司经过风险评估，决定加大对新能源汽车的调研和研发，加大对客户需求的预测和评估投资，逐步培养新能源汽车用户，寻找新的盈利点。

应该说，市场经济中，着眼于企业大局的风险管理方法优势非常明显，因为它能够对所有可能对利益相关者（股东、政府、员工等）的预期造成影响的重大重要因素作出详尽的分析。

但是，风险管理的复杂程度也随之上升。起初，企业可能意识到某种新风险的存在及采取相应行动的必要性。此时，企业为了防止纯粹风险（损失），必须采取较大的调整，在应对风险的过程中，企业通常会努力遵循相应的风险控制标准。之后，企业可能意识到风险中暗藏的机会，尽可能实现机会风险管理，从而获得效益。风险的复杂性如图3-1所示。当然，并不是所有的风险或风险管理行为都要经过这样的过程，甚至有的还会出现逆向发展。因此，应避免过分专注风险管理而忽视了某些抓住重要机会的时机，造成企业运营效率低下。

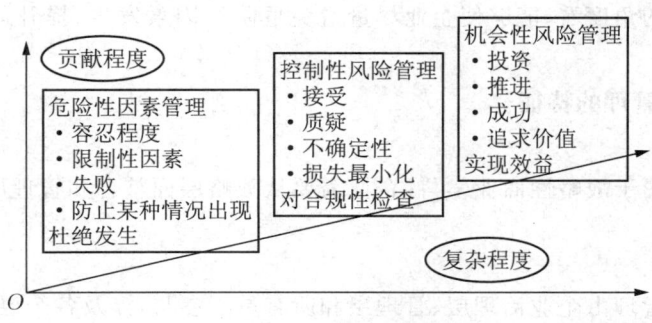

图3-1　风险的复杂性

(二) 企业风险管理的构成要素

1. 内部环境

内部环境是风险管理的基础。管理层确立关于风险管理的理念，以及风险容量。内部环境的组成部分包括有效的董事会、管理层诚信和道德价值观、员工胜任能力、合适的组织架构及权责分配，以及经营环境。

2. 目标设定

确保管理层采取恰当的程序来设定目标，使目标符合公司的使命和风险容量。

3. 事件识别

以目标为基础，分析影响目标实现的内部和外部因素，区分不利和有利事件，或两者兼而有之的事件，将有利事件反馈给管理层，用于战略或目标的制定过程。

4. 风险评估

对不利事件对目标的影响程度和发生的可能性进行评估，既要对固有风险进行评估也要对剩余风险进行评估。

5. 风险应对

根据评估结果选择合适的，回避、承担、降低或分担的风险应对措施，并使这些措施与企业的风险容量相协调。

6. 控制活动

制定和实施政策与程序以帮助管理层对所选择的风险对策有效实施。

7. 信息与沟通

设置有效的机制确保相关信息在企业各层级的员工中以履行职责的方式和时机识别、获取和沟通，从而识别、评估和应对风险。

8. 监控评价

对风险管理进行全面、持续、合适的监控和评价，在偏离风险容限时，能够动态地作出正确的反应。

三、企业风险管理的目标、特征和原则

(一) 企业风险管理的目标

企业风险管理的目标在于使企业落实风险管理责任、加强对重大风险因素的识别及评估、提供对决策颇有价值的信息。从目标实现的角度看，可提升公司核心竞争力、提高企业资源的有效性和效率、保证报告目标与企业报告的可靠性、遵守相关的法律法规，提升企业品牌价值；从为企业带来盈利的角度看，能够使企业尽量避免危险性因素发生、提升运营效率和合规性、抓住发展机遇。

(二) 企业风险管理的特征

1. 战略性

企业风险管理属于战略性商业学科，企业需要从战略层面整合和管理风险，提高企业的核心竞争力。

2. 全员参与

企业全面风险管理由企业治理层、管理层和所有员工参与，涉及各个层级业务单元及相对独立的项目，与目标管理相对应进行。

3. 双面性

企业全面风险管理的商业使命是：

（1）将危险因素（如火灾、暴风雨、地震、战争及伤害、突然事故引发产品质量不合格）损失控制在最小限度内。

（2）不确定性管理，即控制未来可能引发质疑企业实现其使命能力的风险，如项目进程和预算的控制风险。

（3）机会风险绩效最优化。风险管理要在风险损失不可避免时，尽量减少损失至最小化。风险损失可能发生时，设法降低风险发生的可能性。风险预示着机会时，化风险为增进企业价值的机会。风险管理不仅防止损失，同时与价值管理共生。

4. 系统性

涵盖了企业面临的战略、运营、财务、合规等所有风险类别，并加以综合考虑，尽可能实现风险管理与企业关键性决策相互融合。

5. 专业性

通过对内外部背景、系统、环境及利益相关者等诸多因素的分析，进行风险评估，确定各项风险之间的联系——风险敞口水平，利用定性或定量的方法从容应对各种风险，提供包括明确、分析、评估、处理、监测等一系列框架流程。

（三）企业风险管理的原则

成功的全面风险管理应本着以下四项原则，使其更加有效、高效。

（1）匹配性原则。确定与企业的风险水平相匹配的风险管理行为。要设法将企业整体风险水平控制在可接受的范围之内，但要避免过度管理或纠结于某些不确定风险而抑制企业发展，导致企业运营效率低下。

（2）融合性原则。风险管理行为应当渗透到企业的日常运营中，与其他经营活动相融合，避免风险管理游离于经营活动之外。

（3）综合性原则。由于风险的多样性和复杂性，需要采用综合性的管理手段，风险评估、应对的管理手段呈多样性。

（4）动态性原则。风险是动态的，风险管理行为也应当是动态的，应通过监控评价应对风险的突发情况。

四、企业风险管理与其他管理体系的关系

1. 企业风险管理与企业管理

企业风险管理贯穿于企业管理过程，但从属于企业管理。具体来说，风险管理是在企业管理过程中植入风险管理的程序，从而保证目标的实现更加科学、合理。确保有一个恰当的目标设定过程是风险管理的重要构成要素之一，但是管理层选定的特定目标并不是企业风险管理的一部分。根据对风险的恰当评估去应对风险是风险管理的一部分，但是所选定的具体风险应对和企业资源的相应调配却不是。确定和执行控制活动以确保管理层选择的风险应对得以有效实施是风险管理的一部分，但是所选定的特定控制活动却不是。

2. 企业风险管理与内部控制

与内部控制相比，全面风险管理所应对的是企业的所有风险，内部控制通常控制的是企业内部可控的风险，当企业完成风险识别、风险评估进而制定风险管理策略时，需要根据

自身条件和外部环境,围绕企业发展战略和目标,确定风险偏好、风险承受度、风险管理有效性标准,选择风险应对策略,而不同的风险应对策略对应不同的内部控制措施。我国《企业内部控制基本规范》及其配套指引充分吸收了全面风险管理的理念和方法、强调内部控制与风险管理的整合与统一。在我国内部控制规范体系下,加强内部控制是为了防范控制风险,促进企业发展目标的实现,而风险管理目标也能促进企业实现发展目标,两者都要求将风险控制在可承受的范围以内。从这个意义上讲,内部控制与风险管理不是对立而是协调统一的整体。

需要注意的是,由于未来的不确定性,良好的风险管理仅能够为管理层提供关于企业目标实现的合理保证。

【引例解析】

1. 酒鬼酒存在的风险包括外部风险和内部风险。从材料中可以看出,酒鬼酒的外部风险主要是法律法规风险。塑化剂事件已经触及和违反国家有关"塑化剂"的法律法规。酒鬼酒的内部风险主要表现为经营风险和决策风险。酒鬼酒的内部控制管理薄弱,其生产线和生产方式导致产品中存在塑化剂,之后也没有做好产品质检工作,使问题产品流入市场。此外,塑化剂事件东窗事发后,酒鬼酒的决策并不适应社会环境,社会舆论对其更加不利,致使酒鬼酒没有有效降低损失。

风险识别的过程包括以下几个方面:①发现或者调查风险因素,"塑化剂"事件被揭发后,酒鬼酒应重视和关注社会经济因素,即事件对酒鬼酒的社会形象和产品认可可能带来的负面影响,关注相关法律法规,为可能带来的违法责任做好应对预案。同时,还要预测营运环境可能带来的变化,比如行业地位、供应商和分销商的变化。②减少风险因素增加的条件。酒鬼酒的"道歉却不认错",致使资本市场给予强烈回应,股价连续跌停,市值巨额蒸发,其风险因素增加。③预见危害或者危险。④重视风险暴露。

2. 酒鬼酒在事故发生后及时采取了下列措施:①股市停牌,以避免因股市波动带来更大的负面影响,这是正确的,但是突然地停牌,也让机构和散户措手不及。②没有积极引导舆论导向,道歉存在一些问题。酒鬼酒的这次道歉被解读为"道歉却不认错",缺乏诚意。道歉不见成效,11月22日,酒鬼酒再发公告,虽然依然是道歉,但强调不存在所谓的"塑化剂"超标问题。酒鬼酒一硬到底,资本市场给予了强烈回应,23日复盘后,酒鬼酒连续4个跌停,市值蒸发四五十亿元。③没有积极承担责任。内部整改是有的,查找塑化剂源头,更换一些塑料制品设备,部分生产线停产。外界传言酒鬼酒全面停产,酒鬼酒马上站出来辟谣,表示并没有全面停产,而是在积极整改。到这一阶段,媒体对于酒鬼酒的关注度已经下降,酒鬼酒侥幸过关的心理死而复生。只有无关轻重的声明,而无实质性的动作,并称无产品召回计划,对于质量赔偿更是只字不提。④滥用危机公关手段,反而起到相反效果。

【工作任务 3-1】

了解企业风险管理概述

甲公司是一家境内上市公司,主要从事农药研发、生产、销售业务,拥有合成原药、加工、复配制剂的生产能力。甲公司2018年发生的与环境污染事件相关的部分资料如下(假定不考虑其他因素):

2018年3月13日至23日,国家环境保护督察部门对甲公司进行专项督查,发现甲公司存在违规处置复配制剂产生危险废物等行为,对当地环境造成了严重污染。甲公司根据国家环境保护法规相关条款并结合以前发生的类似案例,初步判断政府环境保护部门可能对公司给予3—5个月的停产整治处罚;公司一旦停产,大量客户订单将无法正常交付,合同纠纷难以避免;竞争对手可能趁机抢占市场份额,导致甲公司市场占有率下降。

操作要求:根据资料,从企业风险内容分类的角度,指出甲公司将面临哪些类别的风险,并分别说明理由。

任务分析:
(1)运营风险。
理由:公司可能停产整治。
(2)法律风险。
理由:订单无法正常交付导致合同纠纷,或者违规处置危险废物,可能被政府部门处罚。
(3)市场风险。
理由:竞争对手趁机抢占市场份额,导致市场占有率下降。

任务二 企业风险管理方法

引例

雷曼兄弟的破产

2008年9月15日,美国第四大投资银行雷曼兄弟按照美国公司破产法案的相关规定提交了破产申请,成为了美国有史以来倒闭的最大的金融公司。

拥有158年历史的雷曼兄弟公司是华尔街第四大投资银行。2007年,雷曼在世界500强排名第132位,2007年年报显示净利润高达42亿美元,总资产近7 000亿美元。从2008年9月9日起,雷曼公司股票一周内股价暴跌77%,公司市值从112亿美元大幅缩水至25亿美元。第一个季度中,雷曼卖掉了1/5的杠杆贷款,同时又用公司的资产作抵押,大量借贷现金为客户交易其他固定收益产品。第二个季度变卖了1 470亿美元的资产,并连续多次进行大规模裁员来压缩开支。然而雷曼的自救并没有把自己带出困境。华尔街的"信心危机",金融投机者操纵市场,一些有收购意向的公司则因为政府拒绝担保没有出手。雷曼最终还是没能逃离破产的厄运。

问题与任务:请搜集雷曼兄弟相关资料,分析雷曼兄弟破产的原因。

【知识准备与业务操作】

一、企业风险管理流程及具体方法

在内部环境的基础上,企业风险管理流程分为目标设定—事件识别—风险评估—风险应对—风险监控与评价。

(一)目标设定

设定合理的目标才能保证企业成功经营。目标设定是信息搜集、事件识别、风险评估的前提。企业应通过制定程序使各项目标与企业的使命相协调,并且确保所选择的具体目标及其所面临的风险在企业愿意承受的风险水平(即风险容量)范围以内,即目标设定环节应确定风险容量和容限。风险容量与企业董事会风险偏好和可承受的风险水平(风险容忍度)相关。风险偏好可以分为高、中、低三种,由董事会确定,一般定性表示。企业可承受的风险水平应尽可能定量表示,主要取决于财务实力是否雄厚、运营能力是否高效、企业及品牌声誉是否坚不可摧、企业营运市场的竞争能力是否强等因素。企业风险偏好一般应当处于企业的风险容量之内。风险容量反映了企业增长、风险和报酬之间可接受的平衡关系。一家能源公司如果是中等风险偏好,则会对进口的能源采取实货与期货"数量相等、方向相反"的操作来对冲风险。如果为高风险偏好,则可能在能够承担的最大损失范围内,建立一些头寸以买卖期货等方式赚取更大的利润。企业在战略目标设定中将风险容量反映其中,有利于更好地指导资源配置,成功实施战略,确保企业保持在它的风险容量内。风险容限是相对于目标实现所能接受的偏离程度。计量风险容限有利于目标的实现和分析目标未能实现的原因。

(二) 事件识别

事件识别是识别可能会对企业产生影响的潜在事件,并分别确定是否是机会,或者是否会对企业成功实施战略和实现目标的能力产生负面影响。带来负面影响的事件需要加以评估和应对,而对企业有利的机会则可以将其反馈到战略和目标设定过程中去。事件识别要针对目标进行,充分考虑可能给企业带来有利或不利影响的内部因素和外部因素,再在此基础上考虑各项因素的重要性,从而进一步分析相关事件。

涉及的外部因素主要有经济、自然环境、政治、社会、技术、市场、产业、法律、信用、竞争对手等。涉及的内部因素主要有基础结构、人员、流程、信息系统技术能力、研发能力、财务状况、企业声誉、市场地位等,其各自相关的事件如表3-1所示。

表 3-1 事件类别

外 部 因 素	内 部 因 素
经济 • 资本的可利用性 • 信贷发行,违约 • 集中 • 流动性 • 金融市场(利率汇率、股票价格等) • 失业 • 竞争 • 兼并/收购 自然环境 • 排放和废弃 • 能源 • 自然灾害 • 可持续发展 政治 • 政府 • 立法 • 公共政策 • 管制 社会 • 人口统计 • 消费者行为 • 公司国籍 • 隐私	基础结构 • 资产的可利用性 • 资产的能力 • 资本的取得来源 • 复杂性 人员 • 员工胜任能力 • 欺诈/舞弊行为 • 健康与安全 • 外包 流程 • 能力 • 设计 • 执行 • 供应商供货连续性 信息系统技术能力 • 数据的可信度 • 数据和系统的有效性 • 系统选择 • 开发 • 调配 • 维护

续表

外 部 因 素	内 部 因 素
技术 • 电子商务 • 外部数据 • 新兴技术 市场 • 产品或服务价格及供需变化 • 能源、原材料、配件等物资供应充足性 • 潜在进入者、竞争者、替代品竞争 产业 • 产业周期阶段 • 产业波动性 • 产业集中程度 法律 • 法律环境 • 市场主体法律意识 • 失信、违约、欺诈等 竞争对手 • 成本优势 • 改变竞争策略	研发能力 • 市场信息反馈与研发的衔接 • 研发投资效果 • 专利保护 财务状况 • 融资能力 • 资产负债结构 • 盈利能力 • 资产周转能力 • 财务困境 企业声誉 • 品牌 • 质量 市场地位 • 市场份额 • 商业活动效果

　　事件识别建立在广泛的信息搜集基础上，既要考虑已经发生的，还要着眼未来。事件识别的应用技术包括调查问卷、风险组合清单、职能部门风险汇总、SWOT 分析高级研讨会及头脑风暴、损失事件数据追踪、内部审计、流程图、内部风险管理会议、每月管理和分析报告、金融市场活动的实时反馈、主要的外部指数和内部指数、政策变化追踪及相关性分析等。

　　企业处于不同时期所进行的事件识别的重点或关键因素是不同的。例如，一家大型能源企业在经济高速发展期，关注的事件主要是企业资本配置不足，市场占有率不能快速扩大、产品价格受到政府限制。在经济转型期，其关注的事件是新技术、新商业模式的出现，消费者年龄及需求变化等。

　　在如今信息技术与商业模式、管理模式有效结合的情况下，大数据对风险管理变得越来越重要，能够提高对事件识别的认知度，筛选出对企业更重要的有利或不利因素，将更多的不确定性转化为机会。例如，一个对消费者的电子商务平台可以对用户的消费行为和偏好、用户访问群、用户访问量、平均停留时间、服务及时率及满意度等信息进行搜集、分析，识别市场对产品的供需变化。利用电子商务对供应商的供货及时性、产品质量及技术可替代性、危机处理、付款等信息进行搜集、分析，识别供应持续性影响。利用设备管理信息系统记录不同设备坏损构件及其原因、供应商、停工持续时间、对生产有效性的负面影响、成本，确定设备故障对生产有效性的影响和相关货币化成本。

　　在多种情况下，多个事件可能影响一个目标的实现，通常使用鱼骨图或潜在事件分类图来表示。

　　鱼骨分析法，又名因果分析法，是一种发现问题"根本原因"的分析方法，问题的特性总是受到一些因素的影响，通过头脑风暴找出这些因素，并将它们与特性值联系在一起，按相互关联性整理。鱼骨分析法会产生一个层次分明、条理清楚的图，其形状如鱼骨，如图 3-2 所示。

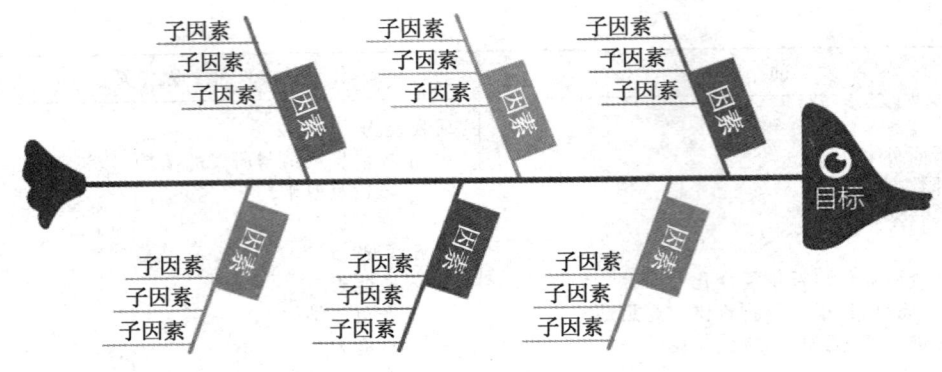

图 3-2 鱼骨图

对目标实现产生正面影响的事件用向上的指示箭头表示,而具有负面影响的事件用向下的箭头表述。

(三) 风险评估

风险评估是指在事件识别的基础上,进一步考虑潜在事件影响企业目标实现的程度,为风险应对策略提供支持。一般采用定性和定量相结合的方法,从发生的可能性和影响程度两个方面对事件进行评估。风险评估既包括对企业个别潜在事件正面和负面影响的评估,也包括对企业分类潜在事件正面和负面影响的评估。由于背景不同、时期不同,风险评估在企业中是持续性和重复性的互动,且不同性质、规模、时期的企业风险评估内容都会有所不同,因此风险评估时必须考虑每个企业的特点。

1. 风险评估方法

风险评估需要定性、定量以及定性与定量相结合的技术。定性技术包括列举风险清单、风险评级和风险矩阵等方法。定量技术包括概率技术和非概率技术,概率技术包括风险模型(风险价值、风险现金流量和风险收益)、损失分布、事后检验等,非概率技术包括敏感性分析、情景分析、压力测试、设定基准等。

(1) 风险模型。风险价值(VAR)是指正常波动下,在一定的概率水平下,某一投资组合在未来特定期间内,在给定的置信水平下可能面临的最大损失。它是集市场风险、信用风险、利率风险与汇率风险等财务风险于一体的统一性标尺。

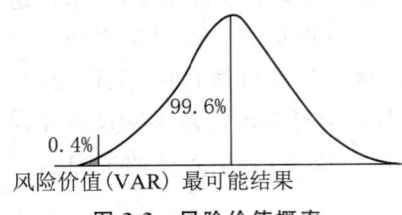

图 3-3 风险价值概率

一般来说,风险价值是一个损失的数额,它应该只小于一个很小的预先确定的比例。风险价值是一个分位点,用以定义风险价值统计量的概率数值一般都非常小。例如,在分布曲线上,VAR 经常被定为小于 1%,有一些企业将 VAR 定为 0.4%,即一年中只有一个工作日会超过这一点(1/252,大约为 0.4%)。风险价值概率曲线如图 3-3 所示。

VAR 是一种有效量度风险的工具,其特点是将统计学和技术应用于风险管理。在市场风险管理领域,VAR 模型广泛用于估计潜在损失。例如,大通银行就是利用风险价值法和压力测试法来衡量市场风险的。

风险现金流量与风险价值相似,不同的是它在给定的置信度和确定的时间范围内估计企业的现金流量相对于目标现金流预期的变化。它建立在对现金流量变化行为的分布假设基础上。风险收益是指根据会计收益行为的分布假设估计企业的会计收益变化,其数据在给定的置信度和确定期间内预计不会被超过。

(2) 损失分布。某些经营或信用损失的分布估计使用统计学技术(一般是基于非正态分布)来计算给定置信度下的经营风险导致的最大损失。这些分析需要收集按损失的根本原因分类的经营损失信息,如销售惯例、未被授权的活动。

(3) 事后检验。企业通过使用历史数据测算风险事件发生的频率及此类事件带来的影响,验证定性评估时对初始影响和概率的估计。这些数据有利于其他企业了解类似情况。例如,了解销售大幅下降事件发生的频率或可能性。

(4) 敏感分析。敏感分析是指在合理的范围内,通过改变输入参数的数值,观察并分析相应输出结果的分析模式。敏感性分析可用来评价潜在事件对日常变化的影响。

(5) 情景分析。情景分析是一种自上而下"如果—那么"的分析方法,可以计量一个事件或事件组合对目标的影响。管理层在战略计划编制时,可以实施情景分析,来评价股东价值增加的情况。

(6) 压力测试。压力测试是情景测试法的一种形式,用于极端情境,分析评估风险管理模型或内部控制流程的有效性,发现问题,制定改进措施。其目的是防止出现重大损失事件。

(7) 设定基准。设定基准也称标杆比较法,通过将本企业与同行业或同类型企业某些领域的做法、指标结果等作定量的比较,来确定风险的重要性水平。基准包括:内部基准,即将一个职能部门或子公司的度量与同一企业的其他职能部门或子公司进行比较;行业基准,即将本企业与其主要竞争企业或同行业全部企业的平均水平进行比较;最佳实践,即在跨行业中寻找最具代表性的企业进行比较。

2. 风险评估描述

风险评估对所列出的风险清单和风险评级,应分别分析发生的可能性和影响程度,并可用风险地图来表示。

(1) 分析风险可能性。风险可能性分析遵循"大数法则",即如果有足够的事例可供观察,则这些未知与不可测力量将趋于平衡的自然倾向,在个别情况中存在的不确定性,将在大数中消失。风险可能性分析结果的定性描述一般有"几乎确定的""很可能的""可能的""不太可能的""很少的"等几种情况。风险可能性的排序和基本标准如表 3-2 所示。

表 3-2　　　　　　　　风险可能性的排序和标准

级　别	描述符	发生可能性	基本标准
1	几乎确定的	非常高	在多数情况下会发生
2	很可能的	高	在多数情况下很可能发生
3	可能的	中　等	在某些时候能够发生
4	不太可能的	低	在某些时候不太可能发生
5	很少的	非常低	在例外情况下才可能发生

（2）分析风险影响程度。根据风险可能产生的影响，一般可定性地将风险性质划分为"不重要的""次要的""中等的""主要的""灾难性的"等几个级别，其影响程度及标准如表 3-3 所示。

表 3-4 风险可能产生影响的排序及标准

程度	描述符	影响程度	基本标准
1	不重要的	轻微	没有伤害，很低的损失
2	次要的	较轻	轻微伤害，较小的损失
3	中等的	一般	中等伤害，中度的损失
4	主要的	较重	较大伤害，较重的损失
5	灾难性的	非常严重	极大伤害，严重的损失

（3）确定风险重要性水平，分别将风险可能性和影响程度在风险矩阵中表示（横轴表示风险可能性、纵轴表示影响程度），如图 3-4 所示。

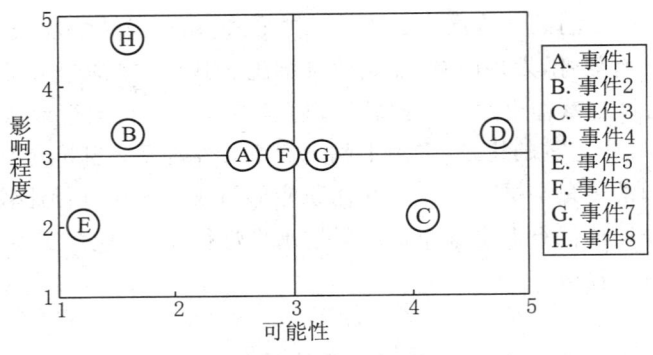

图 3-4 风险矩阵

企业应根据风险与收益相匹配的原则以及各事件在风险坐标图上的位置，进一步确定风险管理的优选顺序，明确风险管理成本的资金预算和控制风险的组织体系、人力资源、应对措施等总体安排。

企业各个阶层对风险的重要性的认识可能差异非常大，应在充分了解企业背景和运作的情况下，找到合适的人员进行风险分析。

（4）从企业整体角度进行风险评估描述。风险评估不仅要分析单一事件的可能性和影响程度（如图 3-5—图 3-7 所示，分别为人员配置水平、设备可用性、信用拖欠比例等单一事件的影响），同时要关注事件之间的关系，考虑整个企业层面的组合风险，特别是各单元均未超过容忍度，但组合在一起超出整体风险容量的情况。多业务单元度量对单一主体层次度量的影响分析（每股收益）如图 3-8 所示，图中风险调整后的收益超过了企业容忍度的下限。净利润、每股收益是衡量企业整体层面的有效指标。当然，如果一个业务单元超过容忍度，但因与其他单元的抵消效应可以将风险降低到可以承受的范围内，是可以接受的。

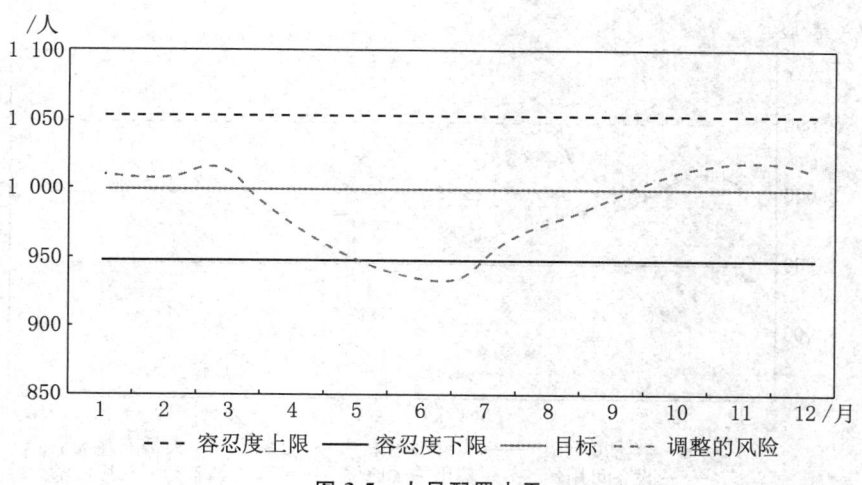

图 3-5 人员配置水平

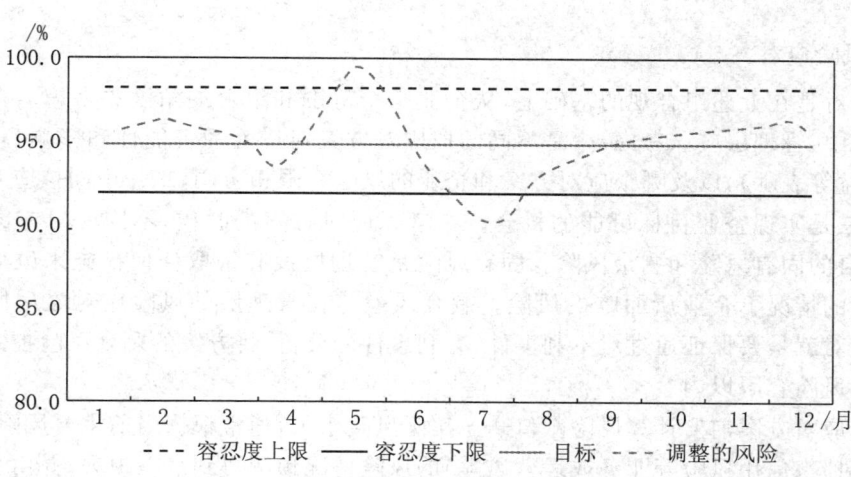

图 3-6 设备可用性

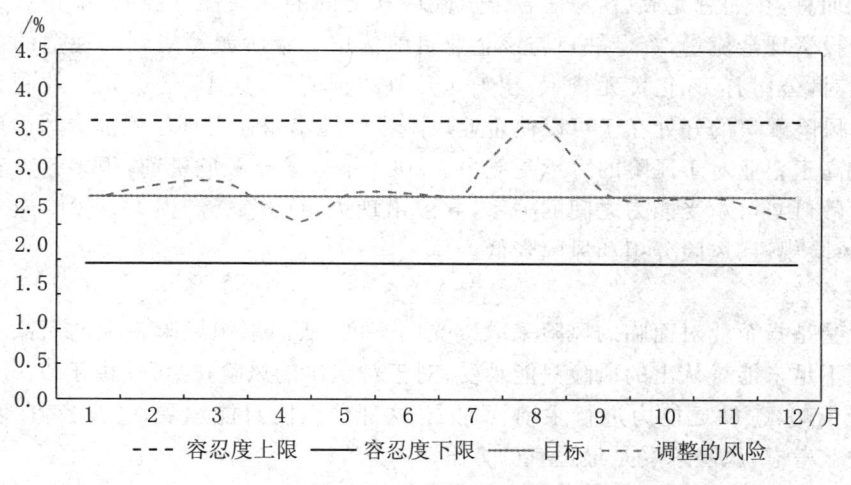

图 3-7 信用拖欠比例

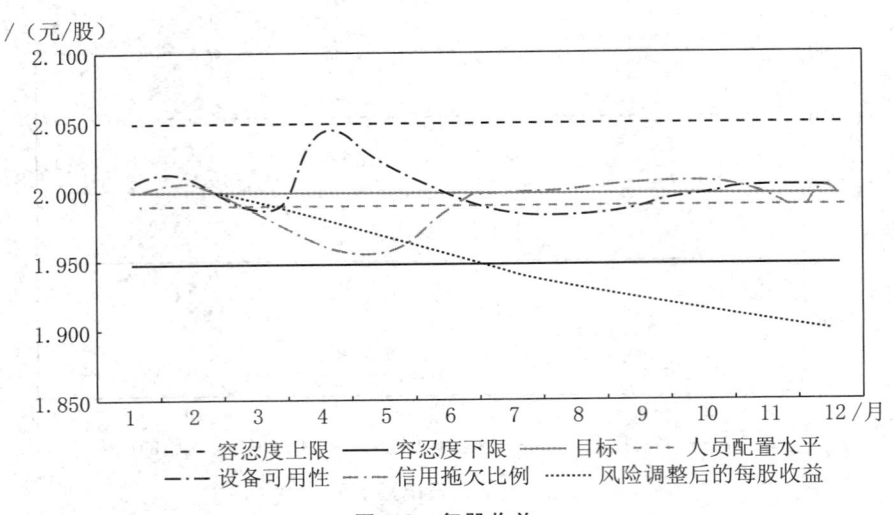

图 3-8 每股收益

(四) 风险应对

风险应对是在上述组合观的基础上,从企业整个范围和组合的角度去考虑。在确定风险应对的过程中,管理层应该考虑:一是不同的拟应对方案对风险的可能性和影响程度(可用利润、每股收益等表示),以及哪个应对方案和企业的风险容限相协调;二是不同拟应对方案的成本和效益;三是实现企业目标可能的机会。在考虑应对方案的时候,不同应对方案均需要考虑、计算各自的固有风险和剩余风险。固有风险是管理层没有采取任何措施来改变风险的可能性或影响的情况下企业所面临的风险。剩余风险是在管理层的风险应对之后所残余的风险。风险应对就是要保证通过对不利事件、有利事件的分析,将方案的剩余风险控制在期望的风险容量和风险容限以内。

在选择应对方案前要计算风险敞口——实际风险水平,通常根据当前主要风险类别(汇率风险、利率风险、信用风险等业务或运营风险)的风险情况预测得到潜在损失,并由日常运作控制过程中统计出的损失来确定。为了得到总体风险敞口水平,通常将各个风险类别当中的风险潜在损失加总,在加总完成后,考虑各个风险因素之间的相关性。例如,某企业集团经营现金流量小于投资现金流量,资金缺口与该企业目前信用等级所能筹集到的现金的差额就是风险敞口。同时,公司有 15 亿美元贷款,在美元升值的预期下,这 15 亿美元贷款利息也是风险敞口。计算风险敞口的好处在于可以使企业风险更好地暴露在管理层面前。风险敞口在正常情况下不应高于企业对于风险的可承受能力。2008 年全球金融危机前,很多银行都没有很好地把握风险敞口与可承受能力之间的关系,导致出现大量的净资产损失。风险应对策略包括风险承受、风险规避、风险分担和风险降低。

1. 风险承受

风险承受是指企业对面临的风险采取接受的态度,从而承担风险带来的后果。企业因风险管理能力不足未能辨认出的风险只能承受;对于辨认出的风险,也可能由于以下几种原因采取风险承受策略:①缺乏能力进行主动管理,对这部分风险只能承受;②没有其他备选方案;③从成本效益考虑,风险承受是最适宜的方案。

对于企业面临的重大风险,不应采取风险承受的策略。

2. 风险规避

风险规避是指企业主动回避、停止或退出某一风险的商业活动或商业环境,避免成为风险的承受者。例如:①拒绝与信用等级低的交易对手交易;②外包某项对工人健康安全风险较高的业务;③设置网址访问限制,禁止员工下载不安全的软件;④禁止在金融市场做投机业务;⑤出售从事某一业务的子公司;⑥退出某一亏损且没有发展前途的产品线;⑦停止向一个发生战争的国家开展业务。

3. 风险分担

风险分担是指企业为避免承担风险损失,有意识地将可能产生损失的活动或与损失有关的财务后果转移给其他方的一种风险应对策略,包括风险转移和风险对冲。

(1) 风险转移。它指企业通过合同将风险转移到第三方,企业对转移后的风险不再拥有所有权。转移风险不会降低其可能的严重程度,只是从一方移除后转移到另一方。例如:①保险合同:规定保险公司为预定的损失支付补偿,投保人在合同开始时向保险公司支付保险费;②风险证券化:通过保险风险证券化构造的保险连接型证券,将巨灾保险市场的承保风险向资本市场转移;③合同约定风险转移:在国际贸易中采用合同约定,卖方承担的货物风险在某个时候改由买方承担。

(2) 风险对冲。它指采取各种手段,引入多个风险因素或承担多个风险,使得这些风险能够互相对冲,也就是使这些风险的影响相互抵消。资产组合使用、多种外币结算的使用、多种经营战略、金融衍生品(套期保值、外汇远期)等都属于风险对冲的手段。

4. 风险降低

风险降低是指企业在权衡成本效益之后,采取适当的控制措施降低风险或者减轻损失,将风险控制在风险承受度之内的策略,具体包括风险转换、风险补偿和风险控制。

(1) 风险转换。它是指企业通过战略调整等手段将企业面临的风险转换成另一种风险,使得总体风险在一定程度上降低。其简单形式就是在减少某一风险的同时,增加另一风险。企业可以通过风险转换在两个或多个风险之间进行调整,以达到最佳效果。例如,企业决定降低目前生产投入增加研发成本,以期获得高质量产品的技术突破,进入高附加值领域。企业风险转换涉及方方面面的运营,可以在无成本或低成本的情况下达到目的。

(2) 风险补偿。它是指企业对风险可能造成的损失采取适当的措施进行补偿,以期降低风险,风险补偿体现在企业主动承担风险,并采取措施以补偿可能的损失。例如,企业建立风险准备金或应急资本,应对临时突发事件。大型的能源公司一般都在常规保险之外设立自己的安全风险准备金,以保证在企业出现较大的安全事故时有足够的资金应对大额损失。

(3) 风险控制。它是指控制风险事件发生的动因、环境、条件等,来达到减轻风险事件发生时的损失或降低风险事件发生的概率的目的。例如,厂房生产车间内禁烟,合同签订符合法律要求。在危险性因素管理中可以看到更多风险控制的案例。

(五) 风险监控与评价

风险监控与评价通过持续的监控活动、专门评价或两者相结合完成。企业的风险管理随着时间而变化。风险应对可能会随着组织架构、人员、流程等情况变化不再有效,控制活动可能会不再有效或不被执行,企业的目标也可能发生变化。监控的目标就是确保企业风险管理的运行持续有效。一般来说,业务部门应开展持续性监控,而风险管理部门或审计部门负责专项评价,一个特定单元或职能机构(如分公司、分厂、财务部门)的人员应对所负责的业务进行自我评价。风险监控中发现的重要缺陷应向上级部门报告,重大缺陷应向公司管理层或董事会报告。风险管理人员应擅长从风险监控中学习有效的风险分析、评估、控制措施,提升风险管理的能力,注意减少不必要或不恰当的、复杂的控制措施。

二、危险性因素、控制性风险(或不确定风险)和机会风险的管理

在事件识别环节,可以按照事件仅能带来损失或带来机会或两者兼而有之,将风险区分为危险性因素、控制性风险(或不确定风险)和机会风险,再进一步进行风险评估和应对,这样有利于削弱人们长期对风险的负面认识,从仅关注风险带来的损失,到将风险与价值相结合考虑,也使全面风险管理体系与其他管理体系更好地融合(如危险性因素管理可以和质量或安全体系较好地衔接)。三种风险管理的主要内容及应对措施如下。

(一)危险性因素管理

危险性因素主要包括诈骗(如员工诈骗、供应商或客户诈骗)、信息技术系统崩溃、可能对企业声誉造成负面影响的意外事件、市场地位遭到挑战、有损安全与健康等。企业对危险性因素一般容忍度较低,应尽可能采取规避策略。

按照事前、事中、事后控制,危险性因素管理的措施分为损失预防、损失管制及成本控制,以降低损失发生的可能性或影响程度。损失预防是提前采取措施,防止危险性因素发生。损失管制主要是控制风险发生后所带来的影响,即提前做好规划,在风险发生后第一时间加以落实,将损失控制在最小范围内,如及时按规定程序上报、尽快控制损失继续发生、召回问题产品、开展危机公关。成本控制是指在事故发生后,企业在同时保持业务持续性和灾后重建两方面时,实现成本最小化。建立损失事件数据有利于将危险性因素管理进一步量化,如资金信息系统崩溃的原因及频率、影响范围和损失大小。

危险性因素的控制措施列举如下:①对于员工诈骗的控制措施有:减少值得偷窃的资产数目,改善员工招聘的流程设置控制环节,使偷窃可能性最小化;提高监管力度,改善财务控制和管理系统(如资金账户设置经过审批、限制接触、收入及时归入指定账户的流程及支出经过授权审批、资金信息系统的用户名和密码管理、定期对账的流程);改善诈骗识别机制。②对于防止信息技术系统崩溃的控制措施有:信息技术基础设施的保护措施,如截获信息系统责任信息、病毒方法及间谍软件的细节,对个人数据使用、网络使用、邮件往来的限制,灾后重建计划(如系统异地备份、应急支持设施)。③对保持企业声誉的控制措施有:对特许经营的个人提供各种培训,对特许经营采购渠道一致性的控制,高规格赞助协议控制,采购、回收等各环节采取有利于环境保护的措施,重大事故发生后采取危机公关保持企业声誉,等等。④对维护市场地位的控制措施有:在技术研发上开展合资合作,共同享有技术成果、分摊研发成本;采取各种符合合规性监管要求(如所在国法律政策)的措施。

在2010年墨西哥湾"漏油事件"中,当事企业丁公司在成本控制方面的措施较为及时和高效,使得成本控制在较低水平。这些措施包括:①事发后全力止损散损;②在可接受的限度内,优先以和解方式处理索赔;③在民事和刑事(包括公共集团)诉讼并发时,先应对刑事和集团诉讼,后处理民事赔偿和罚款;④在应诉中,积极有效地抗辩,并辅以强有力的证据、律师团队和专家证人的支持;⑤通过公关宣传等手段,做好整体策应和配合;⑥实施清理、恢复及业务持续性管理。

(二)控制性风险(或不确定风险)管理

控制性风险(或不确定风险)侧重于满足企业合规性的要求,也对企业日常运营中面临的

不确定性,如利率汇率变化、原材料及产品的价格涨跌、设备修理频次、供应商断货、国家政策发生变化、竞争对手转变竞争策略等进行管理,应对可能发生的损失。其与机会风险管理的区别是不为获取超额回报。本部分内容主要介绍针对不确定性风险的管理方法。

针对不确定性风险应对方式有的操作较为简单,例如,面对国外美元兑人民币价格更高的情况,很多外贸企业选择在国外以美元结算并兑换成人民币后再转到国内账户,最大限度地增加企业盈利。但有时具有一定难度,需要采用更多的风险管理措施,较典型的就是金融衍生品、套期保值、保险等风险对冲或转移措施。金融衍生品的形式主要有远期合约、互换交易、期货、期权、套期保值、保险。

1. 远期合约

远期合约是合约双方同意在未来日期按照固定价格交换金融资产的金融工具,承诺以当前约定的条件在未来进行交易的合约,会指明买卖的商品或金融工具的种类、价格及交割结算的日期。远期合约主要有远期利率协议、远期外汇合约、远期股票合约。远期合约是现金交易,买方和卖方达成协议在未来的某一特定日期交割一定质量和数量的商品,价格可以预先确定或在交割时确定。

2. 互换交易

互换交易主要指对相同货币的债务和不同货币的债务通过金融中介进行互换的一种行为。互换的种类包括利率互换、货币互换和其他互换。

(1) 利率互换是指双方同意在未来的一定期限内根据同种货币同样的名义本金交换现金流,其中一方的现金根据浮动利率计算,而另一方的现金流根据固定利率计算。

(2) 货币互换是指将一种货币的本金和固定利息与另一种货币的等价本金和固定利息进行交换。

(3) 其他互换有股权互换、信用互换、互换期权等。例如,计算汇率风险敞口和可承受风险,运用外汇远期、掉期等金融衍生工具,选择国内或国外结算等方式使汇率风险控制在可承受范围之内。

3. 期货

期货是指在约定的将来某个日期按约定的条件(包括价格、交割地点、交割方式)买入或卖出一定标准数量的某种资产。期货的主要类型有商品期货、外汇期货、利率期货和股票指数期货。

(1) 商品期货是标的为实物商品的期货。

(2) 外汇期货是标的物为外汇(如美元、欧元、英镑、日元)的期货。

(3) 利率期货是标的资产价格依赖于利率水平的期货合约,如长期国债、短期国债、商业汇票和欧洲美元期货。

(4) 股票指数期货的标的物是股价指数。

4. 期权

期权是指在规定的时间内,以规定的价格购买或者卖出某种规定的资产的权力。期权是在期货的基础上产生的一种金融工具,可以使期权的买方将风险锁定在一定范围内。在期权交易时,购买期权合约方称买方,而出售合约的一方叫卖方。

按照交易主体划分,期权可分为买方期权和卖方期权两类。买方期权是指赋予期权持有人在期权有效期内按履约价格买进(但不负有必须买进的义务)规定的资产的权利。卖方期权是指期权持有人在期权有效期内按履约价格卖出(但不负有必须卖出的义务)规定的资产的权利。

5. 套期保值

套期保值是指为冲抵风险而买卖相应的衍生产品的行为。它是指企业为规避外汇风险、利率风险、商品价格风险、股票价格风险、信用风险等，指定一项或一项以上套期工具，使套期工具的公允价值或现金流量变动，预期抵销被套期项目全部或部分公允价值或现金流量变动。

值得注意的是，不确定性风险有很多的控制性措施，如授权批准，这些控制性措施要以适度和效益最大化为原则，防止过度控制管理而抑制企业发展。

6. 保险

企业应该根据自身特殊经营活动及特质，对各种类型的保险加以风险评估，确定应购买的保险范围。在对保险风险评估时，应避免仅覆盖个别业务有限的风险敞口，应从企业整体考虑，将保险所需的成本限制在企业整体的承受范围内。在购买保险时，根据自身所需投保的资产价值及需要投保的风险敞口水平等因素，充分考虑保险公司的承保能力。企业可通过发现保险市场的周期制定购买保险的策略：在费率水平高时，尽可能少买保险，更多选择在自己的保险公司投保；在费率水平低时，尽可能多买保险，从而以最低的成本获得最高的保额。

不确定性风险管理并不限于上述各种方法，而是根据市场的各种可能性综合采用各种方法。

例如，某公司为适应供求关系的不确定性、市场的全球化、产品生命周期的缩短及技术的不断变革，将非核心技术业务外包，供应链风险管理的重要性就凸显出来了。为保证企业产品生产或服务不受供应链的影响，该公司采用以下方式对相关的不确定性进行管理：①对战略性合作关系的供应商建立筛选流程，确保能够按照双方约定的价格及时稳定地供货；②选择独家供应商时，严防一旦断货所带来的损失；③对于提供重要部件的供应商，采用建立合资关系的形式，并将所面临的风险部分转嫁；④对于外包业务以合同形式明确规定使用范围和起止时间、需要提供的服务及对二级承保的限制、定价及费用结构、服务水平及实施要求、保密及信息安全、确认安排和终止条款、争端解决方案、保险要求、责任及赔款等。

（三）机会风险管理

机会风险管理是企业刻意承担的、旨在竭力推进企业目标（如获得高额回报）实现的风险。机会风险可以帮助企业评估新业务、新客户，对企业价值创造至关重要，它一方面能增加额外的商业机会，带来高收益，另一方面也需要评估获得业务机会而可能带来的弊端。

机会风险应尽量通过量化或半量化的手段评估，可通过对企业财务、基础结构、声誉、市场地位各项影响因素的分别评估，获得企业风险敞口的数值，从而确定是否接受新业务。

如在金融危机期间，一家国际餐饮公司发现市中心的房租非常低廉，经过评估，该企业认为利用此时机以低廉的租金到繁华地段发展，有利于扩展业务、提高市场地位、提升企业声誉、提高销售收入和每股收益，且公司具有足够的现金流用于投资，从而决定增加对繁华地段的投入。

【引例解析】

雷曼兄弟破产原因分析如下：

1. 外部风险

受次贷危机的影响。次贷问题及所引发的支付危机，最根本原因是美国房价下跌引起的次级贷款对象偿付能力的下降。因此，其背后深层次的问题在于美国房市的调整。美联储在

IT泡沫破灭之后大幅度降息,实行宽松的货币政策。全球经济的强劲增长和追逐高回报,促进了金融创新,出现了很多金融工具,增加了全球投资者对风险的偏好程度。2000年以后,实际利率降低,全球流动性过剩,借贷很容易获得。这些都促使了美国和全球出现房市的繁荣。而房地产市场的上涨,导致美国消费者财富增加,增加了消费力,使得美国经济持续快速增长,又进一步促进了美国房价的上涨。2000至2006年,美国房价指数上涨了130%,是历次上升周期中涨幅最大的。房价大涨和低利率环境下,借贷双方风险意识日趋薄弱,次级贷款的规模在美国快速增长。同时,浮动利率房贷占比和各种优惠贷款比例不断提高,各种高风险放贷工具增速迅猛。

但从2004年开始,美国连续加息17次。2006年起房地产价格止升回落,一年内全国平均房价下跌3.5%,为自1930年代大萧条以来首次大范围下跌,尤其是部分地区的房价下降超过了20%。全球失衡到达的无法维系的程度是本轮房价下跌及经济步入下行周期的深层次原因。全球经常账户余额的绝对值占GDP的百分比自2001年持续增长,而美国居民储蓄率却持续下降。当美国居民债台高筑难以支撑房市泡沫的时候,房市调整就在所难免。这导致次级和优级浮动利率按揭贷款的拖欠率明显上升,无力还贷的房贷人越来越多。一旦这些按揭贷款被清收,最终会造成信贷损失。

和过去所有房地产市场波动不同的是,此次次贷危机,造成了整个证券市场,尤其是衍生产品的重新定价。而衍生产品估值往往是由一些非常复杂的数学或者是数据性公式和模型做出来的,对风险偏好十分敏感,需要不断地调整,这样就给整个次级债市场带来很大的不确定性。投资者难以对产品价值及风险直接评估,从而十分依赖评级机构对其进行风险评估。然而评级机构面对越来越复杂的金融产品并未采取足够的审慎态度。而定价的不确定性造成风险溢价的急剧上升,并蔓延到货币和商业票据市场,使整个商业票据市场流动性迅速减小。由于金融市场中充斥着资产抵押证券,美联储的大幅注资依然难以彻底消除流动性抽紧的状况。到商业票据购买方不能继续提供资金的时候,流动性危机就形成了。更糟糕的是,由于这些次级债经常会以债务抵押债券的方式用于产生新的债券,当以次级房贷为基础的次级债证券市场价值急剧下降时,市场对整个以抵押物为支持的证券市场价值出现怀疑,优先级债券的市场价值也大幅下跌。次级债证券市场的全球化导致整个次级债危机变成了一个全球性的问题。

这一轮由次级贷款问题演变成的信贷危机中,众多金融机构因资本金被侵蚀面临清盘的窘境,这其中包括金融市场中雄极一时的巨无霸们。贝尔斯登、"两房"、雷曼兄弟、美林、AIG皆面临财务危机,或被政府接管、或被收购或以破产收场。在支付危机爆发后,除了美林的股价还占52周最高股价的1/5,其余各家机构股价均较52周最高值下降98%及以上。6家金融机构的总资产超过4.8万亿美元。贝尔斯登、雷曼兄弟和美林在次贷危机中分别减值32亿美元、138亿美元及522亿美元,总计近700亿美元,而全球金融市场减值更高,达5573亿美元。因减值造成资本金不足,所以全球各主要银行和券商寻求新的投资者来注入新的资本,试图渡过难关。

2. 内部风险

(1)进入不熟悉的业务,且发展太快,业务过于集中。作为一家顶级的投资银行,雷曼兄弟在很长一段时间内注重于传统的投资银行业务(如证券发行承销,兼并收购顾问)。进入20世纪90年代后,随着固定收益产品、金融衍生品的流行和交易的飞速发展,雷曼兄弟也大力拓展了这些领域的业务,并取得了巨大的成功,被称为华尔街上的"债券之王"。

在2000年后,房地产和信贷这些非传统的业务蓬勃发展,雷曼兄弟和其他华尔街上的银行一样,开始涉足此类业务。这本无可厚非,但雷曼的扩张速度太快(美林、贝尔斯登、摩根士丹利等也存在相同的问题)。近年来,雷曼兄弟一直是住宅抵押债券和商业地产债券的顶级承销商和账簿管理人。即使是在房地产市场下滑的2007年,雷曼兄弟的商业地产债券业务仍然增长了约13%。这样一来,雷曼兄弟面临的系统性风险非常大。在市场情况好的年份,整个市场都在向上,市场流动性泛滥,投资者被乐观情绪所蒙蔽,巨大的系统性风险给雷曼带来了巨大的收益;可是当市场崩溃的时候,如此大的系统风险必然带来巨大的负面影响。

另外,雷曼兄弟"债券之王"的称号固然是对它的褒奖,但同时也暗示了它的业务过于集中于固定收益部分。近几年,虽然雷曼也在其他业务领域(兼并收购、股票交易)方面有了进步,但缺乏其他竞争对手所具有的多元化业务。对比一下,同样处于困境的美林证券,可以在短期内迅速将它所投资的彭博和黑岩公司的股权脱手而换得急需的现金,但雷曼就没有这样的应急手段。这一点上,雷曼和此前被收购的贝尔斯登颇为类似。

(2)自身资本太少,杠杆率太高。以雷曼为代表的投资银行与综合性银行(如花旗、摩根大通、美洲银行)不同,它们的自有资本太少,资本充足率太低。为了筹集资金来扩大业务,它们只好依赖债券市场和银行间拆借市场。在债券市场发债来满足中长期资金的需求,在银行间拆借市场通过抵押回购等方法来满足短期(隔夜、7天、一个月等)资金的需求。然后将这些资金用于业务和投资,赚取收益,扣除要偿付的融资代价后,就是公司运营的回报。就是说,公司用很少的自有资本和大量借贷的方法来维持运营的资金需求,这就是杠杆效应的基本原理。借贷越多,自有资本越少,杠杆率(总资产除以自有资本)就越大。杠杆效应的特点就是,在赚钱的时候,收益是随杠杆率放大的;但当亏损的时候,损失也是按杠杆率放大的。杠杆效应是一柄双刃剑。由于业务的扩大发展,华尔街上的各投行将杠杆率提高到了危险的程度。

【工作任务3-2】

掌握企业风险管理方法

甲公司是一家软件开发公司,在软件开发过程中,会存在很多风险,为此甲公司采取了一系列措施来应对风险,其中包括:

(1)对于软件项目开发过程中存在的技术风险,采用成熟的技术、团队成员熟悉的技术或迭代式的开发过程等方法来回避风险。

(2)针对完全陌生领域的项目购买保险,保险合同规定保险公司为预定的损失支付补偿,作为交换,在合同开始时,该公司要向保险公司支付保险费。

(3)软件开发过程需要大额资金,并且如果开发后市场反响不好,可能无法收回开发成本。甲公司在权衡成本效益之后没有采取任何措施防范这类风险。

操作要求:判断各项措施所对应的应对风险策略。

任务分析:

(1)第一个措施是采用成熟的技术、团队成员熟悉的技术或迭代式的开发过程等方法将风险规避,属于风险规避的应对策略。

(2)第二个措施是将完全陌生领域的项目利用保险形式,这属于风险分担中购买保险应对策略。

(3)第三个事项是不采取任何措施来干预风险发生的可能性和影响,属于风险承受应对策略。

任务三　企业风险管理体系及其建立

> **引例**
>
> **甲公司应对环境污染事件**
>
> 2018年3月24日,甲公司启动应急管理机制,针对该事件成立环境污染事件处理领导小组,由分管相关工作的领导牵头,公司环境保护、财务、计划、生产、宣传、法律等部门参与,负责此次环境污染事件相关处理工作,抓紧清除违规处置的危险废物,避免继续污染环境。
>
> 为防范发生次生风险,甲公司责成该领导小组全面评估环境污染事件对公司发展规划、生产经营、股价及声誉等方面的影响,预估潜在损失,形成综合应对方案。2018年3月末,甲公司在收到政府环境保护部门停产整治通知后,立即实施拟定的应对方案。
>
> **问题与任务:** 结合资料提出企业从整体角度评估风险的建议。

【知识准备与业务操作】

企业建立风险管理体系,应至少包括以下几个方面:①风险管理理念和组织职能体系;②风险管理策略;③风险管理基本流程及文本记录和报告;④风险管理信息系统;⑤风险管理文化培训。

一、风险管理理念和组织职能体系

(一)风险管理理念

企业应建立统一的风险管理理念——如何识别风险、承担哪些风险,以及如何管理这些风险,形成对风险统一的信念和态度,从而在做任何决定(从战略制定和执行到日常的活动)时都考虑风险。

风险管理理念可通过企业各种口头或书面政策表述,影响风险文化的形成,使得个人价值观、团队价值观、行为态度及处世方式在风险管理的价值观上趋同。避免一些部门相对于企业选择的风险策略过于激进,而另一些部门过于保守。

(二)风险管理组织职能体系

明确风险管理组织架构及各自职责是开展全面风险管理的必要条件。风险管理的组织机构一般由董事会、管理层、审计委员会、风险管理委员会、各个业务部门、专业风险管理人员和企业员工组成。企业员工、业务部门、管理层构成了风险管理的第一道防线;专业风险管理人员、风险管理委员会、审计委员会构成了风险管理的第二道防线;董事会构成风险管理第三道防线。

(三)风险管理执业者素质

风险管理人员需要掌握风险管理技能和技巧,包括:

(1)与风险管理策略的制定相关的技能:评估企业所处的环境和目标,明确企业的内部和外部风险,制定风险策略以及风险管理规定,规范风险管理用语。

(2)与风险管理架构的施行相关的技能:设计、施行风险管理架构、角色及责任;制定和施行风险管理流程、指导方针和方案;建立风险意识文化、保持与其他管理活动之间的协调性。

(3)与风险管理表现的衡量相关的技能:协助完成事件识别、分析和评估,制定风险管理信息的存档备案流程,评价当前控制措施的效度;协助完成必要且有效的控制改善措施的设计及施行工作。

(4)从风险管理活动中汲取经验的技能:对风险管理决策、政策及流程作出评估,提出相应的改善建议;充分理解汇报要求,设计合理的汇报形式,制作详略得当、形象生动的报告。

二、风险管理策略

风险管理策略是指企业根据自身条件和外部环境,围绕企业发展战略,确定风险偏好、风险容量和容限、风险承受度、风险管理有效性标准(如何度量风险),选择风险承担、规避、分担和降低等适合的风险管理工具的总体策略,并确定风险管理所需人力和财力资源的配置原则。风险管理策略在一定程度上由风险管理理念所决定。

风险管理策略是风险管理的核心内容,应用于企业各个领域的风险管理指导方针,应在风险管理手册中予以明确。恰当的风险管理策略本身就是企业核心竞争力之一,保障企业战略目标和经营目标的实现。

建立风险管理策略应确定合适的企业风险度量模型。每一项重要的风险均应统一制定风险度量模型,对所采取的风险度量取得共识但不一定在整个企业使用唯一的风险度量,允许对不同的风险采取不同的度量方法。

三、风险管理基本流程及文本记录和报告

将风险管理的各个流程文本化能够尽可能多地记录风险管理的相关内容,确保在决策制定过程中可以获得足够多的信息。其目标是缩短员工寻找信息的时间,建立畅通的共享信息流机制,减少不必要的信息复制,明确记录保持时限,支持风险管理及业务连续性规划。结构严谨、动态的风险登记制度是成功的风险管理策略的重要组成部分。

企业经过授权和职责划分、事件识别、不同风险应对措施,应对这些风险管理行为的细节进行登记,包括风险管理责任人名单、风险应对及改善计划、突发事件报告及建议、风险绩效及认证报告。

风险登记的目标在于统一已明确的重要风险的口径。风险登记表的基本形式如表3-4所示。

表 3-4　　　　　　　　　　风险登记表

风险索引号	风险描述	发生可能性	潜在影响程度	总体评分	所采取的控制手段
1	运输燃油、爆炸物引发的严重的交通事故。根据事故涉及的物质危害程度,决定将事发地周围1千米以内的人员撤离。30吨以上的液体燃油污染周围环境的潜在威胁	小	大	中等	交警应急计划 高速公路站计划 当地政府应急计划 公司应急计划 与员工的家人取得联系 将具体的情况通知客户
2	资金被盗引起的损失达到公司流动资产总额的2%	小	大	中	限制接触和不相容岗位 稽核机制 报警机制 保险

内部审计可以在尽可能详细和深入的风险控制活动描述的基础上开展。在需要作出战略决策时,应包括对实施该战略可能带来的风险和不实施该战略可能引发的风险的分析。

风险绩效报告的内容包括将企业各种不利事件影响与风险偏好或风险承受能力对比,提示接近极限的情况,以便对这些不利事件加以监控,对各种有利事件影响尽可能量化,提示机会。

风险登记可以使用风险管理信息系统,并将信息在企业内部的局域网共享。

四、风险管理信息系统

目前企业应用的不同风险管理信息系统的主要功能有:

(1) 实现风险信息的共享,提升风险信息的搜集及传播效率。风险信息包括风险管理政策以及方案风险档案数据、分值及信息;紧急情况的联系对象以及联系方式;历史损失、理赔经验、信息风险管理行动计划;等等。

(2) 风险预测和评估,包括利用系统收集各种市场风险信息(如价格),通过建模等方式,对未来走势进行预测;集成目前管理系统中各种内部信息,通过各项风险指标计算评估情况,如信用、市场风险相对于风险容限的程度。

(3) 开展信息系统风险监控。通过集成其他信息系统的数据,对这些数据进行加工、判断,利用系统对超出容忍度范围的风险进行监控。

由上可知,风险管理信息系统极大地依赖数据的收集和共享,以及风险管理政策、风险指标及风险模型的建立。

五、风险管理文化培训

企业应注重建立具有风险意识的企业文化,促进企业风险管理水平、员工风险管理素质的提升,保障企业风险管理目标的实现。风险管理文化建设应融入企业文化建设全过程。大力培育和塑造良好的风险管理文化,树立正确的风险管理理念,增强员工风险管理意识,将风险管理意识转化为员工的共同认识和自觉行动,促进企业建立系统、规范、高效的风险管理机制。

企业应在内部各个层面营造风险管理文化氛围。董事会应高度重视风险管理文化的培育,总经理负责培育风险管理文化的日常工作。董事和高级管理人员应在培育风险管理文化中起表率作用。重要管理及业务流程和风险控制点的管理人员和业务操作人员应成为培育风险管理文化的骨干。企业全体员工尤其是各级管理人员和业务操作人员应通过多种形式,努力传播企业风险管理文化,牢固树立风险无处不在、风险无时不在、严格防控纯粹风险、审慎处置机会风险、风险管理岗位责任重大等意识和理念。

企业应建立重要管理及业务流程、风险控制点的管理人员和业务操作人员岗前风险管理培训制度。采取多种途径和形式,加强对风险管理理念、知识、流程、管控核心内容的培训,培养风险管理人才,培育风险管理文化。

【引例解析】

企业整体风险评估:一是要分析单一事件的可能性和影响程度,二是要关注事件之间的关系,考虑整个企业层面的组合风险。

【工作任务 3-3】

熟悉企业风险管理体系及其建立

甲公司是国内首屈一指的车用 A 产品生产销售企业,其产品具有良好的耐高温、黏附性和抗水性,以及微动磨损、橡胶相容、动态防锈性能,2017 年净利润为 6 000 万元。但市场上同类产品鱼龙混杂,假冒伪劣产品因缺乏上述性能降低了公司品牌的信誉和消费者的信任,严重影响了公司销售业务。同时,国外厂商为打开市场,占有更大的市场份额,将高端产品降价。

操作要求:思考如何应对国外厂商进入市场带来的竞争压力,如何确保净利润增长 20% 的目标完成。

任务分析:

对甲公司而言,品牌的风险容量非常低,应设法将假冒伪劣产品对公司品牌的影响降至最低。

甲公司 A 产品 2018 年设置净利润增长 20% 的目标(2017 年净利润为 6 000 万元),通过调查问卷的形式分析出实现目标所涉及的外部因素、内部因素及其相关的事件如下:

1. 外部因素

(1) 经济上,央行实行宽松货币政策,能够获得较低成本的资金;世界经济特别是新兴经济体增长缓慢,美国经济复苏,美元贷款增加资金成本。

(2) 市场受经济下行影响,国内通货相对紧缩,产品价格下降、成本亦有所降低,汽车厂商纷纷部署电动能源战略,A 产品需求将大幅减少;低端竞争者持续增加。

(3) 自然环境监管要求越来越严格,环保成本持续上升。

(4) 技术竞争者研发的高端产品成本与公司相近,公司产品面临降价风险。

2. 内部因素

(1) 基础结构。公司连锁店增加。

(2) 人员。员工不能适应电子商务开展需要。

(3) 技术。公司研发人员流失,研发能力受限。

(4) 流程。实行统一集中采购,采购质量、性价比及供货及时性均具有一定优势。

(5) 企业声誉。公司拟延长产品的保修时间。

(6) 市场地位。在汽车 OEM(定牌生产合作,下同)中市场份额增加。

甲公司鱼骨图分析如图 3-9 所示。

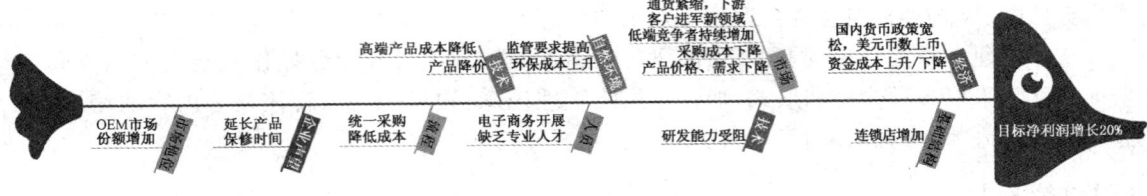

图 3-9　甲公司鱼骨分析图

甲公司 A 产品净利润目标增长 20% 所面临的风险评估情况如表 3-5 所示。

表 3-5　　　　　　　　　　　风险情况分析表

序号	不利事件	风险描述	可能性	影响
1	利率变化	增加贷款的资金成本	可能的	中
2	汇率波动	美元贷款利率上升	几乎确定	中
3	需求减少	销量下降	很可能的	重大
4	环保投入	监管要求进一步提高,投入加大	很可能的	中
5	高端产品降价	国外厂商为打开市场,高端产品降价,影响市场份额	不太可能的	重大
6	装置非计划停工	生产不稳定,非计划停工造成损失	可能的	中
7	研发	研发投入无成效	可能的	中
8	品牌	假冒伪劣产品影响品牌、销量和价格	几乎确定	重大
9	商业活动	投入没有效果	可能的	中

其风险地图如图 3-10 所示。

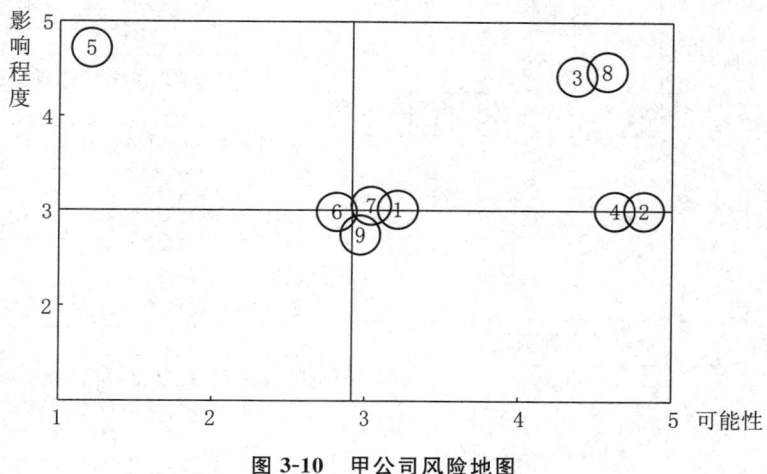

图 3-10　甲公司风险地图

第 3 项和第 8 项为公司重点管理的事件。

甲公司有 25% 的可能实现净利润增长 20% 以上。此外,公司还对国外厂商高端产品降价所引起的销售量、降价幅度进行压力测试,确定了在何时予以降价回击。

甲公司基于风险评估的结果,预计品牌的风险敞口为市场份额的 10%,决定采取以下应对措施,进一步保护品牌和企业声誉,不断拓展市场份额,提升净利润水平。①与车企开展技术和商务合作,在国内汽车 OEM 代加工市场占有率超过 60%,从源头保障了产品的品质和消费者权益,帮助消费者通过正规渠道购买品质有保障的产品。公司还利用本集团内其他公司生产化工产品的优势,向汽车提供轻量化节能的原材料产品。②对公司利率水平变动采取风险承担策略。③公司开发电子商务平台,更好地为汽车行业客户和消费者服务。④为了规避美元贷款风险,提前偿还美元债务借入欧元。⑤公司将市场需求及时反馈给研发部门,将研发、销售、财务、生产等部门共同组成项目小组,努力开拓高端产品,进入高利润率领域。⑥持续检查HSE①和ISO9001②体系的建设,力求非计划停工可能性降至最低,确保符合环保要求和质量标准,并作为社会责任报告的重要部分,提升自身品牌的信誉。⑦开展上门服务等一系列广告营销活动,关注新用户增量等营销效果,设法维持或拓展市场份额。⑧对员工进行电子商务培训。⑨开展全员目标成本管理,设法从源头降低成本。

本例中,①③⑤⑧为风险转换,②为风险承担,④为风险对冲,⑥⑦⑨为风险控制。

在确定风险应对策略后,企业应针对每项风险,制定具体的应对措施。

项目小结

本项目主要阐述了企业风险管理的概念、目标、特征和基本原则、类别;企业风险管理流程涉及五个步骤;企业风险管理的方法;企业风险管理体系;风险管理与其他管理体系的关系。对企业风险和机会进行管理,是企业战略制定到日常经营过程中对待风险的一系列信念与态度,目的是确定可能影响企业的潜在事项,并进行管理,为实现企业的目标提供合理的保证。企业应加强企业风险管理工作,建立规范、有效的风险管理和内部控制体系,提高经营管理水平和风险防范能力,促进总体战略和经营目标的实现。

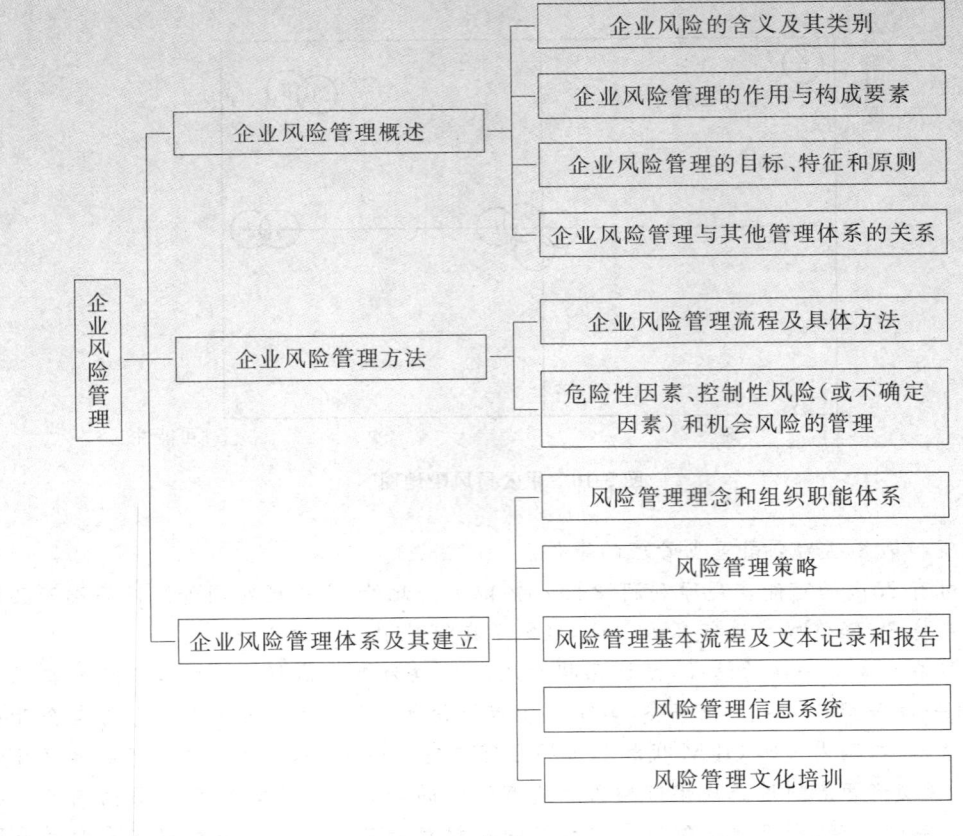

---

① HSE管理体系指的是健康(Health)、安全(Safety)和环境(Environment)三位一体的管理体系。
② ISO9001是迄今为止世界上最成熟的质量框架。

习　　题

一、单项选择题

1. 以下不属于市场风险的是(　　)。
　　A. 利率风险　　　　　　　　　　　　B. 汇率风险
　　C. 财务风险　　　　　　　　　　　　D. 商品价格风险

2. (　　)是当你设定好一个目标后还未开展任何风控活动就面临的所有潜在风险。
　　A. 经营风险　　　B. 财务风险　　　C. 剩余风险　　　D. 固有风险

3. 下列各项中,属于由于赊销而产生的风险的是(　　)。
　　A. 利率风险　　　　　　　　　　　　B. 汇率风险
　　C. 信用风险　　　　　　　　　　　　D. 商品价格风险

4. 在风险管理基本流程中,风险辨识的主要任务是(　　)。
　　A. 识别和了解企业面临的各种风险　　B. 分析和描述风险发生可能性的高低
　　C. 评估风险对企业实现目标的影响程度　D. 针对出现的风险制定应对办法

5. 以下应承担企业风险管理责任的是(　　)。
　　A. 董事会及首席执行官　　　　　　　B. 外聘审计师
　　C. 业务部门的领导　　　　　　　　　D. 企业内的每一个成员

6. (　　)就是当你设定好目标后,认识了潜在风险,通过一系列的控制活动来降低、规避、转嫁这些潜在风险后,还存在的未能被控制的潜在风险。
　　A. 经营风险　　　B. 剩余风险　　　C. 财务风险　　　D. 固有风险

7. 在管理风险时,最有效的做法是(　　)。
　　A. 把所有已识别的风险进行应对
　　B. 把所有经营的主要风险,即发生可能性较高的风险进行应对
　　C. 把所有已识别发生可能性较高及对企业财务有较大影响的风险进行应对
　　D. 把所有已识别发生可能性较大并且对企业影响较重大的主要风险进行应对

8. "不把鸡蛋放在同一个篮子里",是(　　)应对策略的反映。
　　A. 风险降低　　　B. 风险分担　　　C. 风险承受　　　D. 风险规避

9. 企业需要识别的与内部风险相关的因素是(　　)。
　　A. 经济形势、产业政策、融资环境、市场竞争、资源供给等经济因素
　　B. 法律法规、监管要求等法律因素
　　C. 技术进步、工艺改进等科学技术因素
　　D. 组织机构、经营方式、资产管理、业务流程等管理因素

10. 公司有一笔期限为12个月、与某银行间同业拆借利率挂钩的贷款。根据财务现状,该公司在贷款到期日才有足够资金偿还款项,但财务管理人员预计3个月后利率将会上涨。在此情况下,为锁定利息的支出,企业可考虑(　　)。
　　A. 购买看跌期权
　　B. 进行利率互换以现有固定利率的利息支出换取银行的可变利率利息收入
　　C. 维持现状,于贷款到期时支付利息
　　D. 卖出利率期货合约

11. 规避风险应对策略的体现是（　　）。
    A. 购买保险　　　　　　　　　　　B. 停止生产不合格产品
    C. 业务分包　　　　　　　　　　　D. 分散投资
12. 风险分担应对策略的体现是（　　）。
    A. 购买保险　　　　　　　　　　　B. 停止生产不合格产品
    C. 规范内部控制　　　　　　　　　D. 分散投资
13. 风险承受应对策略的体现是（　　）。
    A. 对不重要事项不采取任何控制措施　B. 停止生产不合格产品
    C. 规范内部控制　　　　　　　　　D. 分散投资
14. 风险评估的第一步是（　　）。
    A. 设定控制目标　　B. 风险识别　　C. 风险分析　　D. 风险应对
15. 下列不属于风险评估流程的是（　　）。
    A. 风险识别　　　　B. 风险分析　　C. 风险降低　　D. 风险应对
16. 《中央企业全面风险管理指引》中与财务风险相关的信息是（　　）。
    A. 国内外宏观经济政策以及经济运行情况、本行业状况、国家产业政策
    B. 负债、或有负债、负债率、偿债能力
    C. 产品或服务的价格及供需变化
    D. 新市场开发、市场营销策略，包括产品或服务定价与销售渠道、市场营销环境状况等
17. 《中央企业全面风险管理指引》中与运营风险相关的信息是（　　）。
    A. 科技进步、技术创新的有关内容
    B. 现金流、应收账款及其占销售收入的比重、资金周转率
    C. 能源、原材料、配件等物资供应的充足性、稳定性和价格变化
    D. 质量、安全、环保、信息安全等管理中曾发生或易发生失误的业务流程或环节
18. 《中央企业全面风险管理指引》中与法律风险相关的信息是（　　）。
    A. 国内外与本企业相关的政治、法律环境
    B. 盈利能力
    C. 潜在竞争者、竞争者及其主要产品、替代品情况
    D. 因企业内、外部人员的道德风险导致的损失或业务控制系统失灵
19. 《中央企业全面风险管理指引》中与市场风险相关的信息是（　　）。
    A. 本企业发生重大法律纠纷案件的情况
    B. 盈利能力
    C. 主要客户、主要供应商的信用情况
    D. 本企业发展战略和规划、投融资计划
20. 重大风险的风险偏好是企业的重大决策，应由（　　）决定。
    A. 股东（大）会　　　　　　　　　B. 风险管理委员会
    C. 总经理　　　　　　　　　　　　D. 董事长

二、多项选择题
1. 《中央企业全面风险管理指引》中所称的主要风险包括（　　）。
    A. 战略风险　　　　　　　　　　　B. 财务风险
    C. 市场风险　　　　　　　　　　　D. 运营风险

2. 《企业内部控制基本规范》中指出的风险应对策略有(　　　　)。
   A. 风险规避　　　　B. 风险降低　　　　C. 风险分担　　　　D. 风险承受
3. 关于企业全面风险管理,下列说法正确的有(　　　　)。
   A. 保持资金流动性,防范资金链"断裂"的风险
   B. 战略制定时要充分考虑内外部环境的影响
   C. 识别能够影响企业及其风险管理的潜在事项
   D. 能够对企业的管理层和董事会提供绝对保证
4. 风险降低应对策略采取的方法包括(　　　　)。
   A. 对重要财产限制接近　　　　B. 多元化投资
   C. 办理财产保险　　　　　　　D. 出售亏损企业
5. 财务风险评估的方法有(　　　　)。
   A. 评估企业业绩的定量方法　　B. 分析数据的应用
   C. 财务指标和会计数字的比较　D. Z模型
6. 风险管理文化建设应与(　　　　)相结合。
   A. 人事制度　　　B. 薪酬制度　　　C. 法制教育　　　D. 职业道德
7. 下列属于我国《中央企业全面风险管理指引》设定的风险管理总体目标的有(　　　　)。
   A. 确保将风险控制在与公司总体目标相适应并可承受的范围内
   B. 确保企业遵守有关法律法规
   C. 确保企业与股东之间实现真实、可靠的信息沟通
   D. 确保企业建立针对各项重大风险发生后的危机处理计划
8. 企业内部控制的重点是(　　　　)。
   A. 一般风险　　　B. 重大风险　　　C. 重大事件　　　D. 一般事件
9. 风险管理常用技术方法有(　　　　)。
   A. 风险坐标图　　　　　　　　B. 蒙特卡罗方法
   C. 关键风险指标管理　　　　　D. 压力测试
10. 成功的全面风险管理原则有(　　　　)。
    A. 匹配性原则　　B. 融合性原则　　C. 综合性原则　　D. 综合性原则

三、判断题

1. 企业风险是指未来的不确定性对企业实现其经营目标的影响。(　　)
2. 内部控制中的风险管理仅指对企业内部风险管理的影响。(　　)
3. 风险应对策略包括风险规避、风险降低、风险分担、风险承受等策略。(　　)
4. 董事、监事、经理及其他高级管理人员的职业操守、员工专业胜任能力等人力资源因素属于外部风险识别的范畴。(　　)
5. 企业应当采用定性与定量相结合的方法,进行风险识别。(　　)
6. 董事、经理及其他高级管理人员的风险偏好,会影响企业风险的大小。(　　)
7. 风险应对策略一经确定,不得变更。(　　)
8. 风险承受度是企业能够承担的风险限度,包括整体风险承受能力和业务层面的可接受风险水平。(　　)
9. 风险承受是企业在权衡成本效益之后,准备采取适当的控制措施降低风险或者减轻损失,将风险控制在风险承受度之内的策略。(　　)

10. 风险评估是根据设定的控制目标进行的。　　　　　　　　　　　　　　（　　）

四、案例分析题

J 公司是华北地区较大的一家房地产开发公司,近年来,其业务不断扩大,范围已涉足北、上、广。2019 年,公司取得了辉煌的成绩。在取得成就的同时,公司管理层没有忘记企业经营过程中时刻存在的风险,因此,专门设立了风险管理职能部门。风险管理职能部门主要负责人贾某,对 2019 年及以前的经营情况进行了分析,对公司的风险情形进行了归纳。

(1) 公司在开发房地产的过程中,要与建筑商进行合作。与公司正常合作的建筑商共 10 家,经查,有两家管理较松懈,对建筑工人的操作规范要求不达标,同时,存在偷工减料的现象。公司与这两家建筑商也进行过反复沟通,但效果不明显。贾某建议拒绝与其合作。

(2) 公司在房地产开发过程中,由于工作人员常常到施工现场,存在受到人身伤害的可能性,仅 2019 年就有五名管理人员在施工现场受到不同程度的人身伤害。因此,贾某建议为公司所有员工购买人身意外伤害险。

(3) 几年前,房地产公司采用的是开发前预售方式,解决了开发过程中早期的资金缺口。近年来,随着国家调控的进行,开发商必须取得房屋预售许可证方可销售,因此,公司时常面临资金不足的问题。贾某建议公司与银行签订应急资本协议,在资金严重短缺时,由银行提供资本以保证公司的持续经营。

要求:判断上述各种情况下,贾某的建议属于哪种风险应对策略,并简要说明理由。

第三部分

内部控制实务篇

项目四　企业主要业务内部控制制度

职业能力目标

会设计企业主要业务内部控制制度;会梳理业务流程,明确业务环节;会分析业务风险,确定业务主要风险点,采取合理的控制措施,选择合理的风险应对策略;督促实施业务内部控制制度。

能够建立和健全企业资金管理内部控制制度;能够建立和健全企业采购业务内部控制制度;能够建立和健全企业资产管理内部控制制度;能够建立和健全企业销售业务内部控制制度;能够建立和健全企业财务报告内部控制制度。

典型工作任务

1. 熟悉资金活动内部控制制度建设。
2. 掌握采购业务内部控制制度建设。
3. 熟悉资产管理内部控制制度建设。
4. 了解销售业务内部控制制度建设。
5. 了解财务报告内部控制制度建设。

任务一　资金活动内部控制

> **引例**
>
> **A 集团公司资金链断裂,走上漫漫破产重组路**
>
> A 房地产开发有限公司创办于 1994 年,成立之初,注册资金只有 518 万元,主营业务为房地产开发与销售,兼营建筑材料销售。经过二十余年的快速发展,现已成为经国家工商总局批准的无区域性集团公司——A 集团公司。A 集团公司现在拥有全资和控股子公司 9 家,是涉足房地产业、新能源产业、矿业和交通运输业的多领域、跨地区、综合性的企业集团。近年来 A 集团公司的主要投资如下:
>
> (1) 2002 年投资 1 500 万元,成立 A 生物功能材料有限责任公司,主营生物陶瓷材料生产及销售。
>
> (2) 2002 年 A 公司注册资本增加到 6 855 万元,主营房地产业务,成为无区域集团公司。
>
> (3) 2002 年末,承债式兼并国企 A 市某起重电器厂,重组为 A 中大高科起重电器制造有限公司,注册资本 500 万元,2008 年 7 月增至 1 380 万元,主营变压器、电器原件等的生产。
>
> (4) 2004 年承债式整体兼并 A 市某医疗器械厂,重组为 A 医疗器械有限公司,注册资本 1 000 万元。
>
> (5) 2006 年通过参与公开拍卖,购得 A 县钠长石矿采矿权及资产所有权。
>
> (6) 2009 年 7 月 23 日,A 光伏科技有限公司成立,为省内首家从事硅基薄膜太阳能电池研究与生产企业。
>
> (7) 2010 年成立 A 矿业有限公司,主营大型非金属矿深加工。
>
> (8) 2010 年,A 集团公司以现金出资的方式收购了某市国企汽车集团的股份,成为该汽车集团控股股东。
>
> (9) 2014 年年末,A 商业街改造项目接近完工,却因欠工程款及手续不完备未交付商户使用,处于空置或烂尾状态,已预收数百商铺购买款近十年。
>
> 2016 年新年伊始,由于 A 集团公司不能如期偿付到期债务,在当地政府的主导和监管下,A 集团走上了债务清查、破产重组的道路。
>
> **问题与任务:**
> 1. 从昔日明星企业到今日的破产重组,A 集团公司失败的原因有哪些?
> 2. 作为 A 公司财务管理人员,应怎样进行筹资活动管理和投资活动管理?

【知识准备与业务操作】

资金活动,是指资金流入与流出企业,以及资金在企业内部流转的总称,包括筹资、投资、资金营运等活动。

资金活动中的主要风险有:

(1) 筹资决策不当,引发企业资本结构的不合理或无效融资,可能导致企业筹资成本过高或债务危机。

(2) 投资决策失误,引发盲目扩张或丧失发展机遇,可能导致资金链断裂或资金使用效益低下。

(3) 资金调度不合理、营运不畅,可能导致企业陷入财务困境或资金冗余。

(4) 资金活动管控不严,可能导致资金被挪用、侵占、抽逃或遭受欺诈。

企业应当根据自身发展战略,科学确定投融资目标和规划,完善资金授权、批准、审验等相关管理制度,加强资金活动的集中归口管理,明确筹资、投资、营运等各环节的职责权限和岗位分离要求,定期或不定期检查和评价资金活动情况,落实责任追究制度,确保资金安全和有效运行。

企业财会部门负责资金活动的日常管理,参与投融资方案等可行性研究。总会计师或分管会计工作的负责人应当参与投融资决策过程。

企业有子公司的,应当采取合法有效措施,强化对子公司资金业务的统一监控。有条件的企业集团,应当探索财务公司、资金结算中心等资金集中管控模式。

一、筹资活动主要风险点及其管控措施

(一) 筹资活动的概念及特点

筹资活动,是指企业为满足生产和发展的需要,通过改变企业资本及债务规模和构成而筹集资金的活动。拟订筹资方案,明确筹资用途、规模、结构和方式等相关内容,对筹资成本和潜在风险作出充分估计。

筹资活动的特点有:容易受到外部环境的影响;对企业影响较大;涉及账户不多,但会计处理却比较复杂;渠道及方式较多。

(二) 筹资活动业务流程和环节

1. 筹资活动业务流程

筹资业务流程如图 4-1 所示。

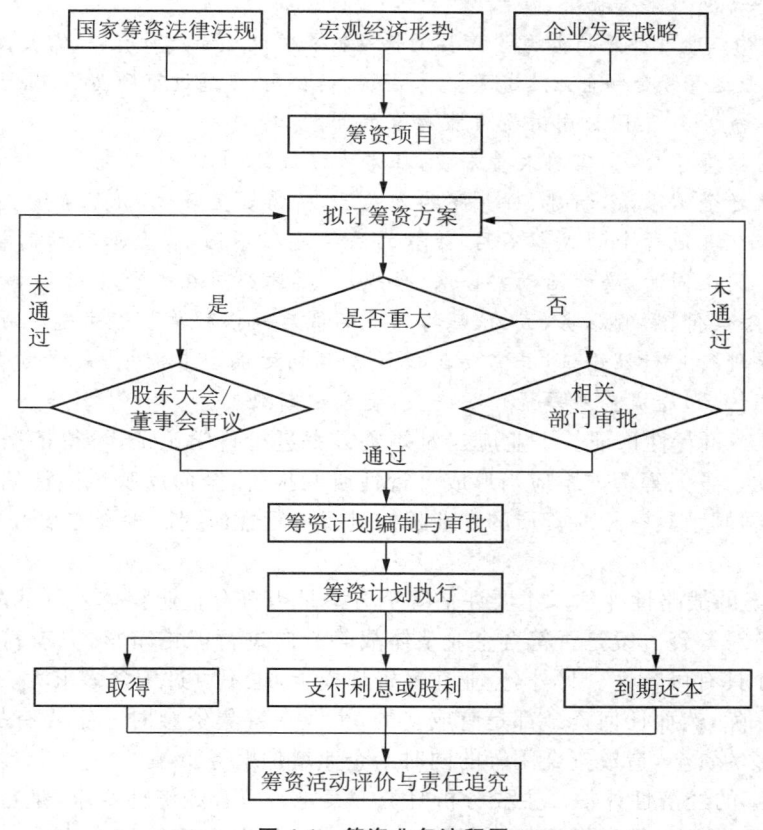

图 4-1 筹资业务流程图

2. 筹资活动业务环节

（1）提出筹资方案。提出筹资方案是筹资活动中的第一个重要环节，也是筹资活动的起点，筹资方案的内容是否完整、考虑是否周密、测算是否准确等，直接决定着筹资决策的准确性，关系到整个筹资活动的效率和风险。

企业应当根据经营和发展战略的资金需要，确定融资战略目标和规划，结合年度经营计划和预算安排，拟订筹资方案，明确筹资用途、规模、结构和方式等相关内容，对筹资成本和潜在风险作出充分估计。境外筹资还应考虑所在地的政治、经济、法律、市场等因素。一般由财务部门根据企业经营与发展战略、预算情况与资金现状等因素，提出筹资方案。一个完整的筹资方案应包括筹资金额、筹资形式、利率、筹资期限、资金用途等内容，提出的筹资方案同时还应与其他生产经营相关业务部门沟通协调，在此基础上形成初始筹资方案。

【学中做 4-1】

A 集团公司的筹资方案

A 集团公司取得子公司的途径有三种：

一是投资新建。新建企业（A 生物功能材料有限责任公司、A 光伏科技有限公司）是 A 集团公司全资子公司，筹资方式是股权筹资，注册资本来源是股东自有资金，生产运营所需的流动资金来源有股权资本金和外借资金。

二是承债式并购。承债式兼并 A 市起重电器厂、A 市医疗器械厂，为保证企业正常运转，要准备运营资金和更新改造资金。

三是公开竞购。通过公开拍卖购得 A 县钠长石矿采矿权及资产所有权，需要按并购协议支付并购款及准备企业运营资金和企业改造资金。控股汽运公司，是通过市场动作，现金投资控股。

学习任务：分析 A 集团公司筹资方案存在的问题。

A 集团公司投资子公司，需要大量筹资，在筹资方案的制订中，首先要进行资金预算，即筹资总额预估。从资金需求看，新建、公开竞购方式下，所需资金量大，并且资金要及时到位。股权资金、债权资金、其他资金的成本不同，获取的法律途径不同，资金取得的时机不同，资金偿付的风险也会不同。同时，筹资活动要合法、合规，A 集团公司在筹资过程中，向不特定公众高息借款，到期无法偿付，影响恶劣，成为"压垮骆驼的最后一根稻草"，违法违规成本极高。

筹资方案要进行可行性论证，并需要与投资方案相协调。本例中，筹资方案的评估不当，并与投资方案不协调，造成企业筹资信誉丧失，资金链断裂。

（2）筹资方案可行性论证。企业应当对筹资方案进行科学论证，不得依据未经论证的方案开展筹资活动。重大筹资方案应当形成可行性研究报告，全面反映风险评估情况。企业可以根据实际需要，聘请具有相应资质的专业机构进行可行性研究。筹资方案可行性论证，包括三部分内容：

① 筹资方案的战略性评估。主要评估筹资方案是否符合企业整体发展战略，控制企业筹资规模。企业应对筹资方案是否符合企业整体战略方向进行严格审核，只有符合企业发展需要的筹资方案才具有可行性。另外，企业在筹资规模上，也不可过于贪多求大。资金充裕是企业发展的重要保障，然而任何资金都是有成本的，企业在筹集资金时一定要有战略考虑，切不可盲目筹集过多的资金，造成资金闲置的同时给企业增加财务负担。

② 筹资方案的经济性评估。主要分析筹资方案是否符合经济性要求，是否以最低的筹资成本获得了所需的资金，筹资期限等是否经济合理，利息、股息等费用支出是否在企业承受的

范围之内。如筹集相同的资金,选择股票或债券方式,就会面临不同的筹资成本。选择不同的债券种类或期限结构,也会面临不同的成本。所以企业必须认真评估筹资成本,并结合收益与风险进行筹资方案的经济性评估。

③ 筹资方案的风险性评估。对筹资方案面临的风险进行分析,特别是对于利率、汇率、货币政策、宏观经济走势等重要条件进行预测分析,对筹资方案面临的风险作出全面评估,并有效地应对可能出现的风险。比如,若选择债权方式筹资,其按期还本付息对于企业来说是一种刚性负担,带给企业的现金流压力较大;若选择股权筹资方式,在股利的支付政策上企业有较大的灵活性,且无需还本,因而企业的现金流压力较小,但股权筹资的成本也是比较高的,而且股权筹资可能会使得企业面临较大的控制权风险。所以,企业应在不同的筹资风险之间进行权衡。

(3) 筹资方案审批。企业应当对筹资方案进行严格审批,重点关注筹资用途的可行性和相应的偿债能力。重大筹资方案,应当按照规定的权限和程序实行集体决策或者联签制度。筹资方案需经有关部门批准的,应当履行相应的报批程序。筹资方案发生重大变更的,应当重新进行可行性研究并履行相应的审批程序。

通过可行性论证的筹资方案,需要在企业内部按照分级授权审批的原则进行审批,重点关注筹资用途的可行性。重大筹资方案,应当提交股东(大)会审议。筹资方案需经有关管理部门批准的,应当履行相应的报批程序。审批人员与编制筹资方案人员应适当分离。在审批中,对于重大筹资事项,应贯彻集体决策的原则,实行集体决策审批或者联签制度。

(4) 筹资计划编制与执行。企业应根据审核批准的筹资方案,编制较为详细的筹资计划,经过财务部门批准后,严格按照相关程序筹集资金。通过筹资计划,对筹资活动进行周密安排和控制,使筹资活动在严密控制下高效、有序地进行。

筹资计划经层层授权审批之后,就应付诸实施。在实施筹资计划的过程中,企业必须认真做好筹资合同的签订,资金的划拨、使用以及跟踪管理等工作,保证筹资活动按计划进行,妥善管理所筹集的资金,保证资金的安全性。

银行借款或发行债券,应当重点关注利率风险、筹资成本、偿还能力以及流动性风险等;发行股票应当重点关注发行风险、市场风险、政策风险以及公司控制权风险等。

企业通过银行借款方式筹资的,应当与有关金融机构进行洽谈,明确借款规模、利率、期限、担保、还款安排、相关的权利义务和违约责任等内容。双方达成一致意见后签署借款合同,据此办理相关借款业务。

企业通过发行债券方式筹资的,应当合理选择债券种类,对还本付息方案作出系统安排,确保按期、足额偿还到期本金和利息。

企业通过发行股票方式筹资的,应当依照《中华人民共和国证券法》等有关法律法规和证券监管部门的规定,优化企业组织架构,进行业务整合,并选择具备相应资质的中介机构协助企业做好相关工作,确保符合股票发行的条件和要求。

企业应当严格按照筹资方案确定的用途使用资金。筹资用于投资的,应当分别按照《企业内部控制应用指引第6号——资金活动》第三章和《企业内部控制应用指引第11号——工程项目》规定,防范和控制资金使用的风险。

由于市场环境变化等确需改变资金用途的,应当履行相应的审批程序。严禁擅自改变资金用途。

(5) 筹资活动监督、评价与责任追究。加强筹资活动的检查监督,严格按照筹资方案确定的用途使用资金,确保款项的收支、股息和利息的支付、股票和债券的保管等符合有关规定。筹资活动完成后要按规定进行筹资后评价,对存在违规现象的,严格追究相关部门和人员的责任。

(三) 筹资活动的风险分析

筹资活动的风险分析是指分析筹资活动中的主要风险,确定筹资中的关键风险点,选择风险应对策略,制定风险控制措施。

1. 筹资活动的主要风险

(1) 缺乏完整的筹资战略规划导致的风险。企业在筹资活动中,应以企业在资金方面的战略规划为指导,具体包括资本结构、资金来源、筹资成本等,在企业具体的筹资活动中,应贯彻既定的资金战略,以目标资本结构为指导,协调企业的资金来源、期限结构、利率结构等,如果忽视战略导向,缺乏对目标资本结构的清晰认识,很容易导致盲目筹资,使得企业资本结构、资金来源结构、利率结构等处于频繁变动中,给企业的生产经营带来巨大的财务风险。

(2) 缺乏对资金现状的全面认识导致的风险。企业在筹资之前,应首先对企业的资金现状有一个全面正确的了解,并在此基础上结合企业战略和宏观、微观形势等提出筹资方案。如果资金预算和资金管控工作不到位,使得企业无法全面了解资金现状,将使得企业无法正确评估资金的实际需要以及期限等,很容易导致筹资过度或者筹资不足。特别是对于大型企业集团来说,如果没有对全集团的资金现状做一个深入完整的了解,很可能出现一部分企业资金结余,而其他部分企业仍然对外筹资,使得集团的资金利用效率低下,增加了不必要的财务成本。

(3) 缺乏完善的授权审批制度导致的风险。筹资方案必须经过完整的授权审批流程方可正式实施,这一流程既是企业上下沟通的一个过程,同时也是各个部门、各个管理层次对筹资方案进行审核的重要风险控制程序。审批流程中,每一个审批环节都应对筹资方案的风险控制等问题进行评估,并认真履行审批职责。完善的授权审批制度有助于对筹资风险进行管控,如果忽略这一完善的授权审批制度,则有可能忽视筹资方案中的潜在风险,使得筹资方案草率决策、仓促上马,给企业带来严重的潜在风险。

(4) 缺乏对筹资条款的认证审核导致的风险。企业在筹资活动中,都要签订相应的筹资合同、协议等法律文件,筹资合同一般应载明筹资数额、期限、利率、违约责任等内容,企业应认真审核、仔细推敲筹资合同的具体条款,防止因合同条款而给企业带来潜在的不利影响,使得企业在未来可能发生的经济纠纷或诉讼中处于不利地位。企业可以借助专业的法律中介机构来进行合同文本的审核。

(5) 无法保证支付筹资成本导致的风险。任何筹资活动都需要支付相应的筹资成本。对于债权类筹资活动来说,相应的筹资成本表现为固定的利息费用,是企业的刚性成本,企业必须按期足额支付,用以作为资金提供者的报酬。

对于股权类筹资活动来说,虽然没有固定的利息费用而且没有还本的压力,但是保证股权投资者的报酬一样不可忽视,企业应认真制定好股利支付方案,包括股利金额、支付时间、支付方式等,如果因股利支付不足,或者对股权投资者报酬不足,将会导致股东抛售股票,从而使得企业股价下跌,给企业的经营带来重大不利影响。

(6) 缺乏严密的跟踪管理制度导致的风险。企业筹资活动的流程很长,不仅包括资金的筹集到位,更要包括资金使用过程中的利息、股利等筹资费用的计提支付,以及最终的还本工作,这一流程一般贯穿企业整个经营活动的始终,是企业的一项常规管理工作。企业在筹资跟踪管理方面应制定完整的管理制度,包括资金到账、资金使用、利息支付、股利支付等,并时刻监控资金的动向。如果缺乏严密的跟踪管理,可能会使企业资金管理失控,因资金被挪用而导致财务损失,也可能因此导致利息没有及时支付而被银行罚息,这些都会使得企业面临不必要的财务风险。

2. 筹资活动的关键风险控制点、控制目标和控制措施

筹资活动的流程较长，根据筹资业务流程，找出其中的关键风险控制点进行风险控制，可以提高风险管控的效率。筹资活动的关键风险控制点、控制目标和控制措施如表4-1所示。

表4-1 筹资活动风险控制表

关键风险控制点	控制目标	控制措施
提出筹资方案	进行筹资方案可行性论证	(1) 进行筹资方案的战略评估，包括是否与企业发展战略相符合，筹资规模是否适当； (2) 进行筹资方案经济性评估，如筹资成本是否最低，资本结构是否恰当，筹资成本与资金收益是否匹配； (3) 进行筹资方案风险性评估，如筹资方案面临哪些风险，风险大小是否适当、可控，是否与收益匹配
审批筹资方案	选择批准最优筹资方案	(1) 根据分级授权审批制度，按照规定程序严格审批经过可行性论证的筹资方案； (2) 审批中应实行集体审议或联签制度，保证决策可行性
制定筹资计划	制定切实可行的具体筹资计划，科学规划筹资活动，保证低成本、高效率筹资	(1) 根据筹资方案，结合当时经济金融形势，分析不同筹资方式的资金成本，正确选择筹资方式和筹资数量，财务部门或资金管理部门制定具体筹资计划； (2) 根据授权审批制度报有关部门审批
实施筹资方案	保证筹资活动正确、合法、有效进行	(1) 根据筹资计划进行筹资； (2) 签订筹资协议，明确权利义务； (3) 按照岗位职责与授权审批制度，各环节和各责任人正确履行审批监督责任，实施严密的筹资程序控制和岗位分离控制； (4) 做好严密的筹资记录，发挥会计控制的作用
筹资活动评价与责任追究	保证筹集资金的正确有效使用，维护筹资信用	(1) 促成各部门严格按照确定的用途使用资金； (2) 监督检查，督促各环节严密保管未发行的股票、债券； (3) 监督检查，督促正确计提、支付利息； (4) 加强债务偿还和股利支付环节的监督管理； (5) 评价筹资活动过程，追究违规人员责任

（四）筹资活动的岗位分工与授权批准制度

根据对筹资活动业务流程，筹资环节及筹资风险的系统分析，进一步确定筹资业务的参与部门和主要任务，建立筹资业务的岗位责任制和授权批准制度，明确相关部门和岗位的职责权限，确保岗位授权恰当，权责对等。企业应当选配合格人员办理筹资业务，办理筹资业务的人员应当具备良好的职业道德，掌握金融、财会、法律等方面的专业知识。

1. 建立筹资活动的岗位责任制

筹资业务的参与部门主要是筹资部门、审批部门、财会部门等。筹资活动的工作岗位有：筹资方案的拟定；筹资方案的可行性研究与论证；筹资方案的审批；筹资计划的编制与执行；筹资业务的会计记录；与筹资有关的各种款项偿付的审批；与筹资有关的各种款项偿付的执行；筹资

活动监督、评价与责任追究。要按照不相容职务分离控制的要求,建立筹资业务的岗位责任制。

筹资活动的不相容职务至少包括:

(1) 筹资方案的审批与筹资方案编制职责应适当分离。
(2) 筹资合同或筹资协议的审批与订立职责应适当分离。
(3) 筹资业务的执行与相关会计记录职责应适当分离。
(4) 与筹资有关的各种款项偿付的审批与执行职责应适当分离。

2. 建立筹资活动授权批准制度

建立筹资活动授权制度和审核批准制度,并按照规定的权限和程序办理投资业务。明确筹资业务的授权批准方式、程序和相关控制措施,规定审批人的权限、责任以及经办人的职责范围和工作要求。对日常筹资管理活动进行常规授权,并编制常规授权的权限指引。对特殊情况、特定条件下的非常规性交易事项进行应急性的特殊授权,并明确规定特别授权的范围、权限、程序和责任。对于重大的筹资业务和事项,企业应当实行集体决策审批或联签制度,规定任何个人不得单独进行决策或擅自改变集体决议。

3. 筹资活动的岗位设置、业务风险、流程及授权批准控制

筹资活动的岗位设置、业务风险、流程及授权批准控制如图 4-2 至图 4-5 所示。

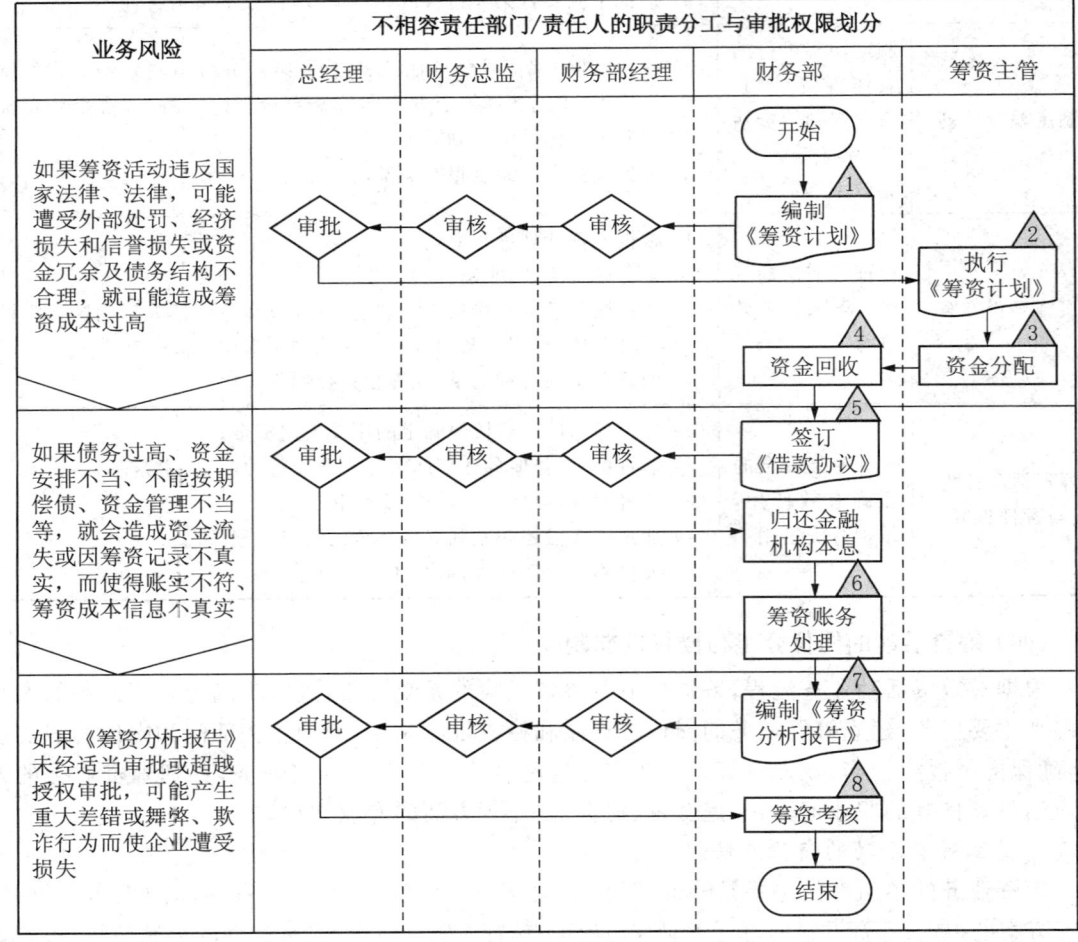

图 4-2 筹资业务管理流程及风险控制图

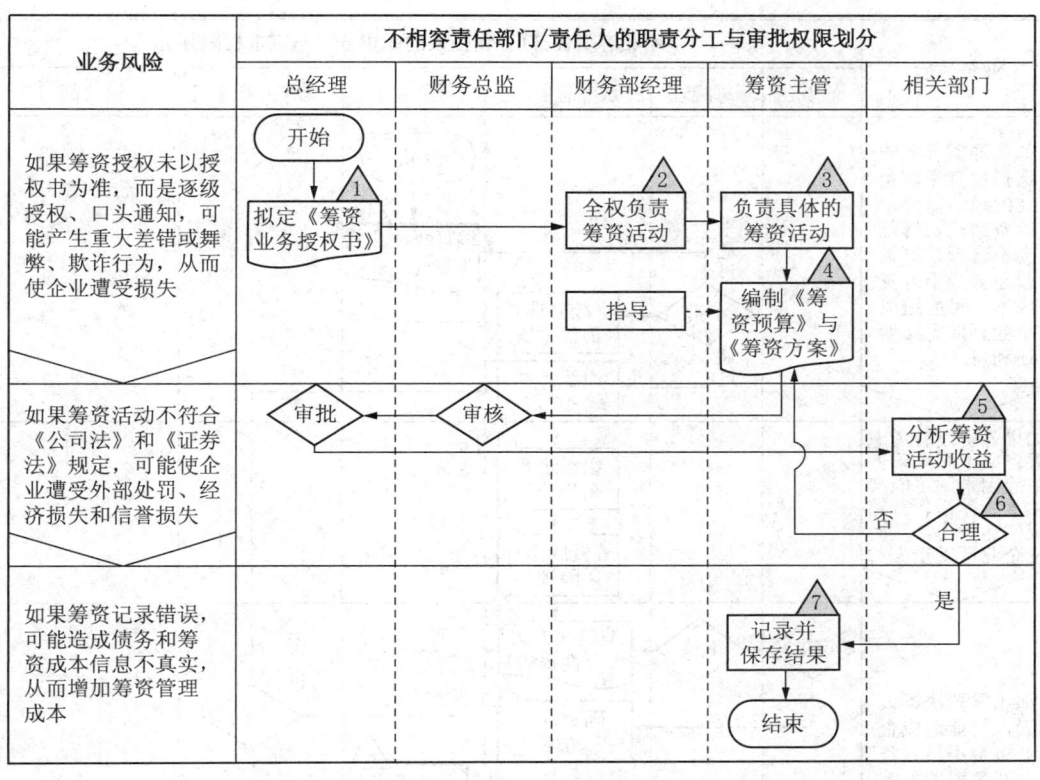

图 4-3 筹资授权批准流程与风险控制图

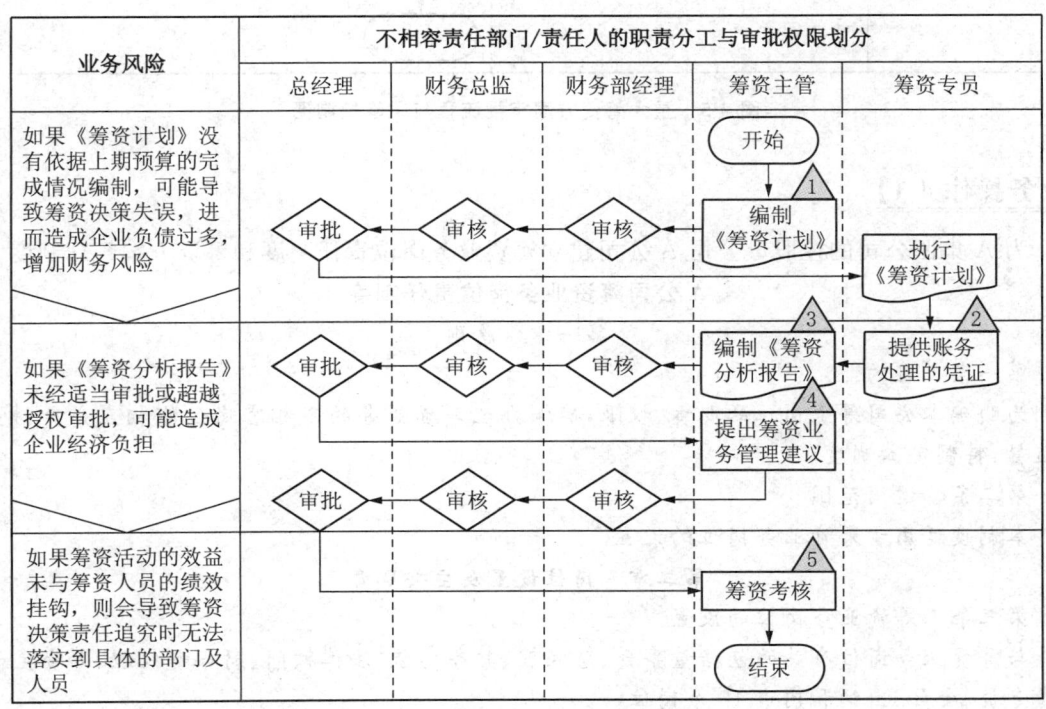

图 4-4 筹资决策管理流程与风险控制图

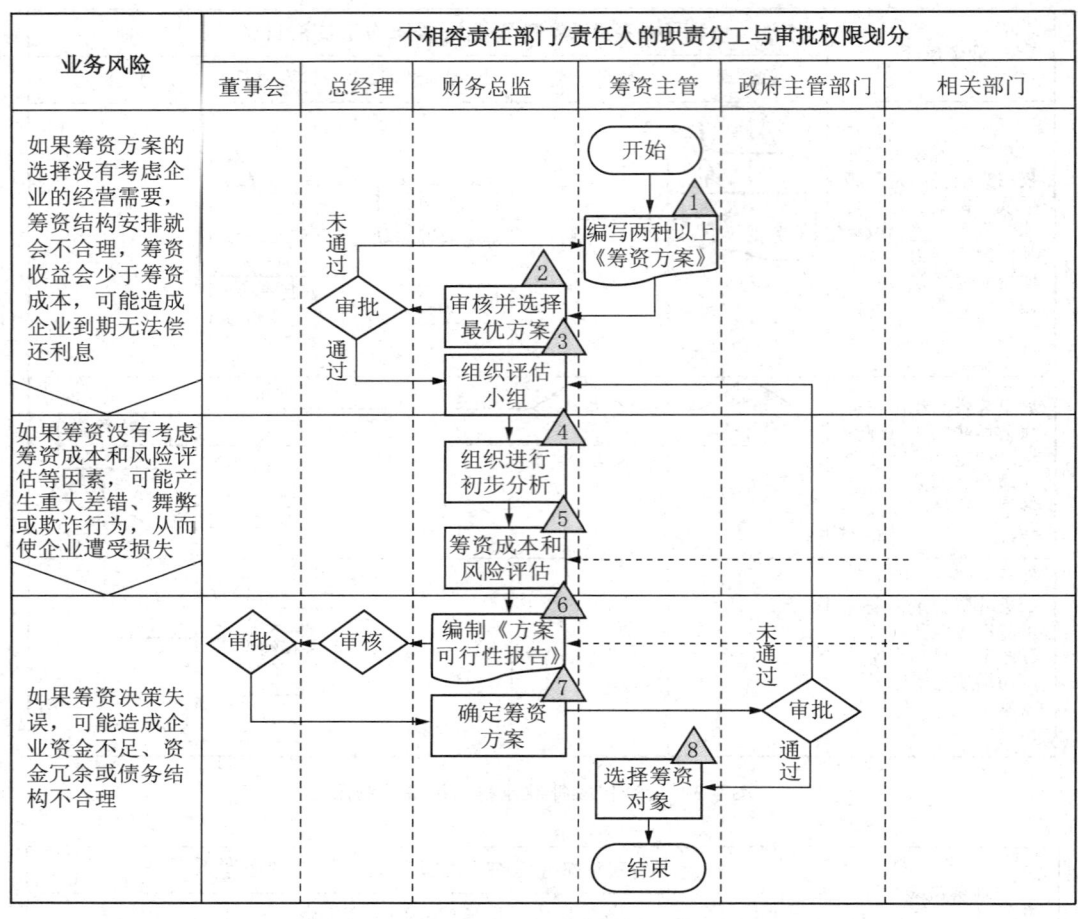

图 4-5 重大筹资方案审批流程与风险控制图

【业务操作 4-1】

为 A 集团公司的控股母公司 A 公司建立筹资业务岗位责任制度和筹资方案管理制度。

A 公司筹资业务岗位责任制度

第一章 总则

第一条 目的

为明确本公司筹资岗位的职责、权限,确保办理筹资业务的不相容岗位能相互分离、制约和监督,特制定本制度。

第二条 适用范围

本制度适用于筹资业务岗位的设置。

第二章 岗位设置及主要职责

第三条 筹资业务岗位的设置

与筹资业务岗位有关的包括董事会、总经理、财务总监、法律顾问、财务部经理、筹资主管、筹资专员、会计、出纳和内审 10 个岗位。

第四条 各岗位的主要职责

1. 董事会的主要职责

(1) 审批企业的财务规划。

(2) 审批重大的筹资预算和筹资方案。超过100万元(含100万元)的筹资预算或筹资方案必须交由董事会审批。

(3) 审批重大的筹资合同或筹资协议。超过100万元(含100万元)的筹资合同或筹资协议必须交由董事会审批。

(4) 筹资本金偿还审批。超过100万元(含100万元)的筹资本金偿还必须交由董事会审批。

2. 总经理的主要职责

(1) 审批财务管理的规章制度。

(2) 审批一般的筹资预算和筹资方案。100万元以下(不含100万元)的筹资预算或筹资方案由总经理直接审批。

(3) 审批一般的筹资合同或筹资协议。

(4) 筹资本金偿还审批。100万元以下(不含100万元)的筹资本金偿还由总经理直接审批。

3. 财务总监的主要职责

(1) 制定企业的财务规划。

(2) 审核企业财务管理的规章制度。

(3) 审核筹资预算、筹资方案、筹资合同或筹资协议。

(4) 签订筹资合同或筹资协议。

(5) 筹资利息和股利支付审批。

4. 法律顾问的主要职责

(1) 审核筹资方案的合法性。

(2) 审核筹资合同或筹资协议的合法性。

5. 财务部经理的主要职责

(1) 制定企业的财务管理制度。

(2) 指导筹资主管拟写筹资合同或筹资协议。

(3) 指导筹资主管编制筹资预算和设计筹资方案。

6. 筹资主管的主要职责

(1) 管理筹资渠道。

(2) 编制筹资预算。

(3) 拟写筹资合同或筹资协议。

(4) 设计筹资方案并编写具体内容。

7. 筹资专员的主要职责

(1) 为筹资主管编制筹资预算提供帮助。

(2) 为筹资主管编写筹资方案提供帮助。

(3) 配合筹资主管执行筹资的具体工作。

8. 会计的主要职责

(1) 审核筹资的会计凭证。

(2) 对企业的筹资活动进行准确的会计记录。

(3) 计算企业筹资应付的利息或应发的股利。

9. 出纳的主要职责

(1) 缴纳利息或发放股利。

(2) 核实筹集资金的到位情况。

10. 内审的主要职责

对筹资活动进行监督、检查、绩效评价。

第三章 明确筹资业务不相容的岗位及基本要求

第五条 不相容岗位的职责

(1) 筹资方案的拟定与决策职责应该分开。

(2) 筹资合同或筹资协议的审批与订立职责应该分开。

(3) 筹资业务的执行与相关会计记录职责应该分开。

(4) 与筹资有关的各种款项偿付的审批与执行职责应该分开。

第六条 筹资业务人员的基本要求

(1) 具备必要的筹资业务专业知识和良好的职业道德。

(2) 熟悉国家有关法律、法规、相关国际惯例及金融业务。

第四章 附 则

第七条 本制度由财务部会同公司其他有关部门解释。

第八条 本制度配套办法由财务部会同公司其他有关部门另行制定。

第九条 本制度自　年　月　日起实施。

A 公司
____年__月__日

A 公司筹资方案管理制度

第一章 总 则

第一条 目的

为确保筹资方式符合成本效益原则,筹资决策科学、合理,特制定本办法。

第二条 适用范围

本办法所指的《筹资方案》主要是针对公司具体的资金需要所设计的具体程序或具体的筹资活动安排与计划实施的相关说明。

第三条 《筹资方案》制定的原则

公司拟定的《筹资方案》应当符合国家有关法律、法规、相关政策和公司筹资预算的要求。

第二章 《筹资方案》制定的内容和程序

第四条 《筹资方案》应涵盖的内容

1. 《筹资方案》中应明确筹资规模、筹资用途、筹资结构、筹资方式和筹资对象。

2. 《筹资方案》应对筹资时机选择、预计筹资成本、潜在筹资风险和具体应对措施以及偿债计划等作出安排和说明。

第五条 《筹资方案》制定的主要程序

1. 《筹资方案》制定前考虑的因素

(1) 公司拟定的筹资防范是否充分考虑了公司经营范围、投资项目的未来效益、目标债务结构、可接受的资金成本水平和偿付能力。

(2) 境外筹集资金的《筹资方案》,是否考虑了筹资所在地的政治、法律、汇率、利率、环保、信息安全等风险以及财务风险等因素。

2. 一般《筹资方案》的制定和审批流程

（1）每年年底，财务部根据公司下年度初步资金预算及有关资金安排，预测资金使用情况，编制《筹资计划》，并报财务部经理、财务总监、总经理审批。

（2）总经理授权财务部经理全权负责筹资活动。

（3）财务部经理授权筹资主管负责具体的筹资行为，包括编制《筹资预算》与《筹资方案》。

（4）筹资主管编制预算期内需要筹集的资金编制预算，并针对具体的资金需要所设计的具体程序或筹资活动制定《筹资方案》，财务部经理进行相应的指导。

（5）《筹资方案》得到财务总监的审核和总经理的审批后，公司应聘请法律顾问和财务顾问共同审核该项筹资活动对未来净收益增加的可能性及筹资方式的合理性。

（6）如果《筹资方案》合理，报送给筹资主管；如果不合理，筹资主管应对《筹资预算》和《筹资方案》重新进行修改。

3. 重大《筹资方案》的制定和审批流程

（1）筹资人员编写两种以上的《筹资方案》，并报财务总监审核。

（2）财务总监审核并选择最优方案，如果《筹资方案》通过，则报总经理审批；如果未通过，则将《筹资方案》返回筹资人员，筹资人员负责对《筹资方案》重新进行修改。

（3）《筹资方案》经总经理审批后，由财务总监组织评估小组对《筹资方案》进行评估。

（4）评估小组综合考虑筹资成本和风险评估等因素，编制《筹资方案风险评估报告》并对《筹资方案》进行比较分析。

（5）评估小组对《筹资方案》中的筹资成本和风险进行评估，相关部门进行协调。

（6）财务总监编制《筹资方案可行性报告》，并报总经理审核，董事会审批，相关部门予以配合。

（7）《筹资方案可行性报告》得到总经理审批后，财务总监确定最终的《筹资方案》，并报政府主管部门进行审批。

（8）如果《筹资方案》得到政府主管部门审批，转送给筹资人员；如果没有通过，审批意见报送给财务总监，重新对《筹资方案》进行评估。

第三章 筹资方案的评估和择优标准

第六条 《筹资方案》的合格标准

（1）需分析各种方案的可行性。

（2）确定筹资总额、筹资结构、借款期限。

（3）需根据公司的具体情况，确定筹资方式和筹资渠道。

（4）需分析、计算和比较各种筹资方式和筹资渠道的利弊。

（5）需具体说明筹资时机的选择、预计的筹资成本、潜在的筹资风险和具体的应对措施以及偿债计划等。

第七条 《筹资方案》的选优标准

（1）符合《中华人民共和国公司法》《中华人民共和国证券法》等法律法规的规定。

（2）筹资总收益大于筹资总成本。

（3）筹资成本最小，利益最大。

（4）筹集的资金符合公司经营的需要，筹集资金额适宜。

第四章 附 则

第八条 编写好的《筹资方案》实行联签制,各级审核人员均需签字盖章,否则以失职论处。

第九条 本办法由财务部会同公司其他有关部门解释。

第十条 本办法经总经理审批之日起实施,修改时亦同。

第十一条 相关文件表单

1.《筹资预算方案》
2.《筹资方案》
3.《筹资方案可行性报告》

A 公司
____年__月__日

(五) 筹资活动的会计系统控制

企业应当加强筹资业务的会计系统控制,建立筹资业务的记录、凭证和账簿,按照国家统一会计准则、会计制度,正确核算和监督资金筹集、本息偿还、股利支付等相关业务,妥善保管筹资合同或协议、收款凭证、入库凭证等资料,定期与资金提供方进行账务核对,确保筹资活动符合筹资方案的要求。

具体从以下几个方面入手:

一是对筹资业务进行准确的账务处理。企业应按照国家统一的会计准则,对筹资业务进行准确的会计核算与账务处理,应通过相应的账户准确地进行筹集资金的核算、本息偿付、股利支付等工作。

二是应妥善保管筹资合同、收款凭证、入库凭证等。与筹资活动相关的重要文件,如合同、协议、凭证,企业的会计部门需登记造册、妥善保管,以备查用。

三是财务会计部门应做好具体资金管理工作,随时掌握资金情况。财会部门应编制贷款申请表、内部资金调拨审批表等,严格管理筹资程序。财会部门应通过编制借款存量表、借款计划表、还款计划表等,掌握贷款资金的动向。财会部门还应与资金提供者定期进行账务核对,以保证资金及时到位与资金安全。

四是财务会计部门应协调好企业筹资的利率结构、期限结构等,力争最大限度降低资金成本。

(六) 筹资活动评价与责任追究

建立筹资活动评价与责任追究制度,监督评价筹资活动全过程。通过运营分析控制和绩效考评控制,对筹资活动进行客观评价,并根据奖惩政策,奖优罚劣。对筹资活动中的违法行为还要依法追究其法律责任。

(七) 建立筹资活动的内部控制制度

筹资过程中怎样防范和控制筹资风险,保障筹资活动合法、安全、有序、效益,应是筹资活动内部控制设计的重点。

筹资活动的内部控制,不仅决定着企业能不能顺利筹集生产经营和未来发展所需资金,而且决定着企业能以什么样的筹资成本筹集资金,能以什么样的筹资风险筹集资金,并决定着企业所筹集资金最终的使用效益。较低的筹资成本、合理的资本结构和较低的筹资风险,能够使企业应付自如、进退有据,不至于背负沉重的包袱,可以从容地追求长期目标,实现可持续发展；而较高的筹资成本、不合理的资本结构和较高的筹资风险，常常使企业经营压力倍增。企业一方面要保持更高的资金流动性以应付不合理的资本结构带来的财务风险，一方面要追求更高的投资收益以补偿高额的筹资成本。

筹资活动的内部控制制度的建立和有效执行中，重点要强化以下关键事项。

1. 规范职责分工、权限范围和审批程序

职责分工、权限范围和审批程序应当明确规范，机构设置和人员配备应当科学合理。

2. 控制流程应当清晰合理

筹资决策、执行与偿付等环节的控制流程应当清晰合理，筹资方案的拟定与审批、筹资合同协议的审核和签订、筹集资金的收取和使用、还本付息的审批与办理等应当有明确的规定。

3. 筹资信息反映合规

筹资活动的确认、计量和报告应当符合国家统一的会计准则、制度的规定。

4-1 特变电工股份有限公司募集资金管理办法

【经典例题】 在资金筹集环节，为降低资金链断裂的风险，甲公司《内部控制手册》规定，总会计师在无法正常履行职权的情况下，应当授予其副职在紧急状况下进行直接筹资的一切权限。

要求：分析其内部控制设计是否有效。

解析：资金筹集环节的内部控制设计无效。理由：特别授权应当按照规定的权限和程序进行。

4-2 青岛啤酒的筹资策略

二、投资活动主要风险点及其管控措施

（一）投资活动的概念及特点

投资活动，指的是特定经济主体为了在未来可预见的时期内获得收益或资金增值，在一定时期内向一定领域的标的物投放足够数额的资金或实物的货币等价物的经济活动。按投资标的物，可分为实物投资、资本投资和证券投资。

投资活动的特点有：投资是以让渡某项资产而获得另一项资产的行为；投资是企业在生产经营过程之外持有的资产；投资是一种以权利为表现形式的资产；投资是一种具有财务风险的资产。

（二）投资活动业务流程和环节

1. 投资活动业务流程

投资业务流程如图 4-6 所示。

2. 投资活动业务环节

（1）拟定投资方案。应根据企业发展战略、宏观经济环境、市场状况等，提出本企业的投资项目规划。在对规划进行筛选的基础上，确定投资项目。一般由投资管理部门与财务部门根据企业经营与发展战略、财务状况、资金和资产现状等因素，提出投资规划，再会同生产经营管理等相关业务部门共同协商，在此基础上形成初始投资项目方案。

（2）投资方案可行性论证。①投资方案的战略性评估——主要评估投资战略是否服务于企业的总体发展战略；②投资方案的经济性评估——主要分析是否有可靠的资金来源、能否取得稳定的投资收益；③投资方案的风险性评估——评估投资风险是否处于可控或可承担范围内；④投资活动的技术性评估——评估投资活动的技术可行性、市场容量与前景等。

（3）投资方案决策。对通过可行性论证的投资方案，要按照规定的权限和程序进行决策审批，通过分级审批、集体决策来进行。投资方案的审批者应与投资方案制订者适当分离。

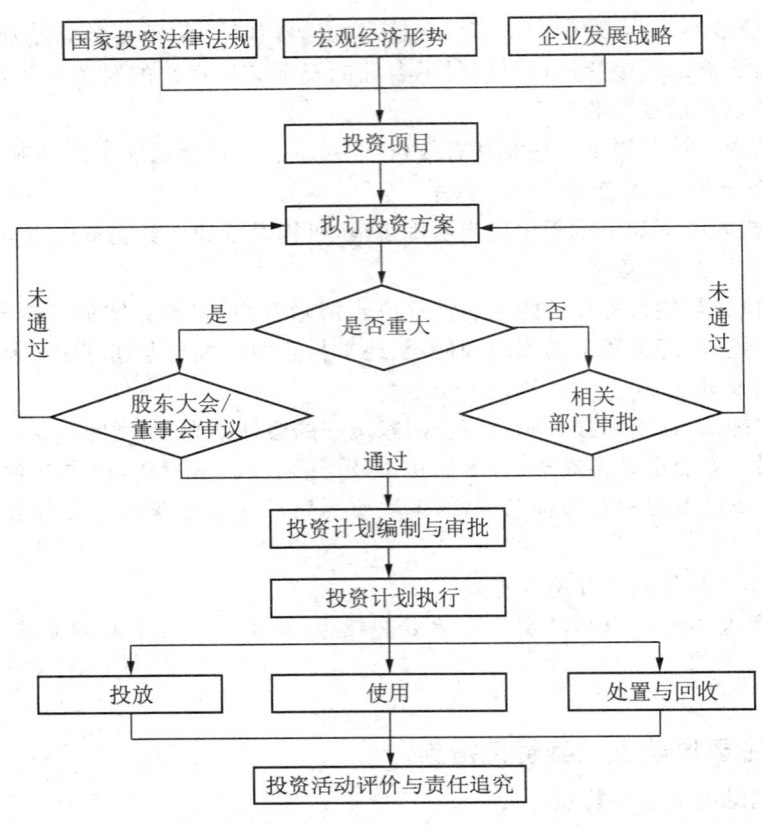

图 4-6 投资业务流程图

投资方案的决策,重点要审查投资方案是否可行、投资项目是否符合投资战略目标和规划、是否具有相应的资金能力、投入资金能否按时收回、预计收益能否实现,以及投资和并购风险是否可控等。重大投资项目,应当报经董事会或股东(大)会批准。投资方案需要经过有关管理部门审批的,应当履行相应的报批程序。

(4)投资计划编制与审批。企业应根据审核批准的投资方案,编制较为详细的投资计划,并严格按照相关程序和授权进行投资计划的审批。根据审批通过的投资方案,编制详细的投资计划,落实不同阶段的资金投资数量、投资具体内容、项目进度、完成时间、质量标准与要求等,并按程序报经有关部门批准后,再签订投资合同。

(5)投资计划实施。企业应根据审核批准的投资计划,按照相关授权,进行投资活动。对投资物,如果是以实物资产或无形资产对外投资的,应当进行资产评估,需要审计的还应当进行审计。投资项目往往周期较长,企业需要指定专门机构或人员对投资项目进行跟踪管理,实施有效管控。在投资项目执行过程中,必须加强对投资项目的管理,密切关注投资项目的市场条件和政策变化,准确做好投资项目的会计记录和处理。企业应及时收集被投资方经审计的财务报告等相关资料,定期组织投资效益分析,关注被投资方的财务状况、经营成果、现金流量以及投资合同履行情况,发现异常情况,应当及时报告并妥善处理。同时,在项目实施中,还必须根据各种条件,准确对投资的价值进行评估,根据投资项目的公允价值进行会计记录。如果发生投资减值,应及时提取减值准备。

(6)投资项目的到期处置。根据投资计划安排,结合投资运行的实际情况,进行投资项目的综合评价，决定投资项目的到期处置。对已到期投资项目的处置同样要经过相关审批流程，妥善处置并实现企业最大的经济收益。

企业应加强投资收回和处置环节的控制，对投资收回、转让、核销等决策和审批程序作出明确规定。重视投资到期本金的回收；转让投资应当由相关机构或人员合理确定转让价格，报授权批准部门批准，必要时可委托具有相应资质的专门机构进行评估；核销投资应当取得不能收回投资的法律文书和相关证明文件。

(7) 投资活动监督、评价与责任追究。加强投资活动的检查监督，严格按照投资方案和投资计划开展投资活动。结合投资执行情况，根据企业相应规定或授权，进行投资方案或投资计划的调整及变更。

投资项目进行中，要分阶段进行投资评价，对投资中存在的违法、违规、渎职、舞弊行为，要追究相关人员的责任。

(三) 投资活动风险分析

1. 投资活动的主要风险

(1) 投资活动与企业战略不符带来的风险。企业发展战略是企业投资活动、生产经营活动的指南和方向。企业投资活动应该以企业发展战略为导向，正确选择投资项目，合理确定投资规模，恰当权衡收益与风险。要突出主业，妥善选择并购目标，控制并购风险；要避免盲目投资，或者贪大贪快，乱铺摊子，以及投资无所不及、无所不能的现象。

(2) 投资与筹资在资金数量、期限、成本与收益上不匹配的风险。投资活动的资金需求，需要通过筹资予以满足。不同的筹资方式，可筹集资金的数量、偿还期限、筹资成本不一样，这就要求投资应量力而为，不可贪大求全从而超过企业资金实力和筹资能力进行投资；投资的现金流量在数量和时间上要与筹资现金流量保持一致，以避免财务危机发生；投资收益要与筹资成本相匹配，保证筹资成本的足额补偿和投资盈利性。

(3) 投资活动忽略资产结构与流动性的风险。企业的投资活动会形成特定资产，并由此影响企业的资产结构与资产流动性。对企业而言，资产流动性和盈利性是一对矛盾，这就要求企业投资中要恰当处理资产流动性和盈利性的关系，通过投资保持合理的资产结构，在保证企业资产适度流动性的前提下追求最大盈利性，这也就是投资风险与收益均衡的问题。

(4) 缺乏严密的授权审批制度和不相容职务分离制度的风险。授权审批制度是保证投资活动合法性和有效性的重要手段，不相容职务分离制度则通过相互监督与牵制，保证投资活动在严格控制下进行，是堵塞漏洞、防止舞弊的重要手段。没有严格的授权审批制度和不相容职务分离制度，企业投资就会呈现出随意、无序、无效的状况，导致投资失误和企业生产经营失败。因此，授权审批制度和不相容职务分离制度是投资内部控制、防范风险的重要手段。同时，与投资责任制度相适应，还应建立严密的责任追究制度，使责、权、利得到统一。

(5) 缺乏严密的投资资产保管与会计记录的风险。投资是直接使用资金的行为，也是形成企业资产的过程，容易发生各种舞弊行为。在严密的授权审批制度和不相容职务分离制度以外，是否有严密的投资资产保管制度和会计控制制度，也是避免投资风险、影响投资成败的重要因素。企业应建立严密的资产保管制度，明确保管责任，建立健全账簿体系，严格进行账簿记录，通过账簿记录对投资资产进行详细、动态的反映和控制。

2. 投资活动的关键风险控制点、控制目标和控制措施

投资活动的关键风险控制点、控制目标和控制措施如表 4-2 所示。

表 4-2　　　　　　　　　　　　投资业务风险控制表

关键风险控制点	控制目标	控制措施
提出投资方案	进行投资方案可行性论证	(1) 进行投资方案的战略评估,包括评估是否与企业发展战略相符合; (2) 投资规模、方向与时机是否适当; (3) 对投资方案进行技术、市场、财务可行性研究,深入分析项目的技术可行性与先进性、市场容量与前景,以及项目预计现金流量、风险与报酬,比较或评价不同项目的可行性
审批投资方案	选择批准最优投资方案	(1) 明确审批人对投资业务的授权批准方式、权限、程序和责任,不得越权; (2) 审批中应实行集体决策审议或联签制度; (3) 方案批准后与有关投资方签署投资协议
编制投资计划	制定切实可行的具体投资计划,作为项目投资的执行和控制依据	(1) 核查企业当前资金额及正常市场经营预算对资金的需求量,积极筹措投资项目所需资金; (2) 制定详细的投资计划,并根据授权审批制度报有关部门审批
实施投资方案	保证投资活动按计划合法、有序、有效进行	(1) 根据投资计划进度,严格分期、按进度适时投放资金,严格控制资金流量和时间; (2) 以投资计划为依据,按照职务分离制度和授权审批制度,各环节和各责任人正确履行审批监督责任,对项目实施过程进行监督和控制,防止各种舞弊行为,保证项目建设的质量和进度要求; (3) 做好严密的会计记录,发挥会计控制的作用; (4) 做好跟踪分析,及时评价投资进展,将分析和评价结果反馈给决策层,以便及时调整投资策略或制定投资退出策略
投资处置控制	保证投资资产的处理符合企业的利益	(1) 投资资产的处置应该通过专业中介机构进行,选择相应的资产评估方法,客观评价投资价值,同时确定处置策略; (2) 投资资产的处置必须经过董事会的授权批准

(四) 投资活动的岗位分工与授权批准制度

1. 建立投资活动的岗位责任制

投资活动的参与部门主要是投资、审批、财会部门等。投资活动的工作岗位可分为:投资方案和投资计划的编制;投资方案和投资计划的审批;投资方案的可行性认证;投资业务的会计记录;投资处置的审批;投资处置的执行;投资业务的绩效评估等。建立投资活动的岗位责任制,明确相关部门和岗位的职责权限,确保办理投资活动的不相容职务相互分离、制约和监督。

投资活动的不相容职务至少应当包括:

(1) 投资方案的编制与审批。

(2) 投资计划的编制与审批。

(3) 投资处置的审批与执行。
(4) 投资合同或投资协议的审批与订立。
(5) 投资活动的执行与相关会计记录。

2. 建立投资活动授权批准制度

建立投资授权制度和审核批准制度，并按照规定的权限和程序办理投资业务。明确投资业务的授权批准方式、程序和相关控制措施，规定审批人的权限、责任以及经办人的职责范围和工作要求。对日常投资管理活动进行常规授权，并编制常规授权的权限指引。对特殊情况、特定条件下的非常规性交易事项进行应急性的特殊授权，并明确规定特别授权的范围、权限、程序和责任。对于重大的投资业务和事项，企业应当实行集体决策审批或联签制度，规定任何个人不得单独进行决策或擅自改变集体决策。

3. 投资活动的岗位设置、业务风险、流程及授权批准控制

对于企业投资活动，应该根据不同投资类型的业务流程，以及流程中各个环节体现出来的风险，采用不同的具体措施进行内部控制，相关流程如图4-7至图4-9所示。

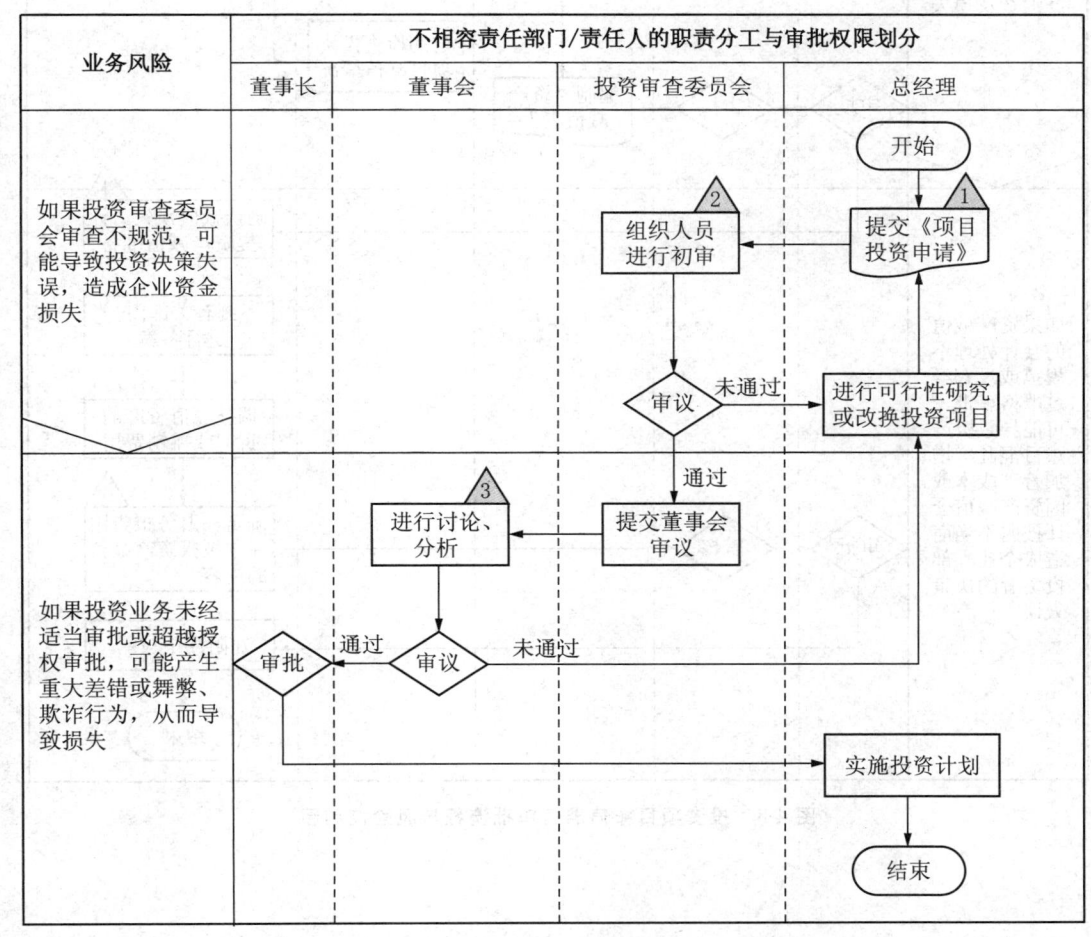

图4-7 投资决策审批流程与风险控制图

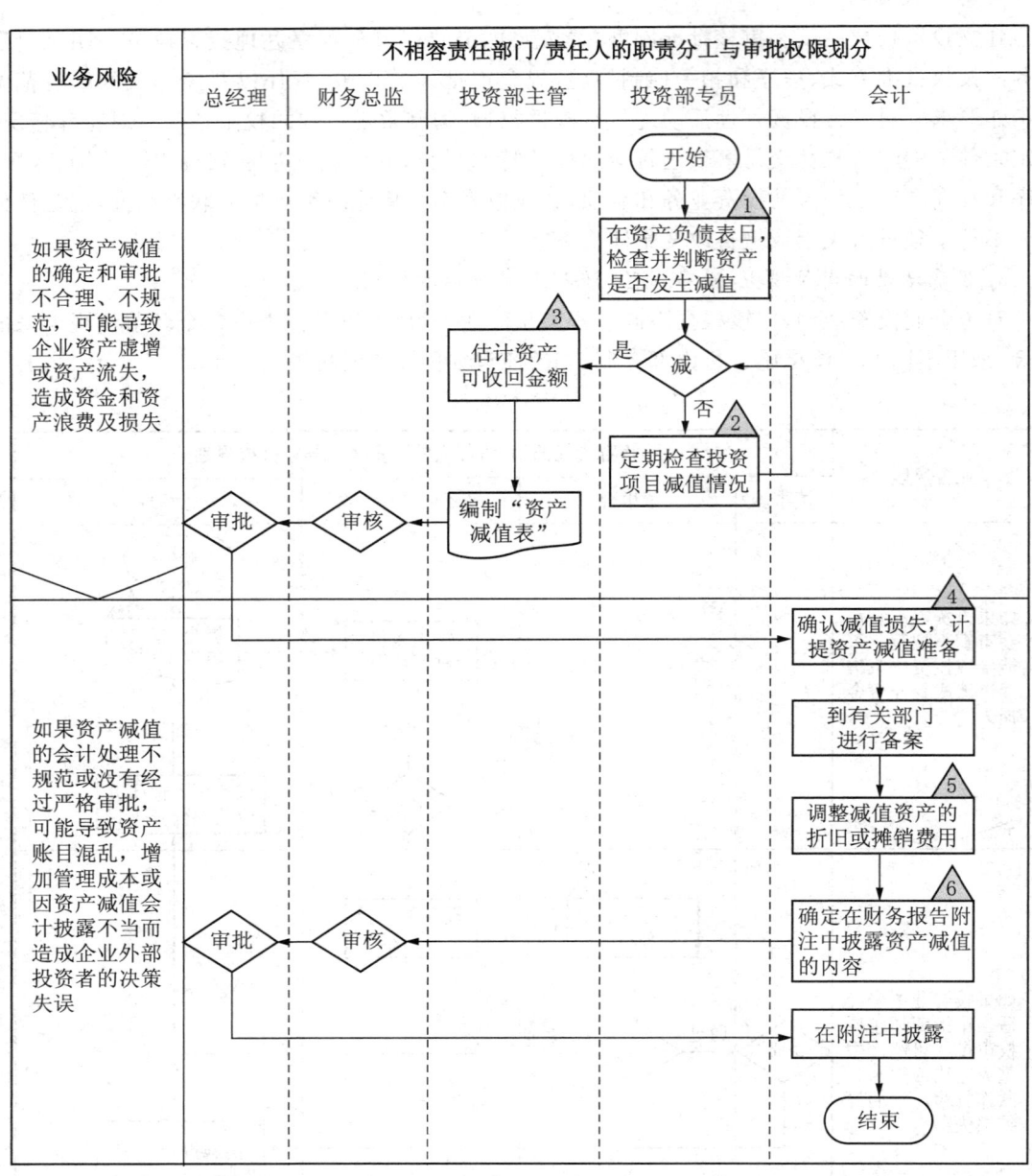

图 4-8 投资项目减值准备审批流程与风险控制图

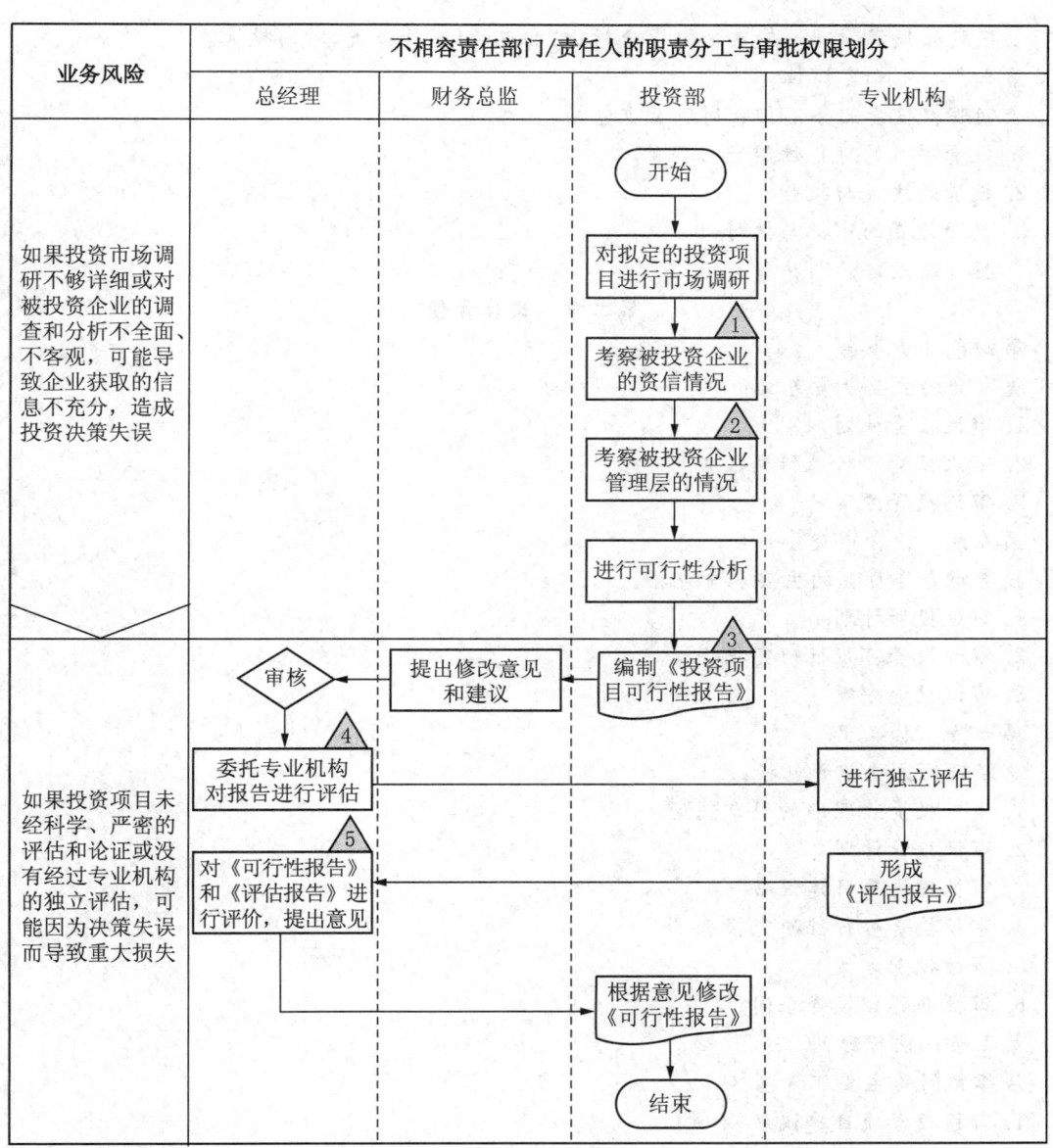

图 4-9 投资评估分析流程与风险控制图

【业务操作 4-2】

为 A 集团公司的控股母公司 A 公司建立长期股权投资业务岗位责任制度。

A 公司长期股权投资业务岗位责任制度

第一章 总 则

第一条 目的

为了明确长期股权投资相关部门和岗位的职责、权限，确保办理长期股权投资业务的不相容岗位能相互分离、制约和监督，特制定本制度。

第二条 范围

长期股权投资管理一般包括投资分析、投资申请、对外投资、对内投资。

第三条　不相容岗位

长期股权投资业务不相容岗位至少包括：

1. 投资项目的可行性研究与评估
2. 投资的决策与执行
3. 投资处置的审批与执行
4. 投资绩效评估与执行

第二章　岗位责任

第四条　董事会

董事会的主要职责包括：

1. 审议投资计划
2. 审议投资可行性研究报告
3. 审议投资方案

第五条　投资审查委员会

投资审查委员会的主要职责包括：

1. 审议投资计划
2. 审议投资可行性研究报告
3. 审议投资方案

第六条　总经理

总经理的主要职责包括：

1. 审批投资管理部的规章制度
2. 审批投资计划
3. 审批投资项目建议书
4. 审核投资可行性研究报告
5. 审核投资方案
6. 审批并签订投资合同

第七条　法律顾问

法律顾问的主要职责包括：

1. 审核投资项目建议书
2. 审核投资可行性报告
3. 审核投资合同

第八条　财务总监

财务总监的主要职责包括：

1. 审核投资管理部相关规章制度
2. 审核投资管理部的工作流程与规范
3. 审核投资计划
4. 审核投资项目建议书
5. 审核投资可行性研究报告
6. 审核投资方案
7. 审核投资合同

8. 审核投资取得的权益证书
9. 审核关于投资的会计账目
10. 审核投资质量分析报告

第九条　财务部经理

财务部经理的主要职责包括：
1. 指导会计人员对投资业务进行记录与会计核算
2. 安排人员核对投资账目
3. 与投资管理部经理核对权益证书

第十条　投资管理部经理

投资管理部经理的主要职责包括：
1. 制定投资管理部的相关规章制度
2. 制定投资管理部的工作流程与规范
3. 制订企业的投资计划
4. 审核投资项目建议书
5. 安排人员对目标企业进行调查并进行投资可行性研究
6. 编制可行性研究报告
7. 制定投资方案
8. 拟定投资合同
9. 安排人员对投资项目进行跟踪管理

第十一条　投资管理部主管

投资管理部主管主要职责包括：
1. 参与编制投资管理部的相关规章制度
2. 参与编制投资管理部的工作流程与规范
3. 参与制订企业的投资计划
4. 编制投资项目建议书
5. 对目标企业进行调查并进行投资可行性研究
6. 参与编制可行性研究报告
7. 参与制定投资方案
8. 拟定投资合同
9. 对投资项目进行跟踪管理

第十二条　投资专员

投资专员的主要职责包括：
1. 根据投资计划寻找投资项目
2. 编制投资项目建议书
3. 调查目标企业并进行投资可行性研究
4. 协助投资管理部主管编制投资方案
5. 协助投资管理部经理与目标企业谈判
6. 根据投资规范对投资项目进行跟踪管理
7. 编写投资质量分析报告
8. 记录已取得的权益证书

9. 填写并保管投资备查登记簿

第十三条 投资会计

投资会计的主要职责是记录投资业务、核算投资收益。

第十四条 审计人员

审计人员的主要职责包括：

1. 审核投资账目并就异常情况编写报告
2. 分析目标企业投资后的财务状况和现金流等

第十五条 财务部文员

财务部文员的主要职责是保管权益证书。

第三章 附 则

第十六条 本制度由投资管理部会同公司其他有关部门解释。

第十七条 本制度配套办法由投资管理部会同公司其他有关部门另行制定。

第十八条 本制度自____年__月__日起实施。

A公司
____年__月__日

（五）投资活动的会计系统控制

企业应当按照会计准则的规定，准确进行投资业务的会计处理。根据对被投资方的影响程度，合理确定投资会计政策，建立投资管理台账，详细记录投资对象、金额、期限、收益等事项，妥善保管投资合同或协议、出资证明等资料。明确各种与投资业务相关文件资料的取得、归档、保管、调阅等各个环节的管理规定及相关人员的职责权限。

企业财会机构对于被投资方出现财务状况恶化、市价当期大幅下跌等情形的，应当根据国家统一的会计准则制度规定，合理计提减值准备、确认减值损失。

1. 会计核算准确

企业必须按照会计准则的要求，对投资项目准确地进行会计核算、记录与报告，确定合理的会计政策，准确反映企业投资的真实状况。

2. 妥善保管投资资料

企业应当妥善保管投资合同、协议、备忘录、出资证明等重要的法律文书。

3. 建立投资管理台账

企业应当建立投资管理台账，详细记录投资对象、金额、期限等情况，作为企业重要的档案资料以备查用。

4. 密切关注投资运营情况

企业应当密切关注投资项目的运营情况，一旦出现财务状况恶化、市价大幅下跌等情形，必须按会计准则的要求，合理计提减值准备。

（六）投资活动评价与责任追究

建立投资活动评价与责任追究制度，监督评价投资活动全过程，对投资活动中的违规人员，追究其相应的法律责任。

（七）建立投资活动的内部控制制度

为防范投资活动的风险，要建立和健全内部控制制度。在投资活动的内部控制制度的建立和有效执行中,重点要强化以下关键事项。

1. 投资决策要科学合理

企业选择投资项目应当突出主业,综合考虑政治、经济、法律、市场等因素的影响,合理安排资金投放结构,科学确定投资项目,拟订投资方案,重点关注投资项目的收益和风险。企业应当加强对投资方案的可行性研究,重点对投资目标、规模、方式、资金来源、风险与收益等作出客观评价。

2. 投资项目要跟踪管理

企业应当根据批准的投资方案,与被投资方签订投资合同或协议,明确出资时间、金额、方式、双方权利义务和违约责任等内容,按规定的权限和程序审批后履行投资合同或协议。企业应当指定专门机构或人员对投资项目进行跟踪管理,及时收集被投资方经审计的财务报告等相关资料,定期组织投资效益分析,关注被投资方的财务状况、经营成果、现金流量以及投资合同履行情况,发现异常情况,应当及时报告并妥善处理。

3. 投资项目的会计系统控制要全面

根据对被投资方的影响程度,合理确定投资会计政策,建立投资管理台账,详细记录投资对象、金额、持股比例、期限、收益等事项,妥善保管投资合同或协议、出资证明等资料。合理计提减值准备、确认减值损失。

4. 投资处置要严谨

投资企业应当加强投资收回和处置环节的控制,对投资收回、转让、核销等决策和审批程序作出明确规定。企业应当重视投资到期本金的回收。企业对于到期无法收回的投资,应当建立责任追究制度。

建立健全投资活动的内部控制制度,需要综合运用各种控制措施,并建立重大风险预警机制和突发事件应急处理机制,让投资风险处于可控状态,使投资全过程得到有效监管。

【经典例题】 甲公司决定加大资本运作力度,在充分研究论证的基础上,报经董事会或股东大会批准,兼并重组境外的上游零部件供应商和部分下游销售平台,更好地整合当地资源;同时,利用境外较为成熟的金融市场,大力开展衍生金融产品投资,以获取投资收益。

要求:根据财政部、证监会、审计署、银监会、保监会联合发布的《企业内部控制基本规范》和《企业内部控制配套指引》,识别甲公司董事会决议中改革措施所面临的主要风险;同时,针对识别出的主要风险,设计相应的控制措施。

解析:甲公司改革措施存在的风险:投资决策失误可能导致投资损失(或投资决策风险)。控制措施:企业选择投资项目应当突出主业(或企业应当谨慎从事衍生金融产品等高风险投资)。

【经典例题】 资金投放环节。为提高资金使用效率,《企业内部控制手册》规定,报经总会计师批准,投资部门可以从事一定额度的投资,但大额期权期货交易,必须报经总经理批准。

要求:分析其内部控制是否有效。

解析:资金投放环节的内部控制设计无效。理由:大额期权期货交易应当实行集体决策或联签制度(或大额期权期货交易应当经董事会或股东大会批准)。

【学中做 4-2】

国民技术5亿元"失踪"案例

一、事件简介——国民技术5亿元"失踪",合伙人清空境内公司股权

2017年11月29日晚间,国民技术股份有限公司(股票代码:300077)发布公告称,由于公司累计投入5亿元的产业基金合伙人北京旗隆及母公司深圳前海旗隆基金管理有限公司(简称"前海旗隆")相关人员"失联",公司已向公安机关报案,公司股票也于11月29日开市起停牌。统计发现,此次5亿元损失,超过国民技术近十年利润之和。

11月30日,新京报记者前往北京旗隆公司注册地,发现公司已于一个多月前退租。前海旗隆创始人代雪峰从去年12月起,开始陆续转让旗下多家公司股权,现旗下已无任何境内公司。代雪峰多个社交媒体账号已经停止更新。

上市后业绩一度降九成。遭遇此次"黑天鹅"前,理财产品本是国民技术用以提振收益的重要业务。

公开资料显示,国民技术前身是中兴集成,2009年3月整体变更设立为股份有限公司。财务数据显示,国民技术营业收入从2008年的2.19亿元,增长到2009年的4.66亿元。2009年实现净利润1.17亿元,同比增长384.83%。

2010年4月30日,国民技术成功登陆创业板,业绩于当年达到顶点——净利润17 701.75万元,同比增长51.37%。

国民技术业绩首次出现下滑是2011年。

财报显示,2011年公司全年实现营业收入57 137.62万元,同比下降18.65%;利润总额11 430.34万元,同比下降40.23%。此后两年中依旧未见好转。

公司解释称,利润同比下降,主因在于移动支付解决方案的市场应用低于预期,同时"手机深圳通"的受理终端改造费用于本年开始摊销;全资子公司国民电商亏损;产品因市场萎缩对期末库存追加计提跌价准备。

此后,公司关注点开始转向理财产品。

投资理财占净利逾八成。2013年4月17日,公司董事会审议通过了《关于使用自有闲置资金购买理财产品的议案》,授权公司管理层使用不超过人民币5亿元额度的自有闲置资金购买理财产品。

2014年11月28日,公司使用闲置自有资金2亿元,购买前海旗隆的基金产品,年基准收益率为6.5%,存续期限为2年。投资理财产品,公司称可以提高公司资金使用效率,获得一定投资效益,提升公司业绩水平。

此后,国民技术开始加大投资。

2015年11月9日,国民技术发布公告称,有鉴于与前海旗隆投资合作的基础,前海旗隆下设的专注于产业投资的子公司北京旗隆,与公司的全资子公司、投资控股平台国民投资合作设立深圳国泰旗兴产业投资基金管理中心(简称"深圳国泰"),国民投资拟自筹3亿元投入投资标的。

2016年3月2日,公司披露《关于全资子公司增加对深圳国泰旗兴产业投资基金管理中心投资额的议案》,国民投资对深圳国泰增加投资额2亿元,国民投资累计投入5亿元。

公告显示,2016年国民投资收到深圳国泰分红5 000万元。同年,国民技术旗下基金投资收益和理财收益合计达9 564.34万元,占公司利润总额达82.16%,公司称投资收益具有可持续投资。

依托投资收益,国民技术的业绩开始回升。2016年,公司实现归属于上市公司普通股股东的净利润10 120.73万元,较上年同期上升17.67%,这是2010年后,公司首次净利润过亿。

北京旗隆办公地已于一个月前退租,当时的境况为国民技术浇了一盆冷水。

除办公室退租外,还有于数月前被转让的股权。

代雪峰不断转让旗下公司股权。据数据显示,代雪峰曾在5家公司持有股份。

公开信息显示,2016年12月,代雪峰将所持有的前海旗隆稳增量化贰号投资中心股份,转让给了海口天地骏鹏投资咨询有限公司。代雪峰将前海旗隆99.29%的股权,转让给了徐馨漫妮;将其持有重庆福瑞口腔医院管理有限公司60%股份,转让给了代小玲。

此外,代雪峰持股90%的重庆市涪陵区紫杉生态农业有限公司,及曾出任法人代表的重庆市清羽生物科技有限公司,已处于注销状态。

至此,境内公司股权均被清空。

2017年11月29日,国民技术停牌,这些投资者遭遇了"黑天鹅"。

在国民技术发布北京旗隆失联公告后,深交所对其下发了关注函,要求公司预计前海旗隆、北京旗隆相关人员失联可能导致的损失及对公司2017年度业绩的影响,并说明拟采取措施。

二、事件分析——5亿巨款不翼而飞,国民技术悄然删除资金托管条款

国民技术于2018年1月23日公告的深交所问询函中,曝光了大量的此前未公开信息。备受市场关注的卷款5亿元事件中,公司对外报备的投资合伙协议书和实际签订的投资合伙协议书并不一致,公司在实际签订版本中删除了关于资金托管的条款,但从未对外披露此事。而资金未被托管,为国民技术5亿元巨款不翼而飞创造了必要条件。

1. 悄然删除资金托管条款

国民技术与其合作投资伙伴前海旗隆及旗下子公司北京旗隆医药控股有限公司的相关人员失去联系一事,是舆论关注的焦点。此事导致国民技术可能承受5亿元损失。在这一事件中,一个非常关键的疑点在于,双方之间的合作资金并没有被托管,这是极为异常的。通常来说,私募产品、信托产品的资金都会安排托管机构,这样即便某方面想要跑路,也没有办法把钱转移走。但是,国民技术和旗隆之间的合作,恰恰就没有托管。

在1月23日公告的深交所问询函中,披露了这样一个事实:公司当初与前海旗隆合作时,对外报备的投资合伙协议书有资金托管条款,但在出事后提交给监管部门的实际签订版本协议书中,却没有资金托管条款。深交所这样提问:"你公司2015年11月公告时报备的投资合伙协议书与2017年11月29日提交的实际签订版本协议书内容不一致,实际签订版的合伙协议书删除了公告备查文件中关于资金托管的条款。请你公司说明删除资金托管条款的原因,未及时披露该事项的原因及合理性,是否违反信息披露相关规则。"

2. 合作存在诸多疑点

除了有关托管条款的问题以外,深交所问询函中还显示,国民技术与旗隆的合作早已存在多项瑕疵。

第一,5亿元投资款均来源于向上市公司的借款,交易所要求公司说明,上述5亿元出借资金的资金来源、是否涉及募集资金。

第二,国民技术与旗隆方面的合作中,截至2016年12月30日,深圳国泰的普通合伙人北京旗隆仍未按照合伙协议书的约定实际履行50万元的出资义务。

第三,投资合伙协议书曾经约定,有限合伙的全部现金资产只能以现金管理的方式进行管理。但根据深圳国泰审计材料显示,2016年度深圳国泰对外投资收益主要来源于期货投资。

第四,截至2016年11月30日,旗隆方面获得管理费用8 737万元,交易所要求公司说明支付高额服务费用的原因及合理性,是否涉嫌利益输送。

从交易所问询函中披露的信息来看,早在5亿元事件爆发之前,国民技术与旗隆之间的合

作已经存在诸多疑点。

学习任务：为国民技术股份有限公司代拟委托理财内控制度。

国民技术股份有限公司委托理财内控管理制度（草案）

第一章 总 则

第一条 为规范国民技术股份有限公司（以下简称"公司"）开展委托理财业务，有效防范和控制资金风险，根据《中华人民共和国证券法》《上海证券交易所股票上市规则》《上海证券交易所上市公司内部控制指引》《企业内部控制基本规范》《企业内部控制应用指引第6号——资金活动》及公司章程等法律、法规、规范性文件的相关规定，结合公司具体实际，特制定本制度。

第二条 本制度所称委托理财是指公司在国家政策允许的情况下，公司在控制投资风险的前提下，以提高资金使用效率、增加现金资产收益为原则，对自有闲置资金通过商业银行理财、信托理财及其他理财工具进行运作和管理，在确保安全性、流动性的基础上实现资金的保值增值。

委托理财投资方式主要选择在银行购买短期低风险、保本浮动收益型理财类产品、债券投资（含国债、企业债等）的人民币理财产品业务。

第三条 公司不得使用不符合国家法律法规、中国证监会和上交所规定的资金直接或间接进行委托理财投资。

第四条 公司开展委托理财投资在不影响公司正常生产经营和业务拓展的情况下，必须遵循"规范运作、资金安全、效益优先"的原则。

第五条 本制度适用于公司及控股子公司。公司控股子公司进行委托理财须报经公司审批，未经审批不得进行任何委托理财活动。

第二章 职责和审批权限

第六条 本制度规定委托理财的职责范围和审批权限，具体包括：

（一）公司委托理财投资，应严格按照公司股东大会、董事会授权的投资权限进行投资操作，独立董事应当就投资的审批程序是否合理、内控程序是否健全及投资对公司的影响发表独立意见。

（二）对董事会、股东大会审议通过的委托理财投资决议后，由公司财务部门提出拟做理财产品方案和建议，报分管领导审核签字。

同时，会同证券部门对委托理财业务的必要性及风险控制情况进行分析和评估后报董事长审批；控股子公司应向公司财务部提交委托理财申请，由公司财务部对控股子公司委托理财申请进行风险评估和可行性分析后，再由公司财务部履行上述审批流程。

（三）公司财务部门负责对通过批准的委托理财产品的具体实施。

（四）公司审计部门负责对委托理财的投资事宜进行定期审计和检查，充分评估投资风险并确保公司资金安全的监督工作。

此外，如公司使用暂时闲置的募集资金进行委托理财的，除需经公司董事会审议通过外，独立董事、监事会、保荐机构应发表明确同意意见，并且委托理财产品应符合以下要求：

1. 安全性高，满足保本要求，产品发行主体能够提供保本承诺。

2. 流动性好，不得影响募集资金投资计划正常进行。

第三章 委托理财的实施

第七条 公司财务部应以公司名义在银行开设资金账户进行委托理财投资，不得使用他人账户或向他人提供资金进行委托理财投资。

第八条 公司财务部对委托理财的资金进出,须根据公司财务管理制度按程序审批签字。

第九条 公司财务部应对委托理财业务建立台账,对每笔协议进行登记,登记委托理财日期、期限、收益等重要信息;根据管理的要求及时提供收益及风险分析。

第四章 资金使用情况的监督

第十条 委托理财投资资金使用与保管情况由公司审计部进行日常监督,不定期对资金使用情况进行审计、核实。

第十一条 公司董事会审计委员会负责对委托理财投资进行全面定期审计。

第十二条 公司独立董事可以对委托理财投资资金使用情况进行检查。独立董事在审计部核实的基础上,以董事会审计委员会核查为主,必要时由二名以上独立董事提议,有权聘任独立的外部审计机构进行委托理财投资资金的专项审计。

第十三条 公司监事会可以对委托理财投资资金使用情况进行监督。

第五章 信息披露

第十四条 公司董事会应在作出相关决议的两个交易日内进行公告。

第十五条 公司披露的委托理财投资事项至少应当包括以下内容:

1. 委托理财投资概述,包括投资目的、投资额度、投资方式、投资期限等。
2. 委托理财投资的资金来源是否合规。
3. 需履行审批程序的说明。
4. 委托理财投资对公司的影响。
5. 投资风险及风险控制措施。

第六章 附 则

第十六条 本制度未尽事宜,依照有关法律、法规和规范性文件的规定执行。

第十七条 本制度与公司《对外投资管理办法》等公司内部文件规定不一致的情形,参照本制度有关规定执行。

第十八条 本制度由公司董事会负责修订和解释,经董事会批准后执行。

国民技术股份有限公司
____年__月__日

【学中做 4-3】

铱星陨落

1997年,摩托罗拉公司铱星移动通信网络投入商业运营,成为第一个真正能覆盖全球每个角落的通信网络系统。随之,公司股票大涨,其股票价格从发行时的每股20美元飙升到1998年5月的70美元。崇尚科技的人士尤其看好铱星系统。1998年,美国《大众科学》杂志将其评为年度全球最佳产品之一。同年年底,在由我国两院院士评选的年度十大科技成就中,它名列第二位。

从高科技而言,铱星系统不但采用了复杂、先进的星上处理和星间链路技术,使地面实现无缝隙通信,而且解决了卫星网与地面蜂窝网之间的跨协议漫游。铱星系统开创了全球个人通信的新时代,使人类在地球上任何"能到达的地方"都可以相互联络。

然而,价格不菲的"铱星"通信在市场上遭受到了冷遇,用户最多时才5.5万人,而据估算它必须发展到50万用户才能盈利。由于巨大的研发费用和系统建设费用,铱星背上了沉重的债务负担,整个铱星系统耗资达50多亿美元,每年仅系统的维护费就要几亿美元。除了摩托罗拉等公司提供的投资和发行股票筹集的资金外,铱星公司还举借了约30亿美元的债务,每月仅是债务利息就达4 000多万美元。从一开始,铱星公司就一直在与银行和债券持有人等组成的债权方集团进行债务重组的谈判,但双方最终未能达成一致。债权方集团于1999年8月3日向纽约联邦法院提出了迫使铱星公司破产改组的申请,加上无力支付两天后到期的9 000万美元的债券利息,铱星公司被迫于同一天申请破产保护。2000年3月18日,铱星背负40多亿美元债务正式破产。

学习任务:

请分析回答下列问题:

(1) 铱星公司在高科技上的登峰造极与市场上的全线溃败的强烈对比说明了什么?

(2) 导致铱星公司最终破产的原因有哪些?

(3) 铱星公司的破产可以给其他企业带来什么经验与教训?

分析如下:

(1) 市场竞争能力的高低不仅仅取决于技术水平,还取决于市场运作和财务可行性。铱星公司的高科技并未被市场所接受,高额的运营费用足以使铱星公司资不抵债,因而达到了破产的一个基本条件。

(2) 导致铱星公司破产的原因来自盲目的投资决策和管理不善;导致其破产的直接原因是不能清偿到期债务。

(3) 从高科技的角度看,铱星系统是值得推崇的。但一个投资项目究竟值不值得,要充分考虑到市场的认可程度和财务可行性。

4-3 某公司对外投资内部控制制度

三、资金营运活动主要风险点及其管控措施

(一) 营运资金的概念和特点

营运资金也叫营运资本。广义的营运资金又称总营运资本,是指一个企业流动形态的资产和负债,具体包括应收账款、存货、其他应收款、应付账款、应付票据、其他应付款等。狭义的营运资金是指某时点内企业的流动资产与流动负债的差额。营运资金与经营活动全过程密切关联,是企业生存、发展和获利不可或缺的。

营运资金的特点有:

(1) 周转时间短。根据这一特点,营运资金可以通过短期筹资方式加以解决。

(2) 非现金形态的营运资金如存货、应收账款、短期有价证券容易变现。这一点对企业应付临时性的资金需求有重要意义。

(3) 数量具有波动性。流动资产或流动负债容易受内外条件的影响,数量的波动往往很大。

(4) 来源具有多样性。营运资金的需求问题既可通过长期筹资方式解决,也可通过短期筹资方式解决。仅短期筹资就有银行短期借款、商业信用、票据贴现等多种方式。

(二) 营运资金活动的业务流程和环节

1. 营运资金活动的业务流程

营运资金会以多种形态存在,各类形态的相互转化,形成营运资金循环流转,如图4-10所示。

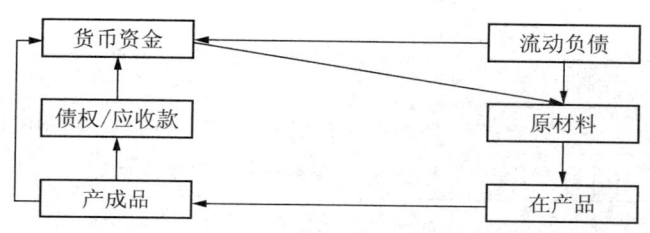

图 4-10 营运资金循环图

2. 营运资金活动的业务环节

企业资金营运活动是一种价值运动,为保证资金价值运动的安全、完整、有效,企业资金营运活动应按照设计严密的流程进行业务环节控制。

(1) 资金收付需要以业务发生为基础。企业资金收付,应该有根有据,不能凭空付款或收款。所有收款或者付款需求,都是由特定业务引起的,因此,有真实的业务发生,是资金收付的基础。

(2) 企业授权部门审批。收款方应该向对方提交相关业务发生的票据或者证明,收取资金。资金支付涉及企业经济利益的流出,应严格履行授权分级审批制度。不同责任人应该在自己的授权范围内,审核业务的真实性,金额的准确性,以及申请人提交票据或者证明的合法性,严格监督资金支付。

(3) 财务部门复核。财务部门收到经过企业授权部门审批签字的相关凭证或证明后,应再次复核业务的真实性、金额的准确性以及相关票据的齐备性、相关手续的合法性和完整性,并签字认可。

(4) 出纳办理支付。出纳或资金管理部门在收款人签字后,根据相关凭证支付资金。

(三) 资金营运活动风险分析

1. 资金营运活动的主要风险

资金营运活动的主要风险包括:

(1) 生产经营环节资金不平衡。

(2) 资金循环不合理、使用效率低下,出现资金闲置、冗余等低效现象。

(3) 资金安全出现问题、出错、舞弊现象发生。

2. 资金营运活动的风险控制点、控制目标和控制措施

资金营运活动的关键风险控制点、控制目标和控制措施如表 4-3 所示。

表 4-3　　　　　　　　　　资金营运活动控制表

关键风险控制点	控制目标	控制措施
审批	合法性	未经授权不得经办资金收付业务;明确不同级别管理人员的权限
复核	真实性与合法性	会计对相关凭证进行横向复核(即平级人员的相互核对)和纵向复核(即上下级人员的相互核对)
收支	收入入账完整,支出手续完备	出纳根据审核后的相关收付款原始凭证收款和付款,并加盖戳记
记账	真实性	出纳人员根据资金收付凭证登记日记账,会计人员根据相关凭证登记有关明细分类账;主管会计登记总分类账

续表

关键风险控制点	控制目标	控制措施
审批	合法性	未经授权不得经办资金收付业务;明确不同级别管理人员的权限
对账	真实性和财产安全	账证核对、账表核对与账实核对
保管	财产安全与完整	授权专人保管资金;定期、不定期盘点
银行账户管理	防范小金库;加强业务管控	开设、使用与撤销的授权;是否有账外账
票据与印章管理	财产安全	票据统一印制或购买;票据由专人保管;印章与空白票据分管;财务专用章与企业法人章分管
储备资金环节	合理确定储备资金占用数量;保证储备资金安全完整	编制各种储备资金预算,对储备资金占用进行严密控制;使用经济订货量模型进行储备资金采购决策;采用作业成本法、企业资源计划系统、准时制生产方式等进行存货控制;建立严密的存货收发保管制度,防范存货收发储存环节的错弊,保证存货安全完整
生产资金环节	合理组织生产、有效控制成本	编制生产预算,有计划组织生产;按生产通知单领料,严格履行领料手续;制定产品目标成本和消耗定额,严格控制成本发生;建立生产台账,编制生产进度表,对产品生产和交接进行严格控制;建立质量检验制度和责任成本制度,开展成本差异分析,落实责任制,促进产品质量和生产效率提高;建立完善的成本核算制度和会计账簿体系,准确核实产品成本
新的储备资金环节	确定储备资金的合理占用数量,保证储备资金安全完整	与上述储备资金环节的风险控制措施相同
新的货币资金环节	准确进行成本补偿,合理进行利润分配;建立商品销售和货款回收制度	准确进行收入费用配比,足额补偿成本;遵守利润分配规定和程序,及时、恰当地分配利润,妥善处理各方利益关系;加强应收账款管理,减少坏账损失,及时回收货款;建立严密的资金收入控制程序,严格资金收入控制,保证收入货币资金的安全完整

3. 货币资金管理的几个关键控制点

(1) 审批控制点。把收支审批点作为关键点,是为了控制资金的流入和流出,审批权限的合理划分是资金营运活动业务顺利开展的前提条件。审批活动作为关键点包括:制定资金的限制接近措施,经办人员进行业务活动时应该得到授权审批,任何未经授权的人员不得办理资金收支业务;使用资金的部门应提出用款申请,记载用途、金额、时间等事项;经办人员在原始凭证上签章;经办部门负责人、主管总经理和财务部门负责人审批并签章。

(2) 复核控制点。复核控制点是减少错误和舞弊的重要措施。根据企业内部层级的隶属关系可以划分为纵向复核和横向复核两种类型。前者是指上级主管对下级活动的复核;后者是指平级或无上下级关系人员的相互核对,如财务系统内部的核对。复核关键点包括:资金营运活动会计主管审查原始凭证反映的收支业务是否真实合法,经审核通过并签字盖章后才能填制原始凭证;凭证上的主管、审核、出纳和制单等印章是否齐全。

(3) 收支控制点。资金的收付是资金的流入流出,反映着资金的来龙去脉。该控制点包括:出纳人员按照审核后的原始凭证收付款,对已完成收付的凭证加盖戳记,并登记日记账;主管会计人员及时准确地记录在相关账簿中,定期与出纳人员的日记账核对。

(4) 记账控制点。资金凭证和账簿是反映企业资金流入流出的信息源,如果这个环节出现管理漏洞,很可能导致整个会计信息处理结果失真。记账控制点包括:出纳人员、会计人员及其会计主管人员应当认真填制、审核有关单据,并及时登记入账。

(5) 对账控制点。对账是账簿记录系统的最后环节,也是报表生成前的环节,对保证会计信息的真实性起到重要作用。该控制点包括:账证核对、账账核对、账表核对、账实核对。

(6) 银行账户管理控制点。企业应当严格按照《支付结算办法》等国家有关规定,加强银行账户的管理,严格按规定开立账户,办理存款、取款和结算。银行账户管理的关键控制点包括银行账户的开立、使用和撤销是否有授权,下属企业或单位是否有账外账。

(7) 票据与印章管理控制点。印章是明确责任、表明业务执行及完成情况的标记。印章的保管要贯彻不相容职务分离的原则,严禁将办理资金支付业务的相关印章和票据集中给一人保管,实行印章与空白票据分管、财务专用章与企业法人章分管的办法。

(四) 建立货币资金管理的内部控制制度

货币资金管理的内部控制制度,可从货币资金业务岗位分工制度、货币资金业务授权批准制度、货币资金收入业务控制、货币资金支出业务控制、货币资金清查内部控制制度、票据和印鉴管理控制六个方面来建立。

1. 货币资金业务岗位分工制度

建立货币资金业务的岗位责任制,明确相关部门和岗位的职责权限,确保不相容职务相互分离、制约和监督,不得由一人办理货币资金业务的全过程。货币资金业务岗位分工制度包括以下关键内容:

(1) 货币资金的收付及保管应由被授权批准的出纳人员负责,其他人不得接触。

(2) 办理货币资金收付业务的专用印鉴不得由一人兼管。

(3) 出纳人员不得兼任稽核、会计档案保管和收入、支出、费用、债权债务账目的登记工作,不能同时负责总分类账的登记和保管工作。

(4) 出纳人员与库存现金的清查盘点人员、负责银行对账的人员相互分离,如图 4-11 所示。

(5) 关键性的货币资金岗位要执行定期轮岗制度、强制性休假制度。

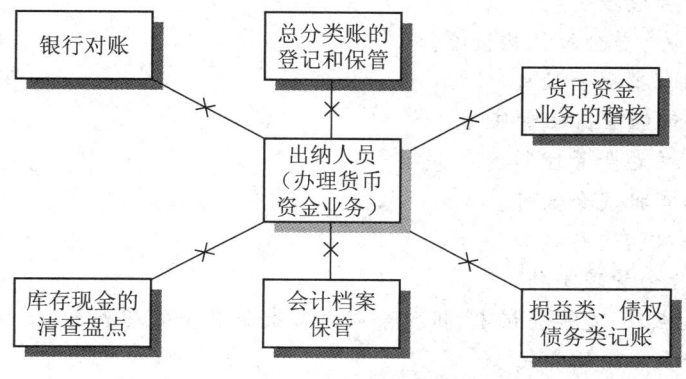

图 4-11 出纳人员不相容职务示意图

2. 货币资金业务授权批准制度

货币资金业务授权批准制度包括以下关键内容：

(1) 明确审批人对货币资金业务的授权批准方式、权限、程序、责任和相关控制措施，审批人应当在授权范围内进行审批，不得超越权限进行审批。

(2) 规定经办人办理货币资金业务的职责范围和工作要求，经办人应当在职责范围内按照审批人的批准意见办理货币资金业务。

(3) 对于重要的货币资金业务，应当实行集体决策和审批，并建立责任追究制度，防范贪污、侵占、挪用货币资金的行为。

(4) 严禁未经授权的机构或人员办理货币资金业务或直接接触货币资金。

【业务操作 4-3】

为引例中 A 集团公司的控股母公司 A 公司建立资金管理岗位责任制度。

A 公司营运资金管理岗位责任制度

第一章　总　则

第一条　目的

为了明确资金业务管理的相关部门及岗位的职责权限，确保办理资金业务的不相容岗位相互分离、相互制约和监督，特制定本制度。

第二条　资金业务不相容岗位至少应当包括以下三个方面。

1. 资金支付的审批与执行。
2. 资金的保管、记录与盘点清查。
3. 资金的会计记录与审计监督。

第三条　出纳人员不得兼任稽核、会计档案保管及收入、支出、费用、债权债务账目的登记工作。

第二章　资金业务管理岗位责任

第四条　总经理岗位责任

1. 制定公司开户的政策、程序并进行适当的授权。
2. 审批有关资金管理制度。
3. 审批现金、银行存款的支付申请。

第五条　财务总监岗位责任

1. 审核有关资金管理制度。
2. 批准银行开户，与金融机构接洽。
3. 权限范围内审批现金数目。

第六条　财务部经理岗位责任

1. 组织制定有关资金管理制度。
2. 权限范围内审批现金数目。
3. 负责与金融机构进行接洽。
4. 指导、协调资金管理工作。
5. 抽查现金盘点表、支票登记本、银行余额调节表等资金管理表单。

第七条　资金主管岗位责任

1. 制定相关的资金管理制度。

2. 办理银行开户、撤销等工作。

3. 复核现金盘点表、银行余额调节表、部门及个人用款申请、现金记录和支票登记本等。

第八条　资金专员岗位责任

1. 盘点现金，填制"现金盘点表"。

2. 核对"银行存款对账单"，编制"银行存款余额调节表"。

3. 办理部门及个人用款申请手续。

4. 银行预留印鉴和有关印章的保管。

5. 各种记账凭证、报表文件的整理、归档。

第九条　出纳岗位责任

1. 登记银行日记账和现金日记账。

2. 保管现金，控制现金数目。

3. 按规定办理部门及个人用款支付，开出支票并进行登记。

4. 定期与总账核对银行、现金日记账；购买、保管空白收据、支票等票据。

第十条　会计岗位责任

1. 编制记账凭证；登记资金总账。

2. 审核业务经办人取得或填制的原始凭证。

第十一条　审计人员岗位责任

1. 审核资金日记账、资金总账以及资金办理手续等。

2. 定期盘点库存资金，监督资金使用情况。

第十二条　各部门管理岗位责任

1. 提出部门用款申请。

2. 授权范围内审批部门个人用款申请。

第三章　附　则

第十三条　本制度由财务部会同公司其他有关部门解释。

第十四条　本制度自　年　月　日起开始实施。

A 公司
＿＿＿年＿月＿日

3. 货币资金收入业务控制

企业的货币资金收入主要有两种情形，一种是来源于当期出售商品、提供劳务、出售原材料等取得的营业收入和收回以前各期的应收款项；另一种是不经常发生的货币资金收入，如借款、发行债券、收回对外投资、取得投资收益、出售固定资产、出售无形资产。

（1）货币资金收入业务流程。货币资金收入业务流程和其他控制制度，如图 4-12、图 4-13 所示。

（2）货币资金收入控制要点。为保证货币资金收入的安全、完整，在制定货币资金收入控制制度时，要注意以下控制要点：

① 核准收款。收款要经授权、审批，收款依据要准确、完整，收款人员要根据核定的收款依据办理收款业务，不能无依据收款和乱收款。

② 准确收款。收款人员要及时、准确办理收款业务。

③ 足额存款。所收款项要足额、及时送存银行，不得"坐支"。

④ 及时入账。企业在生产经营及其他业务活动中取得的资金收入应当及时入账，不得账外设账，严禁收款不入账、设立"小金库"。

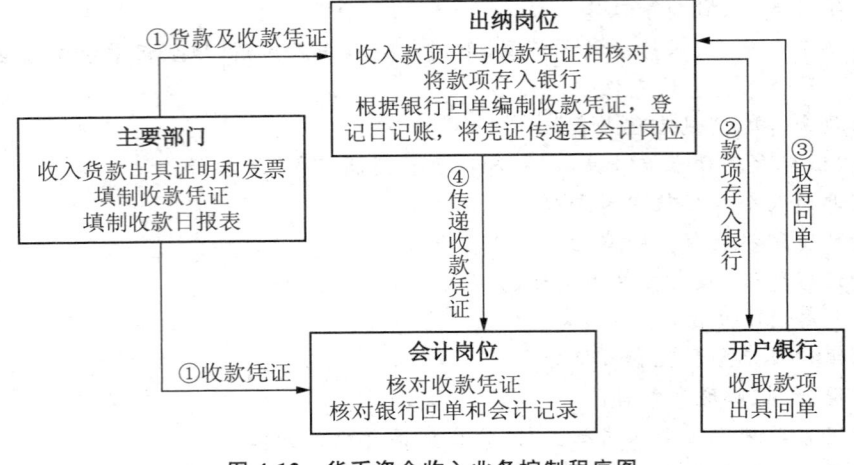

图 4-12 货币资金收入业务控制程序图

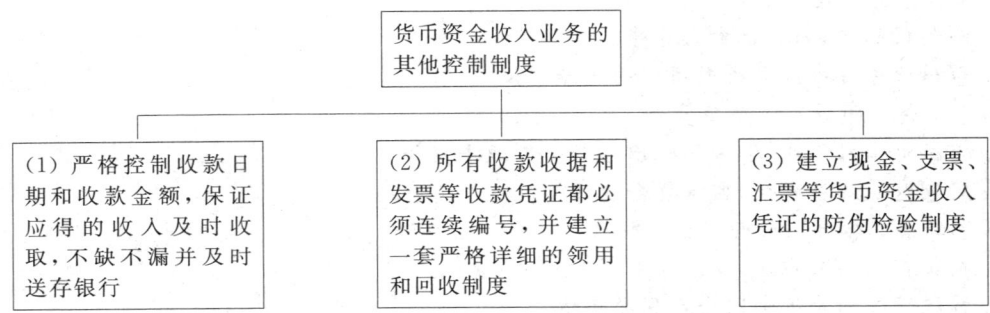

图 4-13 货币资金收入业务的其他控制制度

4. 货币资金支出业务控制

(1) 货币资金支出业务流程。货币资金支出业务流程和其他控制制度,如图 4-14、图 4-15 所示。

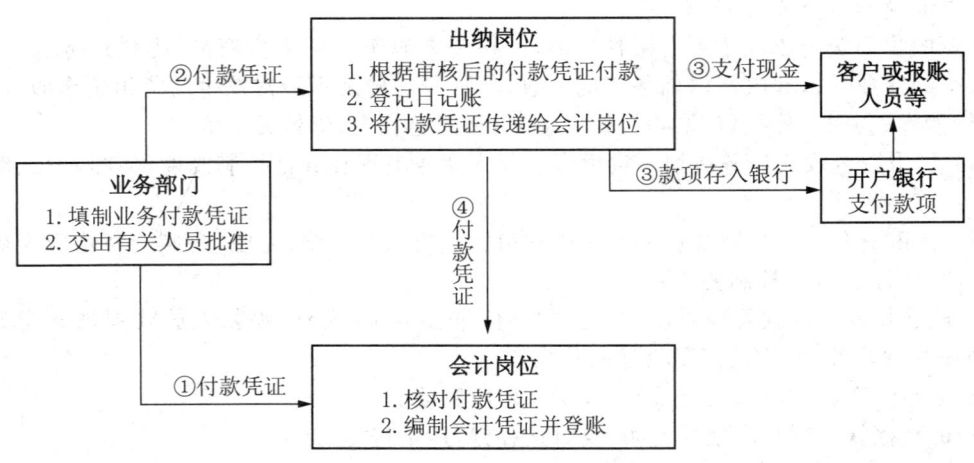

图 4-14 货币资金支出业务的控制程序图

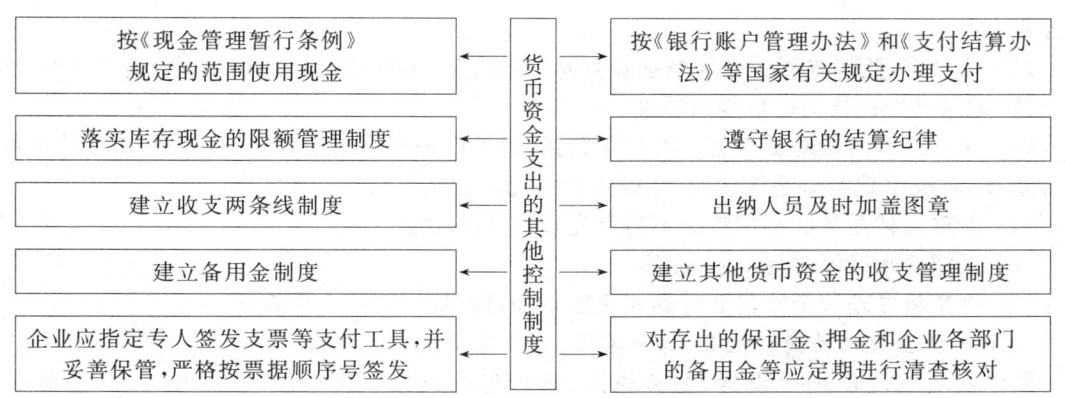

图 4-15 货币资金支出业务的其他控制制度

(2) 货币资金支出控制有四个要点：①支付申请。单位有关部门或个人用款时，应提前向审批人员提交货币资金支付申请，注明款项的用途、金额、预算、支付方式等内容，并附经济合同或相关证明。②支付审批。审批人根据其职责、权限和相应程序对支付申请进行审批。对不符合规定的货币资金支付申请，审批人应当拒绝批准。资金支付涉及企业经济利益流出的，应严格履行授权分级审批制度。不同责任人应该在自己权限范围内，审核业务的真实性、金额的准确性，以及申请人提交票据或者证明的合法性，严格监督资金支付。③支付复核。财务部门收到经过企业授权部门审批签字的相关凭证或证明后，应再次复核业务的真实性、金额的准确性以及相关票据的齐备性、相关手续的合法性和完整性，并签字认可。④办理支付。出纳人员应当根据复核无误的支付申请，按规定办理货币资金支付手续，并及时登记现金和银行存款日记账。

5. 货币资金清查内部控制制度

货币资金的清查盘点，应由出纳、会计主管、内部审计或稽核人员三方共同参加。内部审计或稽核人员负责清查资料的编制。会计主管和出纳作为参与清查人员，在清查资料上签章。为提高货币资金清查的有效性、准确性，应注意以下控制要点：

(1) 共同清查。企业货币性资金的清查、复核，应由出纳、会计主管、内部审计或稽核人员三方共同参加，根据制衡性原则，货币资金的清查不能仅由出纳独自完成。

(2) 清查时间。货币资金的共同清查要定期和不定期地进行，抽查和普查相结合。

(3) 核算依据。货币资金共同清查所形成的清查资料，是进行账实核对的有效依据。内部审计或稽核人员负责清查资料的编制，会计主管和出纳作为参与清查人员，在清查资料上签章。银行对账单作为重要的外部证据，应由内部审计或稽核人员到银行柜台上直接领取，防范出纳伪造或篡改银行对账单。

(4) 日常清查。出纳人员由于办理日常货币资金收付业务，日常工作中必须要及时清点所负责保管的库存现金并与银行及时对账。但出纳人员日常清查结果在会计核算中仅供参考，货币资金的清查必须多方共同参与、监督。

6. 票据和印鉴管理控制

为降低票据、印鉴管理的风险，防范舞弊，要做好以下控制：

(1) 不相容职务分离。票据的购买、核销、使用、开具职能要由不同的人员负责办理，办理支付业务的全部印鉴不得由一人保管，通过岗位分工、职务分离以实现内部牵制、内部制约、内部监督。

(2) 建立登记、备查簿。建立票据备查簿,详细记录票据的购、销、存情况。建立印鉴使用登记簿,记录已经授权的印鉴使用情况。

(3) 建立票据防伪验证制度。对收支票据,设专岗进行真伪检验,防止以伪造的票据办理支付业务,防范收款票据是伪造的、无效的等情况的发生。

(4) 办理支付业务的空白票据不得预先盖好全部印鉴。

(5) 票据要连续编号,按顺序使用。

(6) 严禁将办理资金支付业务的相关印章和票据集中给一人保管。

7. 货币资金管理的岗位设置、业务风险、流程及授权批准控制

货币资金管理的岗位设置、业务风险、业务流程与授权批准控制,如图 4-16 至图 4-18 所示。

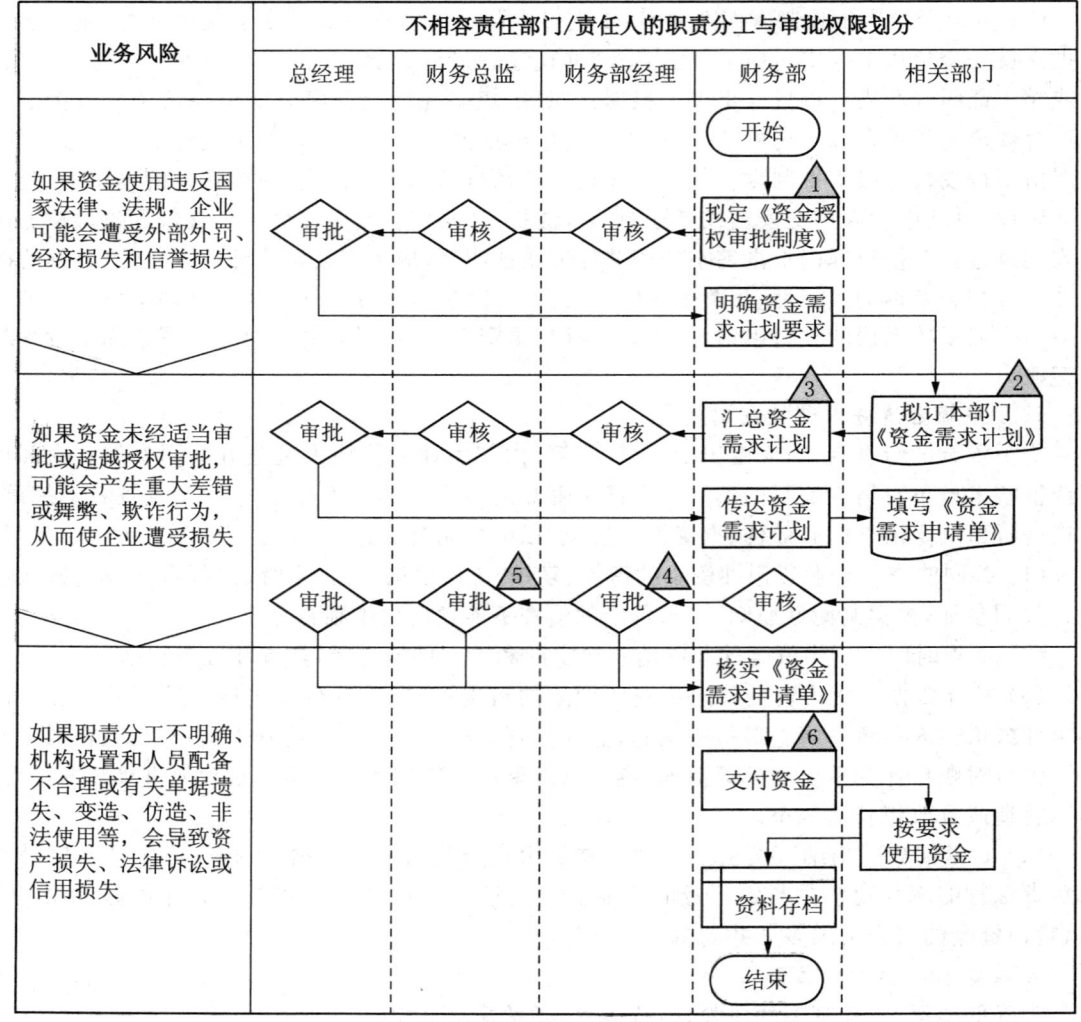

图 4-16 资金授权审批流程与风险控制图

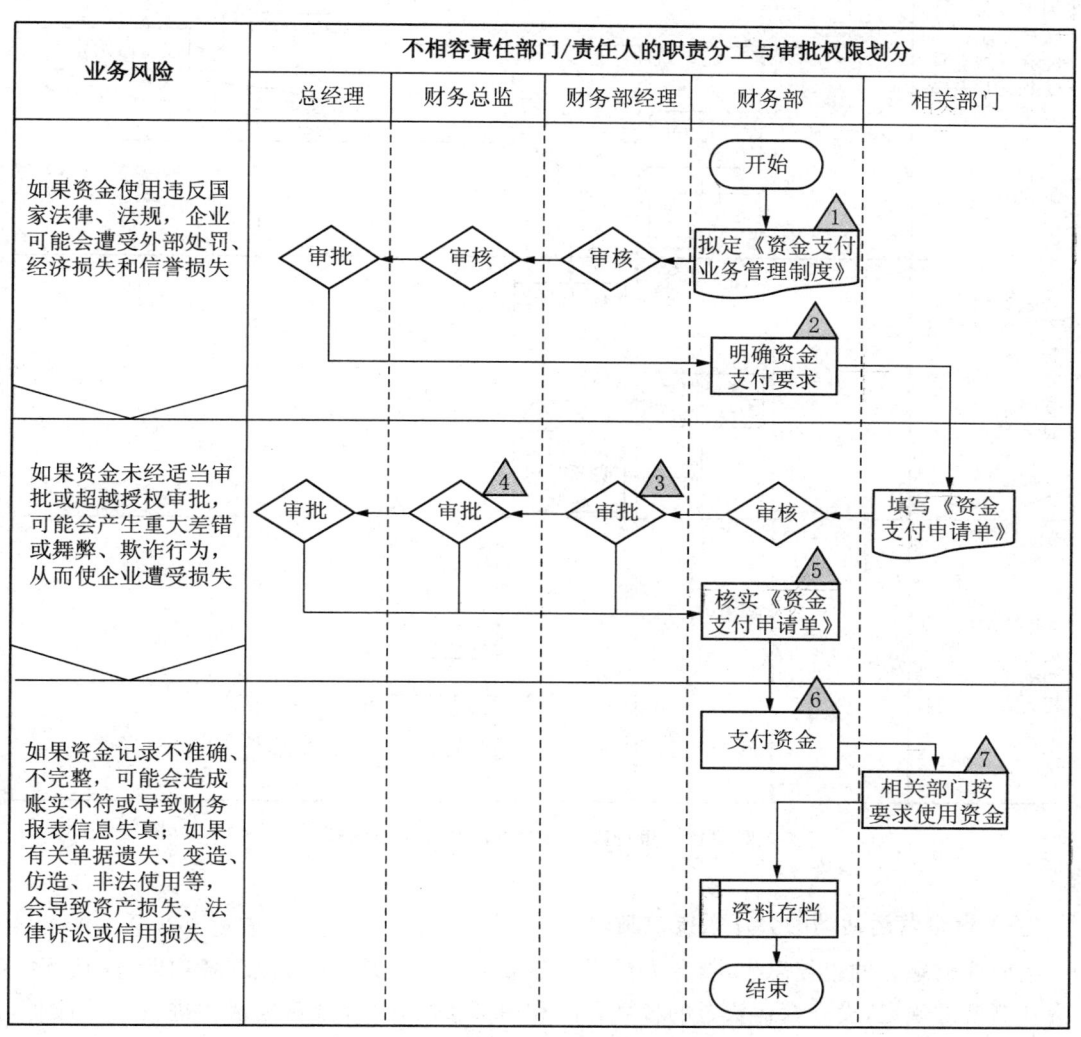

图 4-17 资金支付业务流程与风险控制图

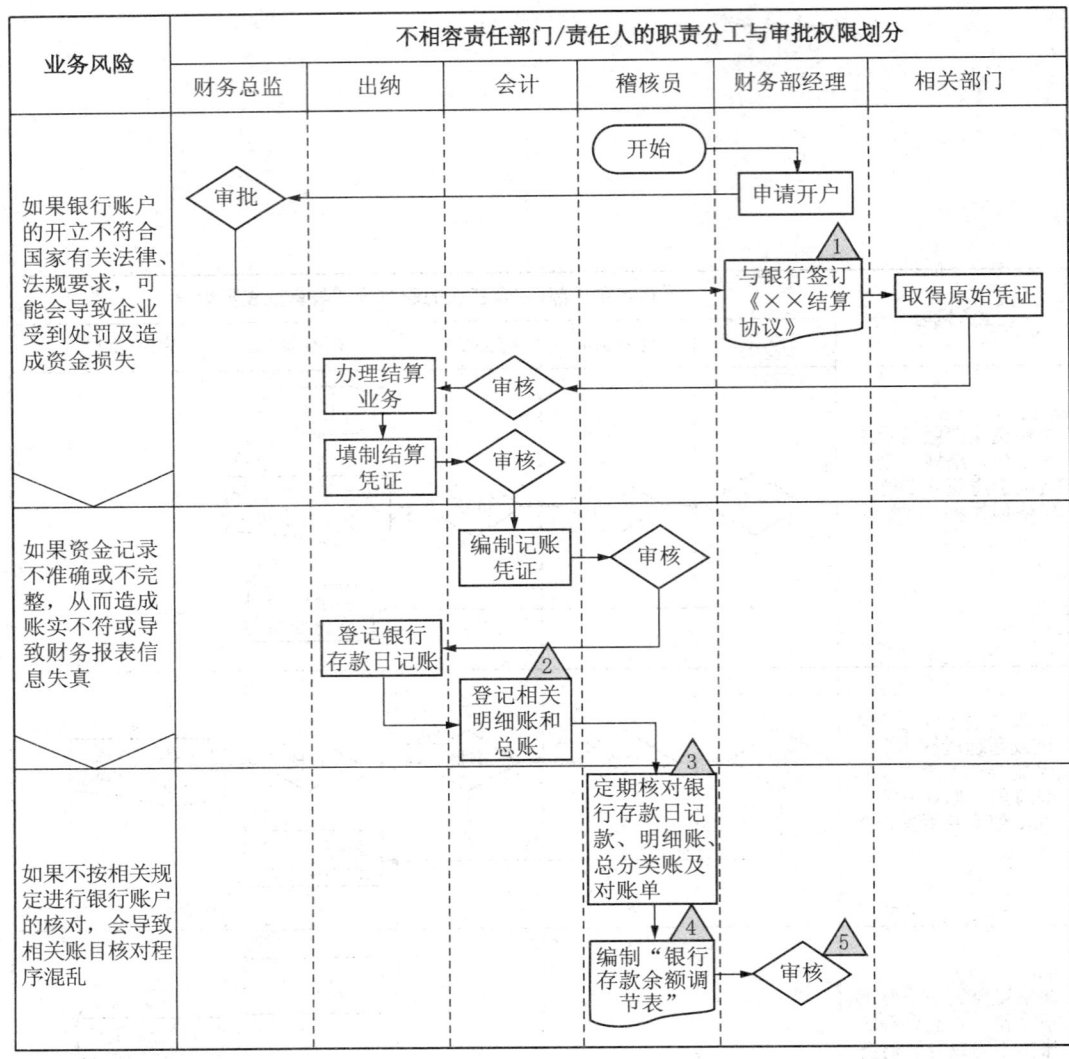

图 4-18　银行账户核对流程与风险控制图

（五）资金营运活动的会计系统控制

按照业财融合的指导思想，财务人员要与各业务部门协作，全面梳理各项业务，按国家统一会计制度的规定，设计营运资金的核算方法和内部报告，对资金营运活动进行会计控制，合理化收支业务的内部控制，合理化货币资金管理，完善会计信息控制。

（六）建立资金营运活动评价与责任追究制度

建立资金营运活动评价与责任追究制度，监督评价资金营运活动全过程，进行适度奖惩，强化责任落实，保障相关内控制度有效执行，并促进营运资金内部控制制度的持续优化和改进。

（七）建立资金营运活动内部控制制度

营运资金与经营活动全过程密切关联，以多种形态存在。建立营运资金的内控制度，要与

具体企业业务的内控制度配套协调,需达到以下主要内部控制目标:

第一,保持生产经营各环节资金供求的动态平衡。企业应当将资金合理安排到采购、生产、销售等各环节,做到实物流和资金流的相互协调、资金收支在数量上和时间上的相互协调。

第二,促进资金合理循环和周转,提高资金使用效率。资金只有在不断流动的过程中才能带来价值增值。加强资金营运的内部控制,就是要努力提升资金正常周转的效率,为短期资金寻找适当的投资机会,避免出现资金闲置等低效现象。

第三,确保资金安全。企业的资金营运活动大多与流动资金尤其是货币资金相关,这些资金由于流动性很强,出现错弊的可能性更大,保护资金安全的要求更迫切。

投资活动,从投资行为上包括投资目标、投资规模、投资结构、投资方式等内容;从环节上包括投资前预测与规划,投资中具体资金安排,以及获取投资收益、收回投资成本和投资评价等投资后管理的内容。

投资过程中怎样防范和控制投资风险,保障投资合法、安全、有序、有效益,应是投资活动内部控制设计的重点。

多采用跨行业的并购方式进行投资的企业,要注意控制并购风险,有效发挥并购协同效应。在投资项目执行过程中,要密切关注投资项目的市场条件和政策变化,关注被投资方的财务状况、经营成果、现金流量以及投资合同履行情况,发现异常情况的,应当及时报告并妥善处理。企业应及时收集被投资方经审计的财务报告等相关资料,定期组织投资效益分析,同时,准确做好投资项目的会计记录和处理。

管理投资活动,要建立健全企业投资业务的内部控制制度,首先就要梳理投资业务流程,明确投资业务关键风险点,其次需要采取相应的风险控制措施,合理化投资活动的岗位分工和授权,健全投资活动的会计系统控制,最后要对投资活动全程进行跟踪评价和监督,确保投资活动全过程得到有效控制,投资活动内部控制制度得到有效执行。

根据对投资活动业务流程、投资环节,及投资风险的系统分析,进一步确定投资业务的参与部门和主要任务,建立投资业务的岗位责任制和授权批准制度,明确相关部门和岗位的职责权限,合理岗位授权,使得与岗位相关的责、权、利相统一。企业应当选配合格人员办理投资业务,办理投资业务的人员应当具备良好的职业道德,掌握金融、投资、财会、法律等方面的专业知识。

【学中做 4-4】

90后女会计贪污280万元,打赏网络主播200万元

出生于1990年的常某是原淮安市清浦区某局财务科现金会计。作为90后,常某的业余生活很简单:不是玩网络游戏,就是参与网络平台的直播。常某一个月收入仅两千多块钱,她的家庭经济也不宽裕。参与网络游戏需要购买各种道具和武器,购买礼物"打赏"主播都需要金钱。为了能在虚拟的世界里"出人头地",常某将主意打到了公款上。因为她是单位现金会计,单位的现金支票以及法定代表人章都是自己保管,而且每个月做账后,银行对账单也是她去取,这就给了她可乘之机。检察机关查明,常某多次将单位总账会计保管的单位财务章偷出来,再在自己保管的单位现金支票和转账支票上,盖上自己保管的单位法人章,然后到银行以提取备用金的名义取走公款。为了不露出破绽,常某还伪造银行对账单,将假的对账单交给单位总账会计进行审验。案发后常某交代说,开始的时候,她也曾经胆战心惊,但时间长了以后,她的侥幸心越来越大;为了寻求虚拟世界的刺激,常某提取的金额和打赏主播的数额也越来越

大。在 2015 年 9 月至 2016 年 7 月间的十一个月内，常某共取走单位四个账户上的公款共计 280.7 万元。其中，10 万元左右用于个人消费，其余 270 万元全部用于网络游戏以及打赏网络主播。2016 年 8 月，单位发现了账户的异常后报警，潜逃至无锡的常某被民警抓获。

学习任务：分析此案例反映出了该单位货币资金内部控制存在哪些问题，应该怎样防范货币资金管理的风险，完善单位货币资金内部控制制度。

根据前述案例资料分析，淮安市清浦区某局财务科的货币资金内控制度主要存在以下问题：

（1）由出纳直接获取银行对账单的规定，使得出纳有机会伪造对账单，掩盖长期挪用、盗取公款的事实。

（2）办理支付业务的印鉴保管制度有问题。签章行为意味着履行复核、审批、授权等职能。出纳直接保管办理支付业务的法人印鉴及偷盖财务公章，规避了法人代表和总账会计对支付（取款）行为的审批、复核，变成了出纳自己批准自己办业务。

（3）票据管理制度缺失（是否进行票据领用登记与核销），如果票据购领情况清楚，票据登记准确，票据清查及时，出纳私开支票挪用公款的行为应该早被发现了。

（4）货币资金清查制度不健全（是否合理及有效）。货币资金清查是由出纳自己报数，还是由独立第三方参与清查，清查是否走过场、流于形式，这些都存在疑问。

（5）会计从业人员的职业道德教育要加强，业务素质待提高，业务培训须常态化。

为了防范货币资金管理的风险，完善单位货币资金内部控制制度，杜绝舞弊行为，可采取以下控制措施：

（1）按不相容职务分离控制和授权审批控制的要求，明确规定法人代表的印鉴不得授权由出纳代管。

（2）根据财产保护控制的要求，明文规定：银行对账单不能由出纳经手转交会计对账，要由独立的内审（稽核）人员到银行柜台直接获取；定期或不定期的货币资金清查，由内审（稽核）人员主持，出纳、会计主管协同清查，清查报告由内审（稽核）人员编制；建立各类票据备查簿，及时核对购、销、存的情况；办理资金支付业务的相关印章和票据不得由一人保管。

（3）根据会计系统控制的要求，要选聘具有良好职业道德、足够专业胜任能力的会计人员从事会计工作，建立健全会计工作的岗位责任制，合理分工，在会计部门内部形成相互监督、相互制约的工作机制。

【学中做 4-5】

合理控制费用支出

某小型印刷厂，有固定职工 60 余人，2017 年营业收入为 2 600 万元，账上显示业务招待费支出 89 万元，本年利润为亏损 52 万元，无未弥补历年亏损。申报 2017 年应缴企业所得税时，厂方作零申报。税务局通过查账，要求厂方进行纳税调整，调整依据是"业务招待费的抵扣限额要按照发生额的 60% 扣除，但最高不得超过当年销售（营业）收入的 5‰"。据此计算，该印刷厂可抵扣的业务招待费是 13 万元（2 600×5‰），2017 年应税利润（应纳税所得额）是 24 万元（89－13－52）。根据《财政部国家税务总局关于扩大小型微利企业所得税优惠政策范围的通知》（财税〔2017〕43 号）的要求，在 2017 年 1 月 1 日至 2019 年 12 月 31 日期间，符合规定条件的小型微利企业，年应纳税所得额低于 50 万元（含 50 万元）的，其所得减按 50% 计入应纳税所得额，按 20% 的税率缴纳企业所得税。因此，该印刷厂最终核定 2017 年应缴企业所得税 2.4 万元（24×50%×20%）。

学习任务：分析作为一名财务管理人员，应怎样与业务部门协调好，合理控制费用支出，合理纳税。

根据资料分析，作为一名财务管理人员，要充分发挥管理会计的职能，贯彻业财融合的思想，运用预算控制、计划约束等各种手段，合理规划成本费用的开支项目和限额，对各种容易产生浪费的费用支出要做好事先规划，制定合理的控制制度。此例中，反映出不少企业业务招待费的支出缺少有效控制，导致部分业务招待费在计征所得税时无法全额税前扣除。对此，企业应该事先向销售人员宣传讲解业务招待费扣税政策，要求销售人员控制业务招待费支出，并由财务部门按月销售（营业）收入核定业务招待费支出限额。费用支出的控制管理，应成为常规工作，在企业相关管理制度的文本中体现。

【经典例题】 实施货币资金支付审批分级管理。单笔付款金额5万元及5万元以下的，由财务部经理审批；5万元以上、20万元及以下的，由总会计师审批；20万元以上的由总经理审批。

要求：分析其审批方法是否恰当。

解析：20万元以上资金支付由总经理审批不当。理由：大额资金支付应当实行集体决策或联签制度（或对于总经理的支付权限也应当设置上限）。

【经典例题】 甲公司为一家非国有控股主板上市公司，自2013年1月1日起实施《企业内部控制基本规范》及其配套指引。甲公司就此制定了内部控制规范体系实施工作方案。该方案提出："严格对现金和银行存款的管理，指定一人对办理资金业务的相关印章和票据进行集中管理。"

要求：分析该方案表述是否得当。

解析：指定一人对办理资金业务的相关印章和票据进行集中管理的表述不当。理由：严禁将办理资金业务的相关印章和票据集中一人保管（或不符合不相容职务相分离的要求；或不符合制衡性原则的要求）。

【典型案例】

串通舞弊来报销，虚报费用二十多万元

在职场小说《杜拉拉升职记》中，描写了一个非常典型的费用报销舞弊案例：DB公司销售部的大区经理岱西伙同部门行政助理伊萨贝拉，通过伪造签名、涂改报销单据等方式，虚报费用20多万元，最后舞弊被发现。具体情况如下：

财务部送来上月的部门费用报告，王伟（销售总监，岱西的上级）特别留心地研究了岱西的费用，这一研究，在一个不起眼的地方让他看出问题来了，他发现了一笔他并没有签过字的费用在财务部顺利得到了报销。

王伟的记性非常好，他确定自己并没有签过这张单子，而按公司的相关流程，财务部一定要看到他的签字才能给岱西的单子付钱，这里面一定出了问题。

王伟马上给财务部的经理打电话询问，对方说单子上面肯定有他的签名，并答应把原始单据找出来给他看。

王伟把伊萨贝拉叫进办公室，准备交待她去财务部取回那张单子，却忽然多了一个心眼，胡乱说了件其他的事情让她去办。

等伊萨贝拉一出房间，王伟连忙打电话给财务部经理，说自己会亲自过去拿单子，让对方暂时不要告诉任何人这件事情。

王伟把单子取回来,研究了一番,心里明白是有人仿造了他的签名。

财务部马上拿出王伟签名的底单比对,确实仿造得很像,但是还是有区别的。这下财务部慌了,他们有责任核对所有报账上的签名是否是总监们本人的签名。

王伟安慰对方说:"财务部又不是银行管信用卡的,不关你们的事儿。麻烦你们把岱西升大区经理后,她所有的费用,逐笔列出来发给我一下。请注意保密。"

财务部经理知道出大事了,一个劲儿点头说:"我马上到系统里调记录,保证保密。"

王伟查了两天,发现十来笔合计 20 万元左右的报销是有问题的,要么干脆是仿造他的签名;要么是在他签名后,再改动金额。DB 是美国公司,报销单上的最终金额只填写阿拉伯数字即可,并不填写中文大写数字,这就非常方便涂改,比如总监签名的时候报销的金额是21 000 元,等他签字后,再改成 29 000 元。从涂改动作本身来看,不算困难。

根据 DB 的流程,各项费用根据其金额大小,在直接主管和有相关签字权的老板们签字后,部门总监的助理会负责把所有的单据汇总做好费用登记,然后每月一至两次统一将单据送财务部审核支付。也就是说,理论上,岱西的费用应该是经伊萨贝拉的手送到财务部的。

王伟和财务部查询后,证实每个月的单据确实都是由伊萨贝拉交给财务部的。由于有问题的次数不少,基本上,岱西不可能每次都避开伊萨贝拉自己独立完成改单和冒签的动作,而且,每个月财务部做账后,都会把费用清单发回给各部门,这时候伊萨贝拉需要协助王伟再核对一遍明细,如果发回来的数字和送出去之前登记的数字不符,不可能那么多次她都没有发现,所以应该是两人串通了。

总监们一般每个月也就看看大致的数字,不会去核对细节,尤其像王伟这样的销售总监,手下哪个月不签出几百万元的费用,如果不是盯着看,他不太会发现岱西每个月那些零敲碎打的小几万元猫腻。王伟估计岱西和伊萨贝拉是赌他不会有那么好的记性和那么充沛的精力去调查这种小事。

王伟和拉拉一分析,拉拉惊得目瞪口呆。她刚加入 DB 的时候,就是任职销售行政助理,登记费用、统一将原始报销单据送财务、每个月和财务部核对部门费用以协助大区经理监控预算,这是当时她每月必做的功课。

案例分析: 从本案例中 DB 公司的报销流程来看,相对还是比较完善的,费用报销要经过申请、复核、审批、支付、事后核对等流程,相关职责也进行了分离,但是由于串通舞弊,加上公司在报销时数字填写采用阿拉伯数字,使得数字涂改容易,以及财务在审核签名时不够仔细等因素,最终导致内控失效。

虽然小说是虚构的,但现实中利用费用报销进行舞弊的现象并不鲜见,费用报销过程中常见舞弊手段有:

(1)虚报或高报费用。与费用相关的活动并未实际发生,凭空捏造费用项目,或虽然实际发生,但报销金额却高于实际金额,从而虚报或高报费用。

(2)伪造或涂改原始单据。譬如假单据、阴阳发票、涂改数字等手段,达到多报费用的目的。

(3)重复报销。利用同一事项或单据重复报销,比如同一事项开两张发票,或报销过的单据抽出来再次报销。

(4)模仿签名。模仿领导签字,蒙混过关。

(5)未经审批或越权审批。有些企业由于授权审批不清,导致费用报销不当,未按规定审批。

(6)串通舞弊。内部各职能部门的工作人员之间,企业内部与外部有关人员之间利用各自的"方便"条件,逾越企业规定,合伙舞弊。

(7)监守自盗。利用企业职责分离方面的漏洞,利用自己保管钱财或经手有关事项,而没有受到相应的有效监督,利用职务之便进行舞弊。

(8) 浑水摸鱼。利用公司账务核算混乱或管理漏洞,进行报销舞弊。

当然,费用报销舞弊往往是以上一个手段或多个手段共同使用的,而舞弊得逞也反映了企业内控在某一方面的缺陷,是企业加强内控时需要注意的地方。

案例启示:

完善费用报销的内部控制:针对企业费用报销中的常见问题,企业可从以下方面完善控制:

(1) 完善审批流程,加强授权审批控制。

① 完善审核审批流程。根据常规授权和特别授权的规定,明确各岗位办理业务和事项的权限范围、审批程序和相应责任。

② 编制常规授权的权限指引,规范特别授权的范围、权限、程序和责任,严格控制特别授权。

③ 监督企业各级管理人员是否在授权范围内行使职权和承担责任。

④ 对重大事项集体决策实行审批或者联签制度。

⑤ 规定任何级别人员都不能签批自己的费用,包括公司高层领导在内。如多人发生同一项业务活动时,必须以最高级别的人员来报销费用,防止高级别人员将费用交给下级报销,规避费用报销问题。

(2) 建立书面的审批权限表。不少企业的审批权限散见于不同的管理制度,而且经常发生临时变更,甚至不同的制度之间对权限规定存在冲突,对某些权限规定不明,这些都会导致内控漏洞。建议企业应建立统一、明确的审批权限表,并定期维护更新,财务人员在审核付款时,也就比较清楚地知道费用是否经过适当审批。

(3) 建立管理人员签字样本,防止伪造签字,并要求财务人员审核时认真比对签字,如本案例中 DB 公司建立签字样本,但遗憾的是执行过程中财务人员疏于检查。

(4) 对不相容职责进行分离。对报销经办人员、审核人员、批准人员、付款执行、审计检查等职责进行分离,从而防止或及时发现相关舞弊活动。例如,案例中报销人将审批后的单据交给部门助理登记,由部门助理送交财务部,则可防止报销人员在报销过程中舞弊。

(5) 凭证与表单的规范控制。通过统一的表单,防止报销人员未经授权,对表单进行连续编号,防止伪造或乱用表单。规范表单的数字填写,要求填写大写数字,防止相关人员涂改或变造数字。要求报销时填写附件张数,防止私自增加票据。对已付款的表单,加盖"付讫"印章,防止重复支付。

(6) 预算控制。通过事先预算,超过预算额度的业务活动需要特别审批。加强预算的管理作用,需要在费用报销审批环节就纳入预算的管理范围,预算内的费用或付款将被优先审批支付;超过预算的业务活动将被更严格地审批。另外,所有的预算对应到相关责任人员,并对预算进行监控,从而在一定程度上防止虚报或高报费用。

(7) 事后控制和分析。每月将报销费用汇总分析,报告给主管领导,建立费用报销中的沟通机制,从而对一些虚报、高报、伪造签字或未经授权批准的费用,及时发现并查处。对报销人来说,在知道公司存在这些控制措施后,会有震慑作用;另外,建立对费用的监控、分析制度,通过费用分析,及时发现费用的异常或不合理之处,也能起到发现报销舞弊、加强费用控制的效果。

【典型案例】

财务管理存在漏洞,结算中心成为提款机

原广东省某总公司财务结算中心主任助理吴某利用职务便利,短短两年时间就贪污了公司 800 余万元用于赌博和挥霍。经广州中院审理查明,2002 年 5 月至 2004 年 9 月期间,吴某担任财务结算中心主任助理、会计,负责业务结算复核、结算凭证的计算机录入、计息及资金成本的核算

等工作。吴某利用上述职务便利，先后作案49次，将843万余元据为己有。令人吃惊的是，虽然吴某一再贪污公司的巨额资金，公司却毫无察觉，直到2004年10月吴某因生活作风问题被企业劝退时公司仍未能发现吴某的犯罪行为。2005年1月，在吴某离职达四个月之后，总公司在年终核算其下属企业现金流量时才发现公司竟有800多万元资金不知去向，公司领导立刻报案。

结算中心实际上就是总公司的内部银行，是公司为了提高资金的管理效率和加强对下属分公司的控制而设置的机构。该中心负责监督下属企业的财务状况，要求下属企业将资金全部存到总公司的结算中心，而结算中心则像银行那样支付利息给下属企业。正是这样一个本来要严控公司财务管理的结算中心，日后却成了吴某长期的提款机。吴某因赌球被庄家逼债，终于将罪恶的双手伸向了各分公司的上缴资金。早有预谋的吴某在现金收款单上偷偷盖上结算中心的公章和结算中心出纳杜某的私章，来到总公司下属的广州燕塘房地产开发公司领取上缴的现金。吴某对分公司出纳说："结算中心出纳杜某是女的，来拿这么多的现金不太安全，你就把钱交给我吧。"分公司的出纳和吴某平时很熟，又见他出示了盖有结算中心公章和杜某私章的收款单，便把一笔10多万元的现金交给了吴某。为掩盖其犯罪行为，吴某于事后销毁了其伪造的收款原始凭证底本，并利用工作便利，在结算中心电子财务报表上虚列利息支出，凭空增加了10多万元的利息给分公司，使在总公司结算中心的燕塘房地产公司账目持平。这样，虽然总公司和下属企业每月例行对账，但隐藏在应付利息内部的勾当却未能被及时暴露。就这样，尝到甜头之后，吴某利用公司领导对自己的信任和手中的职权，用同样的手法两年期间先后作案49次侵吞公司的巨额财产。

案例分析：吴某作案手法并不高明，方法也非常单一，就是不断从下属企业冒领上缴资金并用多计利息支出的方法来平账，但公司在内部控制上的漏洞却使得吴某能够屡屡蒙混过关。

1. 公司印章和凭证管理不严

吴某能够从下属企业中领出上缴的资金的前提就是要能够开具相关的收款凭证。他并不具备相关的手续，但由于公司对于公章、私章和凭证混乱的管理使他找到了机会。原来公司章虽不在吴某手里，而由于疏忽和麻痹大意，公司章和其他财务人员的个人私章就放在桌子上，使得吴某唾手可得。公司对于凭证的管理也是随意放在没有锁的抽屉里，给吴某提供了轻易下手的机会。这样，吴某偷来收款凭证，盖上同样是偷来的公司章和其他财务人员的私章，伪造收款凭证，构成了到下属企业收款的合法手续。

2. 虽有岗位分工，执行却显不力

内部控制的一个根本原则就是要不相容职务分离，相互制约。案例中企业也有着不相容职务分离的制度安排。如吴某的工作是负责复核、计算机录入和利息计算，而收款则是出纳人员的工作。出纳员在货币资金内部控制中，应当负责货币资金的收支和保管、现金和银行存款日记账登记等工作。但虽有规定，执行起来时却被吴某轻松跳过，吴某利用自己在总公司和下属企业"人头熟"的条件，在取得收款凭证以后，直接就到下属企业收款。

3. 审计与监督形同虚设

总公司在收上来款项以后，每月都会跟下属企业对一次账，确保资金往来准确无误。但令人遗憾的是，总公司与下属企业每月例行的对账也仅仅是看总额是否正确，即总公司应付下属企业款和下属企业应收总公司款是否总额一致，并未检查总公司应付下属企业款中收缴资金和应付利息的明细账是否与下属企业一致。吴某正是利用总公司和下属企业对账不核对明细账的漏洞，偷偷地给下属企业多计利息，填补其装入自己口袋的下属企业上缴资金，把账做平，给人造成一种总公司与下属公司往来总额一致的假象。因为吴某的工作职责之一就是负责资金成本的核算，怎样计息，全凭吴某一个人说了算，根本没有人对吴某的计息工作复核，使得其操纵"应付利息"有恃无恐。在年度审计时，总公司只关注财务部账目，对结算中心的账目不是很重视,这更是给吴某提供了机会、壮了胆,结算中心也就在吴某的阴谋中逐渐成了他的提款机。

案例启示:

1. 切实做到不相容职务分离,严格授权制度

企业必须严格坚持钱账分管原则,严格控制会计人员通过代理货币资金收支等非法手段接触企业货币资金。会计员应负责收付款原始凭证的复核,收、付款记账凭证的编制,总分类账的登记,明细分类账的登记,会计账目的稽核,会计档案的保管等记录性的工作,会计员不得以任何方式接触企业的货币资金。

本案例中,吴某在工作职责上非常明确,是负责业务结算复核、结算凭证的计算机录入等会计工作,并不能接触现金业务。企业的收款应经过授权批准,吴某并没有权力去收款。但在实际执行中,吴某却利用"人头熟"的便利条件,代替出纳到下属企业冒领资金,犯了钱账不能同管的大忌,这才导致其犯罪得逞。

2. 规范财务制度,保管好印章、重要凭证

规范的财务制度是企业减少舞弊、保护资产安全的前提,印章和重要凭证的管理是其中重要的内容。公司章、财务章、个人私章等都应有专门的管理规范,尤其是公司章、财务章的保管、授权使用、使用登记都应有严格的控制,因为公司章、财务章代表了公司的授权,具有法律效力。各种印章的使用应实行一般授权与特殊授权相结合,各种印章使用情况应作详细登记,机构和人员变动时应及时收缴和更换印章。对于重要凭证,应指定专人负责收据的购置、保管、领用和登记,建立严格的岗位责任制。企业应定期对收据的购买、保管、领用和登记进行稽核和审计,发现问题要严肃处理。企业应分别设置外购收据和自制收据登记簿,详细登记收据增减变动情况;经常盘点收据的安全、完整性,妥善保管好各种收据,防止空白收据的遗失和被盗用;所有收据必须事先连续编号,按顺序使用;作废的收据应加盖"作废"章,并附在存根之后妥善保管。

4-4 某公司货币资金内部控制制度

具体到本案例,企业收取现金必须开具收据,这是保证现金及时、足额入账的基础。只有控制住收据的完整性和真实性,才能控制收入入账的足额性。而吴某正是利用公司管理的漏洞,伪造了收款凭证,使得其到下属企业冒领收款轻而易举。

3. 完善对账机制,既要核对余额,也应核对发生额

往来账对账是内控的一项重要措施,但在对账时很多企业往往关注余额是否相符,一旦余额相符,很多企业便认为可以了。殊不知,有些舞弊就是通过虚构发生额而不影响余额方式来实施的,比如本案例中收款不入账,通过总公司虚构利息支出,仅靠核对余额就难以发现,但如果对发生额加以核对就可以发现。还有些资金采用期初挪用、期末归还方式的,如果仅仅核对余额往往也不会发现。

4. 完善内部审计,促进发挥内部控制实效

越来越多的企业认识到了内部控制的重要性,纷纷把内部控制当作一个防范公司舞弊、保护公司资产安全的一个重要举措,但由于成本等限制,内部控制本身也具有局限性。内部控制有效实施还需内部审计、外部审计等配套制度的建立和完善。如美国反舞弊机构特雷德韦委员会在其1987年的调查报告中提出反舞弊四层次机制理论,就指出防止舞弊的四道防线:①高层的管理理念;②业务活动过程的内部控制;③内部审计;④外部独立审计。这些控制机制相辅相成,共同形成综合的、多层面性的反舞弊防线,能有效地检查和防止舞弊发生,降低组织运营的风险。

4-5 企业内部控制应用指引第6号

在本案例中,虽然公司的财务管理、内部控制制度存在漏洞,但如果公司例行审计、稽核能够更细致一些、更完善一些,吴某的罪行可能早就会败露。甚至可能由于提高事后被发现的可能性,使得本具有犯罪动机的人望而却步。

【引例解析】

1. A集团公司失败的原因

（1）公司战略不当。

A集团公司近年快速发展，实行的公司战略是不相关多元化战略。用销售增长率和市场占有率两个指标对集团内的各子公司进行波士顿矩阵①分析，得出以下结论：双高的明星业务是房地产业，项目前期需要大量现金投资，投资回收期长；现金牛业务是物流业（汽车集团），业务稳定，能为集团带来大量现金；问题业务是生物材料公司厂、医疗器械公司、采矿公司、电器公司，由于集团投入不够，缺乏相关的管理经验，技术人才大量出走，企业效益不佳，处于保本微利状态；瘦狗业务是光伏公司，技术不成熟，又处于饱和市场，竞争激烈，从成立开始，就一直处于巨额亏损状态，集团公司一直在增加投资。

（2）投资决策失误。

A集团公司是家族式企业，各子公司中，集团大股东控股比例基本是在90%以上，不少是全资子公司，投资决策基本上是由大股东说了算，缺乏科学有效的市场可行性分析，盲目扩张。

（3）融资渠道不畅。

投资所需的资金，主要依靠向外部筹资，外部筹资中，又主要是通过借贷筹资。在商业银行借贷额度已满的情况下，通过中介公司，向非特定公众高息借款，筹资成本远高于投资收益率。

（4）营运资金管理不善。

房地产业的资金回笼慢，制造业的效益不佳，光伏公司巨额亏损，债务利息要偿付，公司的资金处于"拆东墙补西墙"状态。当连续出现巨额债务违约时，信誉彻底缺失，资金链断裂了。

2. 筹资活动的管理

筹资活动，从内容上包括筹资用途、筹资规模、筹资结构、筹资方式等；从筹资方式上包括吸收直接投资、发行股票、发行债券、银行借款、融资租赁等多种形式；从筹资环节上包括筹资前预测与规划，筹资中具体筹集资金，以及还本付息、分配股利和筹资后管理等。

筹资活动是企业资金活动的起点，也是企业整个经营活动的基础。通过筹资活动，企业取得投资和日常生产经营活动所需的资金，从而使企业投资、生产经营活动能够顺利进行。筹资方案的经济性、战略性、风险性评估是决定未来筹资活动效益和效果的关键环节，不能草率了事，必要时，要请法律、金融、经济等各方面的专家共同评估。

管理筹资活动，要建立健全企业筹资业务的内部控制制度，要梳理筹资业务流程，明确筹资业务关键风险点，采取风险控制措施，合理设置筹资活动的岗位并进行职责设定，健全筹资活动的会计系统控制，并对筹资活动全程进行跟踪评价和监督，确保筹资全过程得到有效控制。

3. 投资活动的管理

A集团公司的投资方式有实物投资、资本投资和其他投资（承债式投资）。进行投融资综合分析可知，投资需量力而行，筹资方案与投资方案要配套协调，争取投资效益最大化。筹资方案与投资方案如果不能综合评估，既影响投资效益，又易造成企业筹资难，进而使投资进度受影响，形成投资与筹资的双违约。

---

① 波士顿矩阵是将企业所有业务从销售增长率和市场占有率角度进行组合的方法，将业务分为四种类型：明星业务、现金牛业务、问题业务和瘦狗业务。

A集团公司投资活动管理应注意以下几点：

(1) 投资方案与筹资方案应相配套。

投资活动的资金需求，需要通过筹资予以满足。不同的筹资方式，可筹集资金的数量、偿还期限、筹资成本不一样，要有相应的筹资方案、筹集资金作为支撑，所以，投资业务和筹资业务应综合考虑。投资的现金流量在数量和时间上要与筹资现金流量相协调，以避免财务危机的发生；投资收益要与筹资成本相匹配，保证筹资成本的足额补偿和投资盈利性。

(2) 投资活动应量力而行。

拟定投资方案，要考虑投资总额、投资形式、投资期限、投资收回等内容，要从自身的实际出发，量力而为，不可贪大求全，超过企业资金实力和筹资能力进行投资。A集团公司在扩张的过程中，过于乐观，未量力而行，对自身的筹资能力评估过高，对投资的回报预期过大，举借大量外债及债务筹资的成本过高，且投资回报不足，使得企业陷入无法偿付到期债务而不得不破产重组的境地。

(3) 投资决策应适宜。

投资活动要突出主业，妥善选择并购目标，控制并购风险；要避免盲目投资，或者贪大贪快，乱铺摊子，以及投资无所不及、无所不能的现象。A集团公司的主业是房地产业，在该行业上获利丰厚，经验丰富。近年来房地产业蓬勃发展，如果A集团公司能抓住主业，将投资重心放在房地产上，应该会获得不错的投资回报。可是A集团公司却走了一条多元化发展、混业经营之路，在缺少技术力量、缺少管理经验，行业竞争激烈的情况下，投资失败了。反映为企业管理层的投资决策失误。

(4) 投资项目管理应恰当。

企业应当指定专门机构或人员对投资项目进行跟踪管理，及时收集被投资方经审计的财务报告等相关资料，定期组织投资效益分析，关注被投资方的财务状况、经营成果、现金流量以及投资合同履行情况，发现异常情况，应当及时报告并妥善处理。A集团公司除了房地产和物流业的投资回报符合预期外，其他投资回报都不理想或处于投资持续亏损的状态。A集团公司未及时进行投资效益分析，及时处置投资中的不良资产，及时变现止损，而是不断挪用房地产业和物流业的营运资金投入亏损企业，造成集团企业的资金紧缺，筹资信誉全无。

【工作任务 4-1】

熟悉资金活动内部控制制度建设

任务分析：

主要根据内部控制的全面性原则、重要性原则、制衡性原则、适应性原则、成本效益原则，结合A公司经营环境、资金状况、业务特点、管理要求、战略规划等内控环境，为A集团公司设计资金活动内部控制优化方案。

操作步骤：

(1) 搜集内控信息：运用查询、函证、检查文件、重新执行等手段，搜集A公司内控环境等信息，重点关注资金控制相关的信息，比如：资金管理现状、经营现状、战略规划、投融资计划。

(2) 评估内控风险：对所搜集的信息进行整理分析，找出A公司资金活动的高危风险点。

(3) 分析控制现状：分析控制现状，发现现有资金活动内部控制制度或管理制度的设计缺陷或执行中的问题，即"提出问题"。

(4) 完成设计任务：完成《A公司资金活动内部控制制度优化方案》。

任务二 采购业务内部控制

引例

采购制度有漏洞，采购人员偷梁换柱

王某是大同机电设备有限公司设备部经理。2005年10月，某公司向大同公司求购大洋机床厂数控加工中心一套，但当时大同公司不是大洋机床厂的客户，王某便利用其他公司的供销渠道到大洋机床厂定购，该套数据加工中心的合同价格为45万元。随后，王某将大同公司的45万元订购款划入大洋机床厂账户，并于2005年12月提货。然而，2006年年初，他代表大同公司到大洋机床厂核对预付账款时，却发现大洋机床厂财务记账时张冠李戴，把大同公司已提走的设备，当作其他公司购买，而他划入的45万元仍是作为大同公司的预付款记在大洋机床厂的财务账上。于是，一场偷梁换柱的把戏开始上演。

2006年4月，王某派人到大洋机床厂以公司名义购买价值60余万元的机加工设备。因为有了45万元的"预付款"，王某仅向大洋机床厂支付了尾款15余万元。随后，他找到了亲戚经营的永宏公司，开出了大同公司以67万元的价格购得这批设备的发票。大同公司不知内情，向永宏公司支付了全部购货款。王某从中得利52万元(67—15)。同年7月至10月期间，王某又以相同手段骗得公司11余万元，据为己有。2006年年底，王某开办了自己的公司——成鑫机械设备有限公司，并担任法定代理人。

2008年上半年，大洋机床厂发现45万元被骗，向公安机关报案，王某随后被捕。法院认定王某贪污公款63余万元，构成贪污罪，判处其有期徒刑15年。

王某首先是利用大洋机床厂的财务记账错误，通过账款抵扣，少付了大洋机床厂购货款，属于诈骗行为。然后，利用私人关系，通过非供应方永宏公司虚开购货发票，虚增购货款。这一系列行为，使得王某侵占了大洋机床厂大量购货款。

大同机电设备有限公司在采购业务管理中存在重大的制度缺陷和制度漏洞，正是这些制度缺陷和制度漏洞，使得王某动了歪念，以至于触犯刑法，锒铛入狱。

问题与任务：
1. 该公司采购业务内部控制制度存在哪些重大缺陷和漏洞？
2. 分析应如何防范采购业务中的风险。

【知识准备与业务操作】

一、采购业务的概念及特点

采购，是指购买物资（或接受劳务）及支付款项等相关活动。其中，物资主要包括企业的原材料、商品、工程物资、固定资产等。采购是企业生产经营的起点，既是企业的"实物流"的重要组成部分，又与"资金流"密切关联。企业在一定的条件下通过采购活动，从供应市场获取产品或服务作为企业资源，以保证企业生产及经营活动的正常开展。采购作为从资源市场获取资源的经济活动，是商流过程和物流过程的统一。

采购业务的特点有：
（1）采购要在生产和销售计划的指导下进行。
（2）采购业务控制与货币资金控制密切相关。

（3）采购业务导致的负债在企业全部负债中占有较大比重，可能影响企业资信度。

二、采购业务流程和环节

（一）采购业务流程

采购业务流程如图 4-19 所示。

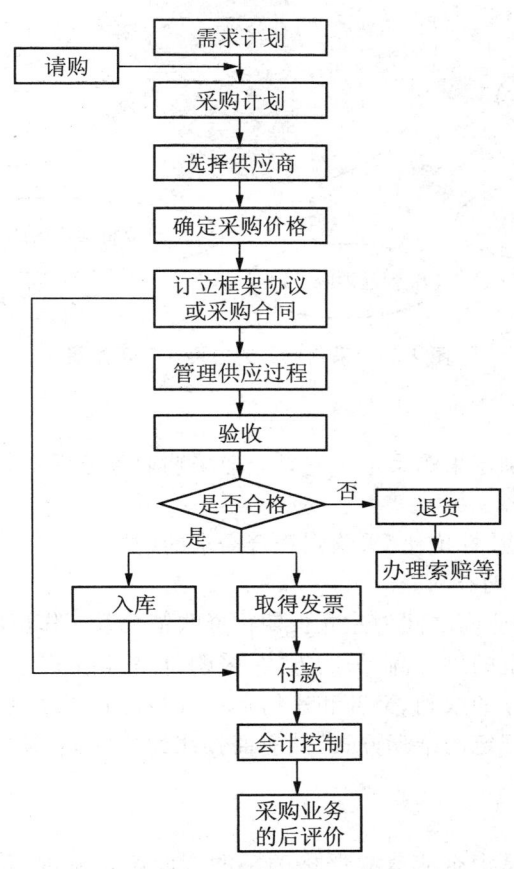

图 4-19 采购业务流程图

（二）采购业务的主要环节

采购业务可以分为编制需求计划和采购计划、请购、选择供应商等 10 个主要环节，如图 4-20 所示。

1. 编制需求计划和采购计划

采购业务从计划（或预算）开始，包括需求计划和采购计划。具体流程：企业实务中，需求部门一般根据生产经营需要向采购部门提出物资需求计划，采购部门根据该需求计划归类汇总平衡现有库存物资后，统筹安排采购计划，并按规定的权限和程序审批后执行。

2. 请购

请购是指企业生产经营部门根据采购计划和实际需要，提出的采购申请。

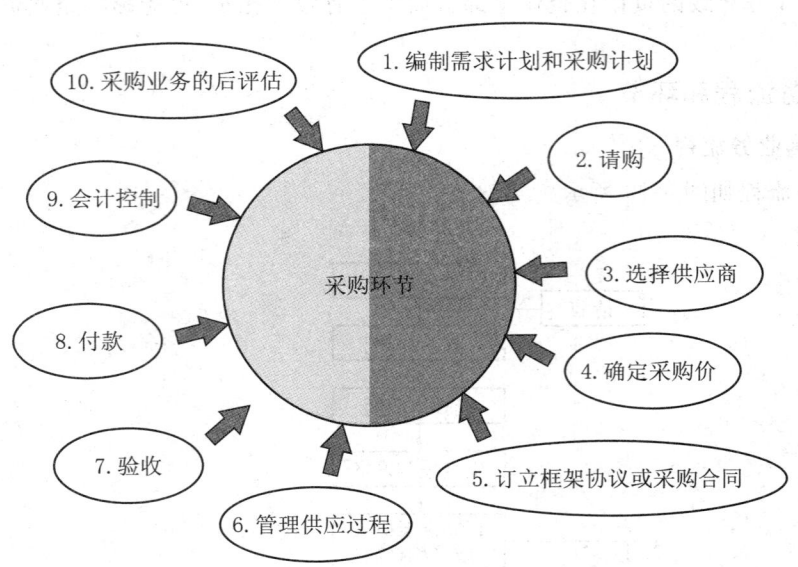

图 4-20　采购业务的主要环节示意图

3. 选择供应商

选择供应商，也就是确定采购渠道。它是企业采购业务流程中非常重要的环节。

4. 确定采购价格

确定采购价格，以最优"性价比"采购到符合需求的物资。

5. 订立框架协议或采购合同

框架协议是企业与供应商之间为建立长期物资购销关系而作出的一种约定。采购合同是指企业根据采购需要、确定的供应商、采购方式、采购价格等情况与供应商签订的具有法律约束力的协议，该协议对双方的权利、义务和违约责任等情况作出了明确规定（企业向供应商支付合同规定的金额、履行规定的结算方式，供应商按照约定时间、期限、数量与质量、规格交付物资给采购方）。

6. 管理供应过程

管理供应过程，主要是指企业建立严格的采购合同跟踪制度，科学评价供应商的供货情况，并根据合理选择的运输工具和运输方式，办理运输、投保等事宜，实时掌握物资采购供应过程的情况。

7. 验收

验收是指企业对采购物资和劳务的检验接收，以确保其符合合同相关规定或产品质量要求。

8. 付款

付款是指企业在对采购预算、合同、相关单据凭证、审批程序等内容审核无误后，按照采购合同规定及时向供应商办理支付款项的过程。

9. 会计控制

会计控制主要指采购业务会计系统控制，要合理保证采购业务的会计核算信息真实、准确、完整，采购付款及时准确。

10. 采购业务的后评估

企业应当定期对物资需求计划、采购计划、采购渠道、采购价格、采购质量、采购成本、协调或合同签约与履行情况等物资采购供应活动进行专项评估和综合分析,及时发现采购业务的薄弱环节,优化采购流程。

三、采购业务的主要风险点及其管控措施

(一) 采购业务风险分析

1. 采购环节的主要风险分析

(1) 编制需求计划和采购计划环节的主要风险。包括需求或采购计划不合理,市场变化趋势预测不准确,造成库存短缺或积压,可能导致企业生产停滞或资源浪费。

(2) 请购环节的主要风险。包括缺乏采购申请制度;请购未经适当审批或超越授权审批。可能导致采购物资过量或短缺,影响企业正常生产经营。

(3) 选择供应商环节的主要风险。包括供应商选择不当。可能导致采购物资质次价高,甚至出现舞弊行为。

(4) 确定采购价格环节的主要风险。包括采购定价机制不科学;采购定价方式选择不当;缺乏对重要物资品种价格跟踪监控,引起采购价格不合理。可能造成企业资金损失。

(5) 订立框架协议或采购合同环节的主要风险。包括框架协议签订不当,可能导致物资采购不顺畅;未经授权对外订立采购合同;合同对方主体资格、履约能力等未达要求;合同内容存在重大疏漏和欺诈。可能导致企业合法权益受到侵害。

(6) 管理供应过程环节的主要风险。包括缺乏对采购合同履行情况的有效跟踪;运输方式选择不合理;忽视运输过程保险风险。可能导致采购物资损失或无法保证供应。

(7) 验收环节的主要风险。包括验收标准不明确;验收程序不规范;对验收中存在的异常情况不作处理。可能造成账实不符、采购物资损失。

(8) 付款环节的主要风险。包括付款审核不严格;付款方式不恰当;付款金额控制不严。可能导致企业资金损失或信用受损。

(9) 会计控制环节的主要风险。包括未能全面真实地记录和反映企业采购各环节的资金流和实物流情况;相关会计记录与相关采购记录、仓储记录不一致。缺乏有效的采购会计系统控制,可能导致企业采购业务未能如实反映,以及采购物资和资金受损。

(10) 采购业务的后评估环节的主要风险。包括未及时评估或评估不当,影响采购业务的效率或效果。

2. 采购业务风险类型分析

采购业务风险,包括两种类型。

(1) 采购外因型风险:①意外风险;②价格风险;③采购质量风险;④技术进步风险;⑤合同欺诈风险。

(2) 采购内因型风险:①计划风险;②合同风险;③验收风险;④存量风险;⑤责任风险。

(二) 采购业务的关键风险控制点、控制目标和控制措施

采购业务的关键风险控制点、控制目标和控制措施如表 4-4 所示。

表 4-4　　　　　　　　　　　采购业务风险控制表

关键风险控制点	控制目标	控制措施
编制需求计划和采购计划	合理制订需求计划和采购计划，与生产经营计划要协调	（1）根据实际需要编制需求计划。生产、经营、项目建设等部门，应当根据实际需求准确、及时编制需求计划。需求部门提出需求计划时，不能指定或变相指定供应商。对独家代理、专有、专利等特殊产品应提供相应的独家、专有资料，经专业技术部门研讨后，经具备相应审批权限的部门或人员审批
		（2）科学安排采购计划。采购计划是企业年度生产经营计划的一部分，在制订年度生产经营计划过程中，企业应当根据发展目标实际需要，结合库存和在途情况，科学安排采购计划，防止采购过高或过低
		（3）采购计划应纳入预算管理。采购计划应纳入采购预算管理，经相关负责人审批后，作为企业刚性指令严格执行
请购	建立采购申请制度，按授权办理请购审批	（1）建立采购申请制度。依据购买物资或接受劳务的类型，确定归口管理部门，授予相应的请购权，明确相关部门或人员的职责权限及相应的请购程序。 企业可以根据实际需要设置专门的请购部门，对需求部门提出的采购需求进行审核，并进行归类汇总，统筹安排企业的采购计划
		（2）严格按照预算进度办理请购手续。具有请购权的部门对于预算内采购项目，应当严格按照预算执行进度办理请购手续，并根据市场变化提出合理采购申请。 对于超预算和预算外采购项目，应先履行预算调整程序，由具备相应审批权限的部门或人员审批后，再办理请购手续
		（3）严格审核采购申请。具备相应审批权限的部门或人员审批采购申请时，应重点关注采购申请内容：①是否准确、完整；②是否符合生产经营需要；③是否符合采购计划；④是否在采购预算范围内。对不符合规定的采购申请，应要求请购部门调整请购内容或拒绝批准
选择供应商	选择合适的供应商	（1）建立科学的供应商评估和准入制度。①对供应商资质信誉情况的真实性和合法性进行审查，确定合格的供应商清单，健全供应商网络。②企业新增供应商的市场准入、供应商新增服务关系以及调整供应商物资目录，都要由采购部门根据需要提出申请，并按规定的权限和程序审核批准后，纳入供应商网络。③企业可委托具有相应资质的中介机构对供应商进行资信调查
		（2）择优确定供应商。采购部门应当按照公平、公正和竞争的原则，在切实防范舞弊风险的基础上，与供应商签订质量保证协议
		（3）建立供应商管理信息系统和供应商淘汰制度。①对供应商提供物资或劳务的质量、价格、交货及时性、供货条件及其资信、经营状况等进行实时管理和考核评价。②根据考核评价结果，提出供应商淘汰和更换名单，经审批后对供应商进行合理选择和调整，并在供应商管理系统中作出相应记录

续 表

关键风险控制点	控制目标	控 制 措 施
确定采购价格	采购定价机制科学,采购定价方式选择恰当,对重要物资品种价格跟踪监控,确保采购价格合理	(1) 健全采购定价机制。采取协议采购、招标采购、询比价采购、动态竞价采购等多种方式,科学合理地确定采购价格。对标准化程度高、需求计划性强、价格相对稳定的物资,通过招标、联合谈判等公开、竞争方式签订框架协议
		(2) 确定采购执行价格或参考价格。采购部门应当定期研究大宗通用重要物资的成本构成与市场价格变动趋势,确定重要物资品种的采购执行价格或参考价格。建立采购价格数据库,定期开展重要物资的市场供求形势及价格走势商情分析并合理利用
订立框架协议或采购合同	评估供应商资质,严格审核合同条款,根据授权,订立采购合同	(1) 进行风险评估和引入竞争制度:①对拟签订框架协议的供应商的主体资格、信用状况等进行风险评估;②框架协议的签订应引入竞争制度,确保供应商具备履约能力
		(2) 按照规定权限签署采购合同。根据确定的供应商、采购方式、采购价格等情况,拟订采购合同,准确描述合同条款,明确双方权利、义务和违约责任,按照规定权限签署采购合同。对于影响重大、涉及较高专业技术或法律关系复杂的合同,应当组织法律、技术、财会等专业人员参与谈判,必要时可聘请外部专家参与相关工作
		(3) 统一规定量差允许度(合理损耗量)。对重要物资验收量与合同量之间允许的差异,应当作出统一规定
管理供应过程	有效跟踪采购合同履行情况,合理选择运输方式,合理控制运输过程中的保险风险	(1) 跟踪合同履行情况。依据采购合同中确定的主要条款跟踪合同履行情况,对有可能影响生产或工程进度的异常情况,应出具书面报告并及时提出解决方案,采取必要措施,保证需求物资的及时供应
		(2) 建立并执行巡视、点检和监造制度。对重要物资建立并执行合同履约过程中的巡视、点检和监造制度。对需要监造的物资,择优确定监造单位,签订监造合同,落实监造责任人,审核确认监造大纲,审定监造报告,并及时向技术等部门通报
		(3) 选择合理的运输工具和运输方式。根据生产建设进度和采购物资特性等因素,选择合理的运输工具和运输方式,办理运输、投保等事宜
		(4) 实行采购登记制度或信息化管理。实行全过程的采购登记制度或信息化管理,确保采购过程的可追溯性
验 收	确保采购的物资或劳务,符合合同相关规定或产品质量要求,并保证账实相符	(1) 制定采购验收标准。制定明确的采购验收标准,结合物资特性确定必检物资目录,规定此类物资出具质量检验报告后方可入库
		(2) 合理岗位分工和授权。验收机构或人员应当根据采购合同及质量检验部门出具的质量检验证明,重点关注采购合同、发票等原始单据与采购物资的数量、质量、规格型号等是否核对一致。对验收合格的物资,填入入库凭证,加盖物资"收讫章",登记实物账,及时将入库凭证传递给财会部门。物资入库前,采购部门须检查质量保证书、商检证书或合格证等证明文件。验收时涉及技术性强、大宗和新、特物资,应进行专业测试,必要时可委托具有检验资质的机构或聘请外部专家协助验收
		(3) 按规定处理不合格物资、异常情况和延迟交货的情况。对于验收过程中发现的异常情况,比如无采购合同或大额超采购合同的物资、超采购预算采购的物资、毁损的物资等,验收机构或人员应当立即向企业有权管理的相关机构报告,相关机构应当查明原因并及时处理。对于不合格物资,采购部门依据检验结果办理让步接收、退货、索赔等事宜。对延迟交货造成生产建设损失的,采购部门要按照合同约定索赔

续表

关键风险控制点	控制目标	控制措施
付款	依法依规进行付款审核，选择恰当付款方式，付款金额正确。保证企业资金安全和良好的信用	(1) 严审票据的真实性、合法性和有效性。①严格审查采购发票等票据的真实性、合法性和有效性，判断采购款项是否确实应予支付。②审查发票填制的内容是否与发票种类相符合、发票加盖的印章是否与票据的种类相符合等。③企业应当重视采购付款的过程控制和跟踪管理，如果发现异常情况，应当拒绝向供应商付款，避免出现资金损失和信用受损 (2) 合理选择付款方式。根据国家有关支付结算的相关规定和企业生产经营的实际，合理选择付款方式，并严格遵循合同规定，防范付款方式不当带来的法律风险，保证资金安全。除了不足转账起点金额的采购可以支付现金外，采购价款应通过银行办理转账 (3) 加强预付款和定金的管理。加强预付账款和定金的管理，涉及大额或长期的预付款项，应当定期进行追踪核查，综合分析预付账款的期限、占用款项的合理性、不可收回风险等情况，发现有疑问的预付款项，应当及时采取措施，尽快收回款项
会计控制	建立有效的采购会计控制系统，如实反映企业采购业务，保障采购物资和采购资金安全	(1) 加强会计系统控制。企业应当加强对购买、验收、付款业务的会计系统的控制，详细记录供应商情况、采购申请、采购合同、采购通知、验收证明、入库凭证、退货情况、商业票据、款项支付等情况，做好采购业务各环节的记录。确保会计记录、采购记录与仓储记录核对一致 (2) 核对往来款项。指定专人通过函证等方式，定期向供应商寄发对账函，核对应付账款、应付票据、预付账款等往来款项。对供应商提出的异议应及时查明原因，报有权管理的部门或人员批准后，作出相应调整
采购业务的后评估	建立科学合理的采购业务评价体系。合理评价采购业务的绩效，评估采购业务的风险，提出相应的改进意见和建议	(1) 企业应当定期对物资需求计划、采购计划、采购渠道、采购价格、采购质量、采购成本、协调或合同签约与履行情况等物资采购供应活动进行专项评估和综合分析，及时发现采购业务薄弱环节，优化采购流程 (2) 将物资需求计划管理、供应商管理、储备管理等方面的关键指标纳入业绩考核体系，促进物资采购与生产、销售等环节的有效衔接，不断防范采购风险，全面提升采购效率

（三）采购业务的岗位分工与授权批准制度

1. 采购业务的主要参与部门及主要任务

需求部门、采购部门、货管部门、财务部门、审批部门、监督部门等共同参与采购业务。这些部门的职责如表4-5所示。

表 4-5　　　　　　　　　　　　采购业务职责表

主要部门	主要任务	对应单据
需求、采购、货管	编制需求计划	物资需求计划表
采购、货管、财务	编制采购计划	采购计划表
需求、采购、货管、财务	请购商品或劳务	请购单
采购、财务	选择供应商,确定采购价格	询价单
需求、采购、货管、财务	订立采购合同	采购合同
需求、采购、货管、财务	下订单	采购订单
采购、货管、财务	验　收	验收单
采购、货管、财务	入　库	入库单
采购、财务	确认支出及负债	发　票
采购、货管、财务	退　货	退货单

2. 建立采购业务的岗位责任制

建立岗位责任制,明确相关部门和岗位的职责权限,确保不相容岗位相互分离、制约和监督。不得由同一部门或个人办理采购与付款业务的全过程。配备合格的业务人员并视具体情况进行岗位轮换。

采购与付款业务不相容岗位至少包括:
（1）请购与审批。
（2）询价与确定供应商。
（3）采购合同的订立与审批。
（4）采购与验收。
（5）采购验收与相关会计记录。
（6）付款审批与付款执行。

【业务操作 4-4】

请为大同机电设备有限公司建立采购业务岗位责任制度。

大同机电设备有限公司采购业务岗位责任制度

第一章　总　则

第一条　目的

为明确采购业务管理的相关部门和岗位的职责权限,确保办理采购业务的不相容岗位相互分离、制约和监督,特制定本制度。

第二条　采购业务的不相容岗位至少应当包括以下五个方面。

1. 请购与审批。
2. 供应商的选择与审批。
3. 采购合同的拟订、审核与审批。
4. 采购、验收与相关记录。
5. 付款的申请、审批与执行。

第二章 采购业务管理岗位责任

第三条 总经理岗位责任
1. 审批采购部门的各项规章制度。
2. 审批年度采购预算和采购计划。
3. 审议批准合格供应商名单。
4. 审批预算及计划外采购项目。
5. 审批采购订单和重要采购合同。

第四条 财务总监岗位责任
1. 审核采购部门各项规章制度。
2. 审核年度采购预算和采购计划。
3. 审核预算及计划外采购项目。
4. 根据权限审批采购订单和采购合同。

第五条 采购部经理岗位责任
1. 制定采购部规章制度和工作流程。
2. 编制年度采购预算和采购计划。
3. 审核采购合同和采购订单。
4. 在授权范围内签订采购合同。
5. 办理大宗物资及重要物资的采购项目。
6. 组织进行合格供应商的选择和评审工作。

第六条 采购员岗位责任
1. 进行市场调查,填写询价比价单。
2. 负责起草采购合同和编制采购订单。
3. 提出采购付款申请。
4. 实施采购,办理退换货事宜。
5. 建立、更新与维护供应商档案。
6. 参与对供应商质量、交货情况等的评价工作。

第七条 财务部经理岗位责任
1. 审核采购合同及付款申请。
2. 审议会计提交的付款凭证。
3. 参与合格供应商的评审工作。
4. 参与商定对供应商的付款条件。

第八条 应收账款专员岗位责任
1. 核对原始单据并入账。
2. 根据原始凭证,开具付款凭证。

第九条 出纳岗位责任
根据采购凭证和原始票据,支付货款。

第十条 请购部门经理岗位责任
1. 编制本部门年度采购预算和采购计划。
2. 推荐提供部门所需物资的合格供应商。
3. 根据物资需求情况,提交请购单。

4. 参与检验采购物资的质量,以及合格供应商的选择评审。
5. 对不合格及报废物资提出处理意见。

第十一条 质检部经理岗位责任
1. 事先检验采购物资样货质量。
2. 负责检验所购物资的质量。

第十二条 技术部经理岗位责任
1. 提供对所购物资的专业技术建议。
2. 参与对特有物资的技术检验工作。

第十三条 仓储部经理岗位责任
1. 负责外购物资的入库验收工作。
2. 负责外购物资的标识、保管以及收发工作。
3. 负责提出外购物资的补仓申请。

第三章 附 则

第十四条 本制度由采购部会同公司其他有关部门解释。
第十五条 本制度自____年__月__日起开始实施。

大同机电设备有限责任公司
____年__月__日

3. 建立采购业务授权批准制度

采购业务的授权批准制度要求包括以下五个方面:
(1) 审批人应当在授权范围内进行审批,不得超越审批权限。
(2) 经办人应当在职责范围内按照审批人的批准意见办理采购与付款业务。
(3) 对于重要的和技术性很强的采购业务,应当实行集体决策和审批制度,必要时组织专家论证,防止出现决策失误而造成严重损失。
(4) 严禁未经授权的机构或人员办理采购与付款业务。
(5) 设置相关的记录,填制相应的凭证,建立完整的采购登记制度。

4. 采购业务的职责分工、业务风险、流程及授权批准控制

采购业务的职责分工、业务风险、流程及授权批准控制如图4-21至图4-25所示。

(四) 采购业务的会计控制

企业应当加强采购业务的会计系统控制,根据审核无误的采购业务资料,按照国家统一的会计准则和会计制度,正确核算采购与付款的相关业务,合理设账、及时记账、准确付款,与采购、供应商、仓储等部门及时对账,提供真实、准确、完整的采购业务核算信息。

(五) 采购业务评价与监督

由于采购业务对企业生存与发展具有重要影响,《企业内部控制应用指引第7号——采购业务》强调企业应当建立采购业务后评估制度。就此,企业应当定期对物资需求计划、采购计划、采购渠道、采购价格、采购质量、采购成本、协调或合同签约与履行情况等物资采购供应活动进行专项评估和综合分析,及时发现采购业务薄弱环节,优化采购流程,同时,将物资需求计划管理、供应商管理、储备管理等方面的关键指标纳入业绩考核体系,促进物资采购与生产、销售等环节的有效衔接,不断防范采购风险,全面提升采购效能。

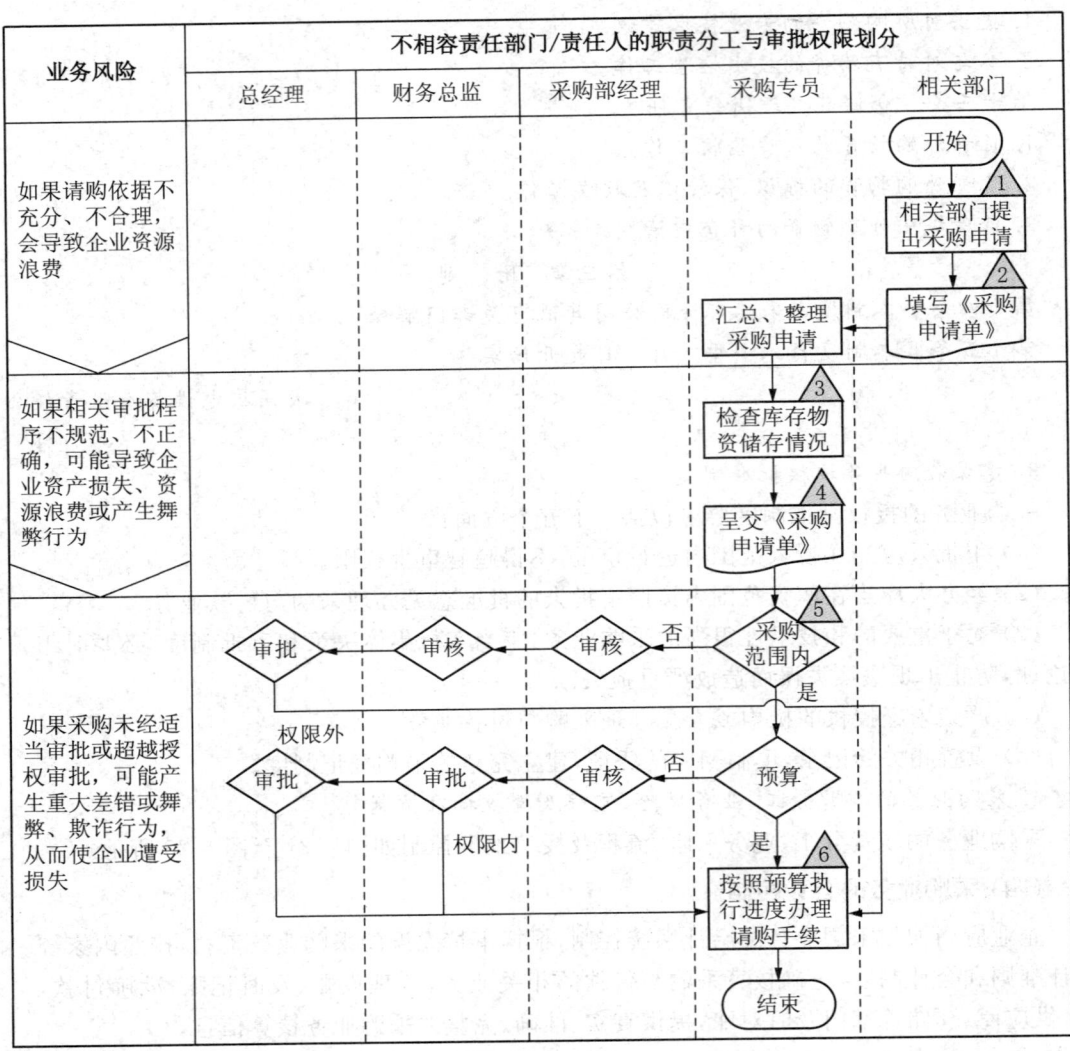

图 4-21 企业请购审批业务流程与风险控制图

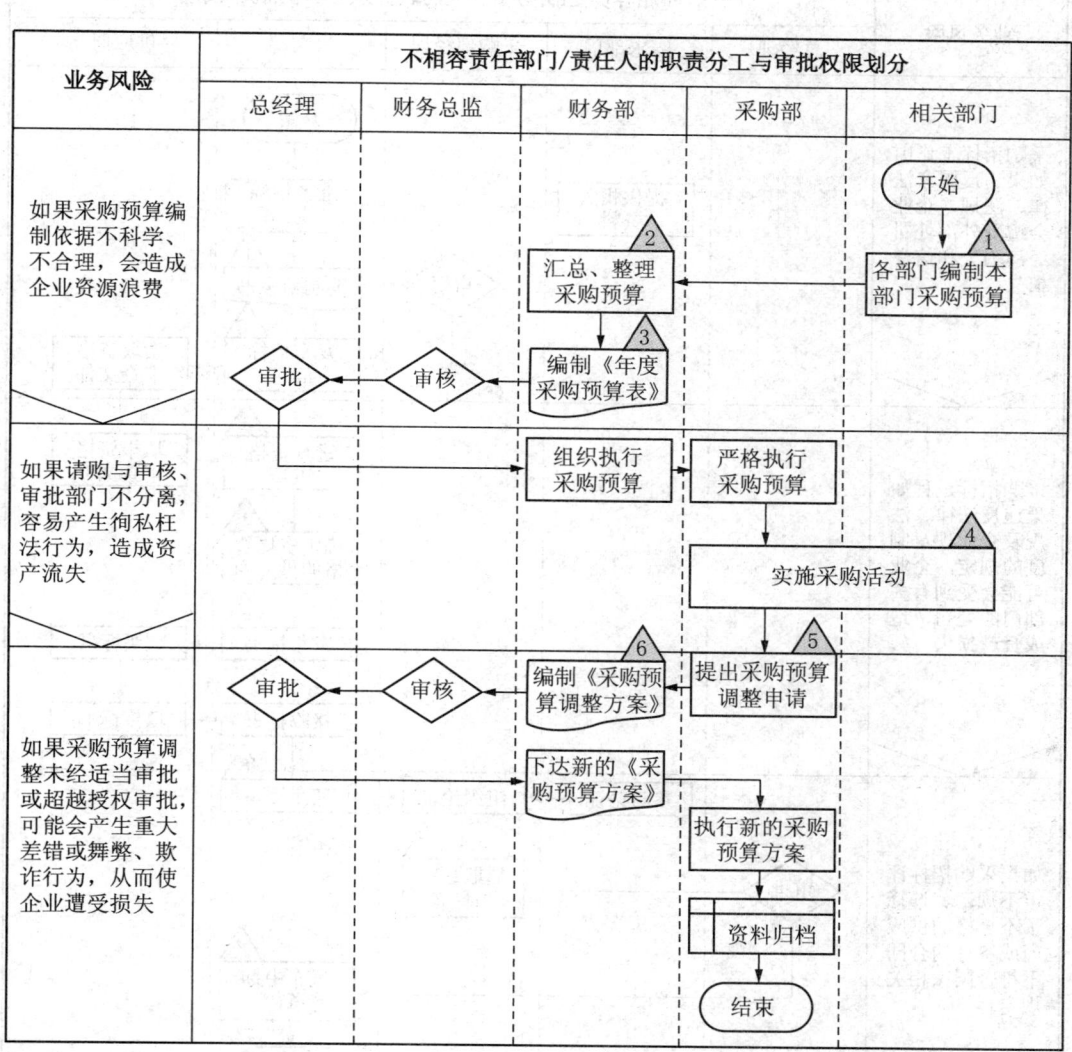

图 4-22 企业采购相关部门的职责分工与审批权限图

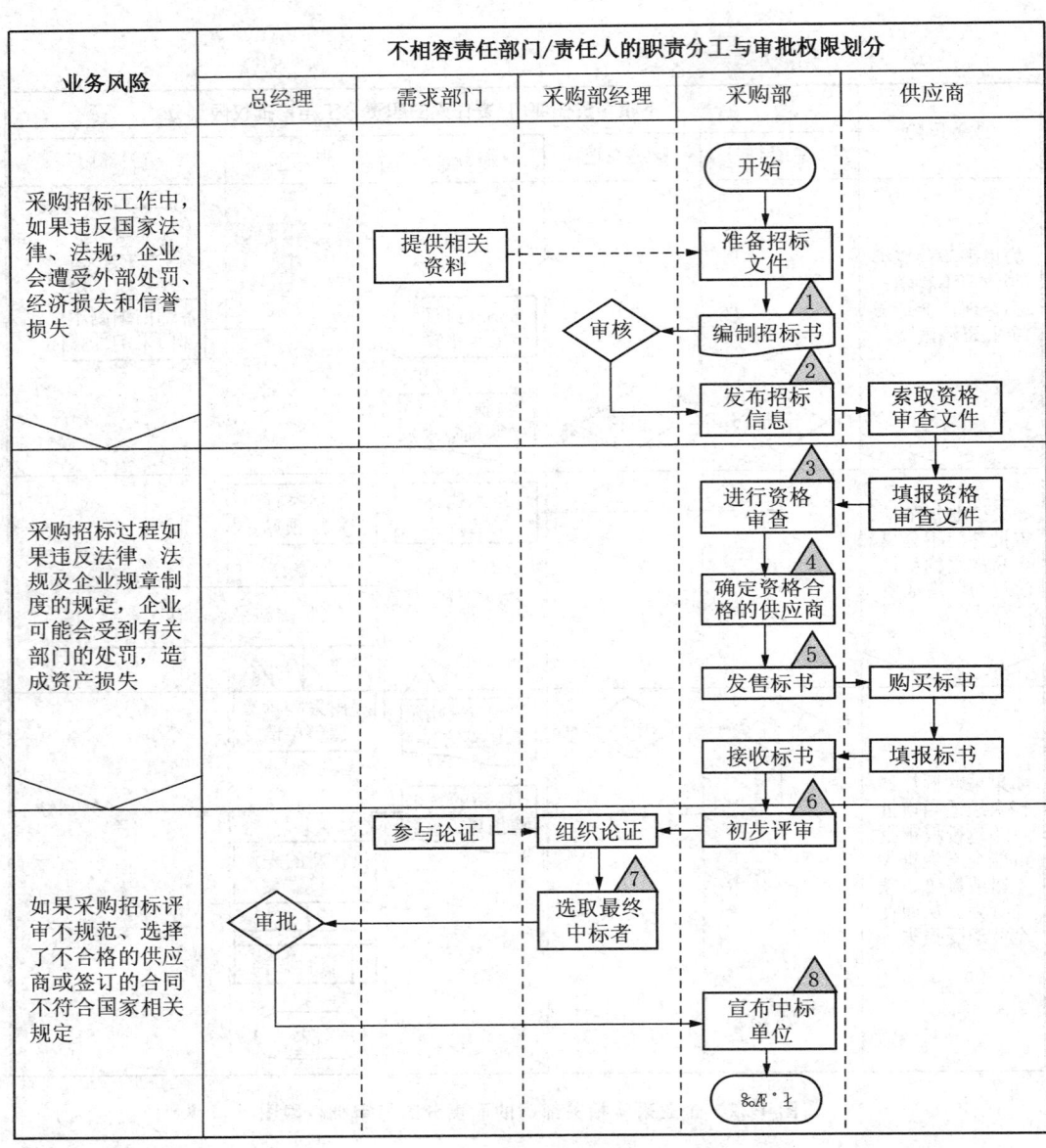

图 4-23 企业采购业务招标流程与风险控制图

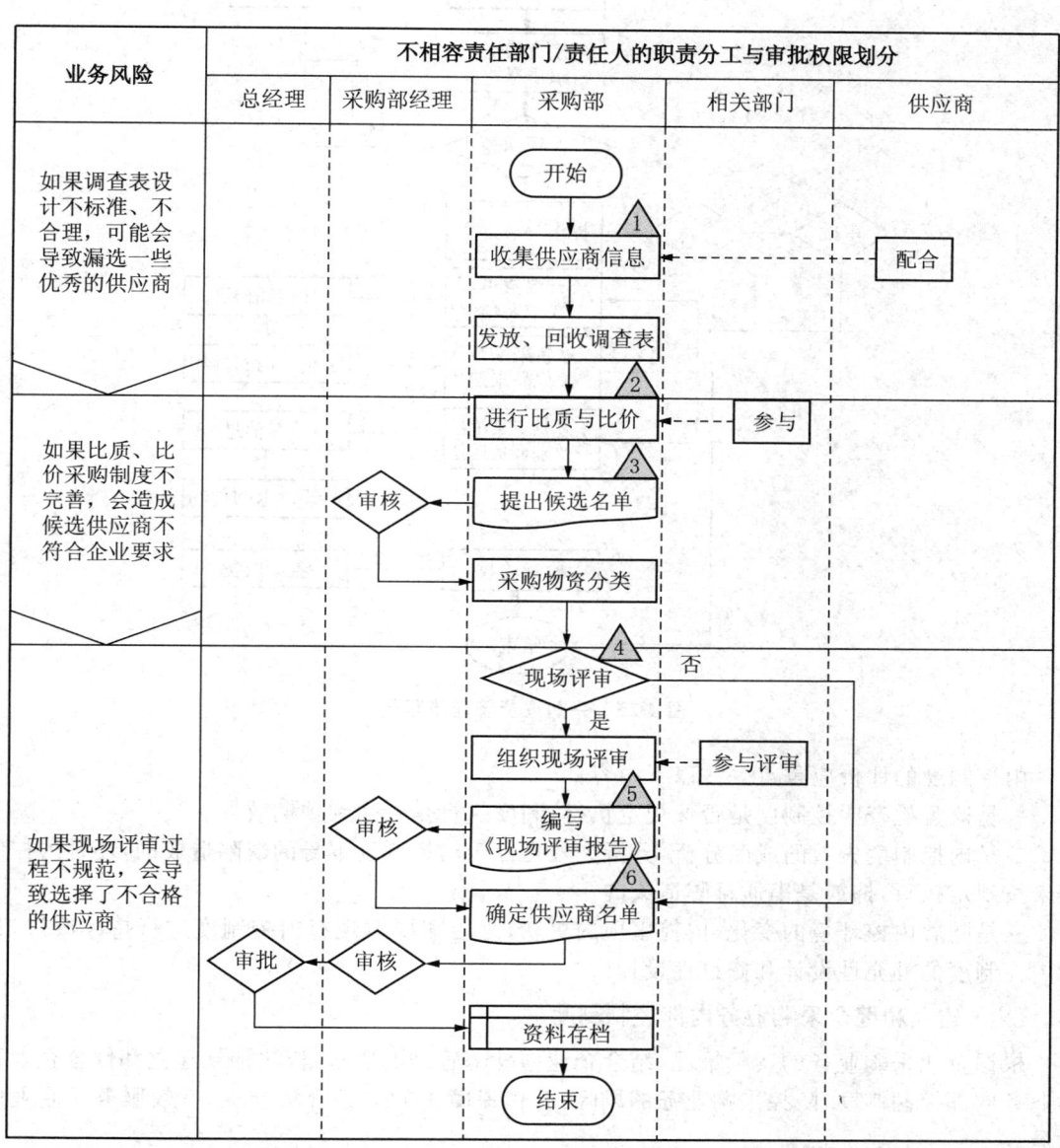

图 4-24 供应商评选流程与风险控制

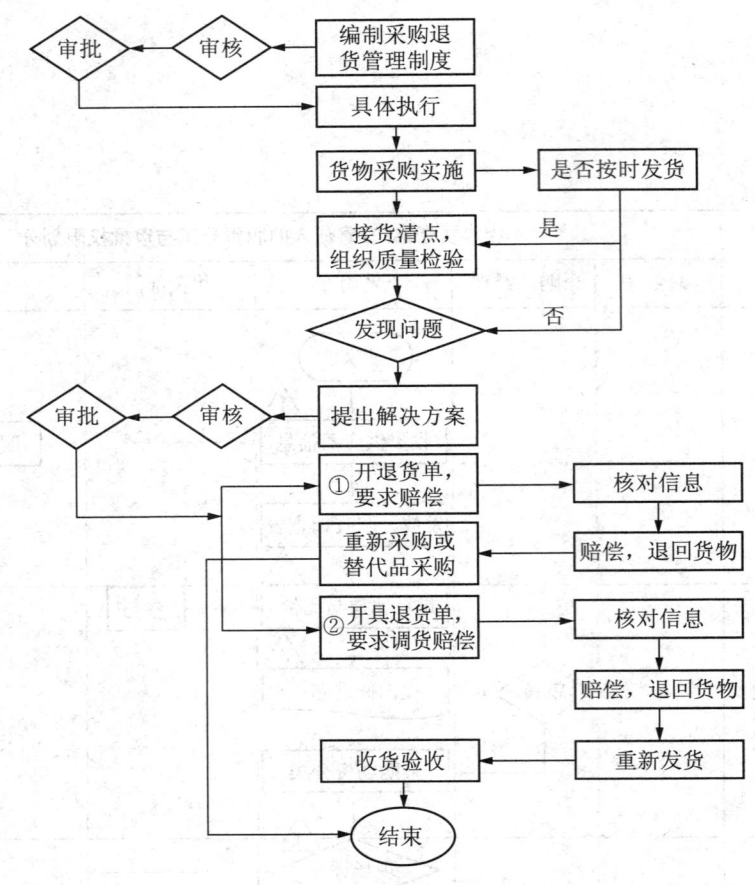

图 4-25 采购退货管理流程图

内控制度的评价应重点关注以下内容：

一是监督检查内控制度是否按规定执行，制度执行是否达到预期效果。

二是内控制度失效的成因分析，分析失效是由于内控制度本身的缺陷造成的，还是内控制度未按规定执行，抑或是串通舞弊造成的。

三是随着内控环境的变化，内控事项的更新，是否需要对现有内控制度进行持续改进，进行内控制度的补充性设计和修订性设计。

（六）建立和健全采购业务内部控制制度

根据企业采购业务的实际情况，结合企业内外部管理的要求，依法依规建立和健全企业采购业务内部控制制度，防控采购业务的风险，合理保障采购业务合法合规，有效服务于企业的发展。

【经典例题】 物资采购环节。甲公司《企业内部控制手册》规定，当库存水平较低时，授权采购部门直接购买。

要求：分析其内部控制设计是否有效。

解析：物资采购环节内部控制设计无效。理由：公司应当建立采购申请制度，明确相关部门和人员的职责权限及相应的请购审批程序。

【经典例题】 强化采购申请制度，明确相关部门或人员的职责权限及相应的请购和审批程序。对于超预算外采购项目,无论金额大小,均应在办理请购手续后,按程序报请具有审批权限的部门或人员审批。

要求:分析该表述是否得当。

解析: 超预算外采购项目,无论金额大小,均应在办理请购手续后,按程序报请具有审批权限的部门或人员审批的表述不当。理由:超预算和预算外采购项目,应先履行预算调整程序,由具有审批权限的部门或人员审批后,再进行办理请购手续。

【典型案例】

"毒胶囊"事件引发社会关注,制药企业内控存在缺失

2012年4月15日,央视报道了某些企业用重金属铬超标的工业明胶冒充食用明胶生产药用胶囊的事件,引起社会强烈关注。

央视记者经过数月的调查取证,发现河北、江西、浙江等地有多家企业采用"蓝矾皮"为原料,生产工业明胶(业内俗称"蓝皮胶"),然后胶囊厂买去作为原料,制成药用胶囊;再流入制药厂,制成了各种胶囊药品,并流入市场。

加工工业明胶的原料"蓝矾皮"实际上是皮革厂鞣制后的下脚料,因鞣制剂中含金属铬,在经过生石灰、强酸碱处理后,制成的"蓝皮胶"中残留的铬含量严重超标。《食用明胶》行业标准明确规定,严禁使用制革厂鞣制后的任何工业废料生产食用明胶。实际的取样检测结果是,浙江新昌华星、卓康两家胶囊厂的明胶重金属铬含量分别超标30多倍和50多倍,药用胶囊中铬含量分别超标20多倍和40多倍。

2012年4月16日,国家食品药品监督管理局第一时间发出紧急通知,要求对13个药用空心胶囊产品暂停销售和使用。随后采取了一系列行动,责成有关省食品药品监管局严肃查处违法违规企业,包括吊销其药品生产许可证、追究相关责任人刑事责任、销毁被查封的铬超标药用胶囊和胶囊剂药品等。4月21日,卫生部发出"关于配合召回和暂停使用部分药品生产企业胶囊剂药品的通知",要求各级各类医疗机构积极配合药监部门召回和立即暂停购入和使用问题企业生产的检验不合格批次药品和所有胶囊剂药品。一些制药行业的上市公司如通化金马、复旦复华等相继发布公告,对涉及问题胶囊的生产车间查封或召回问题产品。

案例分析: 毒胶囊事件爆发,固然反映了我国药品行业监管缺失,但从涉案的制药企业自身因素来说,毒胶囊能顺利进入制药企业,说明这些制药企业在采购环节缺乏有效内部控制。央视记者暗访证实,胶囊厂生产销售由工业明胶制成的不合格药用胶囊已持续多年,除了卖给一些当地和外地的中小制药厂,还卖给了类似青海格拉丹东和吉林海外制药集团等企业,而这两家企业没能提供有效的进货检验记录,显然对供应商的管控措施也不可能到位。

案例启示:

采购管理是被掩盖的最深的管理死角之一,内控失效的采购流程中通常充满各种复杂的利益驱动和人情关系。要构建有效的内控体系,控制采购循环中的风险,需要从组织设计、流程梳理、关键点控制、人员监督等方面入手,包括:

(1)明确采购原则,制定采购政策。制定的采购政策要适应企业的实际情况,尽量避免单一化策略,既要有灵活的分散采购,又必须对重要的采购实施集中战略。

(2)构建合理的采购组织架构,明确职责和授权体系。预防舞弊风险的一个重要措施就

是建立组织牵制，通过设置采购管理委员会等分离供应商开发、签订采购合同、下达采购订单、验收货物、确定应付账款、支付货款等主要职责和权限。建立采购与付款流程中的授权体系，如在验收货物环节，检验的权力转到质检部门和物流部门共同行使。

（3）不相容职责相分离。在采购部门有很多不相容的职责，如货物的采购人不能同时担任货物的验收工作，以防止采购人员收受客户贿赂购买劣质原材料。

（4）采购各子流程关键点控制。采购业务流程对一般企业采购主要涉及：编制采购计划、请购、选择供应商、确定采购价格、订立采购合同、验收入库、付款等环节。

首先，要制定货物和劳务请购与审批程序。请购是实施采购的第一步，为了防止盲目采购，企业要制定清晰的请购程序，由需求部门填写书面请购单，其中须注意的是：不同的需求应有不同的确定和提出请购的流程。多卖产品扩大销售数量是供应商的基本目的，下达订单的业务人员为此通常容易和供应商形成特殊的利益关系。所以，企业应强调按订单生产方式购买原材料，预防产生超额存货，以控制超额采购的风险。请购申请要有统一采购项目的规格标准，有明确的质量和服务要求；要制定需求部门从需求到供货的程序和制度；确定预计的采购量和价格范围以及对生产商供货方式的要求。

其次，加强供应商管理。供应商管理是一个动态流程，主要由供应商准入、供应商评估、供应商合作、供应商退出四个部分构成，在这个循环中，明确供应商准入标准、评价体系、完善供应商档案记录，动态调整供应商信息、管理标准及管理制度，主要是为了通过供应商的合理"新陈代谢"使供应商队伍满足企业不断发展的需要。

第三，采购合同的控制。制订严格的采购合同审核程序，企业在制定统一采购政策后，同时应当制订一套规定采购合同的内部审核程序。规范的合同审核管理一方面可以避免和供应商之间日后产生各种商务纠纷的风险，同时也能约束采购部业务人员和供应商之间行为的作用。

第四，验收控制。值得指出的是验收环节往往被不少企业所轻视和忽视，存在的主要问题是验收不严，以少报多，以次充好。如果验收入员玩忽职守，不严格履行验收职责，或者采购和验收职责没有分离，由一个人担任两项不相容职务，容易导致材料验收中的舞弊行为，造成伪劣材料进入生产流程，轻则损害企业经济利益，重则伪劣产品充斥市场，给企业带来严重的声誉损害。验收环节的内控包括：①检验应在正式入库前进行；②检验必须根据标准和由有胜任能力的人实施；③检验结果不合格应作为不入库、办理退货和索赔的主要依据。据有关专家介绍，检验铬含量技术并不很难，投入的仪器也不多。对于药用空心胶囊及其生产原料明胶，国家已建立相应的质量标准和要求，制药厂上游企业胶囊厂和明胶厂对白袋子包装的工业明胶及生产的药用胶囊的标准和卫生要求，业内人士也是"心知肚明"的。国家有关药品生产、经营、流通、销售、企业准入等都有法律法规明确规定，这些制药厂比谁都知晓，但一些被抽查到的制药厂为何使用了铬含量超标的"毒胶囊"呢？就是没有严格进行质量检验"把关"，将检验环节视作走过场，或压根儿没检验。

第五，付款控制。在付款控制中要事先确定上账的前提条件和登记入账的时间规定。在确定应付供应商货款时，应当制订付款计划。付款计划将根据企业的实际现金状况，采购合同规定以及供应商重要性等若干因素制订。付款计划通常由财务部编制，然后经过采购管理委员会审核后由总经理批准执行。企业应该从政策上对采购人员介入采购付款作出明确的规定，严格禁止采购业务人员与供应商联系催促货款，支付货款业务由财务部按照付款计划安排支付。

第六，其他控制。包括签订采购人员自律申请书、签订供应商阳光协议和访问供应商制度。

【学中做 4-6】

赝品水晶灯带来的损失

2007年10月,某国际酒店在鲜花的簇拥和鞭炮的喧嚣中正式对外营业了。这是一家集团公司投资成立的涉外星级酒店,该酒店装潢豪华、设施一流。

最让人感到骄傲和荣耀的是酒店大堂里天花板上如天宇星际一般的灯光装饰,和一个圆圆的、超级真实的月亮水晶灯,使得整个酒店绚丽夺目、熠熠生辉。这些天花板上装饰所用的材料以及星球灯饰均是由水晶材料雕琢而成,是公司王副总经理亲自组织货源,最终从瑞士某珠宝公司高价购买的,货款总价高达150万美元。开业当天,来往宾客无不对这个豪华的水晶天花板灯饰赞不绝口,称赞不已。尤其是经过媒体报道,更成为当天的头条新闻,国际酒店在这一天也像那盏水晶灯饰一样,一举成名,当天客房入住率就达到了80%以上。

王副总经理也因此受到了公司领导的高度赞扬,一连几天,王总的脸上都洋溢着快乐而满足的笑容。

然而,好景不长。两个月后,这些高规格高价值的水晶灯饰就出了状况。首先是失去了原来的光泽,变得灰蒙蒙的,即使用清洁布使劲擦拭都不复往日光彩。其次,部分连接的金属灯杆出现了锈斑,还有一些灯珠破裂甚至脱落。人们看到这破了相的水晶灯,议论纷纷,这就是破费百万美元买来的高档水晶灯吗?鉴于情况严重,公司领导责令王副总经理限期内对此事作出合理解释,并停止了他的一切职务。这个时候,王副总经理是再也笑不出来了。

事件真相很快就水落石出,原来这盏价值百万美元的水晶灯根本不是从瑞士某珠宝公司购得的,而是通过南方某地的一家公司代理购入的赝品水晶灯。王副总经理在交易过程中贪污受贿,中饱私囊。虽然出事之后,王副总经理受到了法律的严惩,然而国际酒店不仅因此遭受了数千万元的巨额损失,更为严重的是酒店名誉蒙受重创,成为同行的笑柄。这对于一个新开业的公司而言,实在是个致命的打击。

学习任务:案例中采购引发的悲剧,对企业采购经营带来什么样的警示?

可以说,一笔交易毁了整个企业。一笔采购业务,特别是金额较大的业务,通常涉及采购计划的编制、物资的请购、订货或采购、验收入库、货款结算等环节。因此,应当针对各个具体环节的活动,建立完整的采购程序、方法和规范,并严格依照程序执行。只有这样,才能防止错弊,保证企业经营活动的正常进行。

根据这个案例涉及的环节应做如下控制:

(1)企业可以根据实际需要设置专门的请购部门,对需求部门提出的采购需求进行审核,并进行归类汇总,统筹安排企业的采购计划。对于超预算和预算外采购项目,应先履行预算调整程序,由具备相应审批权限的部门或人员审批后,再办理请购手续。

(2)企业应当建立科学的供应商评估和准入制度,对供应商提供物资的质量、价格及供应商的资信、经营状况等进行综合评价,根据评价结果对供应商进行合理选择。

(3)企业应当建立采购物资定价机制,采取协议采购、招标采购、谈判采购、询比价采购等多种方式合理确定采购价格。

(4)企业应当建立严格的采购验收制度,确定检验方式,由专门的验收机构或验收入员对采购项目的品种、规格、数量、质量等相关内容进行验收,出具验收证明。

(5)企业应当建立退货管理制度,对退货条件、退货手续、货物出库、退货货款回收等作出明确规定,并在与供应商的合同中明确退货事宜,及时收回退货货款。

【学中做 4-7】

M 小型企业采购内控的困惑

M 小型生产加工企业在对存货的采购与验收进行控制设计的过程中,碰到以下困惑:①如何根据采购物资及其供应情况确定采购方式?②如何建立采购物资的验收制度?③如何准确进行采购业务的会计记录?

学习任务:为该企业的采购方式和验收制度,提出适当的控制设计建议。为该企业建立采购业务内部控制制度。

(1)企业应当根据商品或劳务等的性质及其供应情况确定采购方式:一般物品或劳务采用订单采购或合同订货等方式,小额零星物品或劳务可以采用直接购买等方式;企业应当对例外紧急需求、小额零星采购等特殊采购处理程序作出明确规定。成立由企业管理层,以及来自采购、请购、生产、财会、内审、法律等部门的负责人组成的采购价格委员会,明确采购价格形成机制;大宗商品或劳务采购等必须采用招投标方式确定采购价格,并明确招投标的范围、标准、实施程序和评标规则;其他商品或劳务的采购,应当根据市场行情制定最高采购限价,不得以高于采购限价的价格采购;以低于最高采购限价进行采购的应以适当方式予以奖励。企业应根据市场行情的变化适时调整最高采购限价,委托中介机构进行招投标的,应当加强对中介机构的监督。

(2)企业应当建立严格的验收制度:根据规定的验收制度和经批准的订单、合同等采购文件,由独立的验收部门或指定专人对所购物品或劳务等的品种、规格、数量、质量和其他相关内容进行验收,出具检验报告、计量报告和验收证明;对验收过程中发现的异常情况,负责验收的部门或人员应当立即向有关部门报告;有关部门应当查明原因,及时处理。

(3)企业应该根据国家统一的会计制度规定进行会计核算。M 企业是小型加工生产企业,应该在《会计法》《小企业会计准则》的统一指导下,结合企业实际情况,进行采购业务会计核算制度的设计。

现将该企业采购业务内部控制制度设计如下。

M 企业采购业务流程及管理制度(试行)

第一条 为了满足公司飞速发展的需要,为了加强对本公司物资采购与付款环节的内部控制,特制定此制度。

第二条 对外采购业务内部控制制度的基本要求是采购与付款中的不相容职务应当分离,其中包括:

(一)付款审批人员和付款执行人员不能同时办理寻求供应商和洽谈价格的业务。

(二)采购合同的洽谈人员、订立人员和采购人员不能由一人同时担任。

(三)货物的采购人员不能同时担任货物的验收和记账工作。

第三条 采购部门的划分

(一)生产原材料采购:由采购部门负责办理。

(二)日常办公用品采购:由行政管理部或其指定的部门或专人负责办理。

(三)对于重要材料的采购,必要时由总经理指派专人或指定部门办理采购作业。

第四条 采购方式

一般情况,选择下列一种最有利的方式进行采购:

（一）集中计划采购：凡具有共同性的材料，须以集中计划办理采购较为有利，采购前，先通知请购部门依计划提出请购，采购部门集中办理采购。

（二）长期报价采购：凡经常性使用，且使用量较大的材料，采购部门应事先选定供应厂商，议定长期供应价格，批准后通知请购部门按需要提出请购。

（三）未经公司主管领导书面同意，不得私自变更、替换现有原辅材料供应商；如有更适合供应商而需要替换原供应商的，采购部必须提交书面变更供应商陈述材料，获得书面批准后方可变更。

（四）询价、议价结束后，需公司主管领导书面同意方可定价，否则公司不予认可价格（特殊情况下，需电话征得总经理同意）；由此引起后果由责任人负全责。

（五）采购合同签订由公司指定或授权委派专人负责，否则视为无效。

第五条 询价、比价、议价

（一）经办人员应对厂商的报价资料进行整理并经过深入调查分析后，以电话或其他联络方式向供应厂商议价。

（二）凡是最低采购量超过请购量的，采购经办人员在议价后，应在请购单中注明，经主管签字确认后上报。

（三）采购经办人员接到"采购申请单"后应依采购材料使用时间的缓急，并参考市场行情及过去采购记录或厂商提供的资料，精选三家以上的供应商进行产品的书面比价，经分析后进行议价，将议价结果书面上报主管领导。

（四）采购部门接到请购部门（项目部、行政管理部）通过电话表明的紧急采购情况，主管应立即指定经办人员先行询价、议价，待接到请购单后，按一般采购程序优先办理。

第六条 采购报销流程

（一）采购人员采购完毕后及时办理验收入库手续。

（二）采购人员到财务部门填写费用报销单，采购业务的相关原始单据（购物发票、验收入库单、请购单等）作为费用报销单的附件。

（三）采购人员拿着填写完整的费用报销单和所附的相关采购业务的原始单据，请相关领导审批。

（四）完成报销审批手续后，采购人员持费用报销单和相关附件到财务部门报账。

第七条 请购与采购

（一）使用部门根据本部门实际物资需求情况，填写请购单（即采购单第一联），明确采购物资的名称、规格、质量执行标准、数量、价格、使用日期等，交给采购部门审核。请购单应有部门经理签字。

（二）采购部门收到使用部门提交的请购单时，审核后如确有必要购买的，由采购经理签字，再请总经理予以批示。采购经办人员接到经批准的"采购申请单"（即采购单第二联）后，应按照上述总则操作，货比三家，选择出合适的供应商后，并通过电话或传真确定交货（到货）日期。

（三）采购单一式四份，第一联即使用部门提交的请购单，第二联即采购部门使用的采购申请单，第三联交给财务（采购员核销时），第四联交给仓管员（以备验收）。

第八条 验收与入库

（一）采购物资到货后，采购员要及时组织质监部门、仓库管理员进行入库前的清点验收，验收过程中应首先比较所收物资与请购单、发票账单上的品名、规格、数量、单价是否相符,然后检查物资有无损坏、使用性能优劣。验收合格后,验收部门的人员应对已收物资编制一式两联、事先编号的验收单进行签字,作为验收和检验物资的依据,第一联本部门留存,第二联交给仓管员。

（二）仓管员根据进货检验报告结果（主要是验收单）对合格货品进行入库,入库单必须通过采购员、仓管员签字。不合格品由相关采购员办理退货事宜。入库单一式三份,第一联本部门留存,第二联交给财务,第三联交给采购员。

第九条 付款与核算

（一）预付款采购

1. 按合同约定需要预付购货款的,由采购员提供采购申请单、合同复印件、付款通知书（注明付款事由、付款金额、对方单位名称、开户银行及账号）,办理付款批准手续后（付款通知书须由总经理签字）,交公司财务部门办理预付货款业务。

2. 货物及发票已到,验收合格并与购货合同、发票及清单核对无误后,采购员粘贴好报销票据（采购申请单、入库单、购货发票、购货合同）,财务部审核后,由总经理签字,财务做账。

（二）现款采购

采购员必须凭有总经理签字的借款单向财务部借款,采购回来后,采购员持购货发票到仓库办理入库手续,由质监部门、仓库保管员验收,并开出入库单（入库单必须注名：供货方名称、货物的名称、货物的数量、单价、金额、用途）。入库单必须通过采购员、保管员签字。采购员粘贴好报销票据（采购申请单、入库单、购货发票、购货合同）,财务部审核后,由总经理签字,然后办理报销手续。

（三）后付款采购

采购员粘贴好报销票据（采购申请单、入库单、购货发票、购货合同）,财务部审核后由总经理签字。供应商需要结款时,由财务将款项汇出。

（四）货物已到发票未到,验收合格并与购货合同核对无误后,如供货方要求并经总经理签字批准,可凭付款通知书支付不超过货物总价值80%的货款,待发票到后再付清余款；发票已到货物未到,不准支付购货款。采购业务完毕后,财务部门要催促采购员及时结清购货结余款,不留"尾巴"。

（五）物资采购必须取得发票方可报销,如无特殊情况,发票应是增值税专用发票。

【延伸阅读】

从一个采购实例分析企业内控缺陷

曾经在一家企业做生产循环的内部审计时遇到一个实例。

做内部审计的我喜欢去跑跑现场,搜集资料的时候我喜欢和业务文员一起搜集,主要是怕资料多,女孩子抱不动。

一次做生产循环的审计时我没有错过这个"开小差"的机会,跑到车间去逛了一圈,然后就让生产文员带我去资料室找资料。果然,资料放在很高的位置,我们很艰难地才把它们取下来,我发现,资料保管得不是很好,有些资料上面有一层厚厚的灰尘。在现场翻阅了一遍又发现,我需要看的生产现场管理的资料是按本装订的,一机台对应一本资料,可是部分机台当月尽管没有开机,仍然有一本空白的资料；还有些机器当月开机不足一个月,开机的那些天有资料记载,没开机的附有空白纸张。

由此我在大脑中初步得出结论:生产纸张存在大量浪费,生产资料的现场控制存在缺陷。

很多内审人员做到这里可能就开始沾沾自喜了,以为可以向上级领导提交一份漂亮的内控缺陷报告了,其实不然。

发现这一现象后,我随即抽取了几本回到办公室仔细研究,初步估计纸张的浪费率在40%左右,然后找采购要到了生产用纸张的每月采购总量和每月采购单价发现:①生产用纸张每月采购量巨大;②生产用纸张每月的采购价格不变,且按照常识判断偏高。

4.6 某公司采购与付款管理制度

我与采购负责人沟通,对方对我的价格质疑非常不开心,大为不悦,说如果纸张单价有问题那这不成暴利行业了?

于是我让采购负责人敦促采购员要求该供应商和备选供应商重新报价,发现供应商报价是分等级的,即3 000张以下0.2元/张,3 000~5 000张0.12元/张,5 000张以上0.08元/张。而公司的采购单价一直是0.2元/张。发现这一问题后,我立刻要求采购负责人约见供应商,由我、采购员和供应商就价格进行重新谈判并在以后的采购过程中均依据最新价格执行,对于之前的几个月的纸张采购价格偏高的执行扣款,仅仅由于价格偏高就扣款近万元,并对供应商提出严重警告,由于考虑到部分关系,报告领导后,没有对供应商执行额外罚款。

4.7 企业内部控制应用指引第7号

在这之后我又建议生产部门领导对生产纸张的使用进行更好的管控,并建议采购部门加强自身的询比价工作。内审工作为公司创造了效益,促进了公司的管控,提升了内审地位。这个案例从侧面折射出公司的采购组织架构和职责划分上存在问题,询比价工作比较流于形式(以前采购环节的审计工作有证据支撑此结论)。

通过这个案例说明,审计工作要抓住问题的内在实质和关联关系,明白牵一发而动全身的道理,从细节入手,纵观全局,同时要有"打破砂锅问到底""不到黄河不死心"的心理准备,不放过任何一个可能为公司创造效益的机会,一查到底。

【引例解析】

1. 从引例可知,大同公司采购业务内部控制制度存在的重大缺陷或重大漏洞有:

(1) 王某一人办理采购业务全过程,违背制衡性原则,未执行不相容职务分离制度。从供销商的选择,到采购定价,采购执行再到采购往来款对账,全由王某一人包办,王某独自办理了采购业务的全过程而无人监督复核,使得其得以长期实施犯罪行为而未被单位内部及时发现。

(2) 大同公司的采购对账环节制度无效。采购执行岗位与采购往来款对账岗位应该分离,不能由同一人办理,对账可由采购人员和财务人员共同参与,以保证账实相符。本例中,王某作为采购经办人,同时独自负责采购对账,缺乏财务人员的参与,为其提供了隐瞒对账结果的机会。在交易完成的情况下,如果由大同公司财务部门另派人对账,则王某意图隐瞒大洋机床厂记账错误的情况出现的概率会极低,也不会让王某从中找到日后犯罪的机会。

(3) 大同公司在采购业务中的授权不当。王某个人在采购业务中得到的授权,即可决定重大采购事项(60万元及以上的采购),又可决定采购定价(60万元还是67万元),还能决定供应商的选择(与永宏公司签订合同)等,身兼数个要职。采购授权中缺乏牵制和制衡机制,使得采购业务控制制度失效。

（4）大同公司的采购定价、合同订立、采购执行环节制度无效。王某一人决定采购合同的订立、采购定价、采购的执行，采购全程无其他人参与制约、监督，使得其虚构合同、虚增采购物资的价格存在可能。

（5）采购后评估制度缺失。如果及时对采购业务进行评估检查，对授权不当、违法违规操作的情况，可能早就予以制止和防犯了，王某也不会犯下大错。管理层的职业道德教育要加强。法制法规、职业道德教育要经常开展，提高从业者的自律意识。

（6）管理层的职业道德教育要加强。法制法规、职业道德教育要经常开展，提高从业者的自律意识。

（7）会计系统控制不当。采购业务证据链是否完整、真实、准确，是会计复核入账的审查重点。本案例中，王某虚构合同、虚构价格，在相关的发货单、托运单、提货单等资料中，仔细复核，不难发现端倪。会计对账是否真实、准确，也是账实相符的重要控制手段。

2. 为防范采购中的风险，堵塞采购活动中的制度漏洞，大同公司可采取的采购业务内部控制优化措施有：

建立采购预算制度，实施有计划采购；采购业务中应该实行不相容岗位分离制度；明确采购业务常规授权和特殊授权，对重大采购业务应实行集体决策或联签制度；健全采购业务的会计系统控制，强化采购证据链管理，合理化采购对账制度；强化从业人员的职业道德教育；建立采购监督评价制度。

引例带来的启示还有：内控建设要领导带头，带领全员树立风险防控意识，通过全过程、全员性、全业务的内部控制控制建设，堵塞管理制度的漏洞，实现"好的制度让坏人从良，好的制度不让好人作恶"。

【工作任务 4-2】

掌握采购业务内部控制制度建设

任务分析：

主要根据内部控制的五目标、五原则、五要素，结合A集团公司的采购业务实际情况，为其设计采购业务内部控制优化方案。

操作步骤：

（1）搜集内控信息。运用查询、函证、检查文件、重新执行等手段，搜集A公司内控环境等信息，重点关注采购业务控制相关的信息，比如，采购业务现状、采购业务特点、采购预算、采购会计系统信息。

（2）评估内控风险。对所搜集的信息进行整理分析，找出A公司采购业务的高危风险点。

（3）分析控制现状。分析控制现状，发现现行采购业务内部控制制度或管理制度的设计缺陷或执行中的问题，即"提出问题"。

（4）分析风险成因。针对高危风险点，分析成因，确定风险应对策略，即"分析问题"。

（5）拟定优化措施。针对控制现状，拟定适用的关键控制措施，提出解决方案或优化建议，即"解决问题"。

（6）完成设计任务。完成《A公司采购业务内部控制制度优化设计方案》。

任务三　资产管理内部控制

引例

资产管理混乱，效能不足

大同集团是国资企业，其下属全资子公司有大同机电设备有限公司、大同交通运输公司、大同百货商场等。历年来，通过内部审计和政府审计、社会审计，发现了以下资产管理方面的问题：

1. 存货管理制度不当

大同机电设备有限公司的仓库保管员负责登记存货明细账，以便对仓库中的所有存货项目的收、发、存进行永续记录。当收到验收部门送交的存货和验收单后，完成入库。根据验收单登记存货明细账。平时，各车间或其他部门如果需要领取原材料，都可以填写领料单，仓库保管员根据领料单发出原材料。企业辅助材料的用量很少，因此领取辅助材料时，没有要求使用领料单。各车间经常有辅助材料剩余（根据每天特定工作购买而未消耗掉，但其实还可再为其他工作所用），这些材料由车间自行保管，无须通知仓库。如果仓库保管员有时间，偶尔也会对存货进行实地盘点。

2. 低价转让国有资产

2008年6月，大同交通公司和某民营企业共同出资设立某高速公路建设发展有限公司，资本金为8.4亿元，其中民营企业控股70%，大同交通公司出资额占30%。2011年11月，大同交通公司以此条高速路经营管理不善，持续亏损为名，将30%的股权作价1.27亿元转让给某民营企业，后者得以全资掌控。转让价格的定价依据是当地某资产评估事务所的评估结果，为1.18亿元。

因群众举报，这一交易行为涉嫌贱卖国有资产，当地审计局成立专项审计组，对财政局、交通局等部门多方走访，审查该高速公路账目，对同一时段不同路段、不同时段同一路段的多份高速公路评估报告进行研究。经过充分的调查了解，发现事实：①为了达到评估价低估的目的，大同交通公司的总经理单独指定，由自己表弟担任合伙人的资产评估事务所承接此项评估业务。②高速路投资大，回收期长，对高速路的价值评估通常采用收益法，运用现值技术，通过将高速路预期收益资本化或折现来确定评估价值。折现率的高低，直接影响评估值。通过走访研究比较相关交易，审计人员确定，在此项评估中，折现率的选用明显偏高，使评估价值明显低于实际价值。③经调查取证，发现此项交易中，大同交通公司总经理收受民营企业财产物资2 000余万元，已构成受贿罪。

3. 滥授商标冠名权，商场声誉受损

大同百货商场于2006年5月开业，之后仅用7个月时间就实现销售额9 000万元，其后销售额一直呈增长趋势，2010年达10.86亿元，实现税利1.3亿元。大同百货商场当年以其在经营和管理上的创新创造了一个奇迹。来自全国30多个省市的近200个大中城市的党政领导，商界要员去参观学习。然而，2013年8月15日，大同百货商场悄然关闭。导致商场倒闭的原因是多方面的，而其内部控制的极端薄弱是倒闭的主要原因之一。

> 就无形资产内部控制来讲,该商场冠名权的转让都由总经理个人说了算,只要总经理签字同意,别人就可以以大同百货商场的名义进行营销。在经营管理上,大同百货商场虽对挂名企业派驻了管理人员,但由于不掌控管理,所起作用不大。这种冠名权的转让,能迅速带来规模的扩张,但给大同百货商场的管理控制带来风险。对这些企业的管理上,大同百货商场并不严格,导致了某些挂名企业在管理方面、服务质量或者产品质量等诸多方面给客户们留下极坏的印象,商场的社会声誉一落千丈。
>
> 为何大同集团下属的子公司会在资产管理中存在这样或那样的问题,导致国有资产受损,资产效能不足?从上述资料中已可看出端倪,即资产的内部管理不当,存在制度缺陷或漏洞。

问题与任务:大同集团在资产管理(存货管理、固定资产管理、无形资产管理)中存在怎样的主要问题,应该如何建立和健全相关的资产管理内部控制制度?

【知识准备与业务操作】

根据《企业内部控制应用指引第8号——资产管理》的定义,资产,是指企业拥有或控制的存货、固定资产和无形资产。资产管理的目的,是保证资产安全,提高资产效能,充分发挥资源的作用。企业资产管理至少应当关注下列风险:

(1)存货积压或短缺,可能导致流动资金占用过量、存货价值贬损或生产中断。

(2)固定资产更新改造不够、使用效能低下、维护不当、产能过剩,可能导致企业缺乏竞争力、资产价值贬损、安全事故频发或资源浪费。

(3)无形资产缺乏核心技术、权属不清、技术落后、存在重大技术安全隐患,可能导致企业法律纠纷、缺乏可持续发展能力。

资产作为企业重要的经济资源,是企业从事生产经营活动并实现发展战略的经济基础。资产管理贯穿于企业生产经营全过程,也就是通常所说的"实物流"管控。在企业早期的资产管理实践中,如何保障货币性资产的安全是内部控制的重点。在现代企业制度下,资产业务内部控制已从如何防范资金挪用、非法占用和实物资产被盗,拓展到重点关注资产效能,充分发挥资源的作用。

企业加强各项资产管理,应当全面梳理资产管理流程,贯穿各类资产"从进入到退出"的各个环节;及时发现资产管理中的薄弱环节;切实采取有效措施加以改进。

一、存货管理主要风险点及其管控措施

(一)存货的概念和特征

存货,是指企业在日常活动中持有以备出售的产成品或商品、处在生产过程中的在产品、在生产过程或提供劳务过程中耗用的材料和物料,主要包括各类材料、在产品、半成品、产成品、商品等。

存货区别于固定资产等非流动资产的最基本的特征是,企业持有存货的最终的目的是为了出售,不论是可供直接销售的产成品、商品等,还是需经过进一步加工后才能出售的原材料等。

(二)存货管理流程和环节

1. 存货管理流程

存货管理流程如图4-26、图4-27所示。

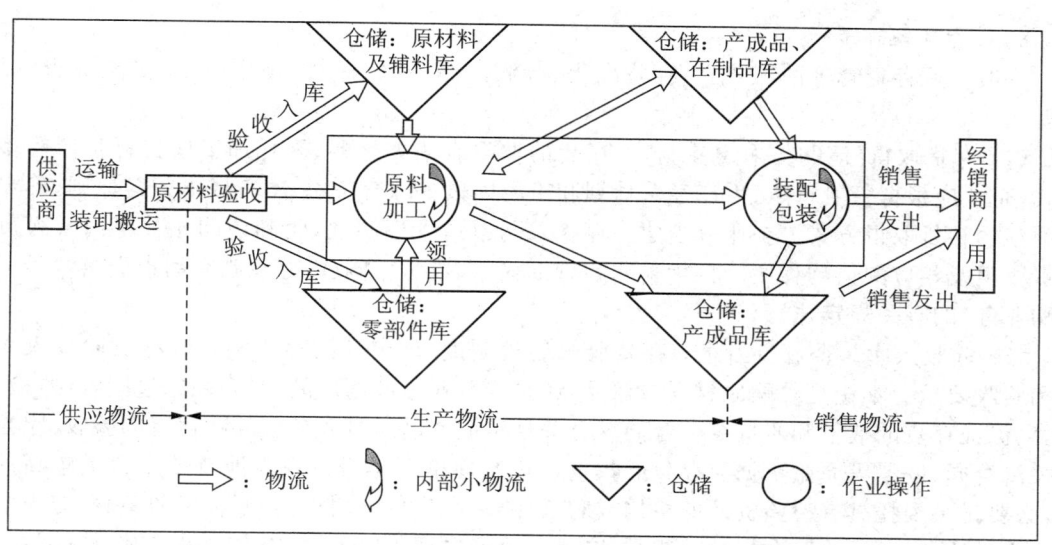

图 4-26　生产企业物流流程图

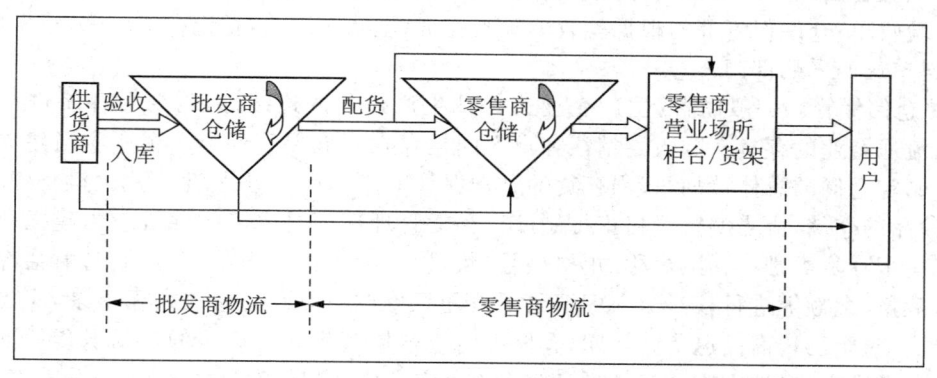

图 4-27　商品流通企业物流流程图

一般生产企业的存货业务流程可分为取得、验收、仓储保管、生产加工、盘点处置五个阶段,历经取得存货、验收入库、仓储保管、领用发出、原料加工、装配包装、盘点清查、销售处置等主要环节。具体到某个特定生产企业,存货业务流程可能较为复杂,不仅涉及上述所有环节,甚至有更多、更细的流程,且存货在企业内部要经历多次循环。比如,原材料要经历验收入库、领用加工,形成半成品后又入库保存或现场保管、领用半成品继续加工,加工完成为产成品后再入库保存,直至发出销售等过程。也有部分生产企业的生产经营活动较为简单,其存货业务流程可能只涉及上述阶段中的某几个环节。

作为商品流通企业的批发商的存货,通常经过取得、验收入库、仓储保管和销售发出等主要环节;零售商从生产企业或批发商(经销商)那里取得商品,经验收后入库保管或者直接放置在经营场所对外销售。比如,仓储式超市货架里摆放的商品就是超市的存货,商品仓储与销售过程紧密联系在一起。

概括地讲,无论是生产企业,还是商品流通企业,存货取得、验收入库、仓储保管、领用发出、盘点清查、销售处置等是其共有的环节。下文会对这些环节可能存在的主要风险及管控措施加以阐述。

2. 存货管理环节

一般企业存货管理的环节有：存货取得、验收入库、仓储保管、领用发出、盘点清查、存货处置。

(1) 存货取得（请购与采购控制）。存货的取得有诸如外购、委托加工或自行生产等多种方式，企业应根据行业特点、生产经营计划和市场因素等综合考虑，本着成本效益原则，确定不同类型的存货取得方式。企业应当建立存货采购申请管理制度，明确请购相关部门或人员的职责权限及相应的请购程序。存货采购和审批程序，按照《企业内部控制应用指引第7号——采购业务》的有关规定执行。

(2) 验收入库。企业应当建立存货验收管理制度，规定外购存货和自制存货验收入库流程和验收要求。不论是外购原材料或商品，还是本企业生产的产品，都必须经过验收（质检）环节，以保证存货的数量和质量符合合同等有关规定或产品质量要求。外购存货的验收，应当重点关注合同、发票等原始单据与存货的数量、质量、规格等是否一致。涉及技术含量较高的货物，必要时可委托具有检验资质的机构或聘请外部专家协助验收。自制存货的验收，应当重点关注产品质量，通过检验合格的半成品、产成品才能办理入库手续，不合格品应及时查明原因、落实责任、报告处理。采购部门应验收材料的品种、数量，填制验收单；质量检验部门检验质量，签署验收单；仓库保管部门根据验收单验收存货，填制入库单，登记存货台账，将发票、运单连同收料单送回采购部门。

(3) 仓储保管。一般而言，生产企业为保证生产过程的连续性，需要对存货进行仓储保管；商品流通企业的存货从购入到销往客户之间也存在仓储保管环节。企业应当建立存货保管制度，制定仓储的总体计划，加强存货的日常保管工作。贵重物品、生产用关键备件、精密仪器和危险品的仓储，应当实行严格审批制度。存货管理部门对入库的存货应当建立存货明细账，详细登记存货类别、编号、名称、规格型号、数量、计量单位等内容，并定期与财会部门就存货品种、数量、金额等进行核对。入库记录不得随意修改。如确需修改入库记录，应当经有效授权批准。对于已售商品退货的入库，仓储部门应根据销售部门填写的产品退货凭证办理入库手续，经批准后，对拟入库的商品进行验收。因产品质量问题发生的退货，应分清责任、妥善处理。对于劣质产品，可以选择修复、报废等措施。存货的存放和管理应指定专人负责并进行分类编目，严格限制其他无关人员接触存货，入库存货应及时记入收发存登记簿或存货卡片，并详细标明存放地点。

(4) 领用与发出。生产企业生产部门领用原材料、辅料、燃料和零部件等用于生产加工，仓储部门根据销售部门开出的发货单向经销商或用户发出产成品，商品流通领域的批发商根据合同或订货单等向下游经销商或零售商发出商品，消费者凭交款凭证等从零售商处取走商品等，都涉及存货领用发出问题。企业应当建立严格的存货领用和发出制度。企业生产部门、基建部门领用材料，应当持有生产管理部门及其他相关部门核准的领料单。超出存货领料限额的，应当经过特别授权。库存商品的发出需要经过相关部门批准，大批商品、贵重商品或危险品的发出应当得到特别授权。仓库应当根据经审批的销售通知单发出货物，并定期将发货记录同销售部门和财会部门核对。企业应当明确发出存货的流程，落实责任人，及时核对有关票据凭证，确保其与存货品名、规格、型号、数量、价格一致。企业财会部门应当针对存货种类繁多、存放地点复杂、出入库发生频率高等特点，加强与仓储部门经常性账实核对工作，避免出现将已入库存货不入账或已发出存货不销账的情形。

(5) 盘点清查。存货盘点清查一方面是要核对实物的数量，是否与相关记录相符；另一方面也要关注实物的质量,是否有明显的损坏。企业应当制定并选择适当的存货盘点制度,明确盘点范围、方法、人员、频率、时间等。企业应当制定详细的盘点计划,合理安排人员、有序摆放存货、保持盘点记录的完整,及时处理盘盈、盘亏。对于特殊存货,可以聘请专家采用特定方法进行盘点。存货的盘盈、盘亏应当及时编制盘点表,分析原因,提出处理意见,经相关部门批准后,在期末结账前处理完毕。仓储部门应通过盘点、清查、检查等方式全面掌握存货的状况,及时发现存货的残、次等情况。

(6) 存货处置。存货处置是指存货退出企业生产经营活动的环节,包括商品和产成品的正常对外销售以及存货因变质、毁损等进行的处置。正常对外销售的存货处置,可按照《企业内部控制应用指引第 9 号——销售业务》的有关规定执行。对于盘点清查中发现的残、次、冷、背、变质及毁损存货的处置,应选择有效的处理方式,由仓储部门提出处置方案,并经相关部门审批后作出相应的处置。

(三) 存货管理的风险分析

通过分析存货管理的主要风险,确定其中的关键风险点,选择风险应对策略,制定风险控制措施。

1. 存货管理的主要风险

(1) 具体采购计划不合理,可能导致存货积压或短缺。
(2) 验收程序不规范、标准不明确,可能导致数量不足、以次充好、账实不符。
(3) 存货仓储保管方法不适当、监管不严密,可能导致损坏变质、价值贬损、资源浪费、失窃。
(4) 存货领用发出审核不严格、手续不完备,可能导致货物流失。
(5) 存货盘点清查制度不完善、计划不可行,可能导致工作流于形式、无法查清存货真实状况。
(6) 存货报废处置责任不明确、审批不到位,可能导致企业利益受损。

2. 存货管理的关键风险控制点、控制目标和控制措施

存货管理的关键风险控制点、控制目标和控制措施如表 4-6 所示。

表 4-6　　　　　　　　存货管理风险控制表

关键风险控制点	控制目标	控制措施
存货取得 (请购与采购)	建立存货采购申请管理制度,合理制订采购计划,进行请购与采购控制	(1) 根据各种存货采购间隔期和当前库存,综合考虑企业生产经营计划、市场供求等因素,充分利用信息系统,合理确定存货采购日期和数量,确保存货处于最佳库存状态。 (2) 取得存货还涉及采购业务、全面预算指引
验收入库	对入库存货进行质量检查与验收,保证存货符合采购要求	(1) 企业应当重视存货验收工作,规范存货验收程序和方法,对入库存货的数量、质量、技术规格等方面进行查验,验收无误方可入库。 (2) 外购存货的验收,应当重点关注合同、发票等原始单据与存货的数量、质量、规格等核对一致。涉及技术含量较高的货物,必要时可委托具有检验资质的机构或聘请外部专家协助验收。 (3) 自制存货的验收,应当重点关注产品质量,通过检验合格的半成品、产成品才能办理入库手续,不合格品应及时查明原因、落实责任、报告处理。 (4) 其他方式取得存货的验收,应当重点关注存货来源、质量状况、实际价值是否符合有关合同或协议的约定

续表

关键风险控制点	控制目标	控制措施
仓储保管	建立存货保管制度，加强存货的日常保管工作，保证存货的安全完整	(1) 记录方面：仓储部门应当详细记录存货入库、出库及库存情况，做到存货记录与实际库存相符，并定期与财会部门、存货管理部门进行核对；存货在不同仓库之间流动时，应当办理出入库手续；对于进入仓库的人员应办理进出登记手续，未经授权人员不得接触存货。 (2) 存储方面：按照仓储物资所要求的储存条件妥善贮存，并健全防火、防洪、防盗、防潮、防病虫害、防变质等管理规范；生产现场的在加工原料、周转材料、半成品等要按照有助于提高生产效率的方式摆放，同时防止浪费、被盗和流失；对代管、代销、暂存、受托加工的存货，应单独存放和记录，避免与本单位存货混淆。 (3) 保险方面：结合企业实际情况，加强存货的保险投保，保证存货安全，合理降低存货意外损失风险
领用与发出	建立严格的存货领用和发出制度，确保存货出库无误	(1) 根据自身业务特点，确定适用的存货发出管理模式，制定严格的存货准出制度和领用流程，明确存货发出与领用的审批权限，健全存货出库手续，加强存货领用记录。 (2) 仓储部门应当根据经审批的销售（出库）通知单发出货物。
盘点清查	保证存货账实相符	(1) 企业应当建立存货盘点清查制度，结合本企业实际情况确定盘点周期、盘点流程、盘点方法等相关内容，将定期盘点和不定期抽查相结合，分类盘点和全面清查相结合。至少应当于每年年度终了开展全面盘点清查。 (2) 拟定详细盘点计划；盘点清查结果形成书面报告（包括发现的账实不符和存货跌价）；盘点中发现的存货盘盈、盘亏、毁损、闲置以及需要报废的存货，应当查明原因、落实并追究责任，按照规定权限批准后处理
存货处置（存货因变质、毁损、报废等进行的处置，不包括对外销售）	存货报废处置责任明确、授权清晰、审批到位	企业应定期对存货进行检查，及时、充分了解存货的存储状态，对于发现的存货变质、毁损、报废或流失，要分清责任、分析原因，编制存货处置单，报经批准后予以处置

（四）存货管理的岗位分工与授权批准制度

1. 存货管理的主要参与部门及主要任务

存货进销存管理的主要参与部门有采购部门、生产部门、仓储部门、质检部门、销售部门、财务部门等。

其中各部门的主要职责有：

（1）采购部门负责存货的采购工作。包括根据生产预算，结合仓储情况，制定存货采购预算；严格执行询价管理制度，确保采购存货经济合理，确保存货质量；保证存货的正常储备供应，按时办理存货入库手续和提交存货发票；按合同等约定办理货款支付申请及对账等。

（2）生产部门负责组织存货的生产。包括根据销售预售制定生产预算；根据生产指令组织生产；将生产的产品等送质检部门检测、送仓储部门验收入库。

（3）仓储部门负责存货的入库、出库及保管工作。包括根据生产预算结合仓储能力和库存情况等，及时提供存货仓储信息给相关部门；物质的验收与入库、出库；验收单、出库单的填制及报送；负责各类存货库存实物账的核算；定期和不定期的组织存货盘点等工作。

（4）质检部门负责存货质量检验。包括根据合同要求、技术要求等，对外购和自制的存货进行质量检验；开具出具验收单等验收证明。

（5）销售部门负责存货的销售。包括根据利润目标，结合市场形势，确定销售预算；依法依规办理销售业务,开具销售出库单给仓储部门,办理销售出库手续;及时办理销售款项的收缴和对账等。

(6)财务部门负责存货采购所需资金的筹措,负责存货总分类账的核算工作,负责审核存货购进单据的真实性、合法性、准确性、完整性,负责及时宣传各类存货管理的法规政策,组织协调定期进行清查盘点,负责应收款的对账和协助催收货款,按期办理应付款的支付,负责应付款项和应收款项的定期分析及信息反馈等工作。

2. 建立存货管理的岗位责任制

企业应当建立存货管理的岗位责任制,按照权责对等的原则,明确内部相关部门和岗位的职责、权限,确保办理存货业务的不相容岗位相互分离、制约和监督。企业应当配备合格的人员办理存货业务。办理存货业务的人员应当具备良好的业务知识和职业道德,遵纪守法,客观公正。企业要定期对员工进行相关的政策、法律及业务培训,不断提高员工的业务素质和职业道德水平。

存货管理的不相容岗位至少包括:

(1)存货的请购与审批,审批与执行。存货的请购与审批不能由同一部门担任。存货的请购必须由存货使用部门及存货仓储部门提出,由仓储部门汇总提出存货请购申请,而请购申请的审批按照授权审批管理制度办理。

(2)存货的采购与验收、付款。询价与采购不能由同一部门人员担任,询价人员不能确定供应商。采购与验收、付款岗位要分离。

(3)存货的保管与相关会计记录。

(4)存货发出的申请与审批,存货处置的申请与审批。

(5)存货发出或处置的执行与会计记录。

(6)保管员不得记录盘点表。年终由内审部门、财务部门、仓储部门组成盘点小组对存货进行实物盘点,将盘点工作记录于盘点报表上,盘点过程中保管员不得记录盘点表,参与清查的人员应在盘点表上签字,以示负责。

3. 建立存货管理的授权批准制度

企业应当对存货管理活动建立严格的授权批准制度,明确审批人对存货业务的授权批准方式、权限、程序、责任和相关控制措施,规定经办人办理存货业务的职责范围和工作要求。

审批人应当根据存货授权批准制度的规定,在授权范围内进行审批,不得超越审批权限。

经办人应当在职责范围内,按照审批人的批准意见办理存货业务。

对日常存货管理活动进行常规授权,并编制常规授权的权限指引。对特殊情况、特定条件下的非常规性交易事项进行应急性的特殊授权,并明确规定特别授权的范围、权限、程序和责任。对于重大的存货管理业务和事项,企业应当实行集体决策审批或联签制度,规定任何个人不得单独进行决策或擅自改变集体决策。

企业内部除存货管理部门及仓储人员外,其余部门和人员接触存货时,应由相关部门特别授权。若存货是贵重物品、危险品或需保密的物品,应当规定更严格的接触限制条件,必要时,存货管理部门内部也应当执行授权接触限制。

【业务操作 4-5】

为大同机电设备有限公司建立存货管理岗位责任制度。

大同机电设备有限公司存货管理岗位责任制度
第一章　总　则

第一条　目的

为明确存货业务管理的相关部门和岗位的职责权限,确保存货业务不相容岗位的相互分离、制约和监督,特制定本制度。

第二条 存货业务的不相容岗位至少应当包括以下四个方面。
1. 存货的请购、审批与执行。
2. 存货的采购、验收与付款。
3. 存货的保管与相关记录。
4. 存货发出的申请、审批与记录。

第二章 存货业务岗位责任

第三条 总经理岗位责任
1. 审批存货管理的采购、保管、处置等政策和制度。
2. 审查、审阅存货管理重要财务报表。
3. 审批存货管理账目科目的增减和调整。
4. 审批盘盈盘亏的应对策略和方法。
5. 权限范围内审批存货保险购买申请和存货补仓申请。

第四条 仓储部经理岗位责任
1. 复核仓库存货管理的台账。
2. 复核月收货、出货报告。
3. 审核并确认盘点报告。
4. 权限范围内审核、审批存货保险购买申请和存货补仓申请。

第五条 仓库管理员岗位责任
1. 进行存货的验收和出入库手续办理。
2. 建立、更新仓库存货台账、卡片。
3. 进行在库存货的日常盘点,编制在库存货日常盘点表,并参与存货月度、年度盘点。
4. 负责提出仓储补仓申请及存货保险申请,并负责办理各项申请手续。
5. 负责制作月收货报告和年收货报告。
6. 负责在库存货的日常管理,并提出库存呆废品处理意见。

第六条 质检部经理岗位责任
1. 组织人员抽查存货的常规性入库检验工作。
2. 组织开展专业性要求较高的存货出入库验收。

第七条 生产部经理岗位责任
1. 定期检查成品仓库状况。
2. 审核生产车间原材料申请单和采购申请单。

第八条 生产车间主任岗位责任
1. 负责将成品存入指定的仓库。
2. 负责向仓库领用生产原材料和其他半成品。
3. 负责提出生产所需原材料的采购申请。
4. 管理生产过程中的半成品、在产品和周转材料。

第九条 采购部相关人员岗位责任
1. 审核存货使用部门提交的采购申请。
2. 组织实施存货采购的市场调研、询价、比价、合同谈判、合同签署等工作。

第十条 财务部经理岗位责任
1. 审核存货采购、保管、使用、处置过程中形成的账务处理和会计报表。

2. 负责提出存货账目调整的政策。
3. 组织开展年度存货盘点和月度盘点。
4. 参与决策存货保险

第十一条　财务部相关人员岗位责任
1. 编制存货采购、保管、使用、处置过程中形成的账务处理和会计报表。
2. 审核存货采购费用和金额，支付存货采购的货款。
3. 复核仓库台账和上报仓库出入库单、盘点表以及汇总表等。

第十二条　存货使用部门相关人员岗位责任
1. 填写本部门所用存货申请单。
2. 领用本部门所需存货，并办理相关存货领用申请手续。

第三章　附　则

第十三条　本制度由仓储部会同公司其他有关部门解释。
第十四条　本制度自＿＿＿年＿＿月＿＿日起开始实施。

大同机电设备有限公司
＿＿＿年＿＿月＿＿日

4. 存货管理的相关部门职责、业务风险、流程及授权批准控制
存货管理的相关部门职责、业务风险、流程及授权批准控制如图 4-28 至图 4-31 所示。

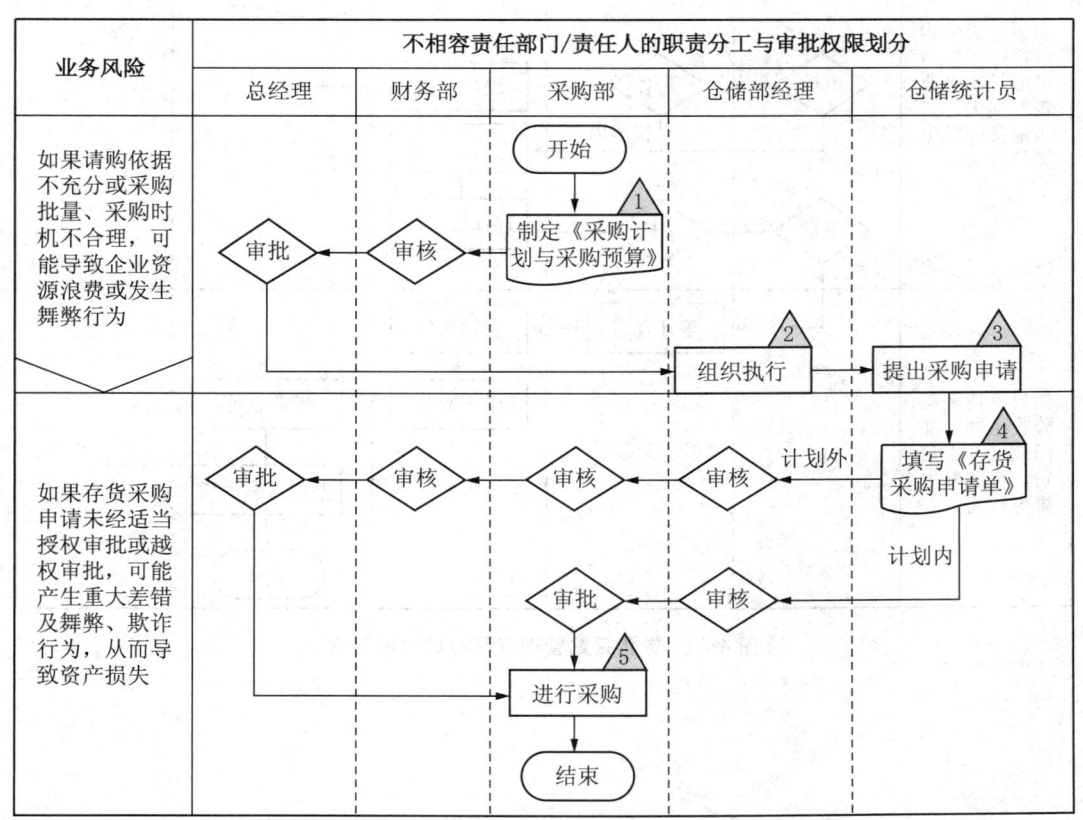

图 4-28　存货采购预算流程与风险控制图

158 项目四 企业主要业务内部控制制度

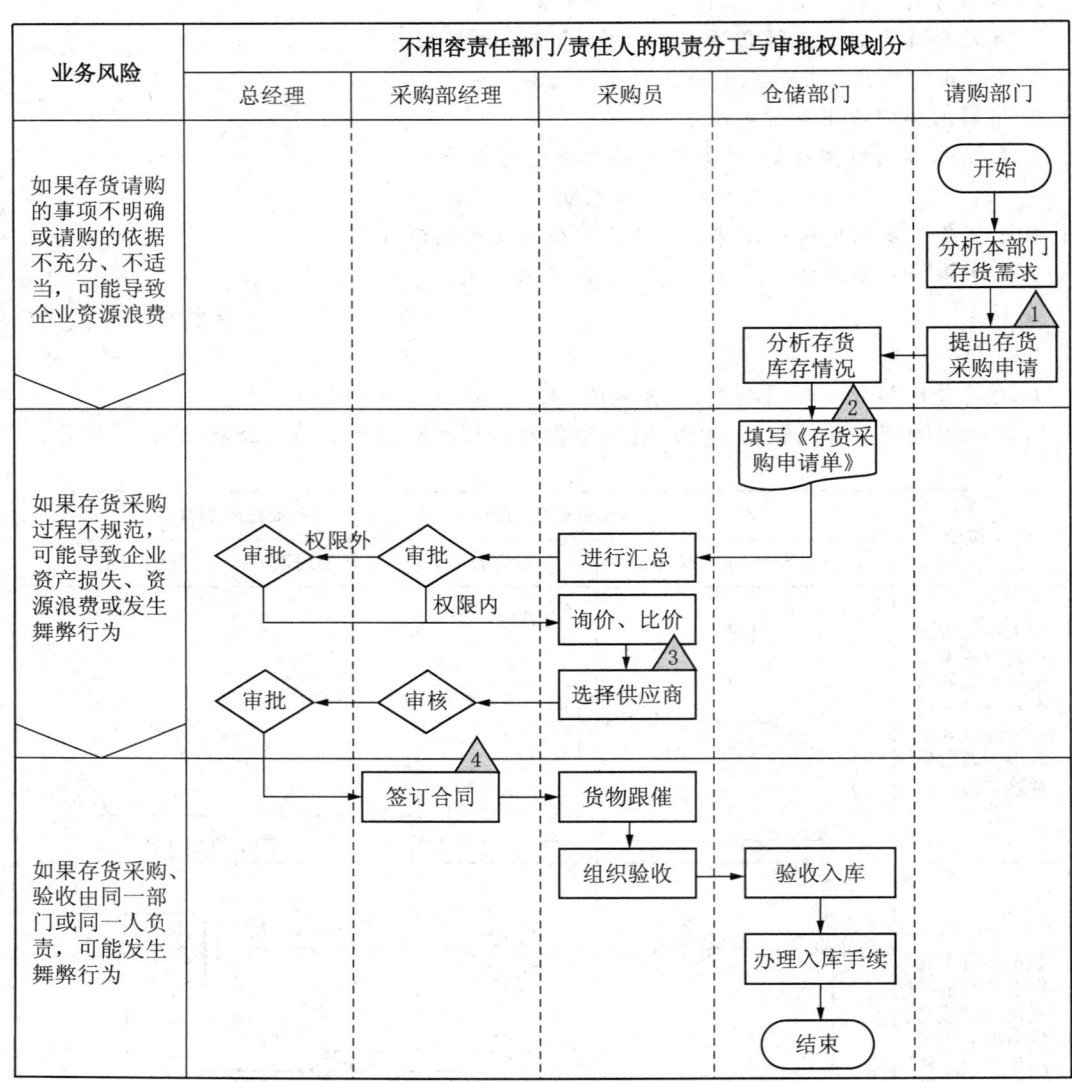

图 4-29 存货采购管理流程与风险控制图

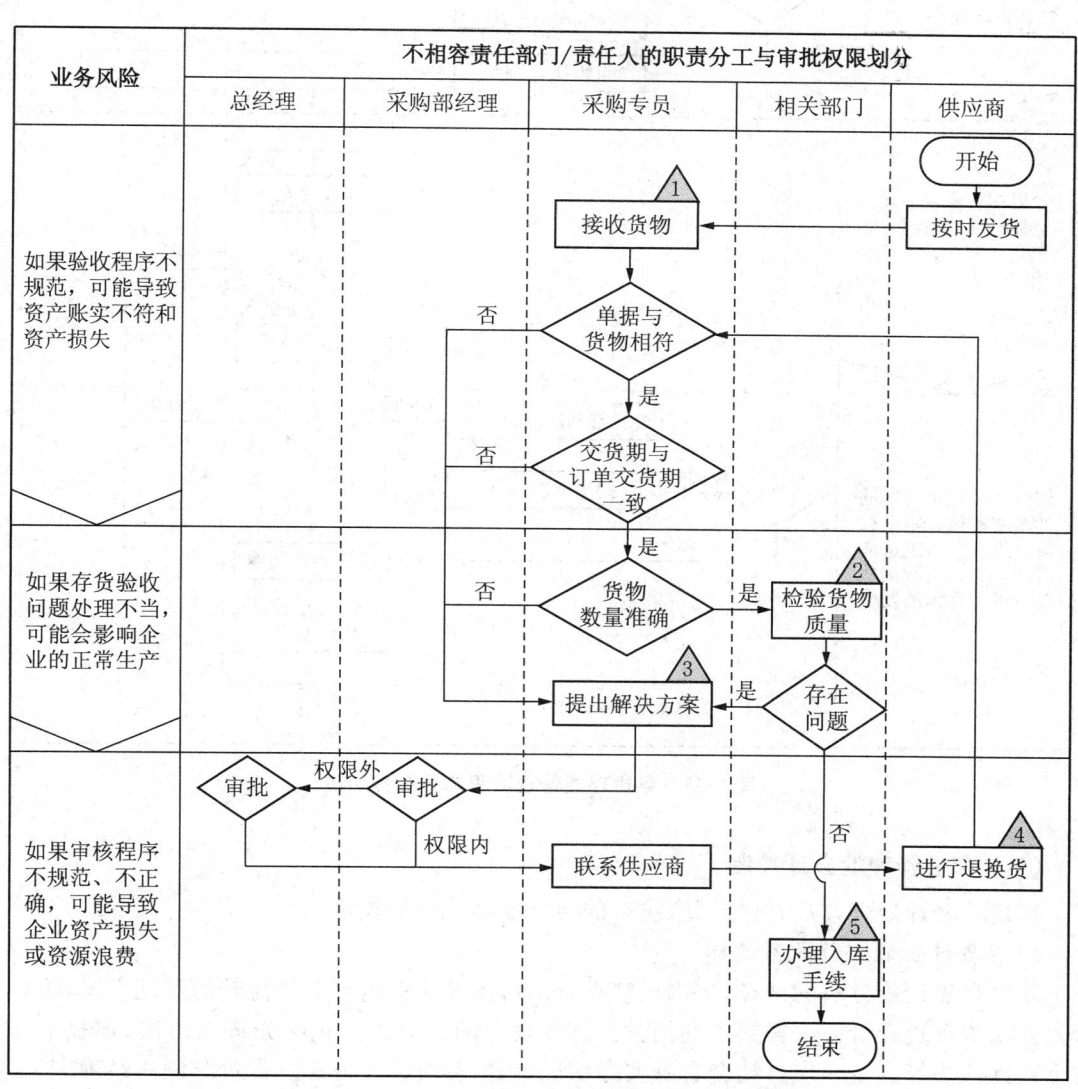

图 4-30 外购存货验收流程与风险控制图

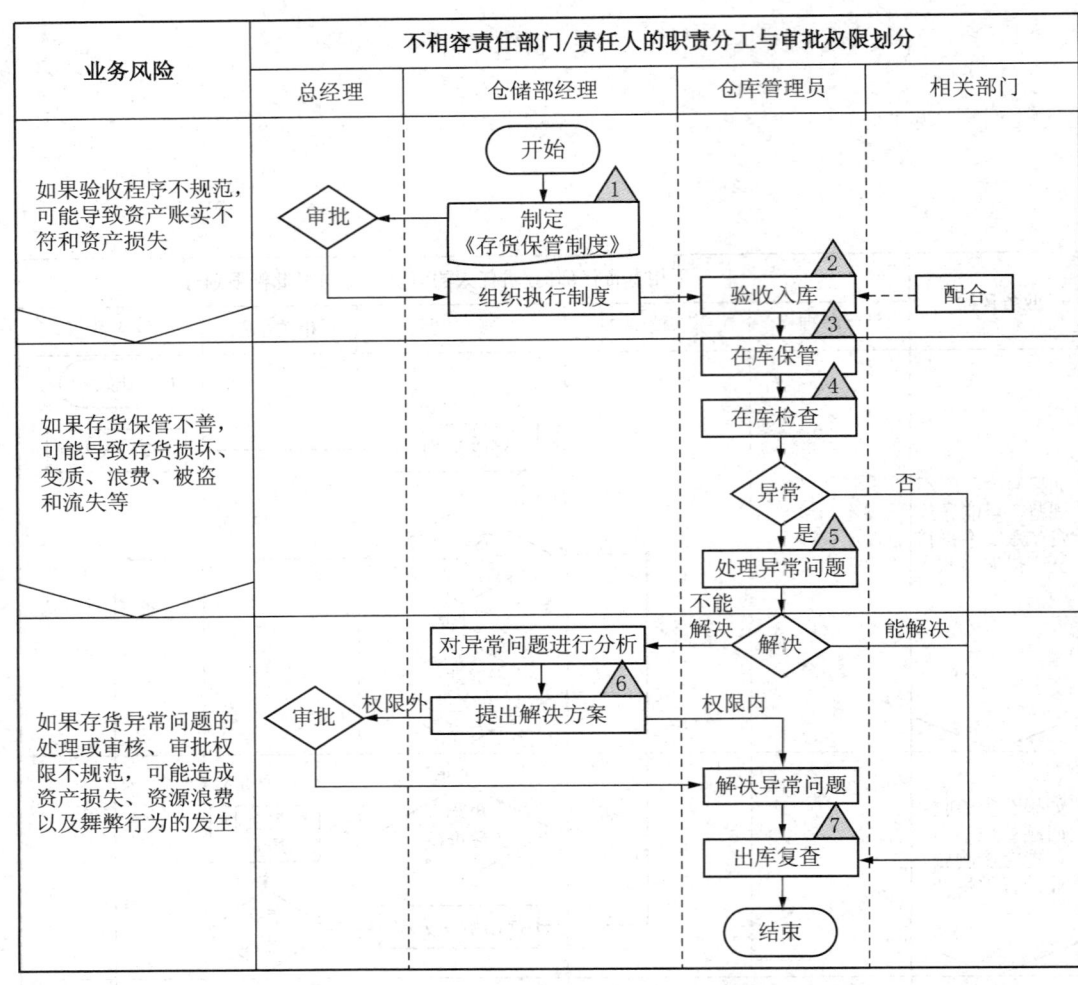

图 4-31 存货存放管理流程与风险控制图

（五）存货管理的会计控制

存货的会计处理，应当符合国家统一的会计准则制度的规定。

1. 存货计价的会计政策选择

发出存货计价方法的选择，应当反映存货的特点及企业内部存货流转的管理方式，防止通过人为调节存货计价方法操纵当期损益。存货发出的计价方法包括先进先出法、加权平均法或个别计价法等。企业应当结合自身实际情况，确定存货计价方法。计价方法一经确定，不得随意变更。

2. 存货的监盘

存货应定期或不定期进行盘点，填写盘点表，编制《盘盈盘亏报告》。对于存货盘盈盘亏，按照规定的程序和权限报经批准后，及时根据批示作出相应账务处理。

存货的盘点不能由实物保管人员单独进行，需由实物保管人员、财务人员、其他独立人员等三方组成小组，共同盘点。盘点报告应由其他独立人员进行编制，并根据授权规定进行复核、审批。

仓储部门与财会部门应结合盘点结果对存货进行库龄分析,确定是否需要计提减值准备。经相关部门审批后,方可进行会计处理,并附有关书面记录材料。

企业可以根据业务特点及成本效益原则选用计算机系统和网络技术实现对存货的管理和控制,但应注意计算机系统的有效性、可靠性和安全性,并制定防范意外事项的有效措施。

3. 存货的内部报告和外部报告

根据企业管理需要,编制对内报送的存货进销存报表;按企业财务报告的编制要求,填报存货的相关信息。

(六) 存货管理的评价与监督

建立存货管理活动评价与责任追究制度,监督评价存货管理活动全过程,对存货管理活动中的违规人员,追究其相应的法律责任。企业应当根据预算有关规定,结合本系统的业务特点编制存货年度、季度和月份的采购、生产、存储、销售预算,并按照预算对实际执行情况予以考核。

(七) 建立和健全存货管理内部控制制度

存货管理的内部控制,是企业为管理好存货,针对存货收、发、存与供、产、销各环节的特点,事先制定的一套相互牵制、相互验证的内部风险防范和内部监控制度。不同类型的企业有不同的存货业务特征和管理模式;即使同一企业,不同类型存货的业务流程和管控方式也可能不尽相同。企业建立和完善存货内部控制制度,必须结合本企业的生产经营特点,针对业务流程中的主要风险点和关键环节,制定有效的控制措施;同时,充分利用计算机信息管理系统,强化会计、出入库等相关记录,确保存货管理全过程的风险得到有效控制。

与存货相关的内部控制涉及企业供、产、销各个环节,包括采购、验收入库、仓储、加工、运输、出库等方面,具体包括:采购环节内部控制;验收环节内部控制;仓储环节内部控制;领用环节内部控制;加工或生产环节内部控制;装运出库环节内部控制;存货盘点控制;存货处置控制等。

企业制定存货内部控制制度,有利于保障存货资产的安全完整,加速存货资金周转,提高存货资金使用效益。

【典型案例】

超市物品何以大量缺损

案例一: A超市是家2007年开始建立的大型超市,经过十多年的发展,已经形成了一套比较完善的超市标准作业流程。比如,开门前的作业标准流程是:8点之前有一个值班的保安,8点整之后各作业人员开始到门店,8点半全部人员到岗,例行工作安排20分钟。之后各作业人员到各自岗位,9点整门店准时营业。

一日,糖饼部的经理前来报告门店总经理,该月妙芙蛋糕和果奶存在大量损耗,损耗率已经大大超过超市原先设定的千分之五标准。门店总经理马上会同防损部经理,一起调阅了近一个月的监控录像。从监控录像中发现该地区为监控盲区。由于这两类商品为低单价的商品,所以没有像高单价商品采用磁条或者磁扣。从防损部调阅的反盗防损记录中,也未发现大批量的被偷窃记录。门店总经理、防损部经理、糖饼部经理商议先不把这个消息传开。

在接下来的几天中,门店总经理与糖饼部经理通过对日常销售的检查,排除了收银员飞单的可能。但是从调查中发现,此两件商品每天都在损耗,而且损耗的总量在20件至25件。

门店总经理怀疑是开店前有人提前进入营业区所致。次日,店总经理与糖饼部经理在早上7点进入超市悄悄守候。终于发现了情况,原来在早上8点半之前就有人进入超市营业区,进一步确认为新进的一批收银员。通过对部分收银员的调查询问,收银员坦白了作案过程。因为知道超市的视频监控存在作业盲区,一个收银员初次作案后,并没有被察觉,就告诉了另外一个收银员,同时买通了出入门监控的保安,所以一个多月未被发现。在事情真相查明之后,该店总经理开除了所有参与舞弊的人员(含收银员10多人,保安2人)开除。

案例二:据媒体报道,某大型超市在盘点货物时发现大量货物无法平账,其损失额度远远超出日常正常损耗,超市怀疑存在盗窃行为,遂向警方报案。警方根据超市提供的线索分析,超市在货物储存、配送环节可能会有监守自盗的情况。经侦查后,警察在超市物流中心内将库管员安某等4人抓获。据安某等人称,他们4人属于一个班组,两名库管员,两名保安,仓库钥匙分别保存,4人由于常在一起当班,逐渐熟络。因知道超市有日常损耗的指标,4人聊天时都流露出利用损耗指标浑水摸鱼偷仓库货物的想法,最终将这一想法付诸行动。

去年年初,安某等4人下班后返回物流中心内,打开食品仓库,将干果、饮料、巧克力、食用油等搬出,然后打电话找货车司机来拉走。4人将盗出的货物低价卖到郊区的小卖部,所得钱财几天即挥霍一空。

由于安某等人在盗窃完毕后都会在台账上做手脚,加上几个人每次盗窃的数量不多,盗窃次数也少,因此近一年的时间都未被发觉。安某等人胆子越来越大,近几个月,安某等人盗窃频率越来越频繁,每次盗窃货物也越来越多,最终在盘货时露出马脚。据查,4人一年多时间盗窃的财物价值上百万,安某等几人因涉嫌职务侵占被警方刑拘,依法追究刑事责任。

案例分析:超市损耗是指超市所经营商品的账面金额与实际盘存金额的负差异,是因人为不当或因商品报废所产生的损失。在激烈的商业竞争中,防损管理是商家在经营管理中的重大问题,是商家降低成本、提高利润的环节之一。

超市损耗的风险分为两类,外部损耗风险和内部损耗风险。

外部损耗的对象分别为供应商和消费者。

供应商带来的损耗风险表现为:过量提供货物,以低价商品冒充高价品,未提供赠品或者赠品提供不足,随同退货商品夹带商品等。

消费者带来的损耗风险表现为:未付款将商品夹带出超市,私自更换商品价格条码,付款前将货物当场消费,将已经售出的低价货物退成同类的高价物品等。

内部损耗是由于内部管理不善或员工恶意舞弊造成的。内部损耗的风险表现为多个方面:

(1)价格设定方面。未及时更新价格条码标签,未经授权私自变价;员工用改换标签或包装,将贵重的商品以便宜商品的价格结账。

(2)存货管理方面。直接偷窃商品、赠品;偷吃商品或未经过许可试吃;将赠品与正常商品混合管理,进入仓库后随意拿用物品。

(3)收银管理方面。漏扫部分商品(飞单);以较低价格抵充正常商品;商品特价时期已过,但收银员仍以特价销售;未开具小票私吞客户款项;收银员从收银机中盗窃钱款;收银员为亲属、朋友等少结账或不结账;收银员或客服人员利用退货、换货等手段偷窃钱款。

从前述两个案例来看,就是内部员工利用超市在货物管理上的漏洞,偷吃物品或盗窃物品加以变卖,而且都存在串通舞弊现象,如收银与保安岗位的串通、库管与保安的串通等现象,说明即便公司已设定措施,也需对可能的串通舞弊加以防范。

案例启示:

由于大卖场营业面积大,部门众多,所以对员工的管理也相对比较散乱。绝大部分员工为一己私利或工作不认真、不负责任而造成卖场损耗的事已屡见不鲜。据有关数据显示,卖场全部损耗中的88%是由于员工作业错误、员工偷窃或意外损失造成的,7%是顾客偷窃,5%属于厂商偷窃,其中尤其因员工偷窃所遭受的损失最大。以美国大卖场为例,全美全年由于员工偷窃造成的损失高达4 000万美元,比顾客偷窃高出5倍多。这些资料表明,防止损耗应以加强内部管理及员工作业管理为主。

降低超市损耗的具体内控措施包括:

(1) 加强人员招聘管理。卖场员工往往流动性比较大,应避免招聘品行不端人员。因此招聘时要做好简历核实工作,并进行相关背景调查,可考虑要求入职员工提供担保人,降低人员使用风险。在招聘过程中,还应注意不相容职责分离,避免由用人部门自行招聘和决定录用人员,一些超市舞弊案的发生,往往是用人部门人员招收自己熟悉人员进来工作,进行串通舞弊。

(2) 开展员工预防教育。从入职开始对员工进行不间断的正面、反面教育,采用开会、板报、活动等多种方式,告知员工最基本的道德规范、超市管理制度、违规处罚办法,让员工了解偷窃将给个人带来严重的后果,包括承担刑事责任。

(3) 完善作业程序。规范的作业程序是降低超市损耗的主要手段,包括完善收货、向供应商退货、仓储保管、赠品管理、价格标签管理、降价执行程序、客户退换货程序、人员出入管理等各项作业,评估每项作业的风险点所在,并设计相应的控制措施,相关人员定期检查这些措施是否有效执行。

(4) 建立举报机制。控制损耗是商场每一位员工的责任和工作内容;因此鼓励员工检举偷盗行为,调动员工的积极性,设立内部举报奖励制度;设立举报电话和员工信箱,接受内部员工的举报;内部举报一般要求实名举报,不接受匿名举报;对举报者的举报姓名、内容予以保密;对于举报的查证,由安全部进行,在规定的时间内完成;对于举报经查证属实者,对举报者给予一定的经济奖励,根据举报案例所挽回的经济损失,具体决定奖励的数额。

(5) 对损耗率指标持续监控和分析,并考虑采用数据挖掘技术进行数据分析,及时发现异常情况并采取针对性措施。除了总体损耗率分析外,还对细分商品的损耗率设立标准,并持续监控分析,一旦发现异常,则予以关注、及早发现问题,并采取对应检查及改进措施。同时,利用数据挖掘技术还可发现损耗异常情况。

(6) 建立人员轮岗措施。很多超市损耗往往是串通舞弊引起的,为此,超市可对员工进行岗位轮换,防止员工熟悉后进行串通合谋,亦可将一些相对可靠的员工轮换到不同班组,发现异常情况可及时举报,通过岗位轮换,可在一定程度上防范或发现损耗的相关舞弊。

(7) 强化内部审计措施。建立内部审计机制,定期和不定期派驻审计人员对管理制度、作业流程执行情况予以检查,及时发现问题,督促各岗位按照规范进行操作,确保内控措施持续有效运行。

【学中做4-8】

为HC矿山机械有限责任公司建立存货管理内部控制制度

一、公司现状

HC矿山机械有限责任公司(以下简称矿机公司),成立于2006年,其前身是1975年成立的国有企业。公司专营选矿设备的生产,生产的选矿设备适用于各类矿业,市场运用广泛。近几年来,虽然企业主营业务收入下滑严重,但仍能保持年产值(即年收入)2 000万元左右,基本维持收支平衡。现有员工130余人。注册资本1 000万元。资产5 000余万元。

（一）组织结构分析

矿机公司现有的组织管理机构如图 4-32 所示。

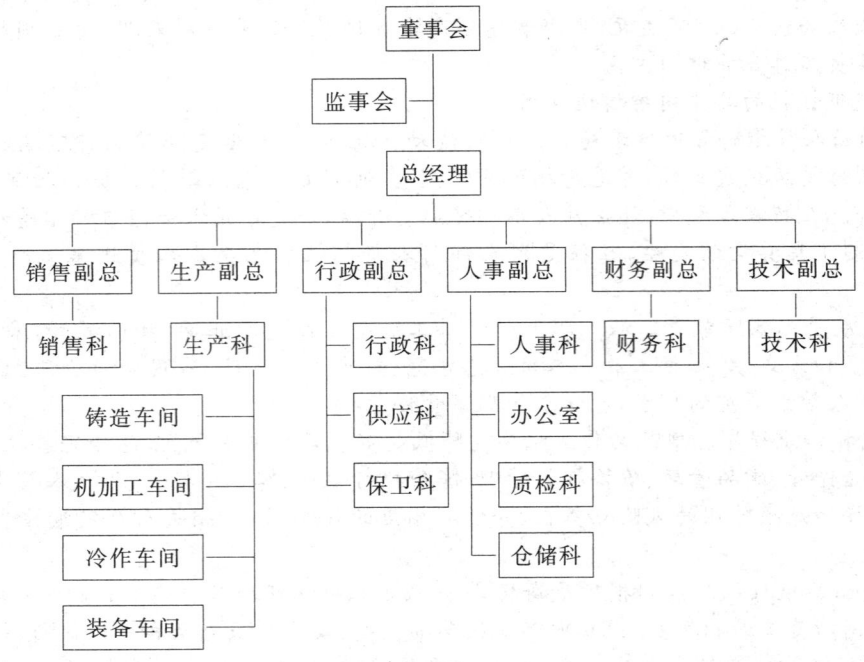

图 4-32　矿机公司组织结构图

矿机公司建立了公司法人治理结构。组织管理机构基本健全，满足了经营管理的需要，符合成本效益的原则。唯一的不足之处是，没有独立的内部监督管理部门，建议增设一个内部审计部门，完善企业日常的内部审计工作，并执行日常和专项监督管理工作，兼具绩效评价职能。

（二）经营活动分析

1. 产品特点分析

公司产品是矿山使用的选矿设备，具有产品单价高、体量大、按客户要求定制的特点。为减少资金占用，并按订单生产，因此产成品库存通常为零。

2. 购销分析

由于近年来矿山企业不景气，订货量大幅减少，公司为减少生产物资的资金占用，节约仓储费用，原材料等存货通常很少。产品的生产通常是根据销售合同临时组织进行的。为保证按期交货，公司在签订销售合同时，会征询生产、仓储、采购和财务部门的意见，以确定安全可靠的交货期限。具体的供产销流程是：根据销售合同下达生产指令，根据消耗定额确定生产物资需求总额，根据物资需求总额和仓库库存情况，制定采购计划，进行临时性采购。这种采购模式中存在的风险有：采购价格随行就市，可能错失最优采购时机，采购物资的成本可能过高，并存在采购不及时的风险。建议通过充分的市场供销调查，制定年度采购预算，适时进行采购业务，达到采购和仓储成本优化的目的。

为保证充裕的现金流，公司采用的是现销的政策，采用预收货款或提货付款的结算方式，无信用销售或赊销业务。这种销售模式的缺点有：放弃赊销市场的业务，不利于销售市场的扩大，市场占有率的提高，以及销售收入的增长。建议权衡信用销售的利弊，制定相应的信用销售政策,提高市场占有率,扩大销售市场。

3. 生产分析

生产按销售合同(销售订单)进行,生产部门根据销售合同下达生产计划,编制对应的生产编号,按生产计划和对应的生产编号组织领料、生产活动。具体的成本计算方法类似于分类法,按单件产品归集生产成本。

生产工序有:冶炼、铸造、机加工、装配、油漆等。

(三)存货管理分析

1. 存货管理现状分析

矿机公司高度重视存货(物资)管理,历年来不断地完善存货(物资)管理制度,出台了一系列物资采购、管理制度。对于存货(物资)管理,基本上做到了重点控制,全面管理,相互制约,及时调整,以适当的成本实现有效控制。由于公司产成品体量巨大,通常存放在生产车间,未单设仓库进行保管。为加强产成品的动态管理,建议单独设置一名成品保管员。

2. 存货管理机构分析

仓储科一直执行存货(物资)的管理工作。原仓储科归入供应部门管理,不符合内部牵制原则,现调归不经办采购业务的人事部门管理,有利于公司的内部管理。

3. 存货管理建议

矿机公司有一系列的物资管理条例和相关的物资采购、产品销售、成本核算的管理制度,现在根据《企业内部控制基本规范》《企业内部控制应用指引第8号——资产管理》的要求,对现有管理制度,按业务流程和业务模块进行梳理、整合,并加以修订和完善,形成矿机公司存货管理内部控制制度。

二、存货管理内部控制制度设计思路

1. 全面梳理业务流程

全面梳理存货管理流程,贯穿各类存货"从进入到退出"各个环节,如图4-33所示。

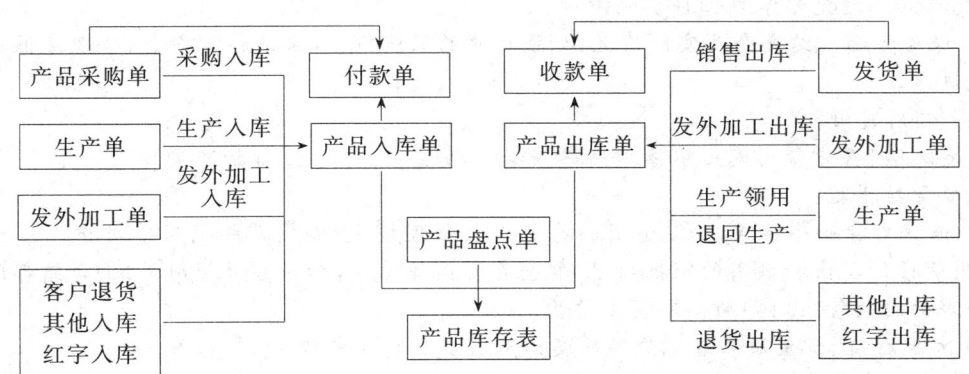

图4-33 矿机公司存货业务流程图

存货作为企业生产经营的重要流动资产,涉及购销存和生产的各个环节。具体的存货业务流程(业务环节)包括:存货取得、验收入库、仓储保管、领用发出、盘点清查、存货处置等。

为了节约资金占用,矿机公司的存货采购都是现用现买,存在购买不及时造成缺货的风险,和买价过高的风险。应增加预算管理的流程。

2. 进行存货管理的风险分析

(1)取得存货。

主要风险:具体采购计划不合理,可能导致存货积压或短缺主要管控措施：根据各种存货采购间隔期和当前库存，综合考虑企业生产经营计划、市场供求等因素，充分利用信息系统，合理确定存货采购日期和数量，确保存货处于最佳库存状态，同时，取得存货还涉及采购业务、全面预算指引。

(2) 验收入库。

主要风险：验收程序不规范、标准不明确，可能导致数量不足、以次充好、账实不符。

主要管控措施：企业应当重视存货验收工作，规范存货验收程序和方法，对入库存货的数量、质量、技术规格等方面进行查验，验收无误方可入库。

外购存货的验收，应当重点关注合同、发票等原始单据与存货的数量、质量、规格等核对一致。涉及技术含量较高的货物，必要时可委托具有检验资质的机构或聘请外部专家协助验收。

自制存货的验收，应当重点关注产品质量，通过检验合格的半成品、产成品才能办理入库手续，不合格品应及时查明原因、落实责任、报告处理。

其他方式取得存货的验收，应当重点关注存货来源、质量状况、实际价值是否符合有关合同或协议的约定。

(3) 仓储保管。

主要风险：存货仓储保管方法不适当、监管不严密，可能导致损坏变质、价值贬损、资源浪费、失窃流失。

主要管控措施：

① 记录方面。仓储部门应当详细记录存货入库、出库及库存情况，做到存货记录与实际库存相符，并定期与财会部门、存货管理部门进行核对；存货在不同仓库之间流动时，应当办理出入库手续；对于进入仓库的人员应办理进出登记手续，未经授权人员不得接触存货。

② 存储方面。按照仓储物资所要求的储存条件妥善贮存，并健全防火、防洪、防盗、防潮、防病虫害、防变质等管理规范；生产现场的在加工原料、周转材料、半成品等要按照有助于提高生产效率的方式摆放，同时防止浪费、被盗和流失；对代管、代销、暂存、受托加工的存货，应单独存放和记录，避免与本单位存货混淆。

③ 保险方面。结合企业实际情况，加强存货的保险投保，保证存货安全，合理降低存货意外损失风险。

(4) 领用发出。

主要风险：存货领用发出审核不严格、手续不完备，可能导致货物流失。

主要管控措施：

① 根据自身业务特点，确定适用的存货发出管理模式，制定严格的存货准出制度和领用流程，明确存货发出和领用的审批权限，健全存货出库手续，加强存货领用记录；仓储部门应当根据经审批的销售(出库)通知单发出货物。

② 大批存货、贵重商品或危险品的发出应当实行特别授权。

(5) 盘点清查。

主要风险：存货盘点清查制度不完善、计划不可行，可能导致工作流于形式、无法查清存货真实状况。

主要管控措施：企业应当建立存货盘点清查制度，结合本企业实际情况确定盘点周期、盘点流程、盘点方法等相关内容，实行定期盘点和不定期抽查相结合、分类盘点和全面清查相结合，至少应当于每年年度终了开展全面盘点清查。

关键控制：拟定详细盘点计划；盘点清查结果形成书面报告(包括发现的账实不符和存货跌价)；盘点中发现的存货盘盈、盘亏、毁损、闲置以及需要报废的存货，应当查明原因、落实并追究责任，按照规定权限批准后处理。

(6) 存货处置。

存货因变质、毁损、报废等进行的处置，不包括对外销售。

主要风险：存货报废处置责任不明确、审批不到位，可能导致企业利益受损。

主要管控措施：企业应定期对存货进行检查，及时、充分了解存货的存储状态，对于发现的存货变质、毁损、报废或流失，要分清责任、分析原因，编制存货处置单，报经批准后予以处置。

3. 明确存货管理的岗位分工和授权

企业应当建立存货管理岗位责任制，明确内部相关部门和岗位的职责权限，切实做到不相容岗位相互分离、制约和监督。严禁未经授权的部门或人员接触和处置存货。

4. 规范存货管理的账务处理

存货的计价，包括存货取得的计价方法、存货发出的计价方法、存货跌价准备的计提等。

单据设计和控制，设计适用于企业存货管理的原始单据，通过各类单据，明确业务流程和岗位职责。

控制重点和目标：采用先进的存货管理技术和方法，充分利用信息系统，强化存货出入库等相关记录，确保存货管理信息准确及时、真实完整。

学习任务：为该公司建立存货管理内部控制制度与存货盘点流程图。

HC矿山机械有限责任公司存货业务内部控制制度（草案）

第一章 总 则

第一条 为了加强公司对存货的管理和控制，保证存货的安全完整、经济合理、生产经营需要，根据《中华人民共和国会计法》《企业内部控制基本规范》《企业会计准则》及《企业内部控制应用指引第8号——资产管理》等，制定本制度。

第二条 本公司的存货划分为四类：第一类，构成产品主体的直接材料类；第二类，生产设施设备维修所需材料类；第三类，建筑材料类；第四类，办公用品、水暖器材、工具、劳保用品、汽车配件等；第五类，除第一、第二、第三类、第四类外的低值易耗品。根据存货的类别，进行采购申请管理和领用管理。公司代销、代管、代修、受托加工的存货虽不归公司所有，也应纳入公司存货管理范畴。

第三条 存货在同时满足以下两个条件时，才能加以确认：

（一）该存货包含的经济利益很可能流入企业；

（二）该存货的成本能够可靠地计量。

第四条 单位负责人对本单位存货业务内部控制的建立健全和有效性负责。

第五条 本制度适用于存货管理各业务相关部门。

第二章 存货管理岗位设置和授权

第六条 存货管理的主要参与部门：生产部门、采购部门、仓储部门、财务部门。

第七条 生产部门根据生产计划，结合库存情况，征询技术部门的意见，制订采购计划，提出采购申请。其他部门根据需要提出采购申请。

第八条 采购部门根据经批准的采购计划和采购申请，负责存货的采购、入库工作，定期根据存货采购预算，制定存货采购资金使用预算，严格执行询价管理制度，确保采购存货经济合理，确保存货质量，保证存货的正常储备供应，按时办理存货入库手续和提交存货发票。

第九条 仓储部门负责存货的入库、出库及保管工作，根据生产预算等及时制订存货采购预算，负责存货入库价格的审核与确定、入库物质的验收与审核，入库验收单的填制及报送，负责各类存货明细账的核算，定期和不定期地组织存货盘点等工作。

第十条 财务部门负责存货采购所需资金的筹措，负责存货总分类账的核算工作，负责审核存货购进的合法合规性、负责及时宣传各类法规政策，组织协调定期进行清查盘点，负责应付款项的定期分析及信息反馈工作。

第十一条　本公司建立恰当合理的存货管理岗位责任制,明确内部相关部门和岗位的职责、权限,确保办理存货业务的不相容岗位相互分离、制约和监督。存货管理的不相容岗位可分为:

(一) 存货的请购、审批、与执行。

存货的请购与审批不能由同一部门担任。存货的请购必须由存货使用部门根据实际需要,结合存货库存情况,提出存货请购申请,请购审批由公司采购领导小组或业务主管副总按照授权审批管理制度办理。采购部门根据采购审批意见执行具体采购业务。

(二) 存货的采购、验收与付款。

询价与采购不能由同一部门人员担任,询价人员不能确定供应商。采购与验收、付款岗位要分离。采购与验收、付款岗位要分离。

(1) 采购部门办理询价业务,由公司采购管理领导小组进行采购定价。

(2) 仓储部门会同请购部门、质检部门办理验收入库。

(3) 财务部门办理采购付款业务。

(三) 存货的收发存业务与相关会计记录。

仓储部门负责存货的保管业务,建立存货台账,进行存货的收发存明细核算。财务部门进行存货的总分类核算。

(四) 存货发出的申请、审批与会计记录。

(1) 物资使用部门根据相关物资发放批文办理领料手续。

(2) 仓储部门根据物资发放批文和手续齐全的领料单办理出库业务。

(3) 仓储部门和财务部门根据领料单登记存货账。

(五) 存货处置的申请、审批与处置。

(1) 物资管理部门根据质检部门和技术部门的鉴定意见,提出存货处置申请。

(2) 总经理或董事会根据授权对存货处置申请进行审批。

(3) 财务部门协助仓储部门处置存货。

(六) 存货的盘点与记录。

(1) 保管员不得记录盘点表。

(2) 存货盘点应由保管、记账及独立于这些职务的其他人员共同进行。

(七) 若某职位空缺或相关人员临时外出,应指定替代人员或临时人员负责,避免暂时的职务重叠。

第十二条　公司选聘合格的人员办理存货业务。办理存货业务的人员应当具备良好的业务知识和职业道德,遵纪守法,客观公正。公司定期对员工进行相关的政策、法律及业务培训,不断提高他们的业务素质和职业道德水平。

第十三条　公司对存货业务建立严格的授权批准制度。明确审批人对存货业务的授权批准方式、权限、程序、责任和相关控制措施,规定经办人办理存货业务的职责范围和工作要求。具体规定参见后续章节的内容。

第十四条　审批人应当根据存货授权批准制度的规定,在授权范围内进行审批,不得超越审批权限。经办人应当在职责范围内,按照审批人的批准意见办理存货业务。

第十五条　企业内部除存货管理部门及仓储人员外,其余部门和人员接触存货时,应由相关部门特别授权,如果存货是贵重物品、危险品或需保密的物品,应当规定更严格的接触限制条件,必要时,存货管理部门内部也应当执行授权接触。

第三章　存货管理业务流程

第十六条　存货管理业务流程。

存货管理的控制程序如图4-34所示。

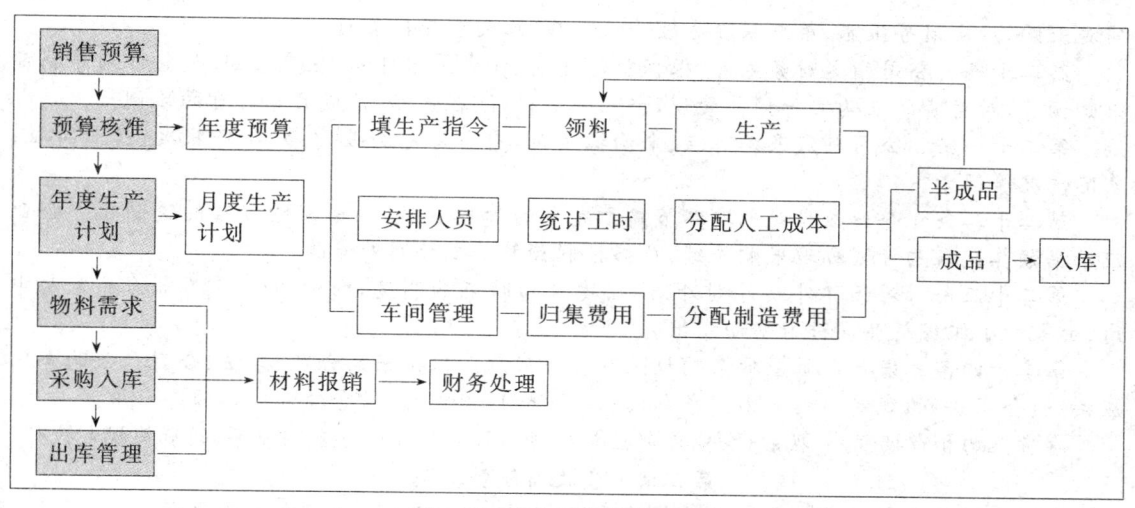

图 4-34 存货管理控制程序图

存货管理控制程序简要说明：
(1) 根据生产计划编制物料需求计划,经过审核批准后,提交采购部门进行采购。
(2) 货物到达后由技术部门、仓储部门进行验收,验收合格后入库。
(3) 存货入库后,生产部门根据生产计划和物资消耗定额,向仓储部门提出领料申请,并按照规定的程序办理存货的出库业务。
(4) 生产部门根据生产计划做好每个品种、每道工序的人员安排,并进行计时工资和计件工资的统计记录。
(5) 财务部门根据仓库所耗用材料和产出的半成品、产成品,计时工资和计件工资的考核记录表、各车间生产统计表等原始资料,在月末进行成本核算。

第十七条　与存货相关的内部控制涉及供、产、销各个环节,包括采购、验收入库、仓储、加工、运输等方面,具体包括:存货的请购与采购业务;存货的验收与保管业务;存货的领用与发出业务;存货的加工或生产业务;存货的领用和发出环节的内部控制;存货的盘点与处置业务、存货的会计控制等。

第四章　请购与采购控制

第十八条　企业建立存货采购申请管理制度,明确请购相关部门或人员的职责权限及相应的请购程序。
(一) 对于 5 000 元(含)以上的采购业务由采购小组成员进行书面审批;对于 5 000 元以下的采购业务,由主管副总进行审批。
(二) 未经授权,不按程序办理的存货采购业务,公司一概不予承认,对由此造成的一切损失,公司概不负责。

第十九条　存货采购要有物资采购计划。
(一) 物资采购计划表的要素有:
(1) 申报部门、用于何处、采购经办人、供应商单位地址、联系电话。
(2) 物资名称、规格型号、采购数量。
(3) 当前市场最低价格、当前合同招标价格、实际成效价格。
(二) 采购申报内容必须填写真实、清楚、准确无误,如有不详(待定事项),审批时向主管副总作出书面说明,采购实施中必须补充完善,否则仓库不予验收。
(三) 物资采购计划表一式三份,经审批后,第一联请购部门留存,第二联先交由采购部门实施采购，后交财务报账，第三联在办理验收入库时，交仓库保管员。

第二十条　公司指定财务主管，根据仓储计划、资金筹措计划、生产计划、销售计划等制定采购预算，对存货的采购实行预算管理，合理确定材料、在产品、产成品等存货的比例。

第二十一条　公司确定采购时点、采购批量时，应当考虑企业需求、市场状况、行业特征、实际情况等因素。

第二十二条　企业应当对采购环节建立完善的管理制度，确保采购过程的透明化。企业应根据预算或采购计划办理采购手续，严格控制预算外或计划外采购。

第二十三条　对预算外或计划外采购，建立临时采购制度，由使用部门提出物资采购申请，由采购小组成员共同进行书面审批。

第二十四条　采购人员应按采购权限及程序采购。保证采购合理、合法、合规。采购合同应按照《合同法》的规定签订并由财务部门、采购部门、内审部门、仓储部门各保存一份。

存货采购和审批程序，按照《企业内部控制应用指引第7号——采购业务》的有关规定执行。

第五章　验收与保管控制

第二十五条　公司对入库存货进行质量检查与验收，保证存货符合采购要求。

第二十六条　外购存货入库前一般应经过以下验收程序：

（一）磅房进行入库前的重量检验，填制《物资过磅单》。

（二）质检部门进行入库前的质量检验。质量检验合格后出具检测单。质量检测单由质检科制定，一式两份，检验科存档一份，另一份由采购经办人交仓库验收物品和报账。

（三）仓储部门检查订货合同、入库通知单，供货企业提供的材质证明、合格证、运单、提货通知单、质量检测单等原始单据与待检验货物之间是否相符。

（四）对拟入库存货的交货期进行检验，确定外购货物的实际交货期与订购单中的交货期是否一致。

（五）对待验货物进行数量复核和质量检验，必要时可聘请外部专家协助进行。

（六）对验收后数量相符、质量合格的货物办理相关入库手续，对经验收不符合要求的货物，应及时办理退货或索赔。

（七）严禁外购物资不经检验直接投入生产或使用。

第二十七条　拟入库的自制存货，由质检科进行检测，只有检验合格的产成品才可以作为存货办理入库手续。对检验不合格的产成品，按公司规定另行处理。

第二十八条　对于由生产车间直接发出至客户、实物不入库的产成品，也要按规定，及时办理检验手续，补办入库、出库手续。

第二十九条　入库物资的称重计量：

（一）凡需称重计量的物资一律由本公司的计量器具计量。本公司以外的计量凭据无效。

（二）计量工作必须由本公司司磅员、采购经办人和归口仓库保管员三方在场共同进行。

（三）司磅员在司磅前必须检查车辆物资有无挂靠、搭乘、放水、卸物等舞弊行为，在确定无误后，才能采取数据。

（四）对本公司特殊材料的计量规定：

（1）钢材（包括钢板、型钢）一般按实际重量计价，不按理论重量计价，特殊品种的钢材须检尺的按行规办理。

（2）外协铸钢件、铸铁件、锰钢件，以本公司技术部门规定的设计重量为基准，超出设计重量的不计价，低于设计重量的按实际重量计价。

（3）铸造车间的毛坯入库，需先经检验合格后由车间结算员、保管员、司磅员三方在场进行计量，确定吨位。

供应商与本公司计量中所形成的磅差,必须详细记载在磅单中,由各归口仓库每月汇总报表进行报损。

计量工作完成后,司磅员开具磅单,一式两份,磅房保留一份备查,一份交采购经办人办理验收手续。

第三十条　仓库保管员"五不验"规定:
(1)无物资采购计划或物资采购计划不规范的不验。
(2)无本公司的质量检测合格单不验。
(3)无本公司的称重计量手续不验。
(4)物资不到库、不到指定地点不验。
(5)非本库管辖的物资不验。

第三十一条　对验收合格的物资,仓库保管员开具一式四联的验收单,第一联为存根联,仓库班长留存,在月底汇总制册后交仓储主管部门审核监察;第二联为验收联,仓库保管员留存,用于仓库台账和明细账的记账依据;第三联为入库联,由入库经办人或部门留存,作为入库依据;第四联为财务联,交财务部门作为登记存货总账的依据。验收单须经采购经办人员、质检人员、仓库班长、仓库保管员四方签字后才有效。

第三十二条　物资验收入库时,如果购货发票尚未收到,由仓库保管员向采购经办人员或供应商开具预验收据一式二联,第一联仓库保管员存档备查,第二联交采购人员或供应商。预验收据应详细写明物资的供货渠道、物资名称、规格型号、入库数量、计划价格等内容。预验收据经采购经办人员或供应商、验收保管员签字后,送仓库班长进行预收登账并经三方签字后才能有效。

物资采购正式发票到达后,由采购经办人员持有效凭据到各归口仓库进行正式发票验收。仓库保管员验收后,将有效凭证、验收单、预验收据一并交仓库班长复核。班长确定无误后,注销预验收据对应账目、收回并销毁预验收据、在验收单上签字。

第三十三条　公司建立存货保管制度,加强存货的日常保管工作。

(一)因业务需要,分设钢材仓库、铸件仓库、半成品仓库、五金仓库、工具仓库、劳保仓库、机电仓库七个仓库。由于公司的产成品体积巨大,通常组装完成后直接摆放在车间中,或在购买企业现场组装,因此未单设产成品仓库,但对产成品要随时掌握存放动态。

(二)仓库保管人员共5人,其中仓库班长1人,仓库保管员3人,成品保管员1人。五金库和工具库安排1人负责,劳保库和机电库由1人负责,半成品库、钢材库和铸件库由1人负责,产成品由成品保管员负责。仓库保管员的职责是对分管仓库进行实物管理和建立存货台账,详细登记存货类别、编号、名称、规格型号、数量、计量单位等内容。仓库班长的职责是对所有仓库保管物资建立存货明细账,以及负责各仓库领料单的签发、审核工作。月末,仓库部门内部进行账账、账实核对,并与财务部门的存货总账进行核对。

(三)对不同仓库之间的存货流动必须办理出入库手续。

(四)根据仓储物资所要求的储存条件贮存,并建立和健全防火、防潮、防鼠、防盗和防变质等措施。

(五)贵重物品、生产用关键备件、精密仪器和危险品的仓储,应当实行严格审批制度。

(六)仓库管理要做到"三清""两齐""四号定位"和"九不"。
(1)三清:规格清、材质清、数量清。
(2)两齐:库容整齐,摆放整齐。
(3)四号定位:按物类或设备的库号、架号、格号、位号存放。
(4)九不:不锈、不潮、不冻、不腐、不霉、不变质、不坏、不漏、不爆。

第三十四条　为加速企业流动资金的周转,公司将根据各仓库的库容量确定库容基准,允许正负差5%。如发现库容异常增高,要查找原因,追究相关人员的责任。

第三十五条 对于已售商品退货的入库,仓储部门应根据销售部门填写的产品退货凭证办理入库手续,经批准后,对拟入库的商品进行验收。因产品质量问题发生的退货,应分清责任,妥善处理,对于劣质产品,可以选择修复、报废等措施。

第三十六条 存货的存放和管理由仓库保管员负责并进行分类编目,严格限制其他无关人员接触存货。

第三十七条 加强存货的日常保管工作,仓储部门应当定期对存货进行检查,确保及时发现存货损坏、变质等情况。要重视对生产现场的材料、低值易耗品、半成品等物资的管理控制,防止浪费、被盗和流失。

第三十八条 本公司特设材料配送员一名,具体工作职责如下:

(一)根据各用料部门提供的材料消耗计划和产品的生产编号,编制单件产品的材料定额单。

(二)对定额不准而产生的多余领料或领料不够部分,及时反馈及督促相关部门修订材料消耗定额。

(三)配合仓储部门和各车间做好余料、报废物资的回收工作。

第六章 领用与发出控制

第三十九条 公司各仓库的物资一律凭领料单领料。领料单由用料部门填写,经用料部门负责人(中层及中层以上干部)签字后生效。公司各仓库保管员必须严格遵守消耗定额标准,实行定额领发料,做到生产物资无消耗定额计划不发。非定额管理的物资,根据领导批示发放。

第四十条 物资消耗计划和消耗定额由技术科根据生产计划进行制定。消耗定额在执行过程中出现定额不准时,用料部门应及时将信息反馈仓库,仓库应将情况书面反馈到技术科,及时修订定额。

第四十一条 用料部门根据材料消耗定额,按单件产品的生产编号开具领料单。领料单一式三份,第一联是存根联,仓库保管员每月月末将生产通知单、消耗计划、领料单汇总装订成册,以备检查存档。第二联是出库联,仓库保管员留存用于登记物资台账。第三联是记账联,交财务部门进行账务处理。

第四十二条 产品销售需要经过相关部门批准,大批商品、贵重商品或危险品的发出应当得到特别授权。仓库保管员应当根据经审批的销售单填写出库单,出库单上要详细记录出库信息,具体有托运单号、运输车牌号、品种、数量、经办人、核批人信息,并定期将发货记录同销售部门和财会部门核对。

第四十三条 公司应当明确发出存货的流程,落实责任人,及时核对有关票据凭证,确保其与存货品名、规格、型号、数量、价格一致。

第四十四条 对生产中的余料,及时办理退库手续,填写红字的领料单。

第四十五条 财务部门和仓储主管部门每月联合对各仓库进行抽查,检查各仓库的账、卡、物是否相符。

第七章 盘点与处置控制

第四十六条 公司根据存货特点,采用永续盘存制和实地盘存制。

第四十七条 公司每月月末进行实物盘点。财务部门会同存货管理部门共同制订详细的盘点计划,合理安排人员,有序摆放存货,保持盘点记录的完整,及时处理盘盈、盘亏。对于特殊存货,可以聘请专家采用特定方法进行盘点。存货盘点流程图如图4-35所示。

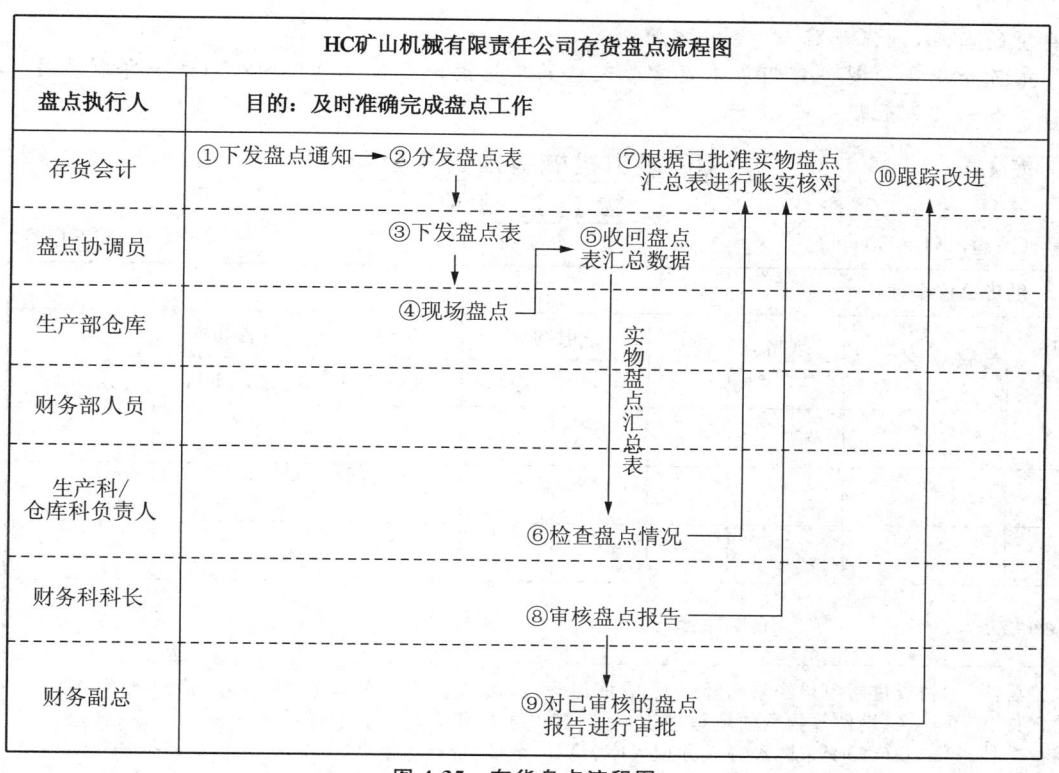

图 4-35 存货盘点流程图

第四十八条 对于发现的存货变质、毁损、报废或流失,要编制存货处置单;存货的盘盈、盘亏应当及时编制盘点表。对上述事项要分析原因,分清责任,提出处理意见,经相关部门批准后,在期末结账前处理完毕。

第四十九条 仓储部门应通过盘点、清查、检查等方式全面掌握存货的状况,及时发现存货的残、次、冷、背等情况。仓储部门对残、次、冷、背存货情况清点造册,每月上报主管部门,由主管部门并交公司经理会上决定相关处理意见。

第五十条 公司的废旧物资报损、处理、调节盈亏等工作,由物资管理部门会同财务部门协同处理。

第五十一条 凡公司需要处置的废旧物资由物资管理部门提出处置意见,报总经理或董事会批准后,一律在公司信息栏公布待处置物资信息,处置原则是:现款交易,价高者得之。

第八章 会计控制

第五十二条 存货采购按照国家统一的会计准则制度的规定进行初始计量,公司采用实际成本法核算存货采购成本。

第五十三条 存货的会计处理,应当符合国家统一的会计准则制度的规定。存货发出的计价方法采用加权平均法或个别计价法,产成品的发出计价使用个别计价法,其他存货的发出计价使用加权平均法。计价方法一经确定,未经批准,不得随意变更。

第五十四条 公司自行生产的产成品按照成本费用有关规定,采用品种法合理计算产品成本。

第五十五条 仓储部门与财会部门应结合盘点结果对存货进行库龄分析,确定是否需要计提减值(跌价)准备。经相关部门审批后,方可进行会计处理,并附有关书面记录材料。

第五十六条 财务部门设置存货总账,每月月末与仓库明细账进行核对,每季季末参与组织存货的盘点,确保账账、账实相符。

第五十七条 财务部门负责存货管理类的单据设计。各类单据由公司统一印制。具体单据样式如表 4-7 至表 4-13 所示。

表 4-7

HC 矿山机械有限责任公司
物 资 过 磅 单

编号:(采购计划编号)　　　　　　　___年_月_日　　　　　　　NO:(过磅顺序号)

序号	物资名称	规格型号	单位	一般物资		特种物资		
				毛重	净重	理论重量	过磅重量	磅差
1								
2								
3								

供货单位全称:　　　　　　车号:

采购经办人:　　　　仓库保管员:　　　　司磅员:

表格说明:①物资过磅单须经采购经办人、仓库保管员、司磅员三方签字后才能有效;特种物资如钢材、铸钢件、铸铁件、锰钢件等物资须填写理论重量、过磅净重和磅差。②本磅单一式两联,第一联(白)司磅员存档,第二联(红)交采购经办人办理入库、验收、审批、报账等手续

第一联(白)司磅员存档　第二联(红)交采购经办人

表 4-8

HC 矿山机械有限责任公司
物 资 采 购 计 划

编号:(生产计划编号)　　　　　　　___年_月_日　　　　　　　NO:(顺序号)

申报部门:　　　　物资用途:　　　　审批人:

序号	物资名称	规格型号	单位	所需数量	库存数量	采购数量	参考价格	到库时间
1								
2								
3								

合计:___佰___拾___万___仟___佰___拾___元___角___分(¥___)

计划员:　　　　　　　　仓库保管员:

说明:①物资采购由所需部门到物资计划处申报采购计划,详细说明申报部门、物资用途、物资名称、规格型号、所需数量、到库时间等内容。②计划处与归口仓库核对库存数量、参考价格,经保管员签字。由计划员填写采购数量并签字,交主管领导审批后,第一联留物资计划处自存,第二联交采购员实施采购。第三联交仓库保管员留存。③采购员凭物资采购计划第二联办理采购、检测、入库、验收、审批、报账等手续

第一联 计划处自存　第二联 采购员、财务报账　第三联 交仓库保管员

表 4-9

HC 矿山机械有限责任公司
领 料 单

编号:(生产计划编号)　　　　　　　___年__月__日　　　　　　NO:(仓库顺序号)

领料部门:				生产通知单:	
物资名称	规格型号	单位	领用数量	单价/元	金额/元
合计:___佰___拾___万___仟___佰___拾___元___角___分(¥_____)					

领料部门负责人:　　　　　　领料人:　　　　　　仓库保管员:

（第一联 存根联；第二联 出库联 仓库留存；第三联 记账联 交财务作账）

领料单使用说明:领料单一式三份,第一联是存根联,仓库保管员每月月末将生产通知单、消耗计划、领料单汇总装订成册,以备检查存档。第二联是出库联,仓库保管员留存用于登记物资台账。第三联是记账联,交财务部门进行账务处理。

表 4-10

HC 矿山机械有限责任公司
材料入库验收单

编号:(采购计划编号)　　　　　　　___年__月__日　　　　　　NO:××××××

供应商:				发票号:		×年×月×日收			
编号	材料名称	规格	送验数量	实收数量	单位	计划价		实际价	
						单价	金额	单价	金额
合计:___佰___拾___万___仟___佰___拾___元___角___分(¥_____)									

仓库负责人:　　　　验收入库:　　　　采购:　　　　质检:

（第一联 存根联；第二联 验收联 仓库留存；第三联 入库联 入库经办人留存；第四联 财务联 交财务作账）

材料入库验收单使用说明:对验收合格的物资,仓库保管员开具一式四联的验收单,第一联为存根联,仓库班长留存,在月底汇总制册后交仓储主管部门审核监察;第二联为验收联,仓库保管员留存,用于仓库台账和明细账的记账依据;第三联为入库联,由入库经办人或部门留存,作为入库依据;第四联为财务联,交财务部门作为登记存货总账的依据。验收单须经采购经办人员、质检人员、仓库班长、仓库保管员四方签字后才有效。

表 4-11

HC 矿山机械有限责任公司
材料入库预验收据

编号：（采购计划编号）　　　　　　___年__月__日　　　　　　NO：××××××

编号	材料名称	规格	送验数量	实收数量	单位	计划价		实际价	
						单价	金额	单价	金额

供应商：　　　　　发票号：　　　　　×年×月×日收

合计：___佰___拾___万___仟___佰___拾___元___角___分(¥_____)

仓库负责人：　　　验收入库：　　　采购：　　　质检：

第一联 存根联 仓库留存
第二联 入库联 采购经办人或供应商留存

材料入库预验收据使用说明：物资验收入库时，如果购货发票尚未收到，由仓库保管员向采购经办人员或供应商开具预验收据一式二联，第一联仓库保管员存档备查，第二联交采购人员或供应商。预验收据应详细写明物资的供货渠道、物资名称、规格型号、入库数量、计划价格等内容。预验收据经采购经办人员或供应商、验收保管员签字后，送仓库班长进行预收登账并经三方签字后才能有效。

表 4-12

HC 矿山机械有限责任公司
产品入库验收单

编号：（生产计划编号）　　　　　　___年__月__日　　　　　　NO：××××××

生产指令编号	设备名称	配件名称	规格型号	计划单价	单位	数量	备注

合计：___佰___拾___万___仟___佰___拾___元___角___分(¥_____)

仓库负责人：　　　验收入库：　　　车间：　　　质检：

第一联 存根联
第二联 验收联
第三联 财务联
第四联 统计联

产品入库验收单使用说明：对验收合格的产品，仓库保管员开具一式四联的验收单，第一联为存根联，仓库留存，在月底汇总制册后交仓储主管部门审核监察；第二联为验收联，车间留存，作为验收入库依据；第三联为财务联，交财务部门作为登记存货总账的依据。第四联为统计联，交统计部门进行产值统计。

表 4-13

HC 矿山机械有限责任公司
产 品 出 库 单

编号:(销售合同编号)　　　　　___年__月__日　　　　NO:××××××

序号	设备名称	配件名称	规格型号	单位	单价	数量	金额	备注

合计:___佰___拾___万___仟___佰___拾___元___角___分(￥_____)

运输车号:

仓库负责人:　　　发货人:　　　销售人员:　　　复核:

第一联 存根　第二联 出库　第三联 财务　第四联 统计

产品出库单使用说明：对销售出库产品,仓库保管员开具一式四联的出库单,第一联为存根联,仓库留存,在月底汇总制册后交仓储主管部门审核监察;第二联为出库联,销售部门留存;第三联为财务联,交财务部门作为登记存货总账的依据。第四联为统计联,交统计部门进行销售统计。

第九章　内部监督检查制度

第五十八条　公司设立内审部门,按制度规定对存货日常管理业务进行监督检查,并根据监督检查情况,实施奖惩措施。

第五十九条　公司监事会对公司重大的存货管理情况进行监督检查。

第十章　附则

第六十条　本制度与国家法律法规相抵触的,以国家法律法规为准。

第六十一条　本制度由公司经理办公会负责解释。

第六十二条　本制度自发布之日起执行。

HC 矿山机械有限责任公司

___年__月__日

【典型案例】

企业库存管理系统实例——海尔物流案例分析

一、海尔物流概况

2001 年 3 月 31 日,坐落在海尔开发区工业园的海尔国际物流中心正式启用。海尔物流中心高 22 米,拥有 1.8 万个标准托盘位,其中原材料托盘位 9 768 个,产成品托盘位 8 288 个,包括原材料和产成品两个自动化物流系统。

采用世界上最先进的激光导引技术开发的激光导引无人运输车系统、巷道堆垛机、机器人、穿梭机等。全部实现现代物流的自动化和智能化。

海尔国际物流中心已达到世界先进水平,通过硬件和软件两方面的领先技术应用,改革了传统意义上的仓库。海尔的"一流三网同步模式"对中国其他企业具有很好的借鉴意义。

二、海尔物流发展的三个阶段

第一阶段：物流重组

在物流重组阶段，海尔物流率先提出了三个JIT(Just in time)的管理，即JIT采购、JIT原材料配送、JIT成品分拨物流。通过对集团28个产品事业部的采购资源、原材料配送资源、成品配送资源的整合，获取了更优质的外部资源。

第二阶段：供应链管理

在供应链管理阶段，海尔物流通过信息化、网络化，提出了一流三网的同步流程（一流：以订单信息流为中心，三网分别是全球供应链网络、全球配送网络和计算机网络），使海尔现代物流成为企业发展的核心竞争力，实现了信息流、物流、资金流的同步流程。

第三阶段：物流产业化

海尔通过企业物流的运作，拥有了优质的全球供应商资源，积累了丰富的实践经验，运用了世界上最先进的信息技术与物流技术，使海尔物流具备了联合采购、第三方物流与第四方物流的能力。

海尔物流搭建起全球供应链资源网络，拥有庞大的国际化供应商信息库、先进的供应链管理经验，构建起能够快速满足质量、成本、交货期的全方位供应关系，可以帮客户优化采购渠道，实现全新的电子化采购，使客户由策略采购转向采购决策电子化。

海尔第三方物流通过全球配送网络，先进的管理系统和海尔集团物料管理运作能力，来提高对客户的响应速度并及时配送。海尔第三方物流将致力于向其他行业和单位提供全程物流服务，解决成本、响应速度的问题，以客户为中心提供全方位的物流增值服务。目前海尔已为超过40家跨国公司提供物流服务。

海尔第四方物流通过自身的物流业务流程再造与发展，在开放的系统中拥有了巨大的资源，在企业物流管理、供应链管理、流程再造方面积累了宝贵的经验，可以为客户提供社会化产业资源，可以帮助客户规划、实施和执行供应链的程序，并先后为制造业、航空业等提供物流增值服务。

案例分析：

1. 海尔物流管理的"一流三网"充分体现了现代物流的特征

"一流"是以订单信息流为中心。

"三网"分别是全球供应链资源网络、全球用户资源网络和计算机信息网络。"三网"同步运动，为订单信息流的增值提供支持。

2. 海尔物流"一流三网"的同步模式可以实现的目标

（1）为订单而采购，消灭库存。在海尔，仓库不再是储存物资的水库，而是一条流动的河，河中流动的是按单采购必须生产的物资，从根本上消除了呆滞物资、消灭了库存。目前，海尔集团每个月平均接到6 000多个销售订单，这些订单的定制产品品种达7 000多个，需要采购的物料品种达15万种以上。海尔物流整合以来，呆滞物资降低73.8%，仓库面积减少50%，库存资金减少67%。海尔国际物流中心货区面积7 200平方米，但它的吞吐量却相当于30万平方米的普通平面仓库，海尔物流中心只有10个叉车司机，而一般仓库完成这样的工作量至少需要上百人。

（2）双赢，赢得全球供应链网络。海尔通过整合内部资源，优化外部资源使供应商由原来的2 336家优化至978家，国际化供应商的比例却上升了20%，建立了强大的全球供应链网络，爱默生、巴斯夫等世界500强企业都成为海尔的供应商，有力地保障了海尔产品的质量和交货期。不仅如此，更有一批国际化大公司以其高科技和新技术参与到了海尔产品的前端设计中，目前可以参与产品开发的供应商比例已超30%。

（3）三个JIT，实现同步流程。由于物流技术和计算机信息管理的支持，海尔物流通过3个JIT，即JIT采购、JIT配送和JIT分拨物流来实现同步流程。

目前通过海尔的 BBP 采购平台，所有的供应商均在网上接受订单，并通过网上查询计划与库存，及时补货，实现 JIT 采购；货物入库后，物流部门可根据次日的生产计划利用 ERP 信息系统进行配料，同时根据看板管理 4 小时送料到工位，实现 JIT 配送；生产部门按照 B2B、B2C 订单的需求完成订单以后，满足用户个性化需求的定制产品通过海尔全球配送网络送达用户手中。海尔在中心城市实现 8 小时配送到位，区域内 24 小时配送到位，全国 4 天以内到位。

（4）计算机网络连接新经济。在企业外部。海尔 CRM（客户关系管理）和电子商务平台的应用架起了与全球用户资源网、全球供应链资源网沟通的桥梁，实现了与用户零距离交流。海尔 100% 的采购订单由网上下达，使采购周期由原来的平均 10 天降低到 3 天；网上支付已达到总支付额的 20%。在企业内部，计算机自动控制的各种先进物流设备不但降低了人工成本、提高了劳动效率，还直接提升了物流过程的精细化水平，达到质量零缺陷的目的。计算机管理系统搭建了海尔集团内部的信息高速公路，能将电子商务平台上获得的信息迅速转化为企业内部的信息，以信息代替库存，达到零营运资本的目的。

3. 海尔物流执行系统 HLES(Haier Logistics Execution System)

海尔物流执行系统（HLES）是青岛海尔物流咨询有限公司依据先进的物流管理理念、融入海尔物流实践和优化的业务流程，汲取先进仓储管理系统的经验，利用计算机及网络技术开发的物流执行软件。其具有以下五大特点：

（1）人性化，界面友善、操作简单，业务人员经基本培训即可轻松掌握。
（2）先进性，源于物流运作实践，融合先进物流管理思想和流程，适合多种仓储业务模式。
（3）智能化，基于 WEB 技术的物流管理可视化，绩效指标与人员状态轻松掌握。
（4）高效性，合理分配仓储空间，降低人员及设备动作成本，帮助用户节省每一分钱。
（5）实时性，利用技术实现终端数据实时采集，实物、数据同步运行。

4-8 某公司存货与生产成本内部控制制度

海尔 HLES 既可以单独使用，也可以与其他 ERP 系统实现数据交换，既能够管理单一仓库，也满足管理多个仓库的需要，既可以连接条码数据采集器，也可以独立运行。其架构如图 4-36 所示。

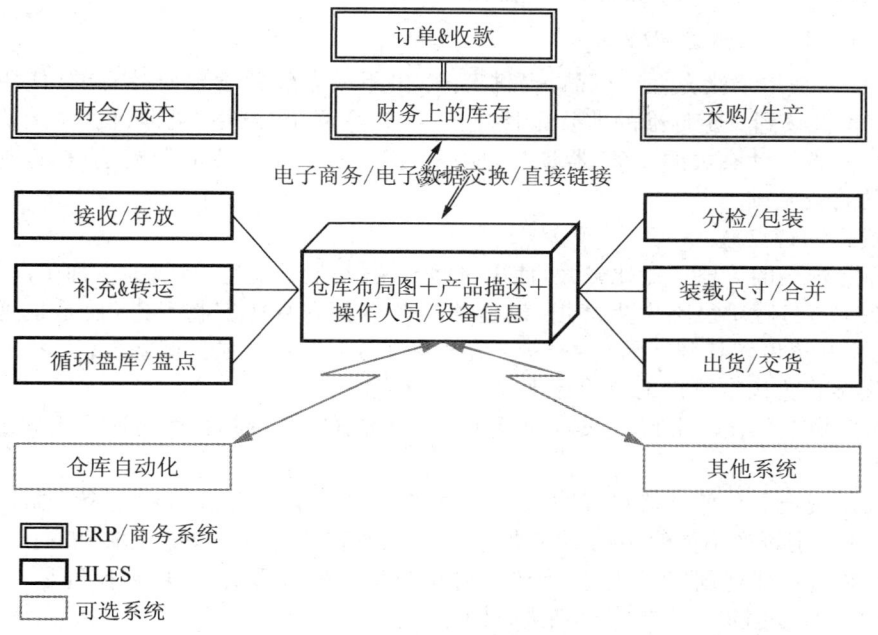

图 4-36　海尔 HLES 架构图

案例启示：

企业实行"一流三网同步模式"的好处及启示有：

（1）海尔"一流三网同步模式"以硬件和软件两方面领先技术的应用作为强有力的物质基础，整个物流中心全部实现现代物流的自动化与功能化。

（2）注重合作实现双赢。海尔建立全球供应链网络，与供应商形成了长期的战略伙伴关系，有利于双方之间的信息交流与合作，真正实现双赢。

（3）物流运作的各个环节紧密结合，三个JIT实现物流运作的无缝链接，实现同步流程。

（4）我们的一些企业，可以根据自己企业的实际情况，尽力地实行自己的物流运作模式，虽然不一定要自己有先进的物流中心，但自己企业作为整个供应链上的一环，一定要有效地利用那些社会资源，发挥自己的优势。共同打造一条有竞争力的供应链的观念，是实现再参与竞争不可缺少的。

海尔物流改变了传统的物流方式形成了一种全新的物流系统。这种新的系统使海尔运行起来更加快捷，效益不断扩大，大大提高了海尔的核心竞争力，可以说是一次正确的整合和改造。

其有三个成功点：

（1）实现了基于市场链的业务流程再造。

（2）为了市场生产，以订单拉动物流。

（3）信息化。

我们把海尔成功经验可归纳为：

通过对"市场链"的构建，实现了对传统"金字塔"形组织结构与管理体系的再造，实现企业组织面向流程的组织再造。

海尔选择成熟的ERP等管理信息系统，主要目的是借助成熟的先进流程提升自己的管理水平，做到了高速度，低成本，通用化。

二、固定资产管理主要风险点及其管控措施

（一）固定资产的概念和特点

固定资产，是指企业为生产产品、提供劳务、出租或者经营管理而持有的、使用时间超过12个月的，价值达到一定标准的非货币性资产，包括房屋、建筑物、机器、机械、运输工具以及其他与生产经营活动有关的设备、器具、工具等。固定资产是企业的劳动手段，也是企业赖以生产经营的物资基础。

固定资产的特点有：

（1）固定资产的价值一般比较大，使用时间比较长，能长期地、重复地参加生产过程。

（2）在生产过程中虽然发生磨损，但是并不改变其本身的实物形态，而是根据其磨损程度，逐步地将其价值转移到产品中去，其价值转移部分回收后形成折旧基金。

固定资金作为固定资产的货币表现，也有以下特点：

（1）固定资金的循环期比较长，它不是取决于产品的生产周期，而是取决于固定资产的使用年限。

（2）固定资金的价值补偿和实物更新是分别进行的，前者是随着固定资产折旧逐步完成的，后者是在固定资产不能使用或不宜使用时，用平时积累的折旧基金来实现的。

（3）在购置和建造固定资产时，需要支付相当数量的货币资金，这种投资是一次性的，但投资的回收是通过固定资产折旧分期进行的。

（二）固定资产管理流程和环节

企业应当根据固定资产特点，分析、归纳、设计合理的业务流程，查找管理的薄弱环节，健全全面风险管控措施，保证固定资产安全、完整、高效运行。

1. 固定资产管理流程

固定资产日常管理流程如图 4-37 所示。

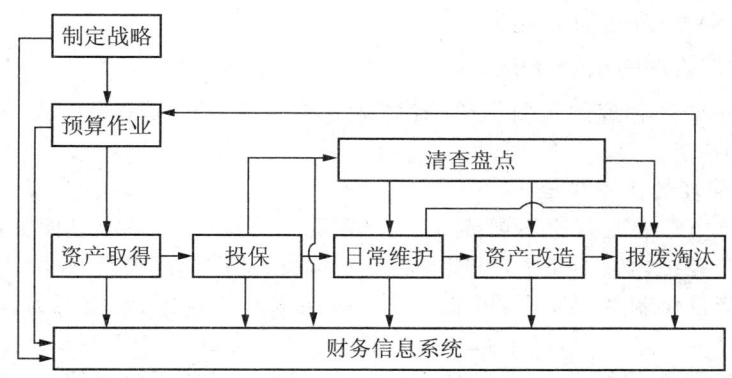

图 4-37　固定资产基本业务流程图

2. 固定资产管理环节

固定资产管理主要环节有：取得验收、登记造册、运行维护、升级改造、资产清查、抵押质押、固定资产处置等。

（1）取得验收。固定资产的获得涉及外购、自行建造、非货币性资产交换换入等方式。生产设备、运输工具、房屋建筑物、办公家具和办公设备等不同类型固定资产有不同的验收程序和技术要求，同一类固定资产也会因其标准化程度、技术难度等的不同而对验收工作提出不同的要求。通常来说，办公家具、电脑、打印机等标准化程度较高的固定资产验收过程较为简化，对一些复杂的大型生产设备，尤其是定制的高科技精密仪器，以及建筑物竣工验收等，需要一套规范、严密的验收制度。

（2）登记造册。企业取得每项固定资产后均需要进行详细登记，编制固定资产目录，建立固定资产卡片，便于固定资产的统计、检查和后续管理。

（3）运行维护。包括建立固定资产运行管理档案，进行固定资产日常的维护、保养，运行，编制合理的日常维修和大修理计划，监控固定资产运转情况等。

（4）升级改造。企业需要定期或不定期对固定资产进行升级改造，以便不断提高产品质量，开发新品种，降低能源资源消耗，保证生产的安全环保。固定资产更新分为部分更新与整体更新两种情形，部分更新的目的通常包括局部技术改造、更换高性能部件、增加新功能等方面，需权衡更新活动的成本与效益综合决策；整体更新主要指对陈旧设备的淘汰与全面升级，更侧重于资产技术的先进性，符合企业的整体发展战略。

（5）资产清查。企业应建立固定资产清查制度，至少每年全面清查，保证固定资产账实相符、及时掌握资产盈利能力和市场价值。固定资产清查中发现的问题，应当查明原因，追究责任，妥善处理。

（6）抵押质押。抵押是指债务人或者第三人不转移对财产的占有权，而将该财产抵押作为债权的担保，当债务人不履行债务时，债权人有权依法以抵押财产折价或以拍卖、变卖抵押财产的价款优先受偿。质押也称质权,就是债务人或第三人将其动产移交债权人占有,将该动产作为债权的担保,当债务人不履行债务时,债权人有权依法就该动产卖得价金优先受偿。企业有时因资金周转等原因以其固定资产作抵押物或质物向银行等金融机构借款,如到期不能归还借款,银行则有权依法将该固定资产折价或拍卖。

(7) 固定资产处置:固定资产的处置原因不同,处置方式、处置程序、参与部门也会不同。要针对不同的处置方式,制定相应的资产处置管理制度,区分确定处置的范围、标准、程序和审批权限,保证处置科学、防范资产流失。

(三) 固定资产管理的风险分析

通过分析固定资产管理的主要风险,确定固定资产管理的关键风险点,选择风险应对策略,制定风险控制措施。

1. 固定资产管理的主要风险

(1) 新增固定资产验收程序不规范,可能导致资产质量不符要求、进而影响资产运行。

(2) 固定资产登记内容不完整,可能导致资产流失、资产信息失真、账实不符。

(3) 固定资产投保制度不健全,可能导致应投保资产未投保、索赔不力,不能有效防范资产损失风险。

(4) 固定资产操作不当、失修或维护过剩,可能造成资产使用效率低下、产品残次率高,甚至发生生产事故,或资源浪费。

(5) 固定资产更新改造不够,可能造成企业产品线老化、缺乏市场竞争力。

(6) 固定资产抵押制度不完善,可能导致抵押资产价值低估和资产流失。

(7) 固定资产丢失、毁损等造成账实不符或资产贬值严重。

(8) 固定资产处置方式不当、处置价格不合理,可能造成企业经济损失。

2. 固定资产内部控制的关键风险控制点、控制目标和控制措施

固定资产内部控制的关键风险控制点、控制目标和控制措施,如表4-14所示。

表4-14　　固定资产风险控制表

关键风险控制点	控制目标	控制措施
取得验收(由资金活动、工程项目、全面预算等指引规范)	新增固定资产验收程序规范,资产质量符合要求、资产能正常运行	建立严格的固定资产验收制度: (1) 外购固定资产应当根据合同、供应商发货单等对所购固定资产的品种、规格、数量、质量、技术要求及其他内容进行验收,出具书面验收报告。 (2) 企业自行建造的固定资产,应由建造部门、固定资产管理部门、使用部门等联合验收,编制书面验收报告,经验收合格后移交使用部门投入使用。 (3) 未通过验收的不合格资产,不得接收,必须按照合同等有关规定办理退换货或其他弥补措施。 (4) 对于具有权属证明的资产,取得时必须有合法的权属证书。 (5) 不得以个人名义持有公有固定资产
登记造册	固定资产信息真实完整、账实相符	(1) 制定适合本企业的固定资产目录,列明固定资产编号、名称、种类、所在地点、使用部门、责任人、数量、账面价值、使用年限、损耗等内容。 (2) 按照单项资产建立固定资产卡片,详细记录各项固定资产的来源、验收、使用地点、责任单位和责任人、运转、维修、改造、折旧、盘点等相关内容。 (3) 定期或不定期对固定资产目录和卡片进行复核

续　表

关键风险控制点	控制目标	控制措施
运行维护	保证固定资产的正常运行,建立固定资产的日常维护和大修制度,确保固定资产的正常运转,提高资产使用效率	(1) 企业(固定资产使用部门会同资产管理部门)应当制定和严格执行固定资产日常维修和大修理计划,定期对固定资产进行维护保养,切实消除安全隐患,提高固定资产的使用效率。 (2) 企业应当强化对生产线等关键设备运转的监控,严格操作流程,实行岗前培训和岗位许可制度,确保设备安全运转
投　保	建立、健全固定资产投保制度,有效防范资产损失风险	确定和严格执行固定资产投保政策: (1) 投保金额与投保项目力求适当,对应投保的固定资产项目按规定程序进行审批,及时办理投保手续。 (2) 对于重大固定资产项目的投保,应当考虑采取招标方式确定保险人,防范固定资产投保舞弊(如收取回扣)。 (3) 已投保的固定资产发生损失的,及时调查原因及受损金额,向保险公司办理相关的索赔手续
更新改造	通过固定资产更新改造,满足生产需求	企业应当根据发展战略,充分利用国家有关的自主创新政策,加大技改投入,不断促进固定资产技术升级,淘汰落后设备,切实做到保持本企业固定资产技术的先进性和企业发展的可持续性
抵押质押	固定资产抵押制度不完善,可能导致抵押资产价值低估和资产流失	(1) 企业应当规范固定资产抵押、质押管理,确定固定资产抵押、质押的程序和审批权限等。将固定资产用作抵押、质押的,应由相关部门提出申请,经企业授权部门或人员批准后,由资产管理部门办理抵押质押手续。 (2) 企业应当加强对接收的抵押资产的管理,编制专门的资产目录,合理评估抵押资产的价值
资产清查	资产安全完整,固定资产实物与固定资产卡片、固定资产账表相符	(1) 企业应当建立固定资产清查制度,至少每年进行全面清查。对固定资产清查中发现的问题,应当查明原因,追究责任,妥善处理。 (2) 财务部门组织固定资产使用部门和管理部门定期进行清查,明确资产权属,确保账实、账卡、账表相符,在清查作业实施之前编制清查方案,经过管理部门审核后进行相关的清查作业。 (3) 清查结束后,清查人员需要编制清查报告,管理部门需就清查报告进行审核;清查过程中发现的盘盈、盘亏、毁损等,应分析原因,追究责任,妥善处理,并及时进行账务处理
资产处置	合理、恰当、合法处置固定资产	(1) 企业应当建立健全固定资产处置的相关制度,区分不同的处置方式,确定处置的范围、标准、程序和审批权限,保证处置科学、防范资产流失。 处置程序:固定资产使用、管理等部门提出处置申请→企业授权部门或人员审批(包括处置方式、价格等)→办理处置事项。 (2) 使用期满、正常报废的固定资产:填制报废单,经批准后进行报废清理。 (3) 使用期限未满、非正常报废的固定资产:提出报废申请(注明报废理由、估计清理费用和可回收残值等),组织有关部门进行技术鉴定,经批准后进行报废清理。 (4) 拟出售或投资转出及非货币交换的固定资产:提出处置申请,对固定资产价值进行评估(重大资产处置考虑聘请具有资质的中介机构进行评估)并出具资产评估报告;特别关注固定资产处置中的关联交易和处置定价;对于重大固定资产处置,采取集体审议或联签制度;涉及产权变更的,应及时办理产权变更手续。 (5) 出租或出借的固定资产:提出出租或出借申请,经批准后签订出租或出借合同

(四)固定资产管理的岗位分工与授权批准制度

1. 固定资产管理的主要参与部门及主要任务

固定资产主要管理部门及主要任务如图4-38所示。

(1) 资产使用部门和资产管理部门,提出资产购建、维护或处置等申请,办理固定资产验收手续。根据审批决议制定购建、维护等预算,并分解细化为具体的执行计划和执行方案。

(2) 审批部门对资产购建、维护或处置等申请和预算按授权和流程进行审批。其中对重大资产的购建、处置等,应实行集体决策或审批制度。

(3) 采购部门会同资产使用、管理部门共同办理固定资产购建业务。

(4) 资产使用部门建立部门使用固定资产台账,资产管理部门建立全部固定资产台账,财务部门建立固定资产明细账和总账。

(5) 财务部门对固定资产业务按相关规定进行会计核算。参与制定固定资产预算、计划和方案,协助固定资产购建、处置等工作。

(6) 内审部门对固定资产业务进行监督审查。

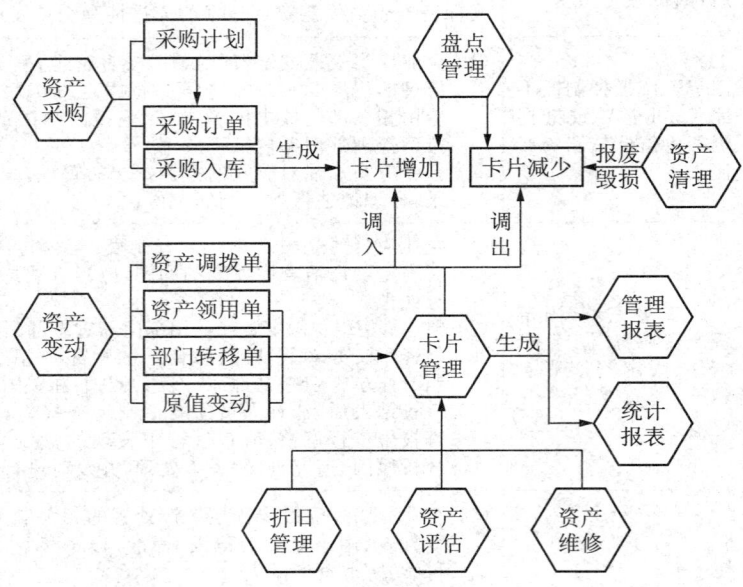

图4-38 固定资产管理任务图

2. 固定资产管理的岗位责任制

企业应当建立固定资产管理的岗位责任制,明确内部相关部门和岗位的职责、权限,确保办理固定资产业务的不相容岗位相互分离、制约和监督。

固定资产业务不相容岗位至少包括:

(1) 固定资产购建、维护预算的编制与审批。

(2) 固定资产购建、维护预算的审批与执行。

(3) 固定资产取得、验收与款项支付。

(4) 固定资产处置的审批与执行。

(5) 固定资产取得与处置业务的执行与相关会计记录。

（6）固定资产的使用、保管与会计处理。

企业可以设立专职或兼职的固定资产管理员岗位，根据授权和岗位职责要求，负责本单位或本部门的固定资产控制管理工作。

3. 固定资产管理的授权批准制度

企业应当对固定资产业务建立严格的授权批准制度，明确授权批准的方式、权限、程序、责任和相关控制措施，规定经办人的职责范围和工作要求。严禁未经授权的机构或人员办理固定资产业务。

（1）授权批准的范围。对固定资产购置和处置都要经过授权批准。授权批准的层次，应根据固定资产的重要性和金额大小确定不同的授权批准层次，从而保证各管理层有权亦有责。对于固定资产购建和处置的重大决定，应实行集体决策和审批制度。

（2）授权批准的责任。应当明确被授权者在履行权力时应对哪些方面负责，应避免责任不清。

（3）授权批准的程序。应规定每一类固定资产业务的审批程序，以便按程序办理审批，以避免越级审批、违规审批的情况发生。单位内部的各级管理层必须在授权范围内行使相应职权，经办人员也必须在授权范围内办理经济业务。审批人应当根据固定资产业务授权批准制度的规定，在授权范围内进行审批，不得超越审批权限。经办人在职责范围内，按照审批人的批准意见办理固定资产业务。对于审批人超越授权范围审批的固定资产业务，经办人员有权拒绝办理，并及时向上级部门报告。

企业应当制定固定资产业务流程，明确固定资产投资预算编制、自行开发固定资产预算编制、取得与验收、使用与保全、处置和转移等环节的控制要求，并设置相应的记录或凭证，如实记载各环节业务开展情况，及时传递相关信息，确保固定资产业务全过程得到有效控制。

财务部设置固定资产管理会计核算岗位，负责公司固定资产的会计核算、控制管理并进行业务指导。

【业务操作 4-6】

为大同交通公司建立固定资产管理岗位责任制度。

大同交通公司固定资产管理岗位责任制度

第一章 总 则

第一条 目的

为了明确固定资产相关部门和岗位的职责和权限，确保办理固定资产业务的不相容岗位能相互分离、制约和监督，特制定本制度。

第二条 不相容岗位

固定资产业务不相容岗位至少包括：

1. 固定资产投资预算的编制与审批。
2. 固定资产投资预算的审批与执行。
3. 固定资产采购、验收与款项支付。
4. 固定资产投保的申请与审批。
5. 固定资产处置的审批与执行。
6. 固定资产取得与处置业务的执行与相关会计记录。

第二章 岗位责任

第三条 董事会

董事会的主要职责包括：

1. 审批固定资产投资预算。
2. 审批预算外固定资产投资申请。
3. 审批预算内固定资产投资申请。
4. 审批维修保养、报废、转移、处置和投保申请。

第四条　总经理

总经理的主要职责包括：
1. 审批固定资产管理相关规章制度。
2. 审核固定资产投资预算。
3. 组织进行重大固定资产购建项目的可行性研究报告。
4. 审核和审批预算外固定资产投资申请。
5. 审核和审批预算内固定资产投资申请。
6. 审核和审批固定资产的维修保养、报废、转移、处置和投保申请。
7. 审批固定资产盘盈盘亏报告。

第五条　财务总监

财务总监的主要职责包括：
1. 审核固定资产管理相关规章制度。
2. 组织编制固定资产投资预算。
3. 参与重大固定资产购建项目的可行性研究报告工作。
4. 审核和审批预算外固定资产购置申请。
5. 审核和审批预算内固定资产购置申请。
6. 审核和审批维修保养、报废、转移、处置和投保申请。
7. 审核固定资产盘盈盘亏报告。
8. 审批有关固定资产的各类会计报表。
9. 确定计提折旧的固定资产范围、折旧方法、折旧年限、净残值率等折旧政策。
10. 核准计提折旧的固定资产范围、折旧方法、折旧年限、净残值率等折旧政策的更改。
11. 审批固定资产的内部调拨和外借等各类手续。

第六条　财务部经理

财务部经理的主要职责包括：
1. 审核固定资产管理相关规章制度。
2. 参与编制固定资产投资预算。
3. 参与重大固定资产购建项目的可行性研究报告工作。
4. 审核预算内和预算外的固定资产购置申请。
5. 审核固定资产的维修保养、报废、转移、处置和投保申请。
6. 审核固定资产盘盈盘亏报告。
7. 参与固定资产报废、报损的技术鉴定工作，提出处理意见。
8. 核准固定资产的账务处理。
9. 审核有关固定资产的各类会计报表。
10. 核准固定资产付款的原始凭证。
11. 拟定计提折旧的固定资产范围、折旧方法、折旧年限、净残值率等折旧政策并上报。
12. 调整计提折旧的固定资产范围、折旧方法、折旧年限、净残值率等折旧政策并上报。
13. 负责对固定资产购建、出售、清理、报废和内部转移等活动引起的价值增减变动进行控制和管理。

14. 审核固定资产的内部调拨和外借等各类手续。

第七条 资产管理部经理

资产管理部经理的主要职责包括：

1. 审核固定资产管理相关规章制度。
2. 汇总各部门固定资产投资预算，编制固定资产投资预算。
3. 参与重大固定资产购建项目的可行性研究报告工作。
4. 审核预算内和预算外的固定资产购置申请。
5. 拟定固定资产的维修保养、报废、转移、处置和投保申请。
6. 定期组织固定资产盘点，编制盘盈盘亏报告。
7. 参与固定资产报废、报损的技术鉴定工作。
8. 对固定资产购建、出售、清理、报废和内部转移等活动引起的价值增减变动情况进行记录和控制。
9. 负责建立固定资产登记卡和台账。
10. 定期检查各类固定资产的损耗情况。
11. 办理固定资产的内部调拨和外借等各类手续。
12. 审核固定资产付款的原始凭证。

第八条 固定资产会计

固定资产会计的主要职责包括：

1. 根据审批后的固定资产付款原始凭证填制付款凭证。
2. 登记固定资产总分类账和明细账。
3. 参与固定资产的盘点工作。

第九条 出纳

出纳的主要职责包括根据购置合同以及付款凭证支付固定资产相关款项。

第十条 工程部

工程部的主要职责包括：

1. 负责设备等固定资产的验收工作。
2. 负责设备等固定资产的安装调试工作。
3. 负责设备等固定资产的维护、大修和报废工作。

第十一条 采购部

采购部的主要职责包括组织实施固定资产的询价和采购。

第十二条 投资部

投资部的主要职责包括大型固定资产、基建项目、厂房新建、改扩建和维修类建设项目投资预算的编制。

第十三条 固定资产使用部门

固定资产使用部门的主要职责包括：

1. 编制本部门固定资产投资预算。
2. 提出本部门固定资产购置、维修、转移和处置等申请。
3. 参与固定资产的维修保养、报废、转移、处置和投保的执行。
4. 参与本部门计划购置固定资产的可行性论证、招标和采购等工作。

5. 设置所使用固定资产的台账。
6. 负责固定资产日常维护和管理。
7. 组织相关人员参与固定资产验收。
8. 检查、报告固定资产的日常使用情况。
9. 办理固定资产内部借用和调拨手续。

第三章 附 则

第十四条 本制度由资产管理部会同公司其他有关部门解释。

第十五条 本制度配套办法由资产管理部会同公司其他有关部门另行制定。

第十六条 本制度自 年 月 日起实施。

大同交通公司
____年__月__日

4. 固定资产管理的岗位设置、业务风险、流程及授权批准控制

固定资产管理的岗位设置、业务风险、流程及授权批准控制如图 4-39、图 4-40 所示。

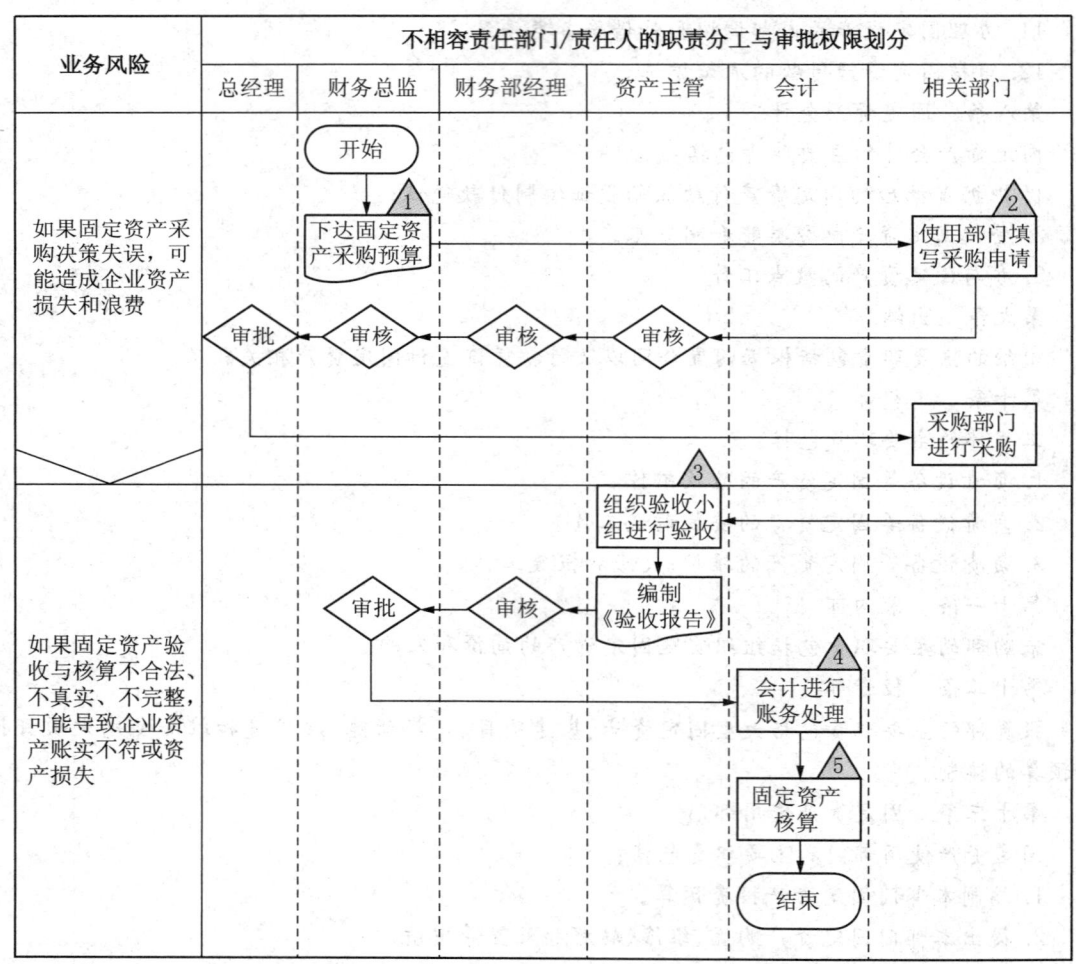

图 4-39 固定资产采购和验收流程与风险控制图

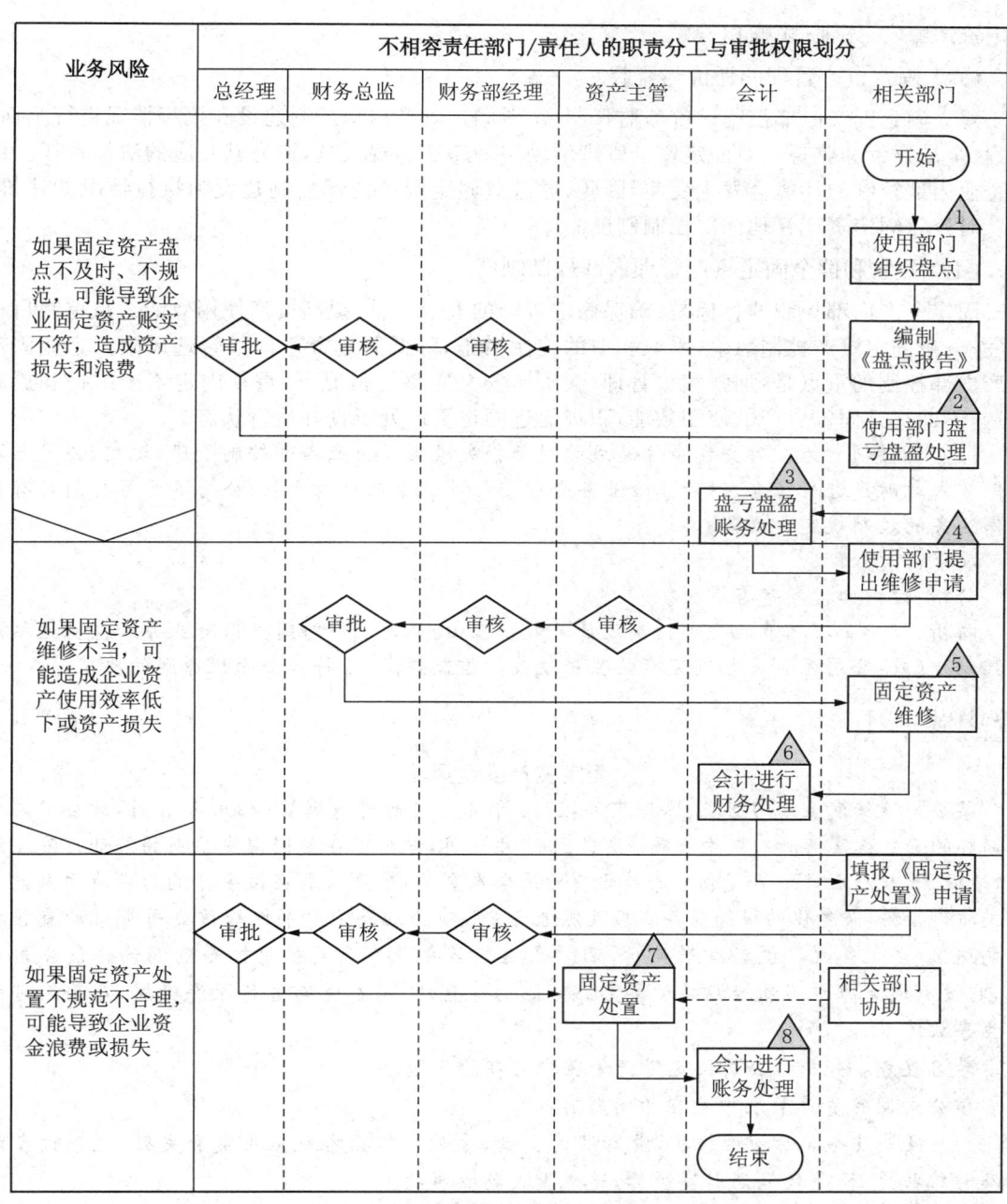

图 4-40　固定资产使用、清查、维护和处置流程与风险控制图

(五) 固定资产管理的会计控制

根据《企业会计准则第 4 号——固定资产》等规定,制定固定资产会计系统控制制度。

在固定资产会计系统控制制度中,要明确办理固定资产会计控制的岗位和授权及业务处理流程,明确规定固定资产单位价值标准、固定资产核算范围、固定资产类型、固定资产价值确认、固定资产折旧和减值的计提、固定资产清查、处置固定资产、固定资产核算账簿设置等内容。依法依规进行固定资产账务处理,保证固定资产会计信息的真实性、可靠性、及时性,以及固定资产账实、账证、账账相符。

（六）固定资产管理的评价与监督

建立固定资产内部控制评价与监督制度，对固定资产内部控制建设和执行情况进行全面、全程、全员评价和监督。对固定资产管理活动中的违法违规人员，追究其相应的法律责任。由于企业内部控制的环境会发生变化，因此，通过对固定资产内部控制建设和执行情况的评价，要及时修订固定资产管理内部控制制度。

（七）建立和健全固定资产管理内部控制制度

固定资产内部控制的目标是：确保固定资产的安全完整，提高资产使用效能。从控制目标出发，分析固定资产控制风险，采取相应的控制措施，降低固定资产内部管理风险。企业固定资产内部控制的重点是：加强实物管理，在资产安全完整的情况下，重视固定资产维护和更新改造，不断提升固定资产的使用效能，积极促进固定资产处于良好运行状态。

【经典例题】 为应对突发事件造成的财产损失风险，《企业内部控制手册》规定，公司采取投保方式对财产进行保全，财产保险业务全权委托外部专业机构开展，公司不再另行制定有关投保业务的控制规定。

要求：

分析：该内部控制是否有效。

解析：资产管理环节的内部控制设计无效。理由：公司应当对财产保险业务外包实施相应的控制。（或：公司不再另行制定有关投保政策的控制规定，不符合全面性原则的要求。）

【学中做 4-9】

固定资产安全风险

某公司连续发生油田泄漏、爆炸事件：2010 年 4 月墨西哥湾爆炸；2006 年 3 月，该公司在阿拉斯加的普拉德霍湾油田发生泄漏事件。2005 年 3 月，该公司在美国得克萨斯的炼油厂发生爆炸，造成 15 人死亡、170 人受伤。事故调查结果令人震惊：生产人员在报警器响后没有立刻启动有关防御措施，而老化的报警装备随后没能进行更强有力的反应。事件给该公司带来的直接损失高达 20 多亿美元。调查结果显示，油管已运行多年并有多处被腐蚀而致漏油。该公司承认，它没有遏止深水石油泄漏的设备，此前，他们一直认为，在美国进行深海钻探，几乎不可能发生事故。

学习任务：分析该公司固定资产管理中存在的问题。

该公司固定资产管理中存在的问题有：

（1）报警设备疏于管理维护，没有及时更新，导致警报设备反应失灵和失效；生产设备没有及时维护更新，导致漏油引发爆炸，造成重大伤亡事故。

（2）安全生产的风险意识不够，为节约成本，没有安装遏止深水石油泄漏的设备。

该公司应该建立健全固定资产维护和更新改造的制度，并有效执行，保证企业固定资产的正常运行及更新改造。

【学中做 4-10】

固定资产产权风险

国家审计巡查中发现某企业集团存在下列现象：①办公楼无产权证，部分房屋的产权、购置的个别车辆产权均办理在个人名下；②企业集团所属某公司以总经理个人名义购置车辆，涉及金额约 38 万元,另有净值 6.6 万元的电脑和摄像机有账无物。

学习任务:分析该企业固定资产管理中存在的问题。

该企业固定资产管理中存在的问题有:

(1) 将公有资产登记在个人名下,造成固定资产流失。

(2) 固定资产缺失,账实不符。

该企业固定资产的管理违背了资产安全完整、信息真实可靠的内控要求,账实不符,信息失真。应定期进行资产清查,严肃确认公有资产权属。

三、无形资产管理主要风险点及其管控措施

(一) 无形资产的概念和特点

无形资产,是指企业拥有或控制的没有实物形态的可辨认非货币性资产,通常包括专利权、非专利技术、商标权、著作权、特许权、土地使用权等。

无形资产的特点有:

(1) 没有实物形态。

(2) 将在较长时间内为企业提供经济利益。

(3) 企业持有无形资产的目的是为了生产商品、提供劳务、出租给他人,或是用于企业的管理而不是其他方面。

(4) 所提供的未来经济利益具有高度不确定性。

【延伸阅读】

无形资产作为能够在企业生产经营过程中长期发挥作用、不具有实物形态的、能使拥有者具有较大的获利能力的特殊性资产,其获利能力往往很难加以量化,而它又是不可否认和客观存在的。为了保证无形资产这一获利能力的完整性、持续性和有效性,企业就必须依法支付各项与无形资产有关的维护费用。例如,为维护专利权有效,就须支付专利年费;为获得商标权,就须支付注册申请费等。对于当前无形资产的维护费用,其会计处理方法仍没有明确的规定,同时很多企业并没有建立有效的约束和监督机制,这使得无形资产维护费用很可能成为企业"隐形费用"的一部分。因此,必须加强对无形资产维护费用的内部审计监督和控制,从而保证无形资产维护费用性质和数量的合法性、合理性。

无形资产具有价值属性,其价值的反映具有多种不同形式。仅以商标为例,国内有的企业在投资举办中外合资企业时,将自己多年呕心沥血创立的国内名牌商标以低价转让给合资企业,在企业运营中又被外方以种种理由打入冷宫。而"洋牌子"则通过国内原有的销售渠道,轻而易举地占据了中国市场。从短期看,企业借助"洋牌子"产品可以卖高价,并通过卖牌子筹措到一定资金,还能享受到中外合资企业的优惠政策,但实质上却造成了企业无形资产的大量流失。

(二) 无形资产管理流程和环节

1. 无形资产管理流程

无形资产管理流程如图 4-41 所示。

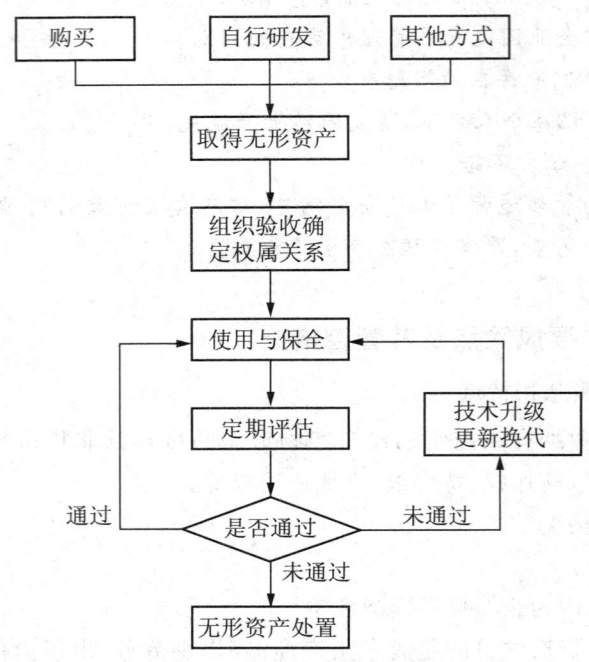

图 4-41　无形资产基本业务流程图

2. 无形资产管理环节

无形资产管理的主要环节包括无形资产的取得、验收并落实权属、自用或授权其他单位使用、安全防范、技术升级与更新换代、处置与转移等。

(三) 无形资产管理的风险分析

分析无形资产业务的主要风险,确定无形资产管理的关键风险点,选择风险应对策略,制定风险控制措施。

1. 无形资产管理的主要风险

(1) 取得的无形资产不具有先进性或权属不清,可能导致企业资源浪费或引发法律诉讼。

(2) 无形资产使用效率低下,效能发挥不到位;缺乏严格的保密制度,致使体现在无形资产中的商业机密泄漏;由于商标等无形资产疏于管理,导致其他企业侵权,严重损害企业利益。

(3) 无形资产内含的技术未能及时升级换代,导致技术落后或存在重大技术安全隐患。

(4) 与固定资产类似,针对不同类型的无形资产的处置要建立严格的授权批准程序及制度,要防止无形资产处置定价不当的问题等。

2. 无形资产管理的关键风险控制点、控制目标和控制措施

无形资产管理的关键风险控制点、控制目标和控制措施如表 4-15 所示。

表 4-15　　　　　　　　　　　　　无形资产风险控制表

关键风险控制点	控制目标	控制措施
取得与验收	权属清楚,具有先进性	建立严格的无形资产交付使用验收制度,梳理和明确外购、自行开发以及其他方式取得的各类无形资产的权属关系,及时办理产权登记、变更手续,确保外购和自行开发的无形资产具有技术先进性。 注意事项:购入或者以支付土地出让金方式取得的土地使用权,必须取得土地使用权的有效证明文件。 重视品牌建设,加强商誉管理,通过提供高质量产品和优质服务等多种方式,不断打造和培育主业品牌,切实维护和提升企业品牌的社会认可度
使用与保全	发挥无形资产效益,保护无形资产相关权益	强化无形资产使用过程的风险管控,充分发挥无形资产对提升企业产品质量和市场影响力的作用。 加强无形资产权益保护,防范侵权行为和法律风险
技术升级与更新换代	保持无形资产的先进性	注意事项:无形资产具有保密性质的,应建立保密制度、严格保密措施,严防泄露商业秘密。限制未经授权人员直接接触技术资料,对技术资料等无形资产的保管及接触应保有记录,实行责任追究。 对侵害本企业无形资产的,要积极取证并形成书面调查记录,提出维权对策,按规定程序审核并上报处理。 企业应当定期对专利、专有技术等无形资产的先进性进行评估,淘汰落后技术,加大研发投入,促进技术更新换代,不断提升自主创新能力,努力做到核心技术处于同行业领先水平。 注意:关于无形资产研究与开发——参考研究与开发规范
处置	建立严格的无形资产处置授权批准制度,无形资产处置定价要合理	企业应当加强对品牌、商标、专利、专有技术、土地使用权等无形资产的管理,分类制定无形资产管理办法,落实无形资产管理责任制,促进无形资产有效利用,充分发挥无形资产对提升企业核心竞争力的作用

(四) 无形资产管理的岗位分工与授权批准制度

1. 无形资产管理的主要参与部门及主要任务

无形资产内部控制任务如图 4-42 所示。无形资产内部控制的主要参与部门及主要任务如下:

(1) 规划发展部门,会同无形资产使用部门,共同提出无形资产的购置、处置申请。

(2) 审批部门审批无形资产购置预算、购置计划、购置方案。对重大资产的购建、处置等,应实行集体决策或审批制度。

(3) 无形资产使用部门与规划发展部门共同拟定购置预算、拟定购置计划和制定购置方案;建立无形资产台账;组织实施无形资产购置、验收、处置业务;建立无形资产台账;定期对无形资产的安全和适用性、先进性进行检查。

(4) 财务部门对无形资产进行会计核算;建立无形资产明细账;定期对账;参与到期清理。

(5) 审批部门对无形资产的取得、到期清理和处置工作进行审批。

(6) 法律部门在无形资产管理过程中提供法律意见,重点是审核相关合同。

(7) 审计部门对无形资产实施全流程、全业务的全面审计。

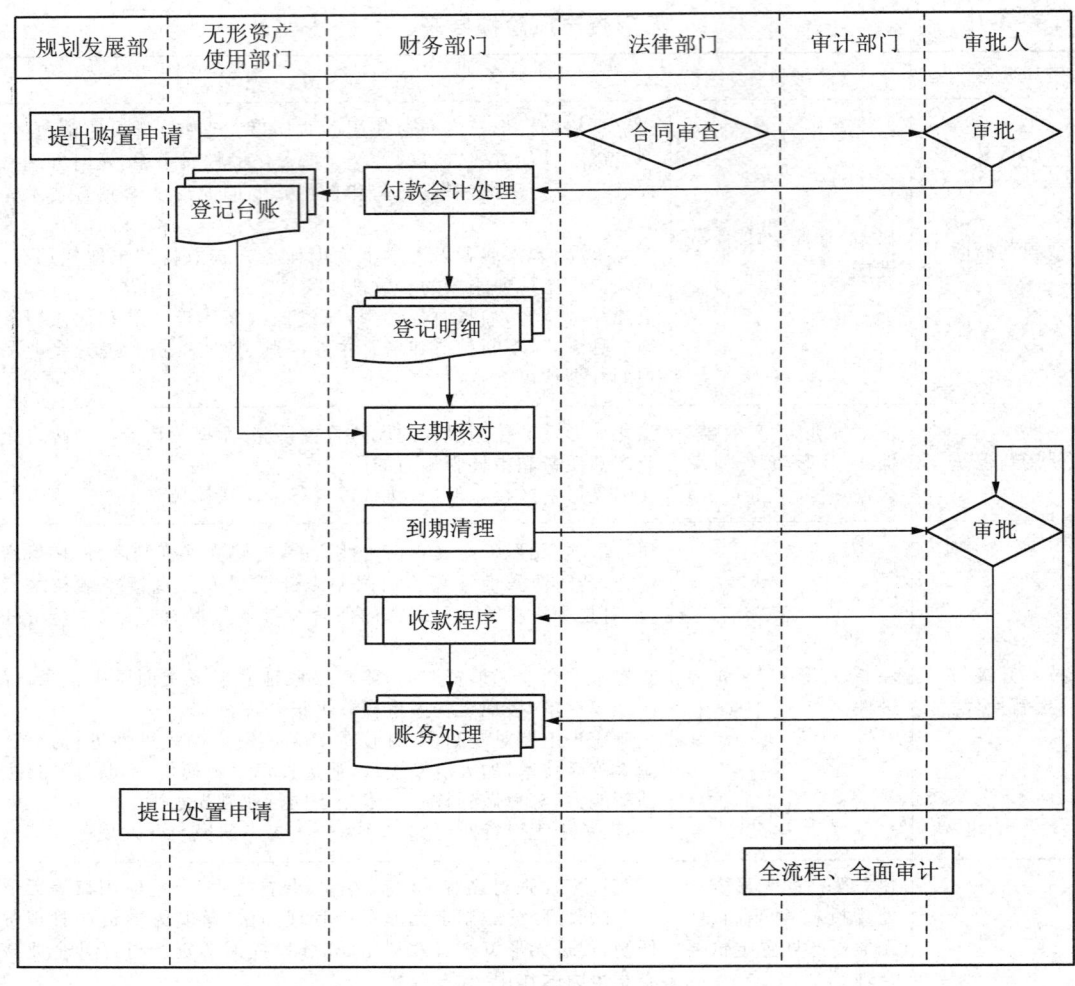

图 4-42　无形资产内部控制任务图

2．建立无形资产管理的岗位责任制

企业应当建立无形资产管理的岗位责任制，按照权责对等的原则，明确内部相关部门和岗位的职责、权限，确保办理无形资产业务的不相容岗位相互分离、制约和监督。

无形资产管理的不相容岗位至少包括：

（1）无形资产投资预算的编制与审批。

（2）无形资产投资预算的审批与执行。

（3）无形资产取得、验收与款项支付。

（4）无形资产处置的审批与执行。

（5）无形资产取得与处置业务的执行与相关会计记录。

（6）无形资产的使用、保管与会计处理。

企业应当配备合格的人员办理无形资产业务。办理无形资产业务的人员应当具备良好的业务素质和职业道德。企业内不得由同一部门或个人办理无形资产业务的全过程。

3．建立无形资产管理活动的授权批准制度

企业应当对无形资产业务建立严格的授权批准制度，明确授权批准的方式、权限、程序、责任和相关控制措施,规定经办人的职责范围和工作要求。严禁未经授权的机构或人员办理无形资产业务。

(1) 授权批准的范围。通常无形资产研究与开发、购入、授权使用和转让计划都应纳入其范围。授权批准的层次,应根据无形资产的重要性和金额大小确定不同的授权批准层次,从而保证各管理层有权亦有责。对于无形资产的重大决策,应实行集体决策和审批制度。

(2) 授权批准的责任。应当明确被授权者在履行权力时应对哪些方面负责,做到授权清楚,责任清晰。

(3) 授权批准的程序。应规定每一类无形资产业务的审批程序,以便按程序办理审批,以避免越级审批、违规审批的情况发生。单位内部的各级管理层必须在授权范围内行使相应职权,经办人员也必须在授权范围内办理经济业务。审批人应当根据无形资产业务授权批准制度的规定,在授权范围内进行审批,不得超越审批权限。经办人在职责范围内,按照审批人的批准意见办理无形资产业务。对于审批人超越授权范围审批的无形资产业务,经办人员有权拒绝办理,并及时向上级部门报告。

【业务操作 4-7】

为大同商场建立无形资产管理岗位责任制度。

大同商场无形资产管理岗位责任制度

第一条 为了明确无形资产业务各相关岗位的任职要求,有效界定不同岗位的职责权限,根据国家相关法律、法规和本公司的实际情况,特制定本制度。

第二条 无形资产业务岗位设置中的不相容岗位包括:
1. 无形资产投资预算的编制与审批。
2. 无形资产投资预算的审批与执行。
3. 无形资产取得、验收与款项支付。
4. 无形资产处置的审批与执行。
5. 无形资产取得与处置业务的执行与相关会计记录。
6. 无形资产的使用、保管与会计处理。

第三条 无形资产业务岗位设置和岗位主要职责如表 4-16 所示。

表 4-16 无形资产管理控制岗位职责一览表

无形资产管理控制岗位	主要职责	不相容职责
1. 董事会	◇ 合议、审批无形资产购置计划、方案 ◇ 审批超预算或预算外无形资产投资项目	◇ 外购无形资产的执行
2. 总经理	◇ 审核无形资产投资可行性分析报告或购置 ◇ 审核超预算或预算外无形资产投资项目	◇ 制定无形资产购置方案
3. 财务部经理	◇ 设置无形资产总账及明细账科目 ◇ 审核无形资产投资可行性分析报告 ◇ 审核无形资产的处置依据、处置方式、处置价格等 ◇ 审核无形资产业务的会计核算结果 ◇ 监督、指导资产管理部对企业无形资产进行妥善管理 ◇ 参与无形资产盘点工作	◇ 制定无形资产购置方案 ◇ 无形资产的会计处理 ◇ 支付无形资产购置款项 ◇ 收取无形资产处置所得款项

续表

无形资产管理控制岗位	主要职责	不相容职责
4. 法律事务部负责人	◇ 审定无形资产购置合同或协议书 ◇ 审定无形资产转让合同或协议书 ◇ 审定无形资产业务中涉及的其他法律文件	◇ 拟订无形资产法律文件的具体条款
5. 无形资产使用部门相关负责人	◇ 依据无形资产管理制度和办法,负责制定并组织实施具体的实施细则 ◇ 建立并及时登记无形资产使用台账 ◇ 提出无形资产处置申请 ◇ 检查并报告无形资产的日常使用情况	◇ 审核无形资产处置办法 ◇ 无形资产的会计处理
6. 资产管理部负责人	◇ 制定企业无形资产管理规章制度,并组织实施和监督检查 ◇ 会同归口管理部门编制无形资产投资可行性分析报告 ◇ 受理使用部门提出的无形资产技术鉴定申请 ◇ 审核无形资产的增加、调剂和处置办法 ◇ 组织拟定无形资产购置、转让合同或协议书 ◇ 负责组织对无形资产的清查、盘点、登记、统计汇总及日常监督核查工作 ◇ 核查、指导使用部门的无形资产管理工作 ◇ 组织协调有关单位对无形资产进行评估	◇ 支付无形资产购置款项 ◇ 收取无形资产处置所得款项 ◇ 审核超预算或预算外无形资产投资项目
7. 无形资产管理员	◇ 受理无形资产的增加、调剂和处置等申请 ◇ 负责无形资产可行性分析报告的编制执行工作 ◇ 拟定无形资产购置、转让合同或协议书 ◇ 指导无形资产使用部门对无形资产进行维护	◇ 审批无形资产处置办法 ◇ 使用无形资产
8. 无形资产归口管理部门负责人	◇ 会同资产管理部编制无形资产投资可行性分析报告 ◇ 会同资产管理部开展无形资产技术鉴定工作 ◇ 核查、指导使用部门的无形资产的使用与管理,确保无形资产保值增值、安全与完整 ◇ 参与企业使用无形资产进行投资的决策	◇ 办理或实施超预算或预算外无形资产投资项目 ◇ 无形资产会计处理
9. 财务部会计人员	◇ 负责登记归口管理的无形资产明细账 ◇ 对无形资产业务进行会计核算 ◇ 参与无形资产的验收、检查、处置工作 ◇ 参与无形资产清查盘点	◇ 审核无形资产的处置依据、处置方式、处置价格等 ◇ 支付无形资产购置款项 ◇ 收取无形资产处置所得款项
10. 财务部出纳人员	◇ 支付无形资产购置款项 ◇ 收取无形资产处置所得款项	◇ 无形资产会计处理

第四条 任职要求:

1. 具备良好的职业道德。
2. 具备良好的业务素养。
3. 掌握必要的基本岗位技能。
4. 获得从事相关岗位的职业资格证书。

第五条 本制度由资产管理部拟定,经总经理审批后生效。本制度解释权归资产管理部所有。

大同商场

____年__月__日

(五)无形资产的会计控制

对无形资产进行会计控制,需要建立健全无形资产会计管理规范和监督制度,且要充分体现权责明确、相互制约以及内部审计的要求。具体要求如下:
(1) 从企业内部管理要求出发,统一无形资产的会计政策。
(2) 企业应遵循会计准则和会计制度规定,根据经营管理需要,进行无形资产的会计核算。
(3) 加强对无形资产维护费用的监督和控制。
(4) 加强对无形资产价值的监督检查,有效防止企业无形资产的转移和流失。

(六)无形资产管理的评价与监督

建立无形资产内部控制评价与责任追究制度,监督评价无形资产管理活动全过程,对无形资产管理活动中的违法违规人员,追究其相应的法律责任。

(七)建立和健全无形资产内部控制制度

企业应当加强对无形资产的管理,建立健全无形资产分类管理制度,保护无形资产的安全,提高无形资产的使用效率,充分发挥无形资产对提升企业创新能力和核心竞争力的作用。

企业应当建立、健全无形资产的内部控制制度。通过梳理无形资产业务流程,明确无形资产投资预算编制、自行开发无形资产预算编制,规定取得与验收、使用与保全、处置和转移等环节的控制要求,并设置相应的记录或凭证,如实记载各环节业务的开展情况,及时传递相关信息,确保无形资产管理全过程得到有效控制。

无形资产内部控制的重点是:企业应当加强对品牌、商标、专利、专有技术、土地使用权等无形资产的管理,分类制定无形资产管理办法,落实无形资产管理责任制。无形资产内部控制的目标是:促进无形资产有效利用,充分发挥无形资产对提升企业核心竞争力的作用。

【学中做 4-11】

中国商标第一案——王老吉红绿之争案例分析

中国商标第一案——价值1 080亿的"王老吉"商标合同争议案在历时380多日后以广药胜诉告终,鸿道将被停用"王老吉"商标。

一、事件概述:王老吉红绿之争始末

1995年作为王老吉商标的持有者,广药集团将红罐王老吉的生产销售权租给了加多宝,而广药集团自己则生产绿色利乐包装的王老吉凉茶,也就是绿盒王老吉。

1997年,广药集团又与加多宝的母公司香港鸿道集团签订了商标许可使用合同。2000年双方第二次签署合同,约定鸿道集团对王老吉商标的租赁期限至2010年5月2日到期。

2001年至2003年期间,时任广药集团副董事长、总经理李益民先后收受鸿道集团董事长陈鸿道共计300万元港币。得到了两份宝贵的"协议":广药集团允许鸿道集团将"红罐王老吉"的生产经营权延续到2020年,每年收取商标使用费约500万元。

如今李益民早已因受贿罪被判刑,陈鸿道也早已保释外逃,至今未能将其抓捕归案。但王老吉商标却被贱租给鸿道集团,从2000年到2011年,广药集团的商标使用费仅增加56万元。

2004年广药集团下属企业王老吉药业推出了绿盒装王老吉。

2010年8月30日,广药集团就向鸿道集团发出律师函,申诉李益民签署的两个补充协议无效。2010年11月,广药启动王老吉商标评估程序,彼时王老吉品牌价值被评估为1 080.15亿元,跻身当时中国第一品牌。

2011年4月,广药向中国国际经济贸易仲裁委员会(以下简称"贸仲")提出仲裁请求,并提供相应资料;5月王老吉商标案立案,确定当年9月底开庭;后因鸿道集团一直未应诉,开庭时间推迟至 2011 年 12 月 29 日,但当日仲裁并未出结果。

2012 年 1 月,双方补充所有材料,确定 2 月 10 日仲裁;但贸仲考虑到王老吉商标价值,建议双方调解,并将仲裁时间再延期 3 个月,至 5 月 10 日。而因鸿道集团提出的调解条件是以补充合同有效为前提,广药无法接受,调解失败。

2012 年 5 月 11 日,广药集团收到中国国际经济贸易仲裁委员会日期为 2012 年 5 月 9 日的裁决书,贸仲裁决:广药集团与加多宝母公司鸿道(集团)有限公司签订的《"王老吉"商标许可补充协议》和《关于"王老吉"商标使用许可合同的补充协议》无效;鸿道(集团)有限公司停止使用"王老吉"商标。

2015 年 2 月 27 日,"王老吉"商标所有者广州医药集团有限公司(以下简称"广药集团")发布的《关于"王老吉"商标法律纠纷的进展公告》(以下简称《公告》)称,已就该商标纠纷案件向广东高院申请变更诉讼请求,将广东加多宝饮料食品有限公司(以下简称"加多宝")的赔偿金额由 10 亿元变更为 29.3 亿元。

二、事件详述

2001 年后,看到凉茶市场蓬勃发展前景的鸿道集团董事长陈鸿道寻求再次续签协议,并最终如愿以偿,得到了两份宝贵的"协议":广药集团允许鸿道集团将"红罐王老吉"的生产经营权延续到 2020 年,每年收取商标使用费约 500 万元。这个惊人的低价,与"红罐王老吉"市场上的红火,形成了强烈反差。

(一) 导火索:广药招募新合作伙伴

2010 年 11 月 10 日,广药集团在"中国知识产权(驰名商标)高峰论坛暨广药集团王老吉大健康产业发展规划新闻发布会"上宣布,广药集团旗下"王老吉"品牌价值,经北京名牌资产评估有限公司评估为 1 080.15 亿元,成为当时全中国评估价值最高的品牌。同时,广药集团还宣布在全球范围内公开招募新合作伙伴。

(二) 事件结果:广药集团胜诉

广州药业 2012 年 7 月 16 日公告,控股股东广州医药集团有限公司收到北京市第一中级人民法院日期为 2012 年 7 月 13 日的民事裁定书。根据该裁定书,北京一中院就鸿道(集团)有限公司提出的撤销中国国际经济贸易仲裁委员会于 2012 年 5 月 9 日作出的仲裁裁决的申请作出裁定,驳回鸿道集团提出的撤销国际经济贸易仲裁委员会作出的(2012)中国贸仲京裁字第 0240 号仲裁裁决的申请。

(三) 争议焦点:协议是否有效

当年香港鸿道通过行贿广药高管李益民而获得的商标使用补充协议是否有效,广药认为协议中王老吉商标租赁合同延期到 2020 年是无效的,商标已于 2010 年到期,而加多宝则坚持协议有效。

(四) 尘埃落定:共享共赢

2017 年 8 月,最高人民法院终审判决广药集团与加多宝公司对"红罐王老吉凉茶"包装装潢权益的形成均作出了重要贡献,双方可在不损害他人合法利益的前提下,共同享有"红罐王老吉凉茶"包装装潢的权益。11 月,加多宝官网宣称,广东高级人民法院就加多宝与王老吉公司、广药集团"怕上火"广告语一案的终审裁决:加多宝公司一直使用的"怕上火喝×××"等广告语句式改用在"加多宝凉茶"产品上,不构成不正当竞争;撤销广州中院一审判决,并驳回王老吉公司与广药集团的全部诉讼请求。这意味着,两家凉茶企业也将共享"怕上火"的广告语。持续多年的拉锯战,王老吉与加多宝的纠纷终于尘埃落定。战则两伤,和则两利。持久的消耗战或许只会对双方和社会资源造成巨大的浪费,放眼长远,共享无疑是对双方最好的安排。

三、事件分析

广药集团无形资产内部控制中存在的问题是什么,无形资产管理的风险和措施是什么?

(一) 相关知识点

商标权是商标专用权的简称,是指商标使用人依法对所使用的商标享有的专用权利。是商标注册人依法支配其注册商标并禁止他人侵害的权利,包括商标注册人对其注册商标的排他使用权、收益权、处分权、续展权和禁止他人侵害的权利。

品牌价值是品牌管理要素中最为核心的部分,也是品牌区别于同类竞争品牌的重要标志。迈克尔·波特在其品牌竞争优势中曾提到:品牌的资产主要体现在品牌的核心价值上,或者说品牌核心价值是品牌精髓所在。

商标授权又称商标许可,是指商标注册人通过签订商标使用授权合同,授权他人使用其注册商标。被授权者按合同规定从事经营活动(通常是生产、销售某种产品或者提供某种服务),并向授权者支付相应的费用——权利金;同时授权者给予人员培训、组织设计、经营管理等方面的指导与协助。

实际控制人是指虽不是公司的股东,但通过投资关系、协议或者其他安排,能够实际支配公司行为的人。简而言之,实际控制人就是实际控制上市公司的自然人、法人或其他组织。

品牌形象是消费者对传播过程中所接收到的所有关于品牌的信息进行个人选择与加工之后留存于头脑中的有关该品牌的印象和联想的总和。

经营权一般认为,对于经营权,有广义和狭义之分。广义的经营权"是指人们利用物资,从事经营活动的物权形态",是"经营的法律形式"。狭义的经营权则是"资产(资本)所有权衍生的、具有商品经营职能的法人他主物权"。

(二) 从无形资产价值管理角度分析

1. "王老吉品牌"是无形资产中的商标权

无形资产分为可辨认无形资产和不可辨认无形资产。可辨认无形资产包括专利权、专有技术、商标权、著作权、土地使用权、特许权等;不可辨认无形资产是指商誉。

2. 商标权授予他人使用,应对商标使用权的价值进行评估。

无形资产评估如品牌、商标等评估是根据特定目的,遵循公允、法定标准和规程,运用适当方法,对商标进行确认、计价和报告,为资产业务提供价值尺度的行为。无形资产评估可以使无形资产有了市场价值定位并使其价值不断得以发掘和提升,进而在资本扩张中成为旗帜并参与经营。

知识经济的市场化要求下,知识产权就是财富。品牌已经成为主体宣传自己,开展竞争的有力武器。一旦疏于保护,则被觊觎者得手。1998年6月24日,中国工程院院士、"杂交水稻之父"袁隆平品牌价值为1008.9亿元,一年后以其名字命名的"袁隆平农业高科技股份有限公司"在长沙正式成立,成为知识经济与品牌结合的典型例子。

为保护无形资产,维护当事人权益,提供经济依据对无形资产进行评估,有助于提高对无形资产管理的认识,加强无形资产管理,防止国有资产的流失,保护国家利益,促进无形资产的保值增值。另外,随着市场经济发展,无形资产在企业生产中的作用越来越重要。因而引起的纠纷也日益增多,各种无形资产的案件也越来越多,对于无形资产所有者被侵权的损失额和赔偿额等的确定,也要通过无形资产评估来解决,无形资产评估是公正、妥善地解决无形资产产权纠纷和侵权现象的必要手段。

无形资产价值评估,可采用收益法、市场价值法、成本法。本例中,可运用收益法,做好王老吉品牌未来收益期内的收益预测。第一步,确定收益期,可以根据无形资产的法律保护期限、签协期限或预期的经济受益期限来确定;第二步,在受益期内各年收益的预测,可以根据企业以前年度的收益情况,类似无形资产在本企业或其他企业的收益情况确定;第三步,关键是如何确定适当的折现率或资本化率;第四步,计算品牌价值。

3. 评估价值与合同价值差异分析

当2010年对王老吉品牌价值评估1 080.15亿元时,收取的商标使用费仅为每年约500万元,评估价值与实际合同价值差异巨大,商标授权使用合同涉嫌欺诈,存在不正当的利益输送。对相关的无形资产进行科学评估并使其具体量化出来,是防止欺诈的重要手段。

根据《合同法》规定,缔约当事人在订立合同的过程中应当遵守五个原则:当事人地位平等原则、自愿原则、公平原则、诚实信用原则和善良风俗原则。通过调查取证,当年香港鸿道集团通过行贿广药高管李益民而获得的与商标使用补充协议有关的两个合同,不符合上述合同订立的原则,合同被判无效,广药集团收回对鸿道集团授予的商标使用权,并依法索赔。

(三)从无形资产的内部控制角度分析

本案例反映了广药集团当年对无形资产疏于管理:既未对商标权进行有效的价值评估,又对商标权使用决策授权不当,决策程序不合理,以致某集团高管可以全权决定商标使用权的授予和价值,最终造成巨大损失。因此,建立健全无形资产的内部控制制度,并监督保障内控制度的有效执行,是加强无形资产管理、保障无形资产权益的有效措施。

学习任务: 拟为广药集团建立无形资产内部控制制度。

广药集团无形资产内部控制制度(草案)

第一节 风险识别

一、无形资产是否做到分类管理,是否能被有效利用和按规定年限摊销。

二、是否无形资产保密制度执行不严,造成企业商业秘密对外泄露。

第二节 控制目标

一、规范无形资产投资、管理行为。

二、保证公司无形资产的真实准确。

第三节 控制措施

一、授权批准

(一)授权方式

董事会的权限由公司章程规定或股东大会决定。

经理层人员的权限由董事会进行授权。

其他人员的授权由公司管理制度明确。

(二)权限划分

项 目	审批人	审 批 权 限
无形资产摊销政策	董事会	(1)制定和修订。 (2)以董事会决议形式发布。
无形资产购置	董事长	根据授权和文件规定进行审批。
无形资产的处置、清理	公司授权审批人	(1)董事长授权相关审批人。 (2)授权审批人审批正常到期无形资产清理事项。 (3)董事长对非到期无形资产处置进行审批。

(三)批准方式

重大无形资产投资、处置,经董事会决议后,由董事长审批。

无形资产摊销政策,经董事会决议后,由董事长审批。

其他事项审批,总经理或授权签批人在业务单或公司设定的审批单上签批。
(四) 授权批准管理
审批人根据无形资产授权批准制度的规定,在授权范围内进行审批,不得超越权限审批。
经办人在职责范围内,按照权限人的批准意见办理无形资产事项。
对于审批人超越授权范围审批,经办人有权拒绝并应拒绝办理,并及时向审批人的上级授权部门报告。

二、无形资产记录与报告
(一) 无形资产的登记
对于特定部门使用的无形资产,由使用部门登记购置金额、使用年限、已使用年限等,每年或到期日同财务部门进行核对。
对于无特定部门(企业整体)使用的无形资产,由财务部门登记相关信息。
(二) 无形资产会计记录
公司财务部门按照国家统一的会计准则制度的规定,对无形资产及时核算,正确反映无形资产的价值。
财务部门定期与使用部门核对无形资产状况。
(三) 无形资产的报告
财务部门每年对无形资产的项目、价值状况进行报告。
财务部门对到期或处置的无形资产作出清理请示,按照管理权限逐级上报。

三、岗位制衡
(一) 无形资产的请购与审批、审批与执行应分离。
(二) 无形资产的采购与验收、付款分离。
(三) 无形资产的处置与收款分离。
(四) 无形资产的清理申请、审批与会计记录分离。
(五) 公司内不得由同一部门或个人办理无形资产的全过程业务。

四、素质控制措施
(一) 具有良好的职业道德。
(二) 符合公司规定的岗位任职要求。
(三) 熟悉无形资产的价值评定等基本知识。

五、内控责任控制措施
(一) 无形资产的购置由计划部门办理。
(二) 无形资产的购置、使用协议由法律部门办理。
(三) 付款和会计记录由财务部门办理。
(四) 公司未经授权的机构或人员,不得办理无形资产业务。

六、无形资产管理控制措施
(一) 每年对无形资产状态进行核对。
(二) 每年对无形资产价值进行核实。

七、监督控制措施
(一) 监督检查主体,集团公司审计部及财务部采用定期或不定期方式对公司无形资产管理行为进行审计和监督。
(二) 监督检查内容

无形资产业务相关岗位及人员的设置情况，重点检查是否存在不相容职务混岗的现象。

无形资产业务授权批准制度的执行情况，重点检查授权批准手续是否健全，是否存在越权审批行为。

无形资产处置制度的执行情况，重点检查存货处置是否经过授权批准，处置价格是否合理，处置价款是否及时收取并入账。

无形资产会计核算制度的执行情况，重点检查是否按照规定方法和渠道进行价值摊销。

（三）监督检查结果处理

对监督检查过程中发现的无形资产业务内部控制中的薄弱环节，负责监督检查的部门应当告知有关部门，有关部门应当及时查明原因，采取措施加以纠正和完善。

监督检查部门应当向总经理报告无形资产事项业务内部控制监督检查情况和有关部门的整改情况。

第四节　业务流程

无形资产管理的相关业务流程如图 4-43 所示。

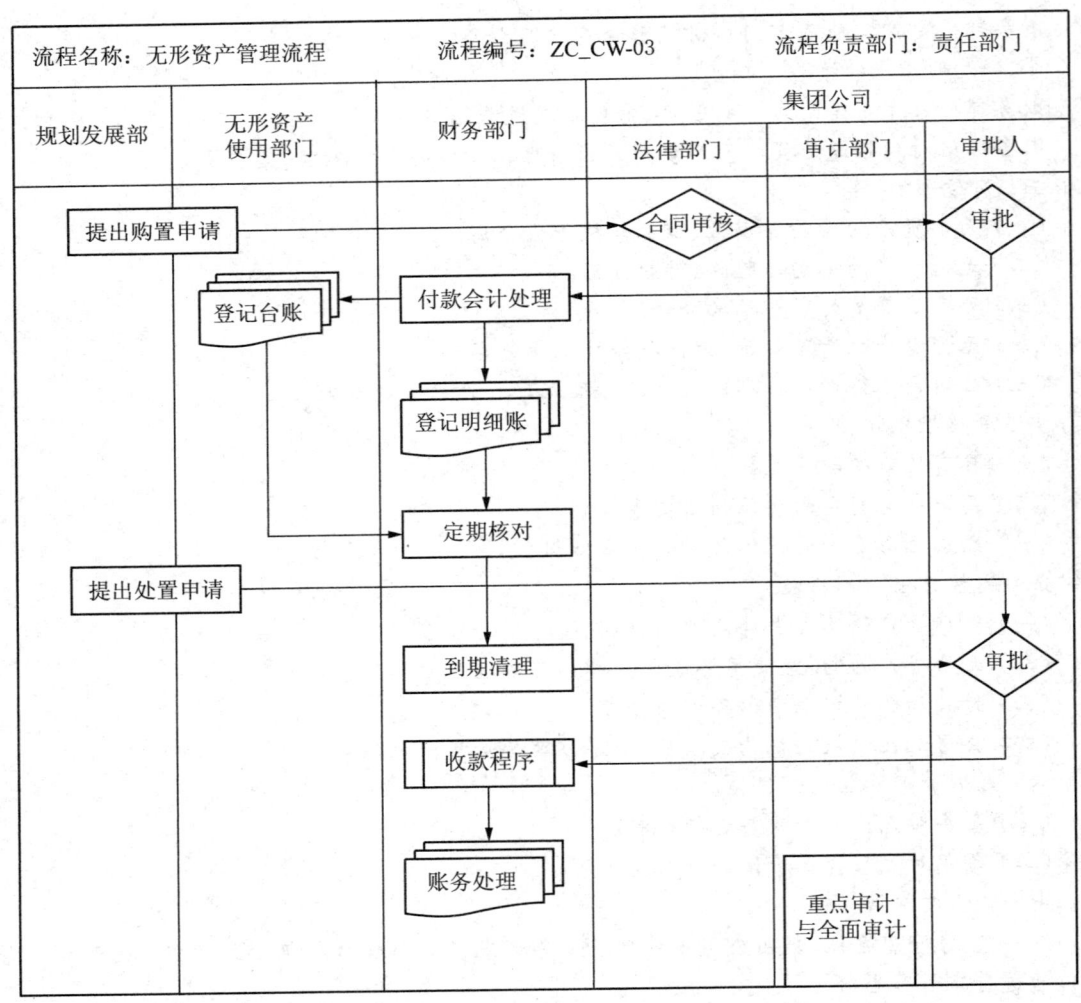

图 4-43　无形资产管理流程

第五节 关键控制点

无形资产管理的关键控制点如表4-17所示。

表 4-17　　　　　　　　　　　　关键控制点

业务操作	操作人	控制要求	备注
购置	规划部门 使用部门	(1) 根据工作需要或国家要求提交购置申请； (2) 购置申请应包括必要性和未来评测数据	
摊销政策	董事会	摊销政策由董事会批准，并在集团内统一实施	
清理审批	授权人	(1) 按照权限审批无形资产处置和到期清理； (2) 不得越权审批	
价值测算	财务部门	(1) 根据摊销政策进行摊销； (2) 对有证据证明存在减值的无形资产进行减值测试； (3) 正确核算无形资产账面价值	

第六节 备查文件

一、《中华人民共和国会计法》
二、《企业内部控制基本规范》
三、《企业内部控制应用指引第8号——资产管理》
四、《关于印发〈GY集团有限公司会计核算办法〉的通知》

广药集团股份有限公司
____年__月__日

【延伸阅读】

无形资产审计应重点关注五大方面

无形资产审计，主要审查无形资产是否存在、有无虚构，购入是否合法，入账价值是否正确，是否按照国家法规及合同协议或已批复的企业申请书的规定期限及有效使用年限分期摊销，摊销数额的计算是否正确；审查无形资产的转让是否合规，注意转让或出售作价价格是否合理，其收入是否及时入账，账务处理是否正确。以无形资产作价对外投资，注意其作价是否经过具有评估资质的评估机构评估。

无形资产审计是属于经济效益审计的范畴，审计的目的是促进企业加强无形资产的开发与管理、提升企业竞争力、提高企业经济效益，同时对促进企业提高对无形资产重要性的认识及管理机制的形成具有长远的战略意义。对此，下面将详细介绍无形资产审计时应重点掌握的五大方面。

1. 审查无形资产内控制度

严密的内部控制制度是防止无形资产流失的重要前提。无形资产内控制度包括无形资产开发、购置和转让的计划审批制度、职责分工制度、保护制度、评估制度等。审计人员应对有无无形资产的内控制度，内控制度是否严格，执行考核进行审计，包括企业自创、外购、使用中的无形资产是否有严格的管理制度和内控制度，其中重点审查科研项目的内控制度，因为科研项目是企业形成无形资产和技术优势的关键。审查时间为从立项至申请到专利权之前。在项目人员、经手人变动时，审查有关项目合同、项目技术的进展情况；项目设备、仪器、技术资料；项目资金应收款、应付款情况等是否有严格的交接手续。审查技术骨干调动时，有无防止正在研究的项目技术和财产的流失情况，及查看相应防控措施是否健全。

2. 审查无形资产的确认情况

由于无形资产无实物形态，无法进行实物盘点，因此审计过程中应以无形资产的确认作为审查重点。所以，审计人员对每项无形资产都要进行验证，核对相应的文件资料，确定其所有权是否归属或受控于被审计单位。若有虚列或不当之处，应先查明原因，然后提请被审计单位予以调整。具体应注意以下几方面：

（1）审计人员应取得并核对每一项无形资产增加和减少的授权批准文件，以确定无形资产增减业务的合法性。

（2）不同来源的无形资产计价方法是不同的。审计人员审查时，应注意区分不同来源取得的无形资产，从而确定无形资产成本的正确性。应特别注意审查企业有无虚列或多列无形资产价值，从而提高所有者权益的情况。

（3）企业根据需要将无形资产出租、转让、投资、出售、报废等时，某些情况不会导致无形资产价值的减少，如出租某项无形资产，只增加其他业务收入，不影响无形资产的价值，而企业出售投资转出无形资产，其价值则减少，审计人员应根据不同的处置方式对无形资产开展适当的审计。

3. 审查无形资产的摊销情况

《企业会计准则第6号——无形资产》中规定，使用寿命有限的无形资产的摊销采用类似固定资产的处理方式，计入管理费用或制造费用。对使用寿命不确定的无形资产不摊销，只在每个会计期间进行减值测试。审计人员审查无形资产摊销时，要审核其是否是使用寿命有限的无形资产，对使用寿命有限的无形资产应审查是否计提摊销，摊销期、摊销方法的选择及金额计算是否正确，有无利用无形资产的摊销来调节损益的情况。审查企业无形资产的归类变更是否合理，摊销是否按规定列入管理费用或制造费用，有无与其他支出相混淆的情况。根据收集到的有关资料来判断无形资产有效期是否合理正确。审查企业是否具有由法定评估部门出具的评估证书，从而查明企业有无未经评定擅自作价的行为。还要查明这些评估机构是否具有相应资质。审查可按相关规定的摊销期限标准及方法判别企业无形资产摊销是否正常、合规。

4. 审查无形资产的减值处理情况

会计准则对无形资产摊销方法、使用寿命及会计处理的相关规定虽然在一定程度上减少了企业的舞弊行为，但审计人员在审核中仍应注意被审计单位是否定期进行减值测试，减值测试是否合理。由于现行会计准则对减值测试仍没有具体标准可寻，这就更依赖于审计人员的职业判断。在计提减值准备方面，要审查被审计企业是否计提减值准备，计提是否达到规定的条件，计提的金额是否正确。

5. 审查无形资产的研发情况

审查无形资产的研发情况时，首先，审计人员要审核被审计单位对"研究"与"开发"阶段的划分是否正确，有何依据。其次，对两个阶段的账务处理进行审查，无形资产会计准则规定，研究阶段支出应全部费用化，计入当期损益（管理费用），开发阶段支出符合条件的，予以资本化，不符合条件的则计入当期损益（管理费用），无法区分两个阶段的支出全部费用化，计入当期损益。审计人员在审核中应注意企业有无故意混淆两个阶段支出或将应费用化的支出资本化、应资本化的支出费用化的行为，金额正确与否，以判断企业是否利用准则的自由度进行盈余管理甚至利润操纵。

综上所述，无形资产审计要求具有很强的专业性和技术性，现行会计准则在给予企业更大会计处理自由度的同时，也给审计人员的审计工作提出了更高的要求，所以必须提高审计人员的职业判断能力，同时吸收公司战略专家、知识产权专家、资产评估专家及市场分析专家等的意见，以保证审计工作更好地进行。

【引例解析】

大同集团资产管理内部控制的问题与建议如下。

1. 存货管理

由于大同机电设备有限公司现行的存货管理制度存在制度缺陷和制度漏洞，存货管理的风险未能得到有效的防控，因此建议从以下方面改进存货管理的内部控制：

（1）存货的保管和记账职责要分离，不能由一人担任。

（2）仓库保管员在收到采购部门送交的存货和验收部门的验收单后，根据入库情况填制存货入库单，并据以登记存货实物收、发、存台账。存货入库单应事先连续编号，并由交接各方签字后留存。

（3）对原材料和辅助材料等各种存货的领用实行审批控制。即各车间根据生产计划编制领料单，经授权人员批准签字，仓库保管员经检查手续齐备后，办理领用。

（4）对已领未用的剩余辅助材料根据具体情况实施假退库或退库控制。如果辅助材料不再需要使用，办理退库手续。如果在后续生产中仍需使用，可办理一退一领的假退库手续。

（5）存货盘点应使用永续盘存制，仓库保管人员设置存货实物账，按存货的名称分别登记存货收、发、存的数量；财务部门设置存货明细账，按存货的名称分别登记存货收、发、存的数量、单价和金额。

2. 固定资产管理

大同交通公司低价转让国有资产的案例中反映出的固定资产内部控制的问题有：

（1）重大资产的处置由总经理独自决策，违背了内部控制中重要性、制衡性原则对重大事项应由集体决策或审批的要求。

（2）不经招投标，确定由总经理表弟所在的评估机构承接评估业务，违背了独立性原则。

可采取的优化措施有：

（1）固定资产的处置，应该按规定的流程和授权进行，特别是重大资产的处置，更应该实行集体决策或审批，不能由某一人说了算。

（2）固定资产的评估作价，应通过公开招投标选择资产评估机构，对于主要决策者的近亲属等关联关系，要执行回避原则，并充分、谨慎地评估事务所从事此项业务能否保持独立性、客观性、公正性。

3. 无形资产管理

大同商场无形资产内部控制中存在的问题是：

大同商场在无形资产管理中，没有进行职责分工、权限范围和审批程序不明确规范、机构设置和人员配备不科学不合理。关于无形资产的转让，照理应该经董事会讨论通过，但实际上是总经理一个人说了算，只要他签字同意，别人就可以大同商场的名义进行挂牌营业，权力过于集中，缺乏制度的约束和制约，使得决策失误或以权谋私的现象容易发生。

大同商场无形资产内部控制制度可从以下方面考虑设计：

建议商场应该设置专门的无形资产管理部门，配备专门的无形资产管理人员对商场的无形资产进行综合、全面、系统的管理。无形资产管理部门的主要职能包括：对企业所有无形资产的开发、引进、投资进行总的控制；就无形资产在企业生产经营管理中实施应用的客观要求，协调企业内部其他各有关职能部门的关系；协调与企业外部国家有关专业管理机构的关系；协调企业与其他企业的关系；维护企业无形资产资源安全完整；考核无形资产的投入产出状况和经济效益情况。

企业应当建立无形资产业务的岗位责任制，明确相关部门和岗位的职责、权限，确保办理无形资产业务的不相容岗位相互分离、制约和监督。同一部门或个人不得办理无形资产业务的全过程。有效的内部控制制度应该保证对同一项业务的审批、执行、记录和复核人员的职务分离，以减少因一人多权而导致的舞弊现象发生。

在授权审批方面要明确授权批准的范围。通常无形资产研究与开发、购置和转让计划都应纳入其范围。授权批准的层次，应根据无形资产的重要性和金额大小确定不同的授权批准层次，从而保证各管理层有权亦有责。明确被授权者在履行权力时应对哪些方面负责,应避免责任不清。应规定每一类无形资产业务的审批程序,以便按程序办理审批,以避免越级审批、违规审批的情况发生。单位内部的各级管理层必须在授权范围内行使相应职权,经办人员也必须在授权范围内办理经济业务。审批人应当根据无形资产业务授权批准制度的规定,在授权范围内进行审批,不得超越审批权限。经办人在职责范围内,按照审批人的批准意见办理无形资产业务。对于审批人超越授权范围审批的无形资产业务,经办人员有权拒绝办理,并及时向上级部门报告。对于重大的无形资产投资转让等项目,应当考虑聘请独立的中介机构或专业人士进行可行性研究与评价,并由企业实行集体决策和审批,防止出现决策失误而造成严重损失。

【工作任务 4-3】

熟悉资产管理内部控制制度建设

任务分析:

主要根据内部控制的五目标、五原则、五要素,结合 A 集团公司资产管理的实际情况,为 A 集团公司设计资产管理内部控制优化方案。

操作步骤:

(1) 搜集内控信息。运用查询、函证、检查文件、重新执行等手段,搜集 A 公司资产管理的相关信息,重点关注资产的安全、完整、收益等信息,如存货收发存制度现状、固定资产的验收、维护、处置,会计信息,无形资产价值信息。

(2) 评估内控风险。对所搜集的信息进行整理,分析 A 公司资产管理中的高危风险点。

(3) 分析控制现状。分析控制现状,发现正在执行中的资产管理内部控制制度的设计缺陷或执行中的问题,即"提出问题"。

(4) 分析风险成因。针对高危风险点,分析成因,确定风险应对策略,即"分析问题"。

(5) 拟定优化措施。针对控制现状,拟定适用的关键控制措施,提出解决方案或优化建议,即"解决问题"。

(6) 完成设计任务。完成《A 公司资产管理内部控制制度优化方案》。

任务四 销售业务内部控制

引 例

退货退款环节舞弊案例

大同机电设备有限公司办理销售、发货、收款三项业务的部门分别设立。同时,考虑到销售部门比较熟悉客户情况,也便于销售部门进行业务谈判,授权销售部门兼任信用管理机构。对大额销售业务,销售部门可自主定价、签署销售合同。为逃避银行对公司资金流动的监控,企业在销售业务中尽可能利用各种机会由业务员向客户收取现金,然后交财会部门存放在专门的账户上。某月销售业务员甲联系到一个大客户,办理 300 万元的销售任务,并将款项交财会部门入账。次月,该业务员谎称对方要求退货,并自行从其他企业低价购入同类商品要求仓储部门验收入库。仓储部门发现商品、商标都未丢失,但未进行进一步查验,直接办理了各项手续(但没有出具质检报告)。财会部门将退货款项转入业务员提供的银行账号。

问题与思考:分析大同机电设备有限公司销售业务存在的问题,并提出改进销售业务内部控制制度的建议。

一、销售业务的概念及特点

销售,是指企业出售商品(或提供劳务)及收取款项等相关活动。企业应当加强销售、发货、收款等环节的管理,采取有效控制措施,规范销售行为,扩大市场份额,确保实现销售目标。销售业务是企业的主要经营业务之一,也是解决企业收入的重要环节。销售业务具有过程较为复杂、存在较大的风险和会计处理复杂等特点,企业为了规范销售行为,防范销售过程中的差错和舞弊,保证销售业务会计记录的真实可靠,有必要建立健全销售业务的内部控制。

企业强化销售业务管理,应当对现行销售业务流程进行全面梳理,查找管理漏洞,及时采取切实措施加以改正;与此同时,还应当注重健全相关管理制度,明确以风险为导向的、符合成本效益原则的销售管控措施,实现与生产、资产、资金等方面管理的衔接,落实责任制,有效防范和化解经营风险。

二、销售业务流程和环节

(一)销售业务流程

销售业务流程如图 4-44 所示。

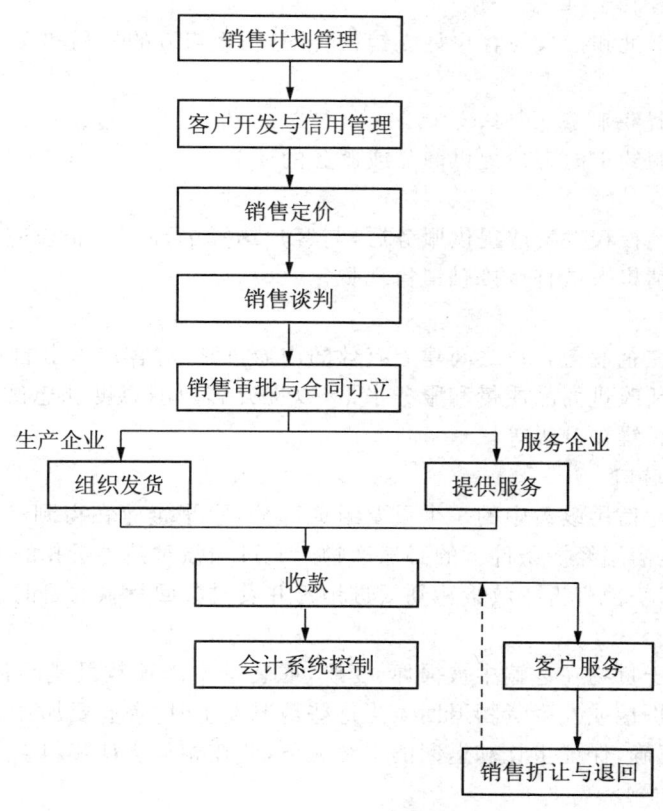

图 4-44 销售业务流程图

(二)销售业务的主要环节分析

销售业务可以分为销售计划管理、客户开发与信用管理、销售定价、销售谈判、销售审批与合同订立、组织发货或提供服务等10个主要环节。

1. 销售计划管理

销售业务从销售计划(或预算)开始,结合企业实际情况,制定年度销售计划。销售计划是在进行销售预测的基础上,结合企业生产能力,设定总体目标额及不同产品的销售目标额,进而为能实现该目标而设定的具体营销方案和实施计划,以支持未来一定期间内销售额的实现。

2. 客户开发与信用管理

企业应当积极开拓市场份额,加强现有客户维护,开发潜在目标客户,对有销售意向的客户进行资信评估,根据企业自身风险接受程度确定具体的信用等级。

3. 销售定价

确定、调整和审批商品销售价格。

4. 销售谈判

企业在销售合同协议订立前,应当指定专门人员就销售价格、信用政策、发货及收款方式等具体事项与客户进行谈判。重大的销售业务谈判应当吸收财会、法律等专业人员参加,并形成完整的书面记录。销售合同应当明确双方的权利和义务,审批人员应当对销售合同草案进行严格审核。重要的销售合同,应当征询法律顾问或专家的意见。

5. 销售审批与合同订立

企业应当根据审批和授权与客户订立销售合同,明确双方的权利和义务,以此作为开展销售活动的基本依据。

6. 组织发货或提供服务

根据销售合同的约定向客户提供商品或服务的环节。

7. 收款

收款是指企业经授权发货或提供服务后,与客户结算的环节。企业应当及时办理销售收款业务。应当避免销售人员直接接触销售现款。

8. 客户服务

客户服务是指在企业与客户之间建立有效的沟通机制,对客户提出的问题,企业应及时解答或反馈、处理,不断改进商品质量和服务水平,以提升客户满意度和忠诚度。客户服务包括产品维修、销售退回、维护升级等。

9. 销售折让与退回

销售折扣是企业信用政策中的一个重要组成部分,它是企业在得到一定利益的情况下放弃部分销售收入,是信用经济条件下的必然产物。通过加强对销售折扣的内部控制,主要是确定销售折扣的"度",使销售折扣政策达到促进销售并及时收回货款的目的,防止销售折扣中以权谋私行为的发生。

销售中可能由于货物在运输中被损坏、变质,或装运中出现数量或品种错误等情况,因而要给予客户一定的折让或发生货物退回。当这些情况发生时,企业要加强控制,检查其理由是否恰当,金额是否正确,保证折让和退回的手续完备,并在相关会计资料上予以体现。

10. 会计系统控制

会计系统控制是指利用记账、核对、岗位职责落实和相互分离、档案管理、工作交接程序等会计控制方法,确保销售收入的确认、应收款项的管理、坏账准备的冲销、销售折扣和退回等的处理合法、合规,确保销售业务会计信息真实、准确、完整。

三、销售业务的主要风险点及其管控措施

分析销售业务的主要风险,确定销售中的关键风险点,选择风险应对策略,制定风险控制措施。

(一)销售业务的主要风险

企业销售过程中存在的主要风险包括:销售政策和策略不当、市场预测不准确、销售渠道管理不当等,可能导致销售不畅、库存积压、经营难以为继;客户信用管理不到位、结算方式选择不当、账款回收不力等,可能导致销售款项不能收回或遭受欺诈;销售过程存在舞弊行为,可能导致企业利益受损。

1. 销售计划管理环节的主要风险

销售计划缺乏或不合理,或未经授权审批,导致产品结构和生产安排不合理,难以实现企业生产经营的良性循环。

2. 客户开发与信用管理环节的主要风险

客户丢失或市场拓展不力;客户选择不当,销售款项不能收回或遭受欺诈。

3. 销售定价环节的主要风险

价格过高或过低、销售受损;价格未经恰当审批,或存在舞弊,损害企业经济利益或者企业形象。

4. 销售谈判环节的主要风险

与客户谈判过程中,未以已经批准的销售价格、信用政策、发货及收款方式作为谈判的底线。重大的销售业务谈判未吸收财会、法律等专业人员参加,未征询会计、法律等专业性人员的意见,谈判过程无完整的书面记录。

5. 销售审批与合同订立环节的主要风险

合同内容存在重大疏漏和欺诈,未经授权对外订立销售合同,销售价格、收款期限等违背企业销售政策,可能导致企业经济利益受损。

6. 组织发货或提供服务环节的主要风险

未经授权发货或发货不符合合同约定,可能导致货物损失、客户与企业出现销售争议、销售款项不能收回。

7. 收款环节的主要风险

企业信用管理不到位、结算方式选择不当、票据管理不善、账款回收不力,导致销售款项不能收回或遭受欺诈;收款过程中存在舞弊,使企业经济利益受损。

8. 客户服务环节的主要风险

客户服务水平低,消费者满意度不足,影响公司品牌形象,造成客户流失。

9. 销售折让与退回环节的主要风险

销售折扣、销售折让、销售退回未经授权审批,相应记录不完整。

10. 会计系统控制环节的主要风险

缺乏有效的销售业务会计系统控制,可能导致企业账实不符、账证不符、账账不符或者账表不符,影响销售收入、销售成本、应收款项等会计核算的真实性和可靠性。

(二)销售业务的关键风险控制点、控制目标和控制措施

销售业务的关键风险控制点、控制目标和控制措施如表4-18所示。

表 4-18　　　　　　　　　　　　销售业务风险控制表

关键风险控制点	控制目标	控制措施
销售计划管理	在合理销售预测基础上形成的销售计划应与企业生产(或服务)能力相适应	(1) 结合企业实际情况,制订年度销售计划。企业应当根据发展战略和年度生产经营计划。在此基础上,结合客户订单情况,制订月度销售计划,并按规定的权限各程序审批后下达执行。 (2) 及时调整销售计划。定期对各销售区域的销售额、进销差价、销售计划与实际销售情况等进行分析,结合生产现状,及时调整销售计划,调整后的销售计划需履行相应的审批程序
客户开发与信用管理	开拓市场份额,加强现有客户维护,开发潜在目标客户,对客户进行资信评估	(1) 合理确定目标市场,确定定价机制和信用方式。企业应当在进行充分市场调查的基础上,合理细分市场,根据不同目标群体的具体要求,确定定价机制和信用方式,灵活运用各种销售策略和营销方式,提高市场占有率,实现销售目标。 (2) 建立和不断更新维护客户信用动态档案。由相对独立于销售部门的信用管理部门对客户付款情况进行持续跟踪和监控,提出划分、调整客户信用等级的方案。 (3) 建立信用审批制度。根据客户信用等级和企业信用政策,拟定客户赊销限额和时限,经销售、财会等部门具有相关权限的人员审批。对于境外客户和新开发客户,应当建立严格的信用保证制度
销售定价	根据企业价格政策和市场供需情况及盈利分析,合理定价或进行价格调整。销售定价经恰当审批和授权	(1) 定期评价产品基准价格的合理性,定价或调价需经具有相应权限人员的审核批准。应根据有关价格政策,综合考虑企业财务目标、营销目标、产品成本、市场状况及竞争对手情况等多方面因素,确定产品定价。 (2) 一定限度的价格浮动权。在执行定价的基础上,针对某些商品可以授予销售部门一定限度的价格浮动权,销售部门可将价格浮动权向下实行逐级递减分配,同时明确权限报告人。价格浮动权限执行人必须严格遵守规定的价格浮动范围,不得擅自突破
销售谈判	根据授权,在销售谈判中坚守谈判的底线。谈判过程有完整的书面记录	(1) 在与客户谈判过程中,以已经批准的销售价格、信用政策、发货及收款方式作为谈判的底线。重大的销售业务谈判应当吸收财会、法律等专业人员参加。 (2) 有完整的销售谈判过程书面记录。 (3) 进行客户信用调查。销售部门和信用管理部门需要协助谈判人员展开对客户的信用调查,包括获取信用评估机构对客户信用等级的评估报告
销售审批与合同订立	建立健全销售合同订立及审批管理制度。销售合同权责清楚、合法、合规	(1) 建立健全销售合同订立及审批管理制度。明确必须签订合同的范围,规范合同订立程序,确定具体的审核、审批程序和所涉及的部门人员及相应权责。 (2) 销售合同应当明确双方的权利和义务,审核、审批应当重点关注销售合同草案中提出的销售价格、信用政策、发货及收款方式。重要的销售合同,应当征询法律专业人士的意见。 (3) 销售合同草案经审批同意后,企业应授权有关人员与客户签订正式销售合同

续 表

关键风险控制点	控制目标	控制措施
组织发货或提供服务	按合同约定向客户提供商品或服务	(1) 销售部门按照经审核后的销售合同(审批通过的老客户的销售订单)开具销售通知单交仓储部门和财会部门。 (2) 销售部门编制销售发票通知单,并经审批后下达给财会部门,由财会部门或经授权的有关部门在开具销售发票前对客户信用情况及实际出库记录凭证进行审查,确认无误后,根据销售发票通知单向客户开出销售发票。 (3) 仓储部门对销售通知单进行审核后,按要求发货,形成相应的发货单据,并对发货单据连续编号。 (4) 企业应当在销售与发货环节做好相关记录,填制相应的凭证,建立完整的销售登记制度,并加强销售订单、销售合同协议、销售计划、销售通知单、发货凭证、运货凭证、销售发票等文件和凭证的相互核对工作
收 款	及时、完整、准确地收回销售款项	(1) 选择恰当的结算方式,加快款项回收,明确应收票据的受理范围和管理措施。 (2) 建立票据管理制度,特别是加强商业汇票的管理,加强赊销管理。 (3) 销售部门负责应收款项的催收,催收记录(包括往来函电)应妥善保存。 (4) 企业应当将销售收入及时入账,不得账外设账,不得擅自坐支现金,应当避免销售人员直接接触销售现款。及时与代销商结算款项,及时缴存银行并登记入账
客户服务	提升服务水平,提高客户满意度,稳定客户,树立公司品牌形象	(1) 结合竞争对手客户服务水平,建立和完善客户服务制度,包括客户服务内容、标准、方式等。 (2) 设专人或部门进行客户服务和跟踪。 (3) 建立产品质量管理制度。 (4) 加强销售退回控制。 (5) 做好客户回访工作,定期或不定期开展客户满意度调查
销售折让与退回	严格授权审批,建立完善销售折让和销售退回管理制度	(1) 销售折扣、销售折让等政策的制定应由具有相应权限的人员审核批准。 (2) 销售折扣、销售折让授予的实际金额、数量、原因及对象应予以记录,并归档备查。 (3) 加强销售退回控制。销售退回需由具有相应权限的人员审批后执行;销售退回的商品应当参照物资采购入库管理。可分为验收客户退回的货物、填制退货接收报告、调查退货索赔、核准退货、填制和邮寄贷项通知单、会计记录六个流程管理
会计系统控制	建立有效的销售会计控制系统,如实反映企业销售业务,保障销售物资和销售资金安全	(1) 详细记录销售客户、销售合同、销售通知、发运凭证、商业票据、款项收回等情况,确保会计记录、销售记录与仓储记录核对一致。 (2) 建立应收账款清收核查制度,销售部门应定期与客户对账,并取得书面对账凭证,财会部门负责办理资金结算并监督款项回收,及时收集应收账款相关凭证资料并妥善保管。 (3) 及时要求客户提供担保。 (4) 按照会计准则规定计提坏账准备,并按照权限范围和审批程序进行审批

(三) 销售业务的岗位分工与授权批准制度

1. 销售业务的主要参与部门及主要任务

销售部门、生产部门、货管部门、财务部门、审批部门、监督部门等共同参与销售业务。其中,销售部门、生产部门、货管部门、财务部门的具体职责如表 4-19 所示。

表 4-19　　　　　　　　　　　销售业务职责表

相关的主要部门	对应单据	主要工作任务
销售	销售计划表	销售计划管理
销售,财务	客户资信状况表	客户开发与信用管理
销售,财务	销售报价表	销售定价
销售,财务,货管,生产	销售合同或订单	销售审批与合同订立
货管,销售,财务	销售出库单,发票	组织发货或提供劳务
财务,销售	收款凭证	收款
货管,销售,财务	退货单	退货

2. 建立销售业务的岗位责任制

按照权责对等原则,建立销售业务岗位责任制,明确相关部门和岗位的职责权限,确保不相容职务相互分离、制约和监督。不得由同一部门或个人办理销售与收款业务的全过程。配备合格的业务人员并视具体情况进行岗位轮换。

销售与收款业务不相容岗位至少包括:

(1) 客户信用管理与销售合同协议的审批、签订。
(2) 销售合同协议的审批、签订与办理发货。
(3) 销售货款的确认、回收与相关会计记录。
(4) 销售退回货品的验收、处置与相关会计记录。
(5) 销售业务经办与发票开具、管理。
(6) 坏账准备的计提与审批、坏账的核销与审批。

3. 建立销售业务授权批准制度

销售业务的授权批准制度要求包括以下四个方面:

(1) 明确审批人对销售与收款业务的授权批准方式、权限、程序、责任和相关控制措施,审批人应当在授予权范围内进行审批,不得超越审批权限。

(2) 规定经办人办理销售业务的职责范围和工作要求。经办人应当在职责范围内按照审批人的批准意见办理销售与收款业务。对于审批人超越权限范围审批的销售业务,经办人有权拒绝办理,并及时向审批人的上级授权部门报告。

(3) 对于超过单位既定销售政策和信用政策规定范围的特殊销售业务,应当实行集体决策,防止个人决策失误而造成严重损失。

(4) 严禁未经授权的机构或人员办理销售与收款业务。

4. 销售业务的相关机构人员、业务风险、流程及授权批准控制

销售业务的相关机构人员、业务风险、流程及授权批准控制,如图 4-45 至图 4-47 所示。

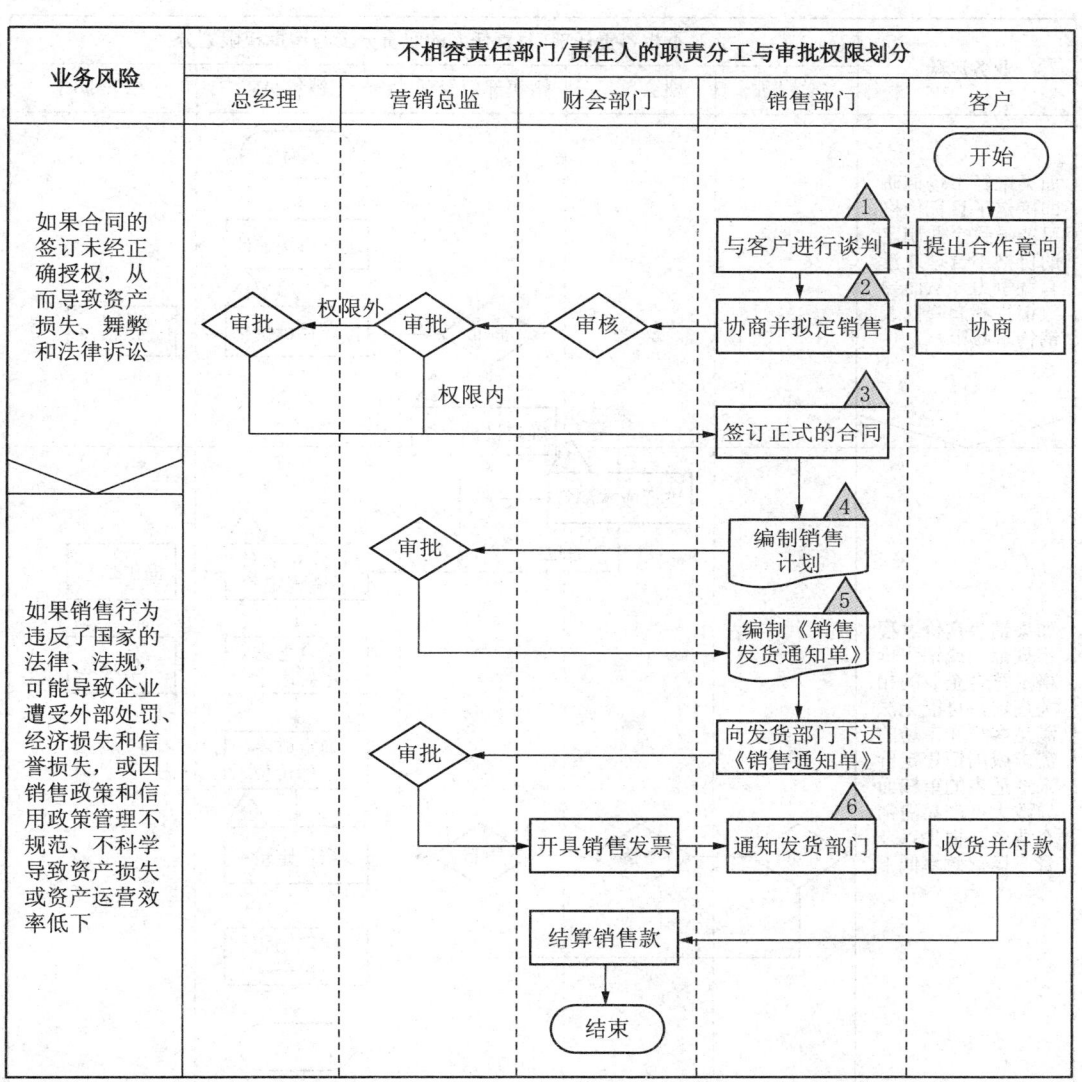

图 4-45 企业销售业务审批流程与风险控制图

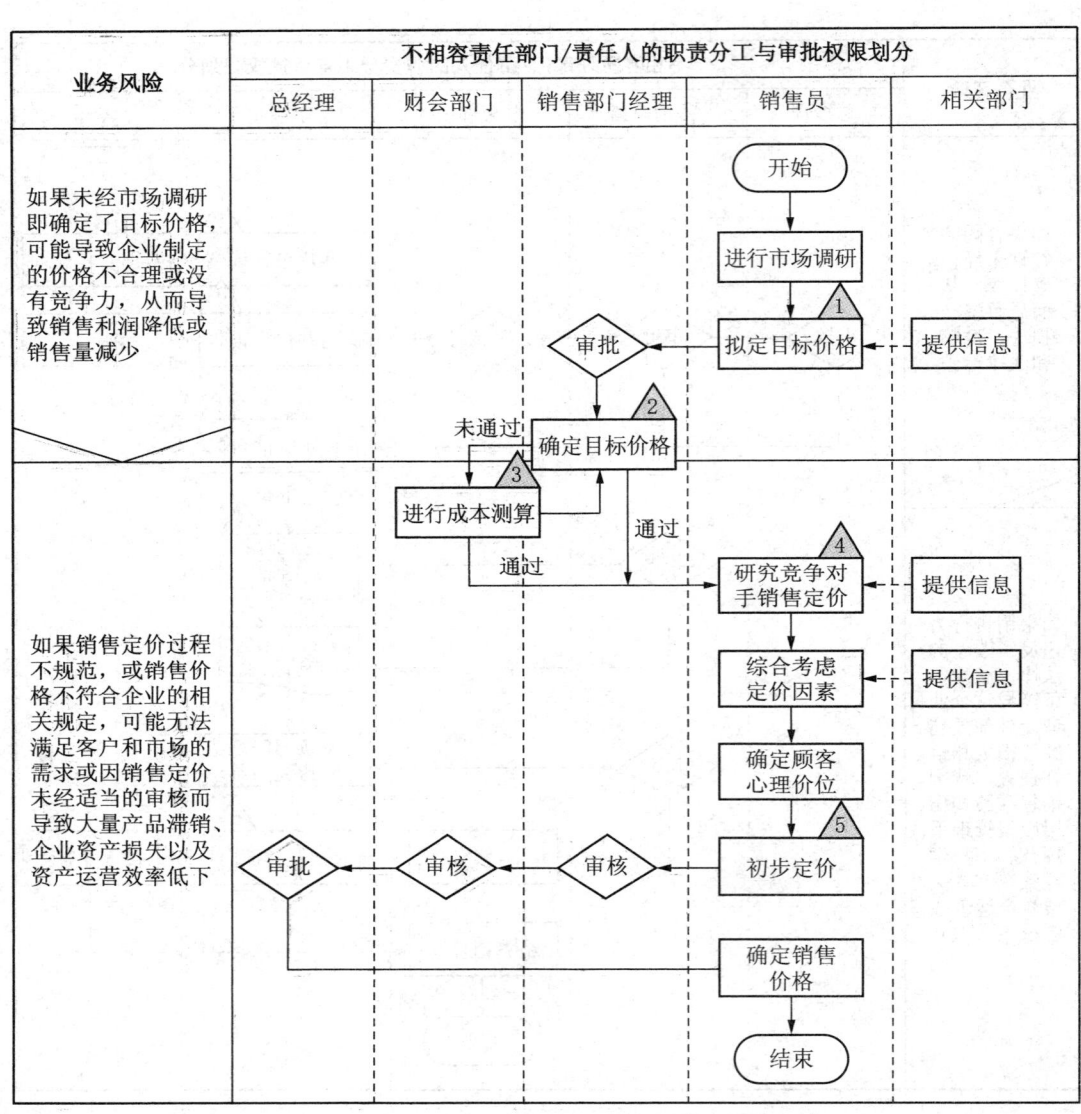

图 4-46 企业销售定价业务流程与风险控制图

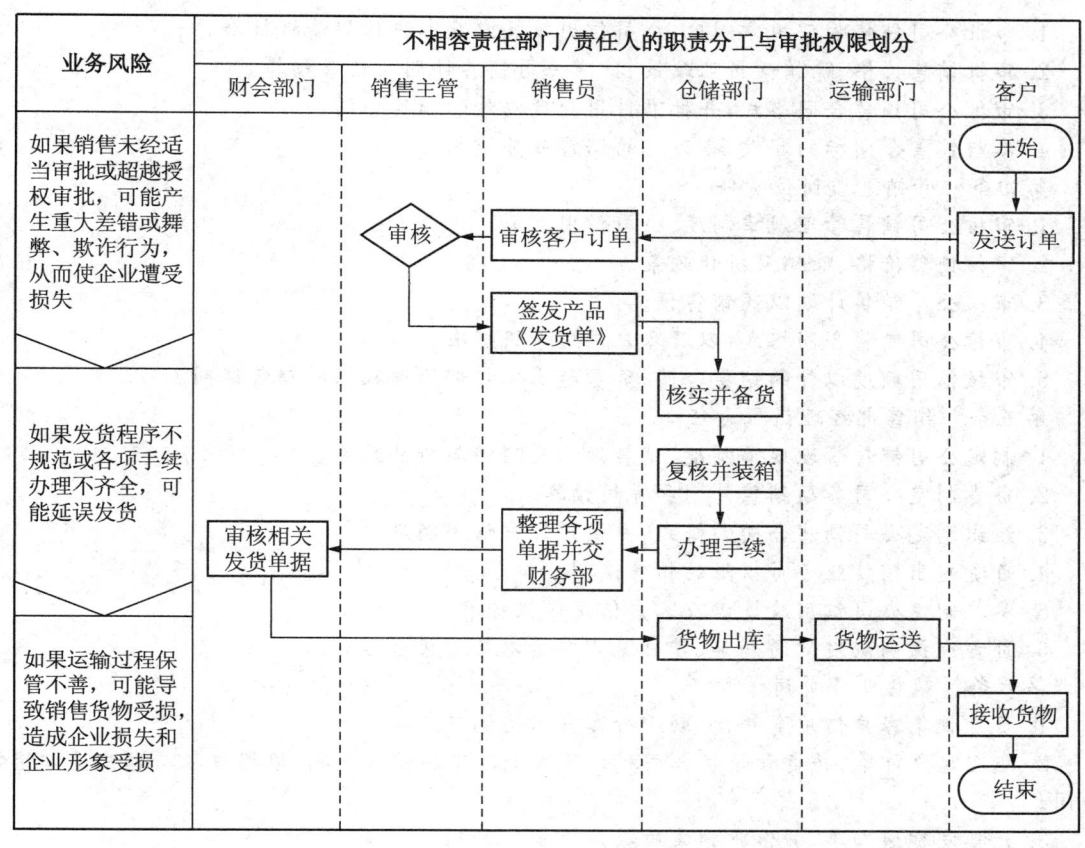

图 4-47　企业销售发货业务流程与风险控制图

【业务操作 4-8】

为大同机电设备有限公司建立销售业务岗位责任制度。

大同机电设备有限公司销售业务岗位责任制度
第一章　总　则

第一条　目的

为明确销售业务管理的相关部门和岗位的职责权限,确保办理销售与收款业务的不相容岗位能相互分离、制约和监督,特制定本制度。

第二条　销售与收款业务的不相容岗位至少应当包括以下六个方面。

1. 客户信用管理,与销售合同协议的审批、签订。
2. 销售合同的审批、签订与办理发货。
3. 销售货款的确认、回收与相关会计记录。
4. 销售退回货品的验收、处置与相关会计记录。
5. 销售业务经办与发票开具、管理。
6. 坏账准备的计提与审批、坏账的核销与审批。

第二章　销售业务岗位责任

第三条　总经理岗位责任

1. 审批公司销售管理规章制度、公司信用政策以及客户信用等级标准。
2. 审批销售价格、赊销及折让政策,批准公司销售计划及销售预算。
3. 审批公司销售合同格式,并批准信用额度以外的销售合同。
4. 参与销售合同标的超过 50 万元的销售业务谈判。

第四条　营销总监岗位责任
1. 审核公司销售管理规章制度、公司信用政策。
2. 审核销售价格、赊销及折让政策。
3. 审核公司销售计划以及销售预算。
4. 审核公司销售合同格式,以及客户信用等级标准。
5. 审核信用额度以外的销售合同;负责超出销售部经理权限的销售谈判。

第五条　销售部经理岗位责任
1. 制定公司销售管理规章制度、销售价格及赊销与折让政策。
2. 负责制定公司各项销售计划和费用预算。
3. 组织制定公司销售合同的格式,并核定客户信用额度。
4. 负责超出销售业务员权限的销售谈判。
5. 参与制定公司信用政策以及客户信用等级标准。
6. 负责审核确认发货通知单、客户退货申请以及销售台账等。

第六条　销售业务员岗位责任
1. 负责收集客户信用资料,协助进行客户信用调查。
2. 处理客户订单,并负责销售合同标的 5 万元以下的销售谈判,根据权限与客户签订销售合同。
3. 开具发货通知单,并催收销售货款。
4. 负责调查客户退货原因;设置销售台账;建立客户信息档案。

第七条　法律顾问岗位责任
1. 协助制定销售合同格式,审查重要的销售合同协议。
2. 针对催收无效的逾期账款制定诉讼方案,负责进行诉讼。

第八条　质检员岗位责任
负责检验客户退货商品的质量。

第九条　仓库管理员岗位责任
1. 核对销售发货凭证和发货通知单。
2. 办理商品出库、入库手续,并负责商品出库。
3. 清点验收退回的商品,并填制退货接收报告。

第十条　运输主管岗位责任
办理商品发运手续;组织运送商品。

第十一条　合同档案管理员岗位责任
负责保管销售合同、客户信息及信用档案。

第三章　附　则

第十二条　本制度由销售部会同公司其他有关部门解释。
第十三条　本制度自____年____月____日起开始实施。

大同机电设备有限公司
____年__月__日

(四) 销售业务的会计控制

销售业务的会计系统控制包括销售收入的确认、应收款项的管理、坏账准备的计提和冲销、销售退回的处理等内容。

企业应当加强销售业务的会计系统控制,建立销售业务的记录、凭证和账簿,按照国家统一的会计准则和会计制度,正确核算销售与收款的相关业务,确保销售业务合法合规,与客户定期对账,督促销售款项及时完整收回,保证销售业务记录的真实性、准确性、完整性。制定坏账准备计提政策,会计期末合理计提坏账准备。

(五) 销售业务评价与监督

建立销售业务评价与责任追究制度,对销售业务全过程进行评估,为绩效考评和销售管理的持续改进提供决策依据。

(六) 建立和健全销售业务内部控制制度

销售业务与资产、收入的形成密切相关,关系着投入资本的回收和利润的实现,为防范销售业务的风险,要与资产管理、货币管理制度配套,建立和健全销售业务内部控制制度。

企业应当结合实际情况,全面梳理销售业务流程,完善销售业务相关管理制度,统筹安排销售计划,明确客户开发与信用管理、销售定价、销售发货、客户服务、收款等环节的职责和审批权限,按照规定的审批权限和程序办理销售业务,建立价格监督机制,定期检查和评价销售过程中的薄弱环节,采取有效控制措施,防范销售风险,实现销售目标。

建立销售业务内部控制,要实现的目标有:

1. 保证销售收入的真实性和合理性

销售获得的收入是对企业生产经营中发生耗费的补偿,为企业未来发展提供资金来源。通过加强对销售业务的控制,保证企业所发生的所有销售收入都及时、准确地加以记录,完整地反映企业的销售全过程,防止少记、不记或漏记实现的销售收入或虚增销售收入,防止销售收入的货款被挪用或贪污。

2. 保证产品的安全、完整

交付已销售的产品应该数量准确,出库货物应同对方购买货物的订单或合同要求一致,运送产品应该保证产品在运输途中安全,保证质量不变、数量完整。未经授权就发送货物会造成企业资产流失,使销售处于难以监控的状态。

3. 保证销售折扣的适度性

销售折扣是企业信用政策中的一个重要组成部分,它是指企业在得到一定利益的情况下放弃部分销售收入,是信用经济条件下的必然产物。通过加强对销售折扣的内部控制,主要是确定销售折扣的"度",使销售折扣政策达到促进销售、及时收回货款的目的,防止销售折扣中以权谋私行为的发生。

4. 保证销售折让和退回的合理性与正确性

销售中可能由于货物在运输中被损坏、变质,或装运中出现数量或品种错误等情况,因而要给予客户一定的折让或发生货物退回。当这些情况发生时,企业要加强控制,检查其理由是否恰当、金额是否正确,保证折让和退回的手续完备,并在相关会计资料上予以体现。

5. 保证货款及时足额地收回

足额收回货款,意味着本金和利润得以实现。

【经典例题】 某小企业商品销售环节的制度规定:为提高经营效率和缩短货款回收周期,指定商品的销售人员可以直接收取货款,公司审计部门应当定期或不定期派出监督人员对该岗位的运行情况和有关文档记录进行核查。

要求：分上述商品销售环节的内部控制设计是否有效。

解析：商品销售环节的内部控制设计有效。理由：虽然特定商品的销售和收款未完全分离，但公司采取了必要的补偿性控制措施，符合适应性原则和成本效益原则的要求。

【学中做 4-12】

特等奖疑云

据媒体报道，重庆某知名电器连锁公司广告宣传部主管王某，在一年多时间里创下了一个"中大奖"的纪录：从 2007 年 9 月到 2008 年 12 月，他一人先后狂中 200 个特等奖，独得奖金超过 79 万元。

然而，王某之所以能疯狂中奖，靠的不是运气，而是在自家公司开展的有奖促销活动中欺上瞒下，假冒顾客名义领奖。该公司 2007 年 9 月至 2008 年 12 月期间，开展了一场声势浩大的"刮刮卡刮奖促销"活动，其中最吸引人的是直返现金 4 999 元的特等奖。奇怪的是，在这一年多时间里，公司 30 多家门店接待了成千上万名顾客，有人中过奖金额度比较低的奖，却没有一名顾客刮中过特等奖，200 个特等奖就此"不翼而飞"。一方面，顾客对特等奖迟迟难现充满疑惑，另一方面，该公司却一直在为并不存在的特等奖"买单"——每隔一段时间，都有几名顾客中了特等奖的资料传来，相关材料也很完备，公司便一直按规定给予了报销。

直到 2008 年 12 月，公司在一次审核过程中，发现一些特等奖领奖人购物发票上的姓名和领奖人的身份证复印件不一致，奖金有被侵占的嫌疑。公司广告宣传部主管王某因有重大嫌疑，经公司监察部询问，他向公司总经理承认了自己冒领奖金的事实。

按照常理，要独揽这些特等奖，王某起码要通过三道关卡：一是要在众多奖券中，准确摸清楚哪些能中奖；二是要设法防止这些"特殊奖券"被投放到各个分店，以免流入顾客手中；三是向财务部门冒领奖金时，必须提供中奖人的购物凭证和身份证明，并成功通过上级的审核。

巧合的是，这些关卡看似难以逾越，实际上的"把关权"却都掌握在王某手中。这才导致他私吞大奖如探囊取物。这批"刮刮卡"的奖券是由河北省一家印刷厂统一印制的，王某恰恰负责联系印刷厂。他以"方便分配奖券"的名义，要求印刷厂把特等奖券和其他奖券分开，就此成功地把特殊奖券"挑"了出来。他再利用自己投放奖券的权力，把特等奖券全部扣留，一个也没有投放到分店。

按照规定，分店的中奖顾客信息和报销费用也必须经过王某审核。政法机关办案人员介绍，王某收集了一大批顾客的购物发票复印件，又从亲戚朋友那里弄来了一些身份证复印件，以"他人代领"的名义，炮制了一批"中奖材料"，分批向公司财务部冒领奖金，连连得手。

王某作为企业的一名中层管理人员，之所以能轻易地侵吞奖金，关键在于他既掌握着奖券的发放权，又掌握着领奖的审核权，在一定程度上是"自己监督自己"。该公司下属 30 多家分店尽管有众多员工，对于特等奖"难产"也未必没有疑问，但由于难以监督上级，只能任由王某"疯狂领奖"，直至东窗事发。

案例分析：随着市场竞争的日益激烈，生产厂家或商家往往会经常采取各种促销手段来扩大销售，常用的促销措施包括发放奖品、奖券、返券、赠品和其他促销返利等。但在促销活动中，往往会出现不少"窃奖"等违规行为，即厂家或经销商内部的部分员工会为了个人利益私自将奖券拿走，或拿给亲属兑奖，这种行为一方面破坏了厂家或商家的利益，另一方面也损害了消费者的利益，严重者会触犯刑法。这些"窃奖"的发生与促销过程中内部控制缺失或不当有很大关系。

很多舞弊案件的发生，往往都是基本的不相容职务分离没做到，所谓不相容职务是指那些如果由一个人担任，既可能发生错误和舞弊行为，又可能掩盖其错误和弊端行为的职务。不相容职务分离的核心是"内部牵制",它要求每项经济业务都要经过两个或两个以上的部门或人员的处理,使得单个人或部门的工作必须与其他人或部门的工作相一致或相联系,并受其监督和制约。我国《企业内部控制基本规范》第二十九条规定,"不相容职务分离控制要求企业全面系统地分析、梳理业务流程中所涉及的不相容职务,实施相应的分离措施,形成各司其职、各负其责、相互制约的工作机制。"

在本案例当中,王某某行使奖券发放职责,却又让她从事奖券印刷,使其有机可乘;另外,对领奖的执行与审核也基本都是一人负责,从而使得她能够顺利冒领奖项。再加上公司的监督比较薄弱,使得舞弊长期被掩盖而未能发现。

从这个案例来看,除了职责未进行必要分离外,在操作上还存在以下问题:

(1) 奖券印制的供应商选择不规范。
(2) 印刷完毕的奖券验收不规范。
(3) 财务部对奖券客户的信息与发票信息核实不严格。
(4) 企划部门无企划总结,没有对中奖客户进行必要分析和统计。
(5) 缺少门店督导部门对奖券的实时监控。
(6) 缺少审计部门或者审计部门职能失效。

正是由于上述问题存在,导致大奖被冒领且长期未被发现。

案例启示:
针对促销活动,根据内部控制五要素,可从以下方面加强控制,防范风险:

1. 内部环境

从内部环境方面,除对员工进行必要培训或教育,在规则方面,要明确"窃奖"的惩罚机制,并规定企业员工亲属不得中奖,或即使允许员工亲属中奖,也应当向企业报告,防止员工舞弊。

2. 风险评估

在风险评估方面,在促销方案设计时,要完善操作流程、明确规则,并由独立的风控部门或内审部门对促销方案进行评估,考虑方案中是否存在潜在漏洞,起到事先降低风险的作用。很多舞弊的发生是因为促销方案或规则本身有很大漏洞,恰恰说明企业缺少必要的风险评估机制。

3. 控制活动

在控制活动方面,尤其是加强不相容职责的分离,防止一人包办流程的所有环节,对中奖的审批与执行进行分离,此外加强各个环节的控制。以奖券为例,可采取的控制措施有:

(1) 设计阶段,奖券应连续编号和设计特殊的防伪标志。
(2) 印刷阶段,由采购部专门负责奖券印刷商的选择和评估,进行询价比价,并保留书面的记录且与印刷商签订合同,约定各奖项名额和总的奖券数量。
(3) 验收阶段,仓储物流部对奖券进行验收,确认奖券数量和完整程度。
(4) 交接阶段,仓储物流部将奖券运输至各门店,门店需在送货单上确认送货数量。
(5) 保管阶段,由门店安排专人负责奖券的保管,该人与奖券发放人不为同一人。另外书面记录出入记录。
(6) 奖券兑换阶段,企划部应对具体的奖券发放兑换作书面的规定。活动执行人员应按活动规定严格执行。财务部需认真核对发票与中奖券的资料,并要求中奖人与奖券以拍照的形式作书面记录。门店督导人员对每笔兑奖的信息进行核实。
(7) 作废阶段,中奖的奖券由专人负责作废销毁。

4. 信息沟通

在信息沟通方面,做好内部信息传递,很多舞弊都是利用信息不对称来实施的,通过建立相关信息汇报机制,并对促销活动进行总结分析,可发现促销活动中的不规范行为。

5. 内部监督

在内部监督方面，设立内部监督部门定期进行审计，建立举报制度，公布举报电话或电邮，公布保密及奖惩制度，保证有合适的举报渠道，并可采取回访中奖者方式确保促销活动有效实施。

【典型案例】

业务员长期挪用货款，企业销售业务内控存在缺陷

据媒体报道，33岁的何某1998年大学毕业应聘进了南京某新型建材公司当销售员。何某头脑灵活，工作成绩也还不错，但迷上了赌博，他就对货款打起了主意。每次收到货款他总要迟几天上报，从中扣除一些货款供自己使用。2005年3月初，何某收到了某公司的货款，他暗中将其中的7万余元挪到自己手里。第一次下手，何某也害怕了好几天。一个月后，他与南京某公司签订购销合同，这一次他只拿了4万多元。同年6月，他又从两家客户的货款中挪用了12万元供自己开支，从此胆子越来越大了。

为了挪用公款方便，何某登记注册成立了一家名叫"旭浩"的皮包公司。开始他以旭浩公司的名义与客户谈生意，并以旭浩公司与客户签合同，将自己的东家提供给客户的各种项目，都挪到旭浩公司名下。为了拿钱更顺手，他还私刻了任职公司的发票专用章以及客户专用章。据检察院起诉书指控，从2005年到2008年三年间，何某利用职务之便共与十几家公司签订购销合同，挪用该新型建材公司货款共计234万元。

由于钱来得太容易，何某花起来也快，仅赌博就输掉了约40万元，他的生活也发生了巨大的变化，几乎天天和朋友到饭店吃饭，开着小轿车招摇过市，一身名牌服装俨然一副大款的派头。就在何某感到春风得意的时候，公司财务发现，何某签订的销售合同上的合同专用章，与客户提供给公司对账的合同专用章不一致，而且合同上的货款与何某上交的金额差别太大，财务经向客户核实后发现，公司和客户签订的合同专用章都是假的，金额也不一致，向领导报告后公司决定报警。2008年5月5日，公安机关在南京饭店将何某抓获，并从旭浩公司的几个办公地点搜出现金几万元、各种伪造的客户印章多达24枚。

案例分析：从上述案例来看，公司在销售实物管理、收款、合同管理与对账等环节都存在较严重的内控缺陷，使得业务员长期挪用货款不被发现。

案例启示：

从我国企业销售与收款环节常见问题来看，企业需从以下几个方面加强销售和收款的内部控制。

1. 不相容职务分离控制

不相容职务倘若有同一个人或者同一个部门担任，势必增加内部舞弊的发生可能。对销售与收款环节来说，对企业内部涉及销售收入的机构、岗位进行合理的设置和权限划分，是规避销售环节风险的主要手段和方法。比如很多企业中，销售与收款的整个循环过程往往由销售部独立负责，无论客户交易金额的大小，都由销售人员同时负责产品销售和对客户的收款，这种做法的好处是能够提高工作效率，但是同时也增加了潜在的风险，可能导致收款过程中，销售人员挪用货款或货物的现象，却无法及时发现，在本案例中，若公司财务人员与对方及时认真对账，则挪用货款行为会更早暴露。

2. 销售计划和预算管理

销售计划和预算一方面是企业全面预算的编制起点，为生产、采购、费用等方面预算提供的编制基础，另一方面它可以起到对企业销售活动进行约束和控制的功能，有利于公司目标及销售任务的实现。通过预算使销售机会、销售目标、销售定额清晰化和集中化；有助于促使各职能部门协调合作；有助于保持销售额、销售成本与计划结果之间的平衡；并为企业提供了一

个评估结果的工具。通过预算与实际销售的比较，可以全面控制营业收入环节的各种业务，评估销售部门和其他部门的业绩完成情况。

3. 价格管理

从价格管理控制来说，企业应制定统一的市场定价和折扣政策，并经过适当授权审批，这既是维护企业形象和市场秩序的要求，也是保护企业资产安全完整的要求。企业需要明确不同层级员工的价格权限，任何人不得超越其权限给予客户优惠的价格。

4. 客户档案和信用管理

对销售收款循环来说，信用管理是保障公司资产安全、减少坏账损失最有效的方法。为了加强信用管理，企业应该建立一套全程信用管理体系，包括信用管理组织结构的建立、信用管理操作流程的规范、客户信用等级与信用额度的确定。从组织结构上看，信用管理职能最好与销售职能分开，由一个单独的信用管理部门（或管理部门）来履行对客户信用的评定、实施和监督。

5. 销售合同管理

销售合同是企业与其他单位之间进行商品和服务销售活动而签订的具有法律效率的文件。在合同签订后企业就要按照合同要求履行契约，一旦合同管理出现问题，将会给企业带来灾难性的后果。例如，销售人员可能利用权力和管理上的不善与客户签订不利于公司的合同，伪造或签订虚假公司合同；合同内容不当引起公司与客户的纠纷；合同信息传递不全导致公司重复发货或者重复付款；作废合同依然被企业履行；等等。为了加强对合同的管理，企业需要在合同签订前加强对合同内容的评审，并在事后对合同进行妥善保管和跟踪；所有销售按一定的规则编号且归类存档，以便于统计和查阅；作废合同应该加盖作废章，并应该由专人统一保管。

6. 发货管理

由于发货要牵涉多个部门，包括销售部、仓库、财务部和物流部，所以很多企业因信息传递的错误和仓库管理的不善造成发货的混乱，比如货物发给了错误的客户，货物无法及时备好发给客户，甚至丢失货物；货物发出后未及时记录并予以收款。

对发货管理来说，企业应做好以下控制：仓储部门只有取得销售部门编制和签字认可的发货通知单才能发货，避免重复发货。数量巨大的发货，需要与销售部门核对后再发货；由独立职员清点发运货物，与销售单上列明的品种和数量进行核对，发运人和清点复核人应该在有关凭证上签字；实际发货的品种、数量和时间应记录在有关账册和发货通知单备付联上，并将其中一联交会计部门登账，避免延迟入账；发货后应取得对方签收的收货回执并加以存档。

7. 账务记录和应收款管理

账务管理要求企业建立明确的会计政策和制度来规范销售与收款环节所有收入的确认以及对坏账的处理。所有的收入确认和应收账款的账务处理要做到记录及时并有依据；定期核对往来账，发函给客户核对，且必须由非应收账款的管理人员来核对；账务调整必须留有痕迹，且经过授权；对应收账款要进行账龄分析，并建立明确的催收机制；进行坏账核销必须经过独立于销售及记账等职能的经理人员的批准，记录于坏账审批表上；对已经冲销的坏账要进行备查登记，并进行后续跟踪和催款，防止款项收回时被经手人贪污。

【学中做 4-13】

出口货款被拖欠，长虹销售警示

一、长虹与 APEX 公司销售事例

2001 年年初，四川长虹电子控股集团（以下简称长虹集团或长虹）开始实施"大市场大外贸"战略，迅速向海外市场发展，首先选定美国为主销市场，并选定 APEX 公司为合作对象，以赊销的方式在美国开展贸易。

从 2001 年 7 月开始,长虹彩电便源源不断地发向美国,由 APEX 公司在美国直接提货,并冠以 APEX 公司的商标进行销售。APEX 公司崇尚"低价、注重销量"的营销策略。这使得随后的几年中,四川长虹彩电的出口量大增,但品牌影响力却越来越小。美国《财富》杂志曾有报道称,平均每 4 个美国家庭就有一台 APEX 品牌的家用电器,因为"它的产品单价可以比同类产品便宜 30% 到 50%"。《财富》还披露了 APEX 彩电在美国市场的营销策略:"与许多公司靠广告打品牌来增加销售量的做法不同,APEX 宁愿靠把价格压到极限来吸引顾客,也不愿花一分钱来做广告。"

2003 年 11 月 24 日,美国商务部裁定四川长虹在美国倾销成立,倾销幅度为 45.87%,长虹在美国市场上的疯狂攻势戛然而止。长虹彩电出口量由高峰期的 85 万台下降为 13 万台,下降幅度达 84.7%。

同时,长虹为 APEX 提供产品后,就开始面临着应收账款急剧增加的财务风险。2001 年年初,长虹的应收账款为 18.2 亿元,到年末,这一数字增加到 28.8 亿元,增幅达 58.2%。2002 年年底,应收账款加速上升为 42.2 亿元,其中 APEX 欠款 38.3 亿元。2003 年年底,长虹的应收账款已经高达 49.8 亿元,其中 APEX 所欠款更是高达 44.5 亿元。2004 年中报时,长虹披露的应收账款为 43.5 亿元,较年初有所下降,但 APEX 仍欠着 40.1 亿元。2004 年年末,长虹公告称"美国进口商 APEX 公司由于涉及专利费、美国对中国彩电反倾销及经营不善等因素出现了较大亏损,支付公司欠款存在着较大困难"。长虹公司不得不向外界曝光这一惊人的坏账金额数字。

2004 年 12 月 14 日,四川长虹在美国洛杉矶高等法院对 APEX 正式提出诉讼,指控 APEX 从 2002 年起拖欠长虹货款 4.675 亿美元。起诉书称,APEX 从 2003 年起开始以空头支票支付长虹出口到美国的电视机产品,全年共签空头支票 37 张,总计 7 000 万美元。起诉书还要求对 APEX 的财产及经营情况进行核实。

APEX 公司负责人曾向媒体表示,APEX 与长虹有两方协议,长虹发到美国的货并不属于 APEX,彩电卖出以后的钱由保理公司向零售商收款。保理公司、长虹公司和 APEX 之间有个三方合约,就是保理公司把 90% 的货款给长虹,把 10% 的货款给 APEX。因此,应收款实际上都在保理商那里。如果此种说法成立的话,则不存在 APEX 拖欠长虹货款问题。四川长虹销售量及被拖欠货款如表 4-20 所示。

表 4-20　　　　长虹 2001—2004 年海外销售及被拖欠货款　　　单位:亿元人民币

年份	主营业务收入	海外销售额	APEX销售额	APEX回款额	APEX拖欠额	APEX占海外销售比/%	APEX应收账款占海外销售比/%
2001	95.15		3.47		3.47		
2002	125.85	55.41	50.65	15.75	38.29	91.41	69.10
2003	141.33	50.38	35.18	29.00	44.51	69.83	88.35
2004	115.38	28.71	2.95	9.04	38.37	10.28	133.65

从表 4-20 中可以非常清楚地看到,短短四年时间,长虹海外应收账款中,APEX 占比一路上升,从 2002 年的 69.10%,上升到 2003 年的 88.35%,以及 2004 年的 133.65%。长虹意识到应收账款风险,从表中可以看到,APEX 占长虹海外销售比例由 2002 年的 91.41%,下降到 2003 年的 69.83% 以及 2004 年的 10.28%。APEX 销售额分别为 50.65 亿元、35.18 亿元和 2.95 亿元。2004 年年销售额比合作第一年还要少。

至 2005 年 4 月中旬,四川长虹公布了 2004 年年报,四川长虹上市 11 年的净利润情况如

表4-21、图4-48所示。

表4-21　四川长虹上市11年净利润情况

期间/年	净利润/亿元
1994	7.07
1995	11.51
1996	16.74
1997	25.95
1998	17.44
1999	5.11
2000	1.14
2001	0.84
2002	1.76
2003	2.06
2004	－36.81

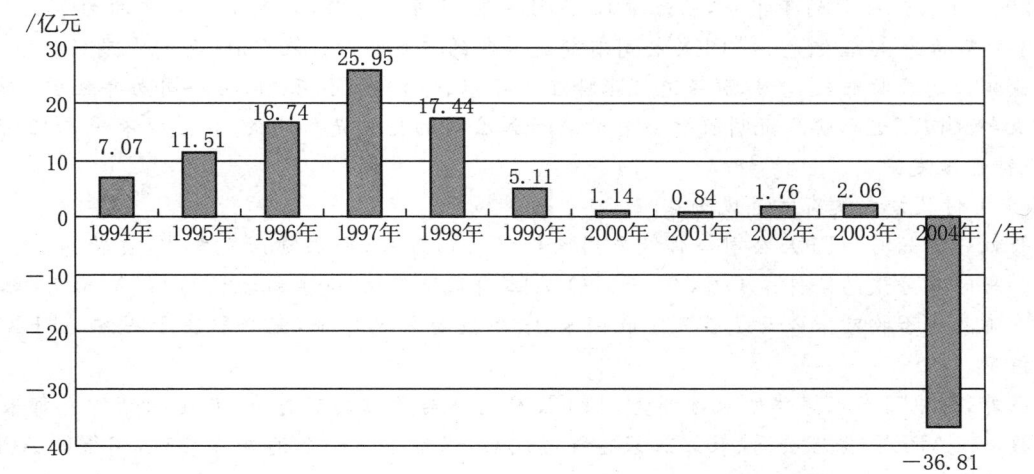

图4-48　四川长虹上市11年净利润情况示意图

2001年,四川长虹开始与APEX发生业务往来,当年只有赊账没有回款,年末形成应收账款4 184万美元,折合人民币3.47亿元。

2002年,是双方业务高峰,四川长虹销售给APEX公司6.1亿美元,但回款仅1.9亿美元,形成了4.62亿美元的应收账款,折合人民币38.29亿元。这年,四川长虹跟APEX公司的交易约占全年彩电销售的54%,约占当年海外销售的91.41%。

2003年,销售略降回款增加,当年,四川长虹又销售给APEX 4.24亿美元的货物,回款3.49亿美元,但应收账款余额已增至5.37亿美元,折合人民币44.51亿元。与APEX公司的交易约占全年彩电销售的33%,约占当年海外销售的70%。

至2004年,四川长虹基本上结束与APEX的生意,仅向其销售3 559万美元的货物,同时加大回款力度,回款1.09亿美元。然而,四年生意下来,4.63亿美元(折合人民币38.37亿元)的应收账款已经形成。

四年间,四川长虹共销售给APEX公司11.13亿美元(折合人民币92.26亿元),回款6.49亿美元(折合人民币53.80亿元)。如果依照四川长虹所说,还能回收1.5亿美元的账款,那么公司合计损失26亿元人民币,这桩生意的坏账率高达约28%。

1998年至2003年,四川长虹六年间的净利润合计为28.35亿元,几乎全部损失在与APEX的一桩生意里。

二、长虹与APEX货款拖欠原因分析

（一）缺乏对买方APEX的了解

据有关资料显示,在成为长虹的合作伙伴前,APEX只是洛杉矶一家注册资本仅有2 800万美元、以贸易为主的小公司。2002年,急于通过国际市场扩大销售的四川长虹,携手当时在美国名不见经传的APEX,将长虹彩电和DVD机大规模地打入了美国的百思买等家电连锁店和沃尔玛等大型超市。

尽管长虹在与APEX大规模合作前,长虹董事长曾亲自赴美国对APEX进行了为期两个星期的考察,另一位高管则在美考察了59天。正是在这样的背景下,长虹开始源源不断地向APEX供货。但是,考察了什么,为什么花这么长时间考察,还是损失如此之大,其中原因无法知晓。

（二）发现问题但未及时解决

2003年长虹公司的年报中,长虹披露,APEX公司所欠货款,账期1年以内的为35.12亿元,1～2年的为9.33亿元。APEX公司有超过一年的应收账款。在2003年的中期报告中,针对数额较大的应收账款,长虹解释道,"账龄在1年以内的应收款项,根据公司历年经验,一般可在次年收回。"这个解释说明长虹公司对APEX公司的拖欠是知晓的,但是没有采取任何措施,坚持继续发货。

（三）付款方式没有防范风险

长虹一开始与APEX公司合作就采用赊销(O/A)方式,即供货商先发货,货物销出去再付款。当时双方谈的条件是O/A 90天。O/A本身风险很大,而长虹还使用O/A 90天,账期太长。货款能否收回来以及是否及时收回来,长虹没有任何保证,完全取决于买方APEX公司的信用。

另外,据中国多家媒体的采访调查,APEX公司在与长虹的交易中,凡是赊销方式都采用保理程序。APEX、保理公司、长虹三家签订协议后,保理公司将会通知零售商,不得向APEX直接支付货款,而是把货款付给保理公司,由保理公司将货款按10%和90%的比例在APEX和长虹之间分账。如果长虹产品是在连锁超市销售的,使用的是O/A并进行保理支付,这部分货物长虹回收货款是没问题的。因为货款不是由APEX公司支付,而是由美国的保理商支付的。

那么另外一部分没有进连锁超市的货物,APEX公司则向长虹提供支票担保,而这部分货物"数量很小"。问题就出在支票担保部分,APEX公司开出的空头支票金额高达7 000万美元,最终导致货款无法收回。

三、出口企业从长虹案例中应吸取的教训

目前全球经济形势没有明显的好转迹象,我国出口企业面临诸多困难,既有外部的困难,如商品需求疲软,竞争激烈等;也有内在的困难,如劳动力成本上升。面对困难,很多企业会在支付方式、价格上作出让步。但是,要强调的是:一方面要下大力气扩大出口,另一方面还要注意收汇安全,控制好风险。我国出口企业应从事前调查、事中控制和事后及时解决问题入手,

将风险控制在最小范围。

(一) 事前调查

企业在出口之前,一定要做好调查工作,既要调查进口商的资信状况、经营范围和经营作风;还要调查了解进口商的过去,特别是与中国企业的交易情况。根据调查结果,采取不同的风险防范措施。针对信誉不佳的公司,一定要在销售合同中使用相对安全的付款方式,如预付货款或者信用证等。

4-11 企业内部控制应用指引第9号

(二) 事中控制

出口企业应该将风险控制摆在非常重要的位置。但是再周密的计划也很难确保不出问题。有问题不可怕,可怕的是出了问题不及时解决问题。在长虹案例中,电视机与DVD机一定是分期分批发货的,并且根据买卖双方约定的条件,如果买方不能按时付款,卖方可以拒绝继续发货。可事实上是,尽管APEX公司没有付款,长虹还是继续交付货物。7 000万美元的空头支票不是一笔完成的。

(三) 事后及时解决问题

长虹案中,很明显是买方APEX公司违约。这种情况下,通常的做法是:双方有必要先解决已经交付部分的货物付款问题,并对销售合同中的付款条件作出必要的修改甚至撤销合同,同时,根据情况决定是否要行使货物的控制权。但是卖方长虹公司在三年左右的时间里没有采取任何措施,直到被美国商务部裁定长虹在美国倾销成立、被APEX公司拖欠货款近40亿元人民币时才想到起诉。

学习任务:请为长虹集团代拟销售业务内部控制制度。

长虹集团销售业务内部控制制度(草稿)

第一章 总 则

第一条 为了加强对本公司销售与收款环节的内部控制,防范销售与收款过程中的差错与舞弊,特制定本制度。

第二条 本制度所称销售与收款是指公司在销售商品、提供劳务以及由此产生的款项收取业务活动,包括接受客户订单、核准客户信用、签订销售合同、发运商品、开具发票并收取相关款项等一系列行为。

销售与收款控制程序简要说明:

1. 销售部门与客户签订经销协议,办理开户手续。由大区经理核定信用额度和信用期限,报全国经理、营销副总批准。
2. 销售部门根据业务需要与客户签订销售合同。
3. 营销服务部订货员对销售合同进行初审并录入销售订单、销售合同转给订货主管审核。
4. 营销服务部结算会计审核发货申请单并传订货主管复审后,由订货员录入发货单,并传财务部审核。
5. 营销服务部发货主管根据审核后的发货单通知发货员发货。
6. 发货员通知仓库管理员,仓库管理员根据发货单组织产品出库、填写产品批号,生成出库单并打印出库单。
7. 物流运输公司根据发货通知单将货物发运至相应客户。
8. 营销服务部根据订单(合同)、出库单及开票申请开具发票,并邮寄给客户。
9. 营销服务部结算会计、财务销售会计根据出库单、发票进行账务处理,登记应收账款。
10. 销售部门根据销售合同、发票及客户的收货证明,向客户收取货款。

11. 开户银行将收款通知单转财务部,客户单位直接开具承兑汇票,支票、汇票邮寄给公司营销服务部,营销服务部将票据转财务部收取货款,营销、财务部进行账务处理,冲销客户应收账款。

第三条 销售与收款业务的下列职责应当分离:
1. 销售订单职能与货物保管职能相分离。
2. 销售订单职能与开具发票、记账职能相分离。
3. 货物保管职能与开具发票、记账职能相分离。
4. 开具发票、记账职能与收款职能相分离。

第二章 分工与授权

第四条 公司的产品由营销中心负责销售业务环节,财务部和营销服务部结算组负责财务核算与账款回收。

第五条 产品营销中心负责产品的销售定价制度、折扣政策的制定并执行;营销服务部发货组负责产品物流,结算组开具销售发票;财务部销售会计主管负责记入相关科目进行销售实现的相关会计核算。

第六条 公司销售的会计核算业务由财务部统一办理,收回销售收入存入公司开设的银行账户并由财务部统一管理,并负责对应收账款情况进行统计、总结、分析。

第七条 公司的产品销售收入催收工作由各营销中心负责实施,并负责对催收情况进行统计、总结、分析。

第三章 实施与执行

第八条 销售人员根据授权接受客户订单后,应及时传真至营销服务部订货员进行初审,并录入销售订单,随即应将原件邮寄至公司营销服务部存档并进行相关的业务处理,销售订单传递到下一环节前,须经过销售部门订货主管审核。负责该项业务的销售人员直接负责应收账款的催收。

第九条 发票开具时,营销服务部发票管理员根据相关申请开具销售发票,财务部销售会计将销售发票与出库单、货物签收单进行核对,若有不符及时上报,由财务部与营销服务部协调解决,发票开具后及时传递给公司财务部。

第十条 营销中心负责拟定当年的市场运作方案并报公司总经理批准后执行。中途改变政策需经公司总经理批准并及时以书面形式将内容、执行时间通知公司财务部。

第十一条 发货主管根据审批后的发货通知单通知仓库发货。发货时必须经过严格检验,不得擅自发货和随意替换货物,确保与销售发货单的一致,在运输过程中须确保货物安全和及时到达。发、运货凭证经审核后传递给营销服务部存档。

第十二条 仓库管理部门应定期对货物进行盘点,并对每月情况进行汇总、分析。

第十三条 经销商申请发货,由地区经理、销售主管填制发货申请单,同时签订购销合同,传真至营销服务部。订货主管将审核后的合同订单传递至财务销售会计进行审核,确认是否审核发货。

第十四条 发货主管根据财务审核后的发货单通知仓库发货,并通知第三方物流公司运输发货并将出库单交营销结算会计、财务销售会计。

第十五条 物流公司发货采取的是门到门的方式,货物发到商业客户时,商业客户签收物流邮件详情单或单独货物签收单,作为收到货物的依据,并将客户签收后的物流邮件详情单返给营销服务部保管。

第十六条　新增客户或客户名址信息变更的,营销服务部应根据新增客户的资料和客户信息变更内容及时填写到公司的管理系统中,通知开票组更新开票信息,并及时通知物流公司。

第十七条　当客户所欠货款出现超资信时,按超资信的额度不同,分别经大区经理、全国经理审核签字后提交营销副总审批。

第十八条　物流公司送货上门,客户验收时若发现外包损坏,可当场就损坏部分货物整件进行拒收,按实收数量在《货物签收单》上签字或盖章确认收货。由业务员在交货后五天时间内取得该批货物运单签收的复印件,营销服务部发货主管根据货物运单签收的复印件和公司营销方案按货损数量重新备货补发或冲减客户单位账务,同时根据生产车间返工物料单或公司营销方案填写《货损赔偿通知书》,经营销服务部结算主管审核后交物流公司按协议规定进行索赔。物流公司接到《货损赔偿通知书》确认后进行赔付。

第十九条　如货物出现质量问题,商业客户可向销售代表提出退换货要求(退回或调换的货物必须是距产品失效期三个月以上的货物),销售代表进行认定后符合退换货条件的,填制《退(换)货申请表》,由省区经理、营销副总批准后转质量管理部进行最后审批,同意后按公司退换货制度办理退换货物。

第二十条　公司营销服务部应当将销售通知单,出库单,发、运货凭证,货物签收单等进行核对并单独装订存档,财务部销售会计根据销售合同约定的付款条件、货物的发运及发票的开具情况等确认销售收入并进行会计核算。每月编制应收账款余额表、回款表、应收账款黑名单,定期与营销服务部核对应收账款,保持账务一致性。

第二十一条　回款以财务到账日作为确认依据。如果需要办理银行承兑汇票,承兑期最长不得超过6个月,银行承兑汇票无须贴现,以收到承兑汇票的时间作为确认回款的依据。回款遵循先进先出的原则,顺序冲减客户欠款,如果因客户重组等原因以前的欠款暂无法收回,而重组后客户承诺返还发货欠款的,须报营销副总特批。

第二十二条　财务部定期(每季度)对应收账款进行账龄分析、评价。分析结果传递给相关部门。对于逾期一年以上的账款,要求各销售部、督查部进行清理,有继续业务往来的单位,结清欠款或通过提供担保、抵押等方可发生新业务。必要时,应通过法律程序解决。情况特殊者,需经财务总监特批方可办理。

第二十三条　财务部对逾期3年的应收账款及现行会计准则制度规定的其他原因确实无法收回的应收账款,应组织清理并查明原因,报公司董事会审查批准后,转作坏账损失并注销相关的应收账款明细账。

第二十四条　已注销的应收账款应做好账销案存,落实责任人随时跟踪,对有偿债能力的责任人应立即追索;对于已核销又收回的应收账款应冲减当期坏账准备。

第四章　检查与监督

第二十五条　本公司的销售与收款环节由审计部、督查部会同有关部门行使检查监督权。

第二十六条　销售与收款环节的检查监督内容包括:

1. 营销服务部、财务部对凭证是否妥善保管,尤其是空白发票的管理;信用政策的变动是否经过审批;应收账款的管理是否及时。

2. 物流部门是否按销售通知单发货,销售退回的凭证是否健全、审批是否越权,处理退回产品是否符合公司有关规定要求。

3. 销售部门是否按经审核的价目表进行销售,价格变动和销售折扣是否经审批,对应收账款的催收管理工作是否到位。

第二十七条　对监督检查过程中发现的销售与收款内部控制中的薄弱环节,应要求被检查单位纠正和完善,发现重大问题应写书面检查报告,向有关领导和部门汇报,以便及时采取措施,加以纠正和完善。

长虹集团
____年__月__日

【引例解析】

1. 大同机电设备有限公司销售与收款业务存在的问题

(1) 信用管理机构由销售部门兼任,易造成销售部门滥用信用政策,损害企业利益。

(2) 大额销售业务的定价及签署合同均由销售部门自主完成,销售部门权限过大,不利于销售业务的内部控制。

(3) 由业务员向客户收取现金,容易引起舞弊。

(4) 违反现金管理和转账结算的相关规定,逃避银行监控,设立账外账。

(5) 销售退回制度存在漏洞,被销售人员利用从事个人私利的舞弊活动,损害企业利益。

2. 大同机电设备有限公司销售业务内部控制制度的改进建议

(1) 设立专门的信用管理部门,负责制定企业信用政策并监督各部门执行。

(2) 建立销售定价控制制度,统一制定价目表,定期审阅并严格执行。

(3) 严格按照程序办理大额销售业务,指定专人与客户进行谈判,对销售合同明确具体的审批程序和涉及的部门人员,根据企业的实际情况明确界定不同合同金额审批的具体权限分配,金额重大的销售合同,应当征询法律顾问或专家的意见。

(4) 现销业务的收款由独立人员办理,避免销售人员接触销售现款。

(5) 销售收入及时入账,不得账外设账。

(6) 建立完善的销售退回制度,销售退回必须经销售主管审批后方可执行,退回的货物应当由质检部门进行质量检验,仓储部门清点数量后方可入库,财会部门应当对检验证明、退货接收报告以及退货方的退货凭证等进行审核后办理退款事宜。

【工作任务 4-4】

了解销售业务内部控制制度建设

任务分析:

主要根据内部控制的五目标、五原则、五要素,结合 A 集团公司销售业务的实际情况,为 A 集团公司设计销售业务内部控制优化方案。

操作步骤:

(1) 搜集内控信息。运用查询、函证、检查文件、重新执行等手段,搜集 A 公司销售业务的相关信息,分析现销和赊销的比例,重点关注销售回款、客户管理、信用管理、销售账务处理等信息。

(2) 评估内控风险。对所搜集的信息进行整理,分析 A 公司销售业务中的高危风险点。

(3) 分析控制现状。分析控制现状,发现正在执行中的销售业务内部控制制度的设计缺陷或执行中的问题,即"提出问题"。

(4) 分析风险成因。针对高危风险点,分析成因,确定风险应对策略,即"分析问题"。

(5) 拟定优化措施。针对控制现状和高危风险点,拟定适用的关键控制措施,提出解决方案或优化建议,即"解决问题"。

(6) 完成设计任务。完成《A 公司销售业务内部控制制度优化方案》。

任务五　财务报告内部控制

> **引例**
>
> ### 创业板造假第一案
>
> 万福生科股份有限公司（简称"万福生科"）2011年9月27日在创业板上市，发行了1700万股股票，每股发行价格为25元，募集资金共42500万元，募集资金净额39481.05万元。2012年9月，在湖南证监局一次例行检查中，发现了万福生科造假事实。万福生科财务造假案被称为"创业板造假第一案"。
>
> #### 一、湖南证监局一次例行检查，发现了万福生科造假事实
>
> 2012年8月22日，万福生科发布上市后的第一份半年报，预付账款余额超过3亿元，"账表不符"；财务总监解释称为了让报表好看一点，将一部分预付账款重分类至在建工程等其他科目，但检查组的职业敏感性让其意识到如此畸高的预付账款绝对不正常，因为上年同期才只有0.2亿元，那么这些预付款去哪里了？检查组立即追查到银行，追踪资金真实去向，账上所列预付8036万元设备供应款没有打给供应商（法人），而是打给自然人；比对后发现下游回款不是客户（法人）打进来的，而是自然人打进来的。现场检查组发现万福生科银行回单涉嫌造假的违法事实之后，湖南证监局立即于2012年9月14日宣布对其立案调查，从此揭开了一个伪造银行回单14亿元、虚构收入9亿多元的惊天大案。
>
> #### 二、万福生科通过财务造假，实现了上市的目的
>
> 根据湖南证监局在上市公司巡检中发现的线索，2012年9月14日，证监会对万福生科（湖南）农业开发股份公司（简称万福生科）涉嫌财务造假等违法违规行为立案稽查。该案为首例创业板公司涉嫌欺诈发行股票的案件。
>
> 经查，万福生科为了达到公开发行股票并上市的条件，根据董事长兼总经理龚永福决策并经财务总监覃学军安排人员执行，证监会在官方网站上公布了对万福生科涉嫌欺诈发行上市和上市后信息披露违规等事项的调查结果。调查结果显示，2008年—2010年，公司分别虚增销售收入约12000万元、15000万元、19000万元，虚增营业利润约2851万元、3857万元、4590万元；2011年年报和2012年半年报，公司分别虚增销售收入28000万元、16500万元，虚增营业利润6635万元、3435万元。
>
> #### 三、万福生科的造假模式
>
> 2011年9月27日在创业板上市的万福生科，上市前龚永福及其妻子杨荣华持有80.38%股份。杨荣华的三个小姨子中的两人分别负责采购与销售，是典型的家族式企业，缺乏有效的内部监管。
>
> 万福生科的造假模式是用公司的自有资金注入体外循环，同时虚构粮食收购和产品销售业务，虚增销售收入和利润。证监会稽查组负责人介绍，万福生科造假案是集系统性、隐蔽性、独立性为一体的，采取了成本倒算制，使得财务报表整体十分平衡，很难从表面上发现问题。
>
> #### 四、万福生科造假案的处理
>
> 对此，证监会对万福生科董事长龚永福作出终身证券市场禁入的禁令。保荐机构平

安证券则被罚暂停3个月保荐机构资格并处以7 665万元的罚金,设立3亿元专项基金赔偿投资者损失。吴文浩、何涛被撤销保荐代表人资格,撤销证券从业资格,终身证券市场禁入。与此同时,对保荐业务负责人、内核负责人薛荣年、曾年生和崔岭给予警告并分别处以30万元罚款,撤销证券从业资格。

问题与思考:
1. 怎样确保财务报告合法合规、真实完整和有效利用?
2. 怎样防范财务报告风险?

【知识准备与业务操作】

一、财务报告的概念及特点

(一) 财务报告的概念

财务报告,是指反映企业某一特定日期财务状况和某一会计期间经营成果、现金流量的文件。财务报告包括财务报表及其附注和其他应当在财务报告中披露的相关信息和资料。

根据《企业会计准则第30号——财务报表列报》规定,财务报表是对企业财务状况、经营成果和现金流量的结构性表述。财务报表的组成部分至少有:资产负债表、利润表、现金流量表、所有者权益(股东权益)变动表、附注。财务报表的各组成部分具有同等的重要程度。

会计报表附注是对在资产负债表、利润表、现金流量表和所有者权益变动表等报表中列示项目的文字描述或明细资料,以及对未能在这些报表中列示项目的说明等。附注应当披露财务报表的编制基础,相关信息应当与资产负债表、利润表、现金流量表和所有者权益变动表等报表中列示的项目相互参照。

(二) 财务报告编制的目的和要求

1. 财务报告编制的目的

财务报告是企业财务信息对外报告的重要形式之一。编制财务报告的目的是为了向现有的和潜在的投资者、债权人、政府部门及其他机构等信息使用者提供企业的财务状况、经营成果和现金流量信息,以有利于正确地进行经济决策。

2. 财务报告编制的要求

企业应当根据《企业会计准则》的要求,编制对外报送的财务报告。

对于内部使用的财务报告,各单位可根据需要编制。

内部使用的财务报告,编制要求有:格式科学合理、体系完整、结构严谨、简明实用等。

二、财务报告内部控制的作用和目标

(一) 财务报告内部控制的作用

内部控制为财务报告的编制提供合理保证。财务报告是综合反映组织经营效果和效率的文件,是其他内部控制制度是否有效运行的综合体现,财务报告内部控制制度是会计信息准确、有用、及时、完整的重要保证,同时也是组织风险控制的重要依据。财务报告的不真实、不完整往往是组织的重要风险之源。对管理层或董事会而言,内部控制提供的只是合理的保证,而不是绝对的保证。内部控制措施,无论设计得多么完美、运行得多么好,组织目标实现的可能性都会受到内部控制制度固有局限性的影响。内部控制仅能为董事会和管理部门实现组织目标提供合理的保证。

内部控制的运营效率和效果、财务报告的可靠性、遵守适用的法律和规章情况是财务报告内部控制的组成部分,它们都会对财务报告产生重大的影响。

在公司内部建立一个基本的财务报告内部控制框架,作为管理层评估财务报告内部控制的基准,是公司发展到一定程度在管理方面的必然要求,它受公司治理、价值创造、风险和机会、管制、企业文化、技术发展及受托责任等各方面的影响。

(二)财务报告内部控制的目标

财务报告内部控制的目标体现在以下几个方面:

1. 合理保护资产安全、完整和提高使用效益

合理保护企业资产的安全、完整及对其的有效使用,使企业各项生产和经营活动有秩序、有效地进行,避免可能遭受的经济损失。

2. 合理保证会计信息真实、可靠和及时提供

合理保证会计信息及其他各种管理信息的真实、可靠和及时提供。避免因虚假记载、误导性陈述、重大遗漏和未按规定及时披露导致损失。

3. 保证企业管理层制定的各项经营方针、管理制度和措施的贯彻执行

通过会计核算和监督工作、财务管理工作,落实企业管理层的各项经营方针、管理制度和措施。

4. 提高经济效益

通过分析财务报表,发现可压缩和控制的成本、费用、支出,减少不必要的支出,以求企业经济效益最大化。

5. 合理防控重大差错、舞弊、欺诈等风险

通过财务报表编制、分析和评价,尽早、尽快地查明各种错误和弊端,及时、准确地制定和采取纠正措施,避免因重大差错、舞弊、欺诈而导致损失。

三、财务报告业务流程和环节

(一)财务报告业务流程

财务报告流程由财务报告编制流程、财务报告对外提供流程、财务报告分析利用流程三个阶段组成。其通用流程如图 4-49 所示。企业在实际操作中,应当充分结合自身业务特点和管理要求,构建和优化财务报告内部控制流程。

(二)财务报告业务环节

1. 财务报告编制阶段的主要环节

(1)制订财务报告编制方案。企业财会部门应在编制财务报告前制订财务报告编制方案,并由财会部门负责人审核。财务报告编制方案应明确财务报告编制方法(包括会计政策和会计估计、合并方法、范围与原则等)、财务报告编制程序、职责分工(包括牵头部门与相关配合部门的分工与责任等)、编报时间安排等相关内容。

(2)确定重大事项的会计处理。在编制财务报告前,企业应当确认对当期有重大影响的主要事项,并确定重大事项的会计处理。

(3)清查资产核实债务。企业应在编制财务报告前,组织财务和相关部门进行资产清查、减值测试和债权债务核实工作。

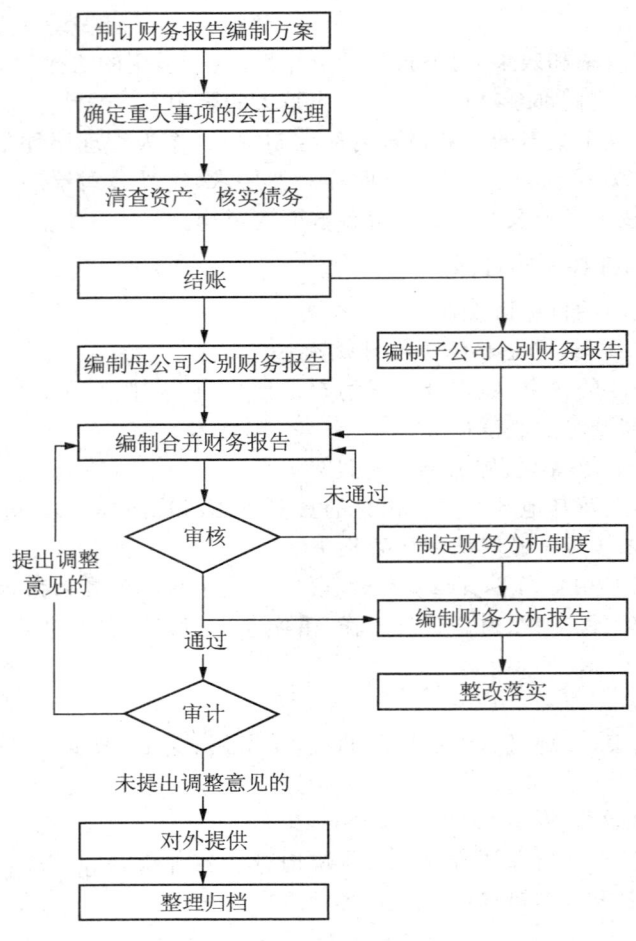

图 4-49 财务报告业务流程图

（4）结账。企业在编制年度财务报告前，应在日常定期核对信息的基础上完成对账、调账、差错更正等业务，然后实施关账操作。

（5）编制个别财务报告。企业应当按照国家统一的会计准则制度规定的财务报告格式和内容，根据登记完整、核对无误的会计账簿记录和其他有关资料编制财务报告，做到内容完整、数字真实、计算准确，不得漏报或者任意进行取舍。

（6）编制合并财务报告。企业集团应当编制合并财务报告，分级收集合并范围内分公司及内部核算单位的财务报告并审核，进而合并全资及控股公司财务报告，如实反映企业集团的财务状况、经营成果和现金流量。

2. 财务报告对外提供阶段的主要环节

（1）财务报告对外提供前的审核。财务报告对外提供前需按规定程序进行审核，主要包括财会部门负责人审核财务报告的准确性并签名盖章；总会计师或分管会计工作的负责人审核财务报告的真实性、完整性、合法合规性，并签名盖章；企业负责人审核财务报告整体合法合规性，并签名盖章。

（2）财务报告对外提供前的审计。《中华人民共和国公司法》等法律法规规定了公司应编制的年度财务报告需依法经会计师事务所审计，审计报告应随同财务报告一并对外提供。《关于会计师事务所从事证券、期货相关业务有关问题的通知》(财会〔2007〕6号)等还对为特定公司进行审计的会计师事务所的资格进行了规定。因此,相关企业需按规定在财务报告对外提供前,选择具有相关业务资格的会计师事务所进行审计。

(3) 财务报告的对外提供。一般企业的财务报告经完整审核并签名盖章后即可对外提供。上市公司还需经董事会和监事会审批通过后方能对外提供,财务报告应与审计报告一同向投资者、债权人、政府监管部门等报送。

3. 财务报告分析利用阶段的主要环节

(1) 制定财务分析制度。企业财会部门应在对企业基本情况进行分析研究的基础上,提出财务报告分析制度草案,并经财会部门负责人、总会计师或分管会计工作的负责人、企业负责人检查、修改、审批。

(2) 编写财务分析报告。财会部门应按照财务分析制度定期编写财务分析报告,并通过定期召开财务分析会议等形式对分析报告的内容予以完善,以充分利用财务报告反映的综合信息,全面分析企业的经营管理状况和存在的问题,不断提高经营管理水平。

(3) 整改落实。财会部门应将经过企业负责人审批的报告及时报送各部门负责人,各部门负责人根据分析结果进行决策和整改落实。

四、财务报告业务中的主要风险点及其管控措施

(一) 财务报告业务中的主要风险

总结我国企业尤其是上市公司近年来财务舞弊和财务管理失误等方面的案例,《企业内部控制应用指引第14号——财务报告》第三条指出,企业编制、对外提供和分析利用财务报告,至少应当关注下列风险:

(1) 企业财务报告的编制违反会计法律法规和国家统一的会计准则制度,导致企业承担法律责任、遭受损失和声誉受损。

(2) 企业提供虚假财务报告,误导财务报告使用者,造成报告使用者的决策失误,干扰市场秩序。

(3) 企业不能有效利用财务报告,难以及时发现企业经营管理中的问题,还可能导致企业财务和经营风险失控。

(二) 财务报告编制阶段的主要风险和控制措施

1. 制订财务报告编制方案

该环节的主要风险是:会计政策未能有效更新,不符合有关法律法规;重要会计政策、会计估计变更未经审批,导致会计政策使用不当;会计政策未能有效贯彻、执行;各部门职责、分工不清,导致数据传递出现差错、遗漏、格式不一致等;各步骤时间安排不明确,导致整体编制进度延后,违反相关报送要求。

主要管控措施:

(1) 会计政策应符合国家有关会计法规和最新监管要求的规定。企业应按照国家最新会计准则制度规定,结合自身情况,制定企业统一的会计政策。企业应有专人关注与会计相关法律法规、规章制度的变化及监管机构的最新规定等,并及时对企业的内部会计规章制度和财务报告流程等作出相应更改。

(2) 会计政策和会计估计的调整,无论是强制的还是自愿的,均需按照规定的权限和程序

审批。

(3) 企业的内部会计规章制度至少要经财会部门负责人审批后生效,财务报告流程、年报编制方案应当经公司分管财务会计工作的负责人核准后签发。

(4) 企业应建立完备的信息沟通渠道,将内部会计规章制度和财务流程、会计科目表和相关文件及时有效地传达至相关人员,使其了解相关职责要求、掌握适当的会计知识、会计政策并加以执行。企业还应通过内部审计等方式,定期进行测试,保证会计政策有效执行,且在不同业务部门、不同期间内保持一致性。

(5) 应明确各部门的职责分工,总会计师或分管会计工作的负责人负责组织领导;财会部门负责财务报告编制工作;各部门应当及时向财会部门提供编制财务报告所需的信息,并对所提供信息的真实性和完整性负责。

(6) 应根据财务报告的报送要求,倒排工时,为各步骤设置关键时间点,并由财会部门负责督促和考核各部门的工作进度,及时进行提醒,对未能及时完成的进行相关处罚。

2. 确定重大事项的会计处理

该环节的主要风险是:重大事项,如债务重组、非货币性交易、公允价值的计量、收购兼并、资产减值的会计处理不合理,会导致会计信息扭曲,无法如实反映企业实际情况。

主要管控措施:

(1) 企业应对重大事项予以关注,通常包括以前年度审计调整以及相关事项对当期的影响、会计准则制度的变化及对财务报告的影响、新增业务和其他新发生的事项及对财务报告的影响、年度内合并(汇总)报告范围的变化及对财务报告的影响等。企业应建立重大事项的处理流程,报管理层审批后,予以执行。

(2) 及时沟通需要专业判断的重大会计事项并确定相应会计处理。企业应规定下属各部门、各单位人员及时将重大事项信息报告至同级财会部门。财会部门应定期研究、分析并与相关部门组织沟通重大事项的会计处理,逐级报请总会计师或分管会计工作的负责人审批后下达各相关单位执行。特别是资产减值损失、公允价值计量等涉及重大判断和估计时,财会部门应定期与资产管理部门进行沟通。

3. 清查资产核实债务

企业应在编制财务报告前,组织财务和相关部门进行资产清查、减值测试和债权债务核实工作。该环节的主要风险是:资产、负债账实不符,虚增或虚减资产、负债;资产计价方法随意变更;提前、推迟甚至不确认资产、负债等。

主要管控措施:

(1) 确定具体可行的资产清查、负债核实计划,安排合理的时间和工作进度,配备足够的人员,确定实物资产盘点的具体方法和过程,同时做好业务准备工作。

(2) 做好各项资产、负债的清查、核实工作,包括:与银行核对对账单、盘点库存现金、核对票据;核查结算款项,包括应收款项、应付款项、应交税费等是否存在,与债务、债权单位的相应债务、债权金额是否一致;核查原材料、在产品、自制半成品、库存商品等各项存货的实存数量与账面数量是否一致,是否有报废损失和积压物资等;核查账面投资是否存在,投资收益是否按照国家统一的会计准则制度规定进行确认和计量;核查房屋建筑物、机器设备、运输工具等各项固定资产的实存数量与账面数量是否一致;清查土地、房屋的权属证明,确定资产归属;核查在建工程的实际发生额与账面记录是否一致等。

(3) 对清查过程中发现的差异,应当分析原因,提出处理意见,取得合法证据,按照规定权限,审批后将清查、核实的结果及其处理办法向企业的董事会或者相应机构报告,并根据国家统一的会计准则制度的规定进行相应的会计处理。

4. 结账

该环节的主要风险是:账务处理存在错误,导致账证、账账不符;虚列或隐瞒收入,推迟或提前确认收入;随意改变费用、成本的确认标准或计量方法,虚列、多列、不列或者少列费用、成本;结账的时间、程序不符合相关规定;关账后又随意打开已关闭的会计期间等。

主要管控措施:

(1) 核对各会计账簿记录与会计凭证的内容、金额等是否一致,记账方向是否相符。

(2) 检查相关账务处理是否符合国家统一的会计准则制度和企业制定的核算方法。

(3) 调整有关账项,合理确定本期应计的收入和应计的费用。例如,计提固定资产折旧、计提坏账准备;各项待摊费用按规定摊配并分别计入本期有关科目;属于本期的应计收益应确认计入本期收入。

(4) 检查是否存在因会计差错、会计政策变更等原因需要调整前期或者本期相关项目。对于调整项目,需取得和保留审批文件,以保证调整有据可依。

(5) 不得为了赶编财务报告而提前结账,或把本期发生的经济业务事项延至下期登账,也不得先编制财务报告后结账,应在当期所有交易或事项处理完毕并经财会部门负责人审核签字确认后,实施关账和结账操作。

(6) 如果在关账之后需要重新打开已关闭的会计期间,须填写相应的申请表,经总会计师或分管会计工作的负责人审批后进行。

5. 编制个别财务报告

该环节的主要风险是:提供虚假财务报告,误导财务报告使用者,造成决策失误,干扰市场秩序;报表数据不完整、不准确;报表种类不完整;附注内容不完整等。

主要管控措施:

(1) 企业财务报告列示的资产、负债、所有者权益金额应当真实可靠。一是各项资产计价方法不得随意变更,如有减值,应当合理计提减值准备,严禁虚增或虚减资产。二是各项负债应当反映企业的现时义务,不得提前、推迟或不确认负债,严禁虚增或虚减负债。三是所有者权益应当反映企业资产扣除负债后由所有者享有的剩余权益,由实收资本、资本公积、留存收益等构成。企业应当做好所有者权益保值增值工作,严禁虚假出资、抽逃出资、资本不实。

(2) 企业财务报告应当如实列示当期收入、费用和利润。一是各项收入的确认应当遵循规定的标准,不得虚列或者隐瞒收入,推迟或提前确认收入。二是各项费用、成本的确认应当符合规定,不得随意改变费用、成本的确认标准或计量方法,虚列、多列、不列或者少列费用、成本。三是利润由收入减去费用后的净额、直接计入当期利润的利得和损失等构成。不得随意调整利润的计算、分配方法,编造虚假利润。

(3) 企业财务报告列示的各种现金流量由经营活动、投资活动和筹资活动的现金流量构成,应当按照规定划清各类交易和事项的现金流量的界限。

(4) 按照岗位分工和规定的程序编制财务报告。一是财会部门制定本单位财务报告编制分工表,并由财会部门负责人审核,确保报告编制范围完整。二是财会部门报告编制岗位按照登记完整、核对无误的会计账簿记录和其他有关资料对相关信息进行汇总编制,确保财务报告项目与相关账户对应关系正确,计算公式无误。三是进行校验审核工作,包括期初数核对、财务报告内有关项目的对应关系审核、报表前后勾稽关系审核、期末数与试算平衡表和工作底稿核对、财务报告主表与附表之间的平衡及勾稽关系校验等。

（5）按照国家统一的会计准则制度编制附注。附注是财务报告的重要组成部分，企业对反映企业财务状况、经营成果、现金流量的报表中需要说明的事项，作出真实、完整、清晰的说明。检查担保、诉讼、未决事项、资产重组等重大或有事项是否在附注中得到反映和披露。

（6）财会部门负责人审核报表内容和种类的真实性、完整性，通过后予以上报。

6. 编制合并财务报告

该环节的主要风险是：合并范围不完整；合并内部交易和事项不完整；合并抵销分录不准确。

主要管控措施：

（1）编报单位财会部门应依据经同级法律事务部门确认的产权（股权）结构图，并考虑所有相关情况以确定合并范围符合国家统一的会计准则制度的规定，由财会部门负责人审核、确认合并范围是否完整。

（2）财会部门收集、审核下级单位财务报告，并汇总出本级次的财务报告，经汇总后由单位财会部门负责人审核。

（3）财会部门制定内部交易和事项核对表及填制要求，报财会部门负责人审批后下发纳入合并范围内的各单位。财会部门核对本单位及纳入合并范围内各单位之间内部交易的事项和金额，如有差异，应及时查明原因并进行调整。编制内部交易表及内部往来表交财会部门负责人审核。

（4）合并抵销分录应有相应的标准文件和证据进行支持，由财会部门负责人审核。

（5）对合并抵销分录实行交叉复核制度，具体编制人完成调整分录后即提交相应复核人进行审核，审核通过后才可录入试算平衡表。通过交叉复核，保证合并抵销分录的真实性、完整性。

（三）财务报告对外提供阶段的主要风险点及管控措施

1. 财务报告对外提供前的审核

该环节的主要风险是：在财务报告对外提供前未按规定程序进行审核，对内容的真实性、完整性以及格式的合规性等审核不充分。

主要管控措施：

（1）企业应严格按照规定的财务报告编制审批程序，由各级负责人逐级把关，对财务报告内容的真实性、完整性，格式的合规性等予以审核。

（2）企业应保留审核记录，建立责任追究制度。

（3）财务报告在对外提供前应当装订成册，加盖公章，并由企业负责人、总会计师或分管会计工作的负责人、财会部门负责人签名并盖章。

2. 财务报告对外提供前的审计

该环节的主要风险是：财务报告对外提供前未经审计，审计机构不符合相关法律法规的规定，审计机构与企业串通舞弊。

主要管控措施：

（1）企业应根据相关法律法规的规定，选择符合资质的会计师事务所对财务报告进行审计。

（2）企业不得干扰审计人员的正常工作，并应对审计意见予以落实。

（3）注册会计师及其所在的事务所出具的审计报告，应随财务报告一并提供。

3. 财务报告的对外提供

该环节的主要风险是：对外提供未遵循相关法律法规的规定，导致承担相应的法律责任；对外提供的财务报告的编制基础、编制依据、编制原则和方法不一致，影响各方对企业情况的判断和经济决策的作出；未能及时对外报送财务报告，导致财务报告信息的使用价值降低，同时也违反有关法律法规；财务报告在对外提供前提前泄露或使不应知晓的对象获悉，导致发生内幕交易等，使投资者或企业本身蒙受损失。

主要管控措施：

（1）企业应根据相关法律法规的要求，在企业相关制度中明确负责财务报告对外提供的对象，在相关制度性文件中予以明确并由企业负责人监督。例如，国有企业应当依法定期向监事会提供财务报告，至少每年一次向本企业的职工代表大会公布财务报告。上市公司的财务报告需经董事会、监事会审核通过后向全社会提供。

（2）企业应严格按照规定的财务报告编制审批程序，由财会部门负责人、总会计师或分管会计工作的负责人、企业负责人逐级把关，对财务报告内容的真实性、完整性、格式的合规性等予以审核，确保提供给投资者、债权人、政府监管部门、社会公众等各方面的财务报告的编制基础、编制依据、编制原则和方法完全一致。

（3）企业应严格遵守相关法律法规和国家统一的会计准则制度对报送时间的要求，在财务报告的编制、审核、报送流程中的每一个步骤设置时间点，对未能按时、及时完成的相关人员进行处罚。

（4）企业应设置严格的保密程序，对能够接触财务报告信息的人员进行权限设置，保证财务报告信息在对外提供前控制在适当的范围内。对财务报告信息的访问情况予以记录，以便了解情况，及时发现可能的泄密行为，在泄密后易于找到相应的责任人。

（5）企业对外提供的财务报告应当及时整理归档，并按有关规定妥善保存。

（四）财务报告分析利用阶段的主要风险点及管控措施

1. 制定财务分析制度

该环节的主要风险是：制定的财务分析制度不符合企业实际情况，财务分析制度未充分利用企业现有资源，财务分析的流程、要求不明确，财务分析制度未经审批等。

主要管控措施：

（1）企业在对基本情况分析时，应当重点了解企业的发展背景，包括企业的发展史、企业组织机构、产品销售及财务资产变动情况等，熟悉企业业务流程，分析研究企业的资产及财务管理活动。

（2）企业在制定财务报告分析制度时，应重点关注：财务报告分析的时间、组织形式、参加的部门和人员；财务报告分析的内容、分析的步骤、分析方法和指标体系；财务分析报告的编写要求等。

（3）财务报告分析制度草案经财会部门负责人、总会计师或分管会计工作的负责人、企业负责人检查、修改、审批之后，根据制度设计的要求进行试行，发现问题及时总结上报。

（4）财会部门根据试行情况进行修正，确定最终的财务报告分析制度文稿，并经财会部门负责人、总会计师或分管会计工作的负责人、企业负责人进行最终的审批。

2. 编写财务分析报告

该环节的主要风险是：财务分析报告的目的不正确或者不明确，财务分析方法不正确；财务分析报告的内容不完整，未对本期生产经营活动中发生的重大事项做专门分析；财务分析局限于财会部门,未充分利用相关部门的资源,影响报告质量和可用性;财务分析报告未经审核等。

主要管控措施:

(1) 编写时要明确分析的目的,运用正确的财务分析方法,并能充分、灵活地运用各项资料。分析内容包括:一是企业的资产分布、负债水平和所有者权益结构,通过资产负债率、流动比率、资产周转率等指标分析企业的偿债能力和营运能力;分析企业净资产的增减变化,了解和掌握企业规模和净资产的不断变化过程。二是分析各项收入、费用的构成及其增减变动情况,通过净资产收益率、每股收益等指标,分析企业的盈利能力和发展能力,了解和掌握当期利润增减变化的原因和未来发展趋势。三是分析经营活动、投资活动、筹资活动现金流量的运转情况,重点关注现金流量能否保证生产经营过程的正常运行,防止现金短缺或闲置。

(2) 总会计师或分管会计工作的负责人应当在财务分析和利用工作中发挥主导作用,负责组织领导。财会部门负责人审核财务分析报告的准确性,判断是否需要对特殊事项进行补充说明,并对财务分析报告进行补充说明。对生产经营活动中的重要资料、重大事项以及与上年同期数据相比有较大差异的情况要做重点说明。

(3) 企业财务分析会议应吸收有关部门负责人参加,对各部门提出的意见,财会部门应充分沟通、分析,进而修改完善财务分析报告。

(4) 修订后的分析报告应及时报送企业负责人,企业负责人负责审批分析报告,并据此进行决策,对于存在的问题及时采取措施。

3. 整改落实

该环节的主要风险是:财务分析报告的内容传递不畅,未能及时使有关各部门获悉;各部门对财务分析报告不够重视,未对其中的意见进行整改落实。

主要管控措施:

(1) 定期的财务分析报告应构成内部报告的组成部分,并充分利用信息技术和现有内部报告体系在各个层级上进行沟通。

(2) 根据分析报告的意见,明确各部门职责。责任部门按要求落实改正,财会部门负责监督、跟踪责任部门的落实情况,并及时向有关负责人反馈落实情况。

(五) 财务报告编制组织机构设置

企业财务部门是财务报告编制的归口管理部门,其职责一般包括:收集并汇总有关会计信息;制定年度财务报告编制方案;编制年度、半年度、季度、月度财务报告等。财务报告的编制是系统工作,建立合理的会计组织机构,配备合适的会计人员,首先为财务报告的编制提供了组织保障。

1. 建立合理的财务会计机构

合理的财务会计组织机构,有利于职责划分,建立岗位责任制,强化内部控制,防止工作中的失误和弊端,提高工作效率。企业可以根据自身特点、规模大小、业务简繁和人员多少、管理要求等情况,建立适合的会计组织机构。是否单独设置会计机构由各单位根据自身会计业务的需要自主决定。

2. 合理岗位分工与恰当授权

(1) 合理设置财务工作各岗位。

根据《中华人民共和国会计法》《总会计师条例》《会计基础工作规范》等的相关规定合理设置会计机构的领导和业务岗位,在岗位设置中要遵循不相容岗位相分离原则、回避原则。

(2) 建立健全岗位制度。

岗位制度的建立要包括定期轮岗制度、工作交接制度、档案保管制度、内部稽核制度等的建立。

(3) 岗位设置与授权。

各岗位要建立岗位说明书,明确岗位职责,明晰岗位工作的权利和责任。岗位授权要恰当。

(4) 确定企业内部参与财务报告编制的各单位、各部门的职责。

及时向财会部门提供编制财务报告所需的信息,并对所提供信息的真实性和完整性负责,是企业内部参与财务报告编制的各单位、各部门的职责。

(5) 会计工作负责人的职责。

总会计师或分管会计工作的负责人负责组织领导财务报告的编制、对外提供和分析利用等相关工作。企业负责人对财务报告的真实性、完整性负责。

【业务操作 4-9】

为万福生科股份有限公司代拟财务报告编制与披露岗位责任制度。

万福生科股份有限公司财务报告编制与披露岗位责任制度(草案)

第一章 总 则

第一条 为了明确相关部门和岗位在财务报告编制与披露过程中的职责和权限,确保财务报告的编制与披露,保证审核相互分离、制约和监督,特制定本制度。

第二章 岗位责任

第二条 董事会

董事会的主要职责包括:

1. 审议拟进行财务报告审计的会计师事务所。
2. 审议会计师事务所制定的审计工作方案。
3. 对初步审计意见进行审议。
4. 对最终审计意见进行审议。

第三条 审计委员会

审计委员会的主要职责包括:

1. 审核会计师事务所制定的审计工作方案。
2. 审核拟定进行财务报告审计的会计师事务所。
3. 对初步审计意见进行审议,提出建议。
4. 对最终审计意见进行审议。
5. 审批年度财务报告编制方案。

第四条 总经理

总经理的主要职责包括:

1. 审核会计师事务所制定的审计工作方案。
2. 审核拟进行财务报告审计的会计师事务所。
3. 对初步审计意见进行审核。
4. 对最终审计意见进行审议。
5. 审核年度财务报告编制方案。

第五条 总会计师

总会计师的主要职责包括：
1. 对初步审计意见进行审核，提出建议。
2. 审核拟进行财务报告审计的会计师事务所。
3. 对初步审计意见进行审核。
4. 对最终审计意见进行审议。
5. 审核年度财务报告编制方案。

第六条　财务部经理

财务部经理的主要职责包括：
1. 对初步审计意见进行审核，提出建议。
2. 组织选聘会计师事务所，拟定进行财务报告审计的会计师事务所名单。
3. 制订年度财务报告编制方案。
4. 组织编制财务报告。

第七条　财务部主管

财务部主管的主要职责包括：
1. 参与选聘会计师事务所工作。
2. 参与编制财务报告。

第八条　财务部专员

财务部专员的主要职责包括：
1. 参与选聘会计师事务所工作。
2. 参与编制财务报告。

第三章　附　则

第九条　本制度由财务部会同公司其他有关部门解释。
第十条　本制度配套办法由财务部会同公司其他有关部门另行制定。
第十一条　本制度自____年__月__日起实施。

万福生科股份有限公司
____年__月__日

3. 财务报告编制流程与风险控制

财务报告编制流程与风险控制如图4-50所示。

财务报告方案编制流程控制事项及说明如图4-51所示。

（六）财务报告业务的评价与监督

财务报告业务的评价与监督，从执行部门或人员来分，可分为内部稽核、内部审计和外部审计。财务部门内部稽核的工作是针对会计核算、账务处理、财务报告编制进行复核、稽查。企业内审部门，对财务工作进行内部稽查，一般出具内部审计报告。财务报告的外部审计，包括政府主管部门对财务信息质量的监督检查，会计师事务所对财务报告的社会审计。政府审计一般出具政府审计或财务检查报告。按规定上市企业年度财务报告要经注册会计师审计，审计报告与年度财务报告一起对社会公布。非上市企业的财务报告也可聘请注册会计师进行审计。涉及企业并购、发行股票或债券等情况，财务报告也要由注册会计师进行审计评价。

从财务报告业务评价与监督的内容来分，可分为财务报告编制评价和财务报告内部控制评价，相应地产生财务报告内部控制缺陷和非财务报告内部控制缺陷。财务报告内部控制缺

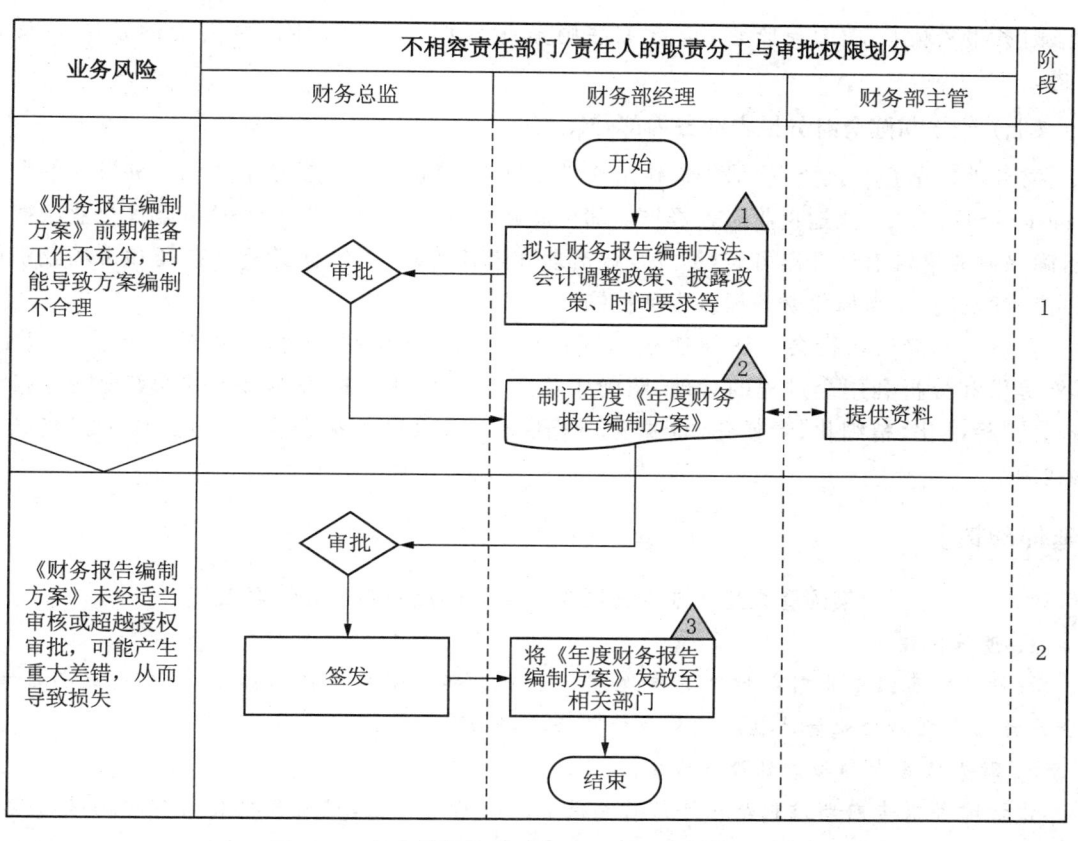

图 4-50 年度财务报告方案编制流程与风险控制图

控制事项		详细描述及说明
阶段控制	1	1.财务部经理拟订年度财务报告编制方法、年度财务报告会计调整政策、披露政策及时间要求等； 2.财务部经理制订《年度财务报告编制方案》
	2	3.《年度财务报告编制方案》应当经企业总会计师核准后签发至各参与编制部门
相关规范	应建规范	1.《财务报告编制管理规范》
	参照规范	2.《企业内部控制应用指引》
文件资料		《财务报告编制方案》
责任部门及责任人		1.财务部 2.财务总监、财务部经理、财务部主管

图 4-51 年度财务报告方案编制流程控制图

陷,是指在会计确认、计量、记录和报告过程中出现的,对财务报告的真实性和完整性产生直接影响的控制缺陷,一般可分为财务(会计)报表缺陷、会计基础工作缺陷和与财务报告密切关联的信息系统控制缺陷等。非财务报告内部控制缺陷,是指虽不直接影响财务报告的真实性和完整性,但对企业经营管理的合法合规、资产安全、营运的效率和效果等控制目标的实现存在不利影响的其他控制缺陷。

财务报告内控评价与监督,重点关注财务报告内部控制缺陷,对发现的缺陷要及时改进。

(七)建立和健全财务报告业务内部控制制度

财务报告是企业投资者、债权人作出科学投资、信贷决策的重要依据。国内外发生的财务丑闻事件,原因之一就是企业财务报告内部控制缺失或不健全。为了防范和化解企业法律责任,确保财务报告信息真实可靠,提升企业治理和经营管理水平,促进资本市场和市场经济健康可持续发展,应当强化财务报告内部控制。

企业应当严格执行会计法律法规和国家统一的会计准则制度,加强对财务报告编制、对外提供和分析利用全过程的管理,明确相关工作流程和要求,落实责任制,实现财务报告编制的"标准化、精细化、责任化、证据化、信息化",确保财务报告合法合规、真实完整和有效利用。

【延伸阅读】

某国有大型工业企业财务报告内部控制制度设计要点

1. 设计依据。

设计依据有:《企业内部控制基本规范》《企业内部控制应用指引第 14 号——财务报告》《企业会计准则》《企业会计制度》《总会计师条例》等。

2. 财务报告内部控制的设计方案。

设计财务报告内部控制是在评估财务报告风险的基础上,对财务报告内部控制进行设计的过程,是财务报告内部控制设计的关键环节,基本程序包括:设计关键控制点;设计控制目标;设计控制措施;设计控制证据;优化控制制度;绘制控制流程图;编制控制矩阵。

(1)设计关键控制点。企业在构建与实施财务报告内部控制过程中,要针对财务报告风险评估的结果,确定财务报告的一般控制点和关键控制点,并编制财务报告控制要点表。确定财务报告的一般控制点和关键控制是件很困难的事情,要根据企业实际情况确定,也因人们的专业判断而有所不同。《企业内部控制应用指引第 14 号——财务报告》重点对财务报告的编制、财务报告的对外提供、财务报告的分析利用环节等进行了规范。

(2)设计控制目标。财务报告内部控制的目标就是要保证财务报告合法、安全、有效、可靠,从而有效控制财务报告中可能存在的各种风险。在实际工作中,控制目标应根据识别出来的财务报告具体风险来设计,不能将其固定化、模式化。

(3)设计控制措施。企业在构建与实施财务报告内部控制过程中,要强化对财务报告控制点,尤其是关键控制点的风险控制,并采取相应的控制措施。财务报告控制措施要与财务报告相融合,嵌入财务报告流程。按照企业内部控制应用指引的要求,企业应当严格执行会计法律法规和国家统一的会计准则制度,加强对财务报告编制、对外提供和分析利用全过程的管理,明确相关工作流程和要求,落实责任制,确保财务报告合法合规、真实完整和有效利用。总会计师或会计工作相关负责人组织和领导财务报告的编制、对外提供和分析利用等相关工作。企业负责人对财务报告的真实性和完整性负责。

(4)设计控制证据。为了财务报告制度的有效实施,需要制定必要的表单,作为财务报告制度的附件,为财务报告过程留下控制证据。财务报告相关文件资料很多,包括会计政策、会计估计、会计凭证、会计账簿、财务分析报告和财务报告结果传递记录等。

(5) 优化控制制度。企业需要建立一系列制度体系和机制保障,促进财务报告的作用得到有效发挥。财务报告内部控制制度不是新建的一套独立制度,而是将内部控制思想嵌入财务报告制度。财务报告制度到底制定多少个,内容到底有哪些,因企业的不同而不同,从务实角度考虑,不宜过多,可制定一套统一的业务外包控制管理制度。

(6) 绘制控制流程图。绘制财务报告控制流程图要根据财务报告流程、风险点、控制点及相关的控制措施,结合具体单位的实际情况来绘制。特别要强调的是,应把财务报告内部控制流程和财务报告流程整合在一起,并在图上标示风险点和控制点。

(7) 编制控制矩阵。财务报告控制矩阵是对财务报告流程图中风险点、控制措施和控制证据等要素的详细说明与描述,是财务报告内部控制设计结果的集中体现,也是企业内部控制管理手册的重要组成部分。实际上是上述工作的综合汇总。

3. 建立财务报告内部控制制度。

财务报告内部控制设计的工作成果是形成《财务报告内部控制要点及关键控制表》《财务报告内部控制目标表》《财务报告内部控制措施表》《财务报告控制证据表》《财务报告制度完善建议表》《财务报告控制流程图》《财务报告控制矩阵》等。上述制度文本的写作,可参见前述知识准备的内容。

【业务操作 4-10】

为 XY 公司建立账务调整管理办法。

XY 公司账务调整管理办法

第一章 总 则

第一条 为了明确财务调整的相关责任人及相应的处理程序,避免发生账证不符、账账不符、账实不符的情形,特制定本办法。

第二条 本办法所指的账务调整主要是指按照会计准则制度规定,把存在错误的账务处理调整为正确的账务,账务调整的内容包括:

1. 由于会计政策变更引起的账务调整。
2. 由于会计估计变更引起的账务调整。
3. 由于前期差错更正引起的账务调整。
4. 由于资产负债表日后事项引起的账务调整。
5. 由于税务稽查引起的账务调整。

第三条 本办法适用于公司财务部。

第二章 由于会计政策变更引起的账务调整

第四条 公司采用的会计政策,在每一会计期间和前后各期应当保持一致,不得随意变更。但是,满足下列条件之一的,可以变更会计政策:

1. 法律、行政法规或者国家统一的会计准则制度等要求变更。
2. 会计政策变更能够提供更可靠、更相关的会计信息。

第五条 下列各项不属于会计政策变更:

1. 本期发生的交易或者事项与以前相比具有本质差别而采用新的会计政策。
2. 对初次发生的或不重要的交易或者事项采用新的会计政策。

第六条　根据法律、行政法规或者国家统一的会计准则制度等要求变更会计政策的，应当按照国家相关会计规定执行。

第七条　会计政策变更能够提供更可靠、更相关的会计信息的，应当采用追溯调整法处理，根据会计政策变更累积影响数调整列报前期最早期初留存收益，其他相关项目的期初余额和列报前期披露的其他比较数据也应当一并调整，但确定该项会计政策变更累积影响数不切实可行的除外。

第八条　追溯调整法，是指对某项交易或事项变更会计政策，视同该项交易或事项初次发生时即采用变更后的会计政策，并以此对财务报表相关项目进行调整的方法。

第九条　会计政策变更累积影响数，是指按照变更后的会计政策对以前各期追溯计算的列报前期最早期初留存收益应有金额与现有金额之间的差额。

第十条　确定会计政策变更对列报前期影响数不切实可行的，应当从可追溯调整最早期间的期初开始应用变更后的会计政策。

第十一条　在当期期初确定会计政策变更对以前各期累积影响数不切实可行的情况下，应当采用未来适用法处理。

第十二条　未来适用法，是指将变更后的会计政策应用于变更日及以后发生的交易或者事项，或者在会计估计变更当期和未来期间确认会计估计变更影响数的方法。

第三章　由于会计估计变更引起的账务调整

第十三条　会计估计变更，是指由于资产和负债的当前状况及预期经济利益和义务发生了变化，从而对资产或负债的账面价值或者资产的定期消耗金额进行调整。会计估计变更的依据应当真实、可靠。

第十四条　对会计估计变更应采用未来适用法处理。

第十五条　会计估计变更仅影响变更当期的，其影响数应当在变更当期予以确认；既影响变更当期又影响未来期间的，其影响数应当在变更当期和未来期间予以确认。

第十六条　难以对某项变更区分为会计政策变更或会计估计变更的，应当将其作为会计估计变更处理。

第四章　由于前期差错更正引起的账务调整

第十七条　前期差错，是指由于没有运用或错误运用下列两种信息，而对前期财务报表造成省略、漏报或错报：
1. 编报前期财务报表时预期能够取得并加以考虑的可靠信息。
2. 前期财务报告批准报出时能够取得的可靠信息。

第十八条　前期差错通常包括计算错误、应用会计政策错误、疏忽或曲解事实、舞弊产生的影响以及存货、固定资产盘盈等。

第十九条　应采用追溯重述法更正重要的前期差错，但确定前期差错累积影响数不切实可行的除外。

第二十条　追溯重述法，是指在发现前期差错时，视同该项前期差错从未发生过，从而对财务报表相关项目进行更正的方法。

第二十一条 确定前期差错影响数不切实可行的,可以从可追溯重述的最早期间开始调整留存收益的期初余额,财务报表其他相关项目的期初余额也应当一并调整,也可以采用未来适用法。

第二十二条 应在重要的前期差错发现当期的财务报表中,调整前期比较数据。

第五章 由于资产负债表日后事项引起的账务调整

第二十三条 资产负债表日后的时期是指年度资产负债表日至财务报告批准报出日这一时段。财务报告批准报出日是指董事会批准财务报告报出的日期,即批准的日期。

第二十四条 正确区分调整事项和非调整事项的关键是看这些事项的主要情况出现的时间。

1. 凡主要情况出现或存在于资产负债表日之前,而在日后时期获得新的或进一步的证据证实,即原因出现或存在于资产负债表日之前,结果出现在日后时期的应作为调整事项。

2. 凡主要情况的出现和结果均在日后时期发生的事项,如日后时期发生的巨额对外投资,日后时期所持证券市价严重下跌等,因其发生和影响结果均在日后时期,则属非调整事项,应在报表附注中披露。

第二十五条 对于应调整的日后事项,应当如同资产负债表所属期间发生的事项一样进行账务处理,并对已编制会计报表的相关项目进行调整。由于上年度的账目已经结转,损益类科目也已无余额,因此对日后事项的调整有其特殊之处。

1. 对财务报告年度来说只调表不调账。即对报告年度的资产负债表、利润表、现金流量表、报表附注以及相关附表的相关项目进行调整,但对账项的账簿记录不做调整,反映在日后时期所属年度的账户中。

2. 调整时的科目使用分几种情况。涉及损益事项的所有损益类科目均通过"以前年度损益调整"科目核算;涉及利润分配的事项,直接在"利润分配——未分配利润"科目核算;既不涉及损益又不涉及利润分配的事项,直接调整各相关科目。

3. 分录中损益类科目调整与报表中损益类项目的调整存在不一致现象,均在"以前年度损益调整"科目中反映。但在调整利润表时,则应分别调整主营业务收入、主营业务成本、所得税等项目。

第六章 由于税务稽查引起的账务调整

第二十六条 本年度错漏账目的调整。

1. 本年度发生的错漏账目,只影响本年度的税收,应按正常的会计核算程序和会计制度,调整与本年度相关的账目,以保证本年度应交税费和财务成果核算真实、正确。

2. 对商品及劳务税、财产税和其他各税种检查的账务调整,一般不需要计算分摊,凡查补本年度的商品及劳务税、财产税和其他税,只需按照会计核算程序,调整本年度相关的账户即可。但对增值税一般纳税人,应设立"应交税费——增值税检查调整"专门科目核算应补(退)的增值税。需要调减账面进项税额、调增销项税额和进项税额转出的数额的,借记有关科目,贷记本科目;凡检查后应调增账面进项税额、调减销项税额和进项税额转出数额的,做与上述相反的会计分录。全部调账事项入账后,应结转出本账户的余额,并对该余额进行处理。

第二十七条 以前年度错漏账目的调整。

对属于以前年度的错漏问题,一般在当年的"以前年度损益调整"科目、盘存类延续性账目及相关的对应科目进行调整。若检查期和结算期之间时间间隔较长的,可直接调整"以前年度损益调整"和相关的对应科目,盘存类延续性账目可不再调整,以不影响当年的营业利润。对查补(退)的以前年度增值税,为不混淆当年年度的欠税和留抵税额,应直接通过"应交税费——未交增值税"科目进行调整。

第七章 附 则

第二十八条 本制度由财务部会同公司其他有关部门解释。

第二十九条 本制度配套办法由财务部会同公司其他有关部门另行制定。

第三十条 本制度自____年____月____日起实施。

XY公司

____年__月__日

【延伸阅读】

财务报告内部控制缺陷和非财务报告内部控制缺陷

财务报告内部控制缺陷,是指在会计确认、计量、记录和报告过程中出现的,对财务报告的真实性和完整性产生直接影响的控制缺陷,一般可分为财务(会计)报表缺陷、会计基础工作缺陷和与财务报告密切关联的信息系统控制缺陷等。非财务报告内部控制缺陷,是指虽不直接影响财务报告的真实性和完整性,但对企业经营管理的合法合规、资产安全、营运的效率和效果等控制目标的实现存在不利影响的其他控制缺陷。

一、重大缺陷、重要缺陷和一般缺陷

企业在日常监督、专项监督和年度评价工作中,应当充分发挥内部控制评价工作组的作用。内部控制评价工作组应当根据现场测试获取的证据,对内部控制缺陷进行初步认定,并按其影响程度分为重大缺陷、重要缺陷和一般缺陷。

重大缺陷,是指一个或多个控制缺陷的组合,可能导致企业严重偏离控制目标。

重要缺陷,是指一个或多个控制缺陷的组合,其严重程度和经济后果低于重大缺陷,但仍有可能导致企业偏离控制目标,须引起企业重视和关注。

一般缺陷,是指除重大缺陷、重要缺陷之外的其他缺陷。

重大缺陷、重要缺陷和一般缺陷的具体认定标准,由企业根据上述要求自行确定。

二、财务报告内部控制缺陷的认定标准

(一)财务报告内部控制缺陷

财务报告内部控制缺陷,是表明企业财务报告内部控制可能存在重大缺陷的迹象,主要包括:

(1)注册会计师发现董事、监事和高级管理人员舞弊。

(2)企业更正已经公布的财务报表。

(3)注册会计师发现当期财务报表存在重大错报,而在内部控制运行过程中未能发现该错报。

(4)企业审计委员会和内部审计机构对内部控制的监督无效。

（二）财务报告内部控制缺陷的认定标准

财务报告内部控制缺陷的认定标准，由该缺陷可能导致财务报表错报的重要程度来确定，这种重要程度主要取决于两方面因素：

第一，该缺陷是否具备合理可能性导致内部控制不能及时防止、发现并纠正财务报表错报。

第二，该缺陷单独或连同其他缺陷可能导致的潜在错报金额的大小。

重大缺陷。如果一项内部控制缺陷单独或连同其他缺陷具备合理可能性导致不能及时防止、发现并纠正财务报表中的重大错报，就应将该缺陷认定为重大缺陷。合理可能性是指大于微小可能性（几乎不可能发生）的可能性，对合理可能性的理解涉及评价人员的职业判断，且这种判断在不同评价期间应保持一致。重大错报中的"重大"，涉及企业确定的财务报表的重要性水平。一般而言，企业可以采用绝对金额法（如规定金额超过10 000元的错报应当认定为重大错报）或相对比例法（如规定超过净利润5％的错报应当认定为重大错报）来确定重要性水平。如果企业的财务报告内部控制存在一项或多项重大缺陷，就不能得出该企业的财务报告内部控制有效的结论。

重要缺陷。如果一项内部控制缺陷单独或连同其他缺陷具备合理可能性导致不能及时防止、发现并纠正财务报表中虽然未达到和超过重要性水平、但仍应引起董事会和经理层重视的错报，就应将该缺陷认定为重要缺陷。重要缺陷并不影响企业财务报告内部控制的整体有效性，但是应当引起董事会和经理层的重视。对于这类缺陷，应当及时向董事会和经理层报告，因此也称为"应报告情形"。

一般缺陷。不构成重大缺陷和重要缺陷的财务报告内部控制缺陷，应认定为一般缺陷。

三、非财务报告内部控制缺陷的认定标准

企业可以根据自身的实际情况，参照财务报告内部控制缺陷的认定标准，合理确定非财务报告内部控制缺陷的定量和定性认定标准。

（1）定量标准，即是对事物进行数量测定和量化处理。既可以根据缺陷造成直接财产损失的绝对金额制定，也可以根据缺陷的直接损失占本企业资产、销售收入或利润等的比率确定。

（2）定性标准，可以根据缺陷潜在负面影响的性质、范围等因素确定。

非财务报告内部控制缺陷认定标准一经确定，必须在不同评价期间保持一致，不得随意变更。

XY股份有限公司对非财务报告内部控制缺陷的认定等级对照表如表4-22所示。

表4-22

缺陷认定等级	直接财产损失金额	重大负面影响
一般缺陷	10万（含10万元）~500万元	受到省级（含省级）以下政府部门处罚但未对本公司定期报告披露造成负面影响
重要缺陷	500万（含500万元）~1 000万元	受到国家政府部门处罚但未对本公司定期报告披露造成负面影响
重大缺陷	1 000万元及以上	已经对外正式披露并对本公司定期报告披露造成负面影响

四、常见的内部控制重大缺陷情形

当有确凿证据表明企业在评价期末存在下列情形之一时,通常应认定为内部控制重大缺陷:企业财务报表已经或者很可能被注册会计师出具否定意见或者拒绝表示意见;企业审计委员会和内部审计机构未能有效发挥监督职能;企业董事、监事和高级管理人员已经或者涉嫌舞弊,或者企业员工存在串谋舞弊情形并给企业造成重要损失和不利影响;企业在财务会计、资产管理、资本运营、信息披露、产品质量、安全生产、环境保护等方面发生重大违法违规事件和责任事故,给企业造成重要损失和不利影响,或者遭受重大行政监管处罚。

上述控制缺陷如果对企业财务报表的真实可靠性产生影响,则为财务报告内部控制重大缺陷;如果不影响财务报表的真实可靠性,则为非财务报告内部控制重大缺陷。

五、内部控制缺陷认定小结

企业内控制评价工作组应建立评价质量交叉复核制度,评价工作组负责人应当对评价工作底稿进行严格审核,并对所认定的评价结果进行签字确认后,提交企业内部控制评价部门。

内部控制评价部门应当编制内部控制缺陷认定汇总表,结合日常监督和专项监督发现的内部控制缺陷及其持续改进情况,对内部控制缺陷及其成因、表现形式和影响程度进行综合分析和全面复核,提出认定意见,并以适当形式向董事会、监事会或经理层报告。

重大缺陷应当由董事会予以最终认定。

对于认定的重大缺陷,还应及时采取应对策略,切实将风险控制在可承受度之内,并追究有关机构或相关人员的责任。

六、内部控制缺陷的报告和整改

企业内部控制评价部门应当编制内部控制缺陷认定汇总表,结合日常监督和专项监督过程中发现的内部控制缺陷及其持续改进情况,对内部控制缺陷及其成因、表现形式和影响程度进行综合分析和全面复核,提出认定意见,按照规定的权限和程序进行审核后予以最终认定。

(一)内部控制缺陷报告

内部控制缺陷报告应当采取书面形式。对于一般缺陷和重要缺陷,通常向企业经理层报告,并视情况考虑是否需要向董事会及其审计委员会、监事会报告;对于重大缺陷,应当及时向董事会及其审计委员会、监事会和经理层报告。如果出现不适合向经理层报告的情形,如存在与经理层舞弊相关的内部控制缺陷,或存在经理层凌驾于内部控制之上的情形等,应当直接向董事会及其审计委员会、监事会报告。企业应根据内部控制缺陷的影响程度合理确定内部控制缺陷报告的时限,一般缺陷、重要缺陷应定期报告,重大缺陷即时报告。

XY股份有限公司内部控制缺陷认定汇总表(简表)如表4-23所示。

(二)内部控制缺陷整改

企业对于认定的内部控制缺陷,应当制定内部控制缺陷整改方案,按规定权限和程序审批后执行,即明确内部各管理层级和单位整改的职责分工,确保内部控制设计与运行的主要问题和重大风险得到及时解决和有效控制。对于认定的重大缺陷,还应及时采取应对策略,切实将风险控制在可承受范围之内,并追究有关机构或相关人员的责任。董事会应负责重大缺陷的整改,接受监事会的监督。经理层负责重要缺陷的整改,接受董事会的监督。内部有关单位负责一般缺陷的整改,接受经理层的监督。内部控制缺陷整改方案一般包括整改目标、内容、步骤、措施、方法和期限等,整改期限超过一年的,还应在整改方案中明确近期目标和远期目标以及对应的整改工作任务等。

表 4-23　　　　　　　　内部控制缺陷认定汇总表(简表)

被评价单位：　　　　　　　　　　　　　　　　评价区间：自　　年　月　日至　月　日
评价小组组长(副组长)：

一、财务报告内部控制缺陷		
1. 影响会计报表缺陷评价		
影响的会计科目	流程控制点	影响会计报表潜在错报金额/万元
与企业内外部环境实际不符		
2. 与内部职能机构职责界定不清,交叉现象较多,个别职责缺位,或内部制衡不足		
3. 对子公司的重大投融资、重大担保、大额资金使用等重大事项失控		
4. 企业员工结构、薪酬不合理,关键岗位不足,员工明显缺乏责任感		
5. 物资采购质次价高,严重影响生产经营需要		
6. 存在舞弊事件		
7. 由于违章行为导致安全环保事故(事件)发生		
8. 通过调查基层员工,与其直接利益相关的文件未能有效传达并受到影响		
……		

二、非财务报告内部控制缺陷	
缺陷等级	判定依据(判定相关资料及原因)
一般缺陷:直接财产损失10万元(含10万元)~500万元或受到省级(含省级)以下政府部门处罚但未对股份公司定期报告披露造成负面影响	
重要缺陷:直接财产损失500万元(含500万元)~1 000万元或受到国家政府部门处罚但未对股份公司定期报告披露造成负面影响	
重大缺陷:直接财产损失1 000万元及以上或已经正式对外披露并对本公司定期报告披露造成负面影响	

非财务报告缺陷(个数)：

经检查小组判断,缺陷合计:一般缺陷_____个;重要缺陷_____个;重大缺陷_____个

【延伸阅读】

上市企业提供虚假财务报告有哪些原因？

上市企业虚假财务报告产生的原因可归纳为以下四个方面：

一、上市公司质量控制制度失衡

（一）上市门槛过高是导致虚假财务报告产生的根源

关于公司申请上市的制度法规主要有《证券法》《公司法》和《股票发行和交易管理暂行条例》等，公司要上市必须满足上市条件，这是监督部门优化上市公司的质量以保护投资人利益的重要措施。但由于其财务指标的设计过于简单，一方面造成企业管理层的压力，另一方面又很容易通过会计处理来调节，公司为了达到上市标准，就千方百计地进行造假，以达到上市筹资目的。

（二）配股条件、ST股的处理制度也会导致虚假财务报告的产生

《上市公司证券发行管理办法》规定配股必须符合三个会计年度连续盈利等条件。《上海证券交易所股票上市规则》（2019年4月修订）规定，符合以下规定的股票实行ST（退市风险警示）处理：

（1）最近两个会计年度经审计的净利润连续为负值或者被追溯重述后连续为负值。

（2）最近一个会计年度经审计的期末净资产为负值或者被追溯重述后为负值。

（3）最近一个会计年度经审计的营业收入低于1 000万元或者被追溯重述后低于1 000万元。

（4）最近一个会计年度的财务会计报告被会计师事务所出具无法表示意见或者否定意见的审计报告。

（5）因财务会计报告存在重大会计差错或者虚假记载，被中国证监会责令改正但未在规定期限内改正，且公司股票已停牌两个月。

（6）未在法定期限内披露年度报告或者中期报告，且公司股票已停牌两个月。

（7）因第12.13条股权分布不具备上市条件，公司在规定的一个月内向本所提交解决股权分布问题的方案，并获得本所同意。

（8）因欺诈发行、重大信息披露违法或者其他涉及国家安全、公共安全、生态安全、生产安全和公众健康安全等领域的重大违法行为，本所对其股票作出实施重大违法强制退市决定的。

（9）公司可能被依法强制解散。

（10）法院依法受理公司重整、和解或者破产清算申请。

（11）本所认定的其他情形。

为了达到配股条件和免于被实施退市风险警示，上市公司有动机和压力去提供虚假的财务报告。

二、上市公司信息披露行为制度失衡

信息披露行为制度包括信息披露行为规范和信息披露质量规范。信息披露的行为规范主要是指进行信息披露的行为主体的行为约束规范和制度，它依靠上市公司的法人治理结构来落实；信息披露质量规范是指对会计信息和财务报告质量进行规范的会计准则和会计制度等会计法规。财务报告的质量保证在于有一个严密的行为主体规范约束制度和一套科学合理的会计质量控制规范体系。但在这两方面我国都表现出不同程度的失衡。

（1）信息披露行为规范的失衡。企业财务报告呈报者是企业的管理当局，因而信息披露行为规范主要应是针对企业管理当局而定。各个国家为了规范企业管理当局的行为都设计了一套公司治理结构，以保证公司管理当局能够遵循法规，履行好信息披露义务。我国上市公司同样有一套公司治理结构，但我国的公司治理结构是典型的内部人控制。我国的上市公司绝大部分是国有企业改制上市，国有股和法人股呈现"一股独大"。而国有股存在一个弊病是多级代理，在多级代理制下，造成了所有权虚置，所有者缺位，中小股东又有搭便车的倾向，没

有监督的动力,以致上市公司的股东大会、董事会和监事会的权利制衡机制失效,企业的管理者成为企业真正的"主人"。由于管理当局和股东之间的目标函数不一致,在两者的利益相冲突时,管理当局为了自己的利益会欺骗股东,以实现自身利益的最大化。在管理当局的操纵下,编制虚假财务报告的会计人员是无力反抗的,甚至他们也与管理当局有相同的经济利益,可能与管理当局一起作假。

(2)信息披露质量规范的失衡。对会计信息质量的规范主要是通过会计准则和企业会计制度来进行,因此会计信息质量的高低在一定程度上依赖于会计准则的质量。美国会计准则的制定有一个"充分程序"就是让各个利益集团进行充分博弈,以使会计准则这个合约越发完备,成为各利益集团都能遵守的契约。但在我国,会计准则的制定基本上是单边行为,企业博弈的动力不强。会计准则制定出来后,当企业意识到对他利益的约束时,就希求博弈。这可能表现为:一是对现有会计准则的不遵守,违反现有会计准则规定的经济业务处理方法来追求企业利益;二是更为谨慎的做法,对会计准则中还没有规定或者解释不清的业务处理方法,尽可能寻找有利于自身利益最大化的会计处理方法,这是一种事后博弈行为。我国的会计准则体系还在不断完善中,存在企业可利用的制度空间。我国会计准则本身存在不完全性,包括会计准则因博弈不充分而产生的倾向性、会计准则定义和释义的不准确而带来会计实务操作的不确定性;会计准则、会计制度和会计政策的可选择性;会计法规之间的不协调。

三、上市公司信息披露监控制度失衡

上市公司信息披露的监控制度主要是注册会计师审计制度和证监会监管处罚制度。

注册会计师审计制度失衡。目前注册会计师审计制度缺陷主要表现在:

1. 审计要求问题

证监会要求上市公司的年报需要经过注册会计师的审计,但对于中期报告却没有这样的要求,这就使不少企业利用中期报告来进行虚假披露,一方面是对自己企业财务状况的一种调节,另外一方面是配合一些炒家进行股票的投机炒作。

2. 注册会计师监管问题引起的注册会计师审计质量和独立性问题

我国注册会计师的监督管理体系还不健全,对注册会计师的监督管理不力,致使注册会计师的独立性不够,审计质量堪忧。

3. 审计合谋的制度环境问题

审计合谋是指审计人员和管理当局合作欺骗审计委托人和社会公众,从中牟利的一种社会经济现象。上市公司内部人控制、地方政府对上市公司利益倾向的支持和脱钩改制前的挂靠制是滋生审计合谋的制度环境。尽管我国的法规规定:公司聘用、解聘或者不再续聘会计师事务所由股东大会作出决定,但实际控制人使得股东大会是名义上的委托人,管理当局成了实际上的委托人。当注册会计师真实地向股东和其他信息使用者披露企业的经营状况而不利于管理当局时,管理当局会对注册会计师施压,要求隐匿对其不利的信息,注册会计师是否屈服于管理当局的压力,取决于注册会计师和事务所的承受能力强弱。由于我国会计师事务所和注册会计师抵制管理当局压力的承受能力较差,很有可能被管理当局"俘获"成为同谋。尽管脱钩改制使事务所脱离了政府行政部门,但我国上市公司的鉴证会计师事务所绝大部分是本地所,地方政府也可以通过各种方式对事务所产生影响,使其失去审计独立性。

四、证监会监管制度失衡

会计监管主体是指监管活动的实施者。我国有关法律和法规将监管主体定义为两类:政府机构和行业自律机构。但从实施监管的效果来看却不理想。主要原因在于:

(1)政府机构监管范围过宽而其人员的专业技能有限,导致政府制度全面,实施管理片面。我国对证券市场实施监管的机构主要是证监会。证监会则作为最高监管部门其监管范围

广泛，包括从证券市场到期货市场的所有具体事项，包括指定两个市场的方针政策、发展规划；起草两个市场的法律、法规；批准企业股票上市；批准企业债券上市；监管上市公司及其信息披露义务、股东的证券市场行为；对券商的管理；对交易所的管理等。范围过广而人员有限，对上市公司的监管往往被局限在：事后监管、查处力度不够、监管成本过高、市场波动反应慢等。

(2) 作为监管力量一线的交易所权利范围狭小。交易所是上市公司接触最多、了解最深入的自律机构。它的这种特性是任何机构不能取代的。但在目前的现实情况下，证券会掌握对上市公司的管理权。而交易所只有监督权。证监会有时鞭长莫及，交易所又权利有限，上市公司的监管出现真空违规事件屡屡发生就不足为奇了。

【引例分析】

1. 为确保财务报告合法合规、真实完整和有效利用，要建立健全并有效执行财务报告的内部控制制度。

2. 防范财务报告过程中的风险，财务报告应用指引明确提出如下要求：

(1) 要求企业编制财务报告时，重点关注会计政策和会计估计；对财务报告产生重大影响的交易和事项的处理，要按照规定的权限和程序进行审批。

(2) 要求企业按照国家统一的会计准则制度规定，根据登记完整、核对无误的会计账簿记录和其他有关资料编制财务报告，做到内容完整、数字真实、计算准确，不得漏报或者随意进行取舍；企业集团还应编制合并财务报表，明确合并财务报表的合并范围和合并方法，如实反映企业集团的财务状况、经营成果和现金流量。

(3) 要求企业依照法律法规和国家统一的会计准则制度的规定，及时对外提供财务报告；财务报告须经注册会计师审计的，注册会计师及其所在的事务所出具的审计报告应当随同财务报告一并提供。

(4) 要求企业重视财务报告分析工作，定期召开财务分析会议，充分利用财务报告反映的综合信息，全面分析企业的经营管理状况和存在的问题，不断提高经营管理水平。

【工作任务 4-5】

了解财务报告内部控制制度建设

任务分析：

主要根据内部控制的全面性、重要性、制衡性、适应性、成本效益原则，结合 A 公司经营环境、业务特点、管理要求等内控环境，为 A 公司设计财务报告内部控制优化方案。

操作步骤：

(1) 搜集内控信息。运用查询、函证、检查文件、重新执行等手段，搜集 A 公司财务报告业务信息，重点关注财务报告编制信息，如资金管理现状、经营现状、战略规划、投融资计划等。

(2) 评估内控风险。对所搜集的信息进行整理分析，找出 A 公司财务报告业务的高危风险点。

(3) 分析控制现状。分析控制现状，发现现有财务报告内部控制制度或管理制度的设计缺陷或执行中的问题，即"提出问题"。

(4) 分析风险成因。针对高危风险点，分析成因，确定风险应对策略，即"分析问题"。

(5) 拟定优化措施。针对控制现状，拟定适用的关键控制措施，提出解决方案或优化建议，即"解决问题"。

(6) 完成设计任务。完成《A 公司财务报告内部控制制度优化方案》。

项目小结

本项目主要阐述了企业内部控制中的业务层面控制。业务层面控制,需要综合运用各种控制手段和方法,针对具体业务和事项实施控制。具体的企业性质、规模、经营范围和业务特点千差万别,在此,选取了多数企业普遍存在的资金活动、采购业务、资产管理、销售业务、财务报告五类主要业务的内部控制建设进行讲解。

企业业务层面的内控建设一般可分为七个步骤:梳理业务流程、明确业务环节、分析业务风险、确定主要风险点、选择风险应对策略、建立业务内控制度、督促实施内控制度。

具体的企业业务内部控制建设中,需要以风险为导向,从企业内部控制的目标出发,在企业内部控制原则的指导下,对主要业务进行内部控制五要素分析,结合业务流程梳理与业务环节规划,有针对性地建立和健全适用于具体企业的业务内部控制制度。

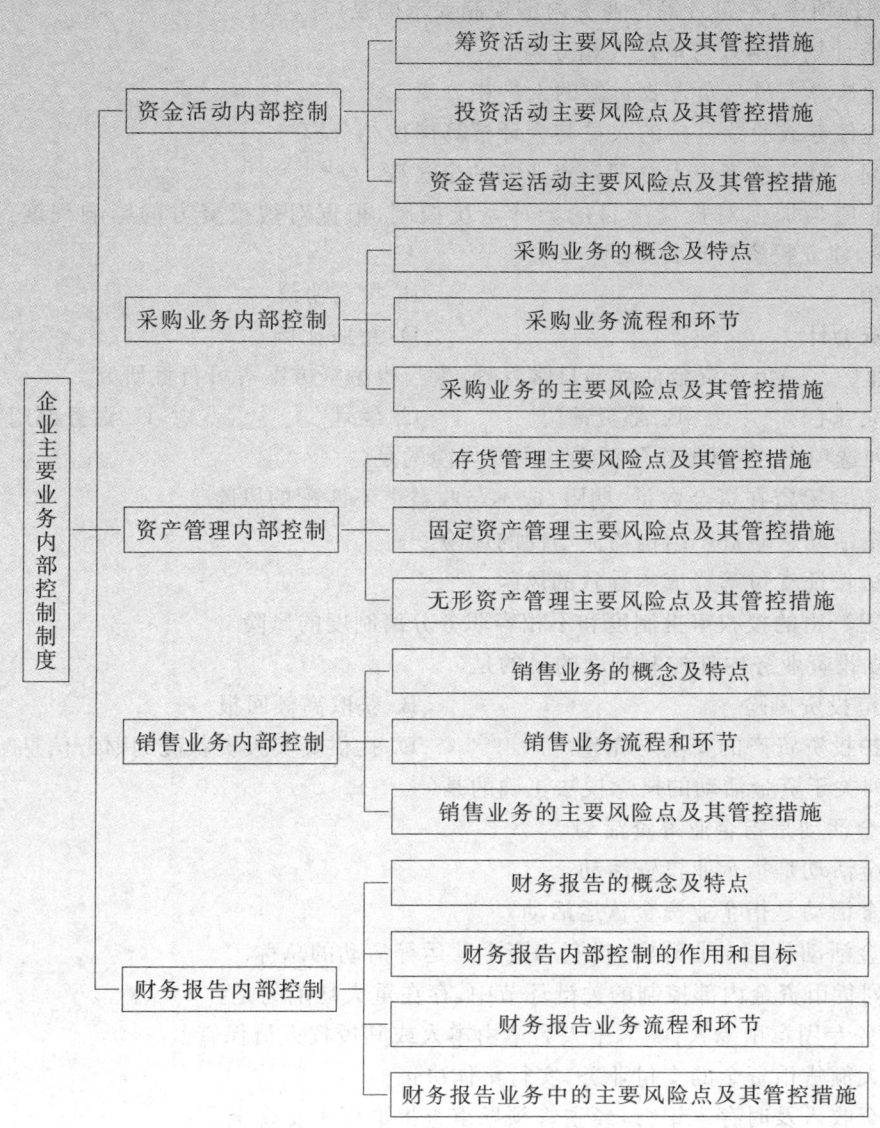

习 题

一、单项选择题

1. 企业的货币资金收付业务及保管应由被授权批准的（　　）负责，不允许其他人员接触。
   A. 出纳人员　　　　　　　　　　　B. 会计主管
   C. 会计人员　　　　　　　　　　　D. 内部稽核人员

2. 企业的股利发放，必须由（　　）决定。
   A. 股东（大）会　　　　　　　　　B. 财务经理
   C. 公司总经理　　　　　　　　　　D. 公司董事会

3. 下列选项中，不符合筹资业务内部控制要求的是（　　）。
   A. 筹资计划编制人与审批人相分离
   B. 会计核算人员与负责收付款的人员相分离
   C. 办理债券或股票分析的人员与会计核算岗位相分离
   D. 由同一部门或者个人办理筹资业务的全过程

4. 企业应当加强对投资项目的会计系统控制，根据对被投资方的影响程度，合理确定（　　）政策，建立投资管理台账。
   A. 投资　　　　　　　　　　　　　B. 投资协议
   C. 投资会计　　　　　　　　　　　D. 持股比例

5. 企业（　　）负责资金活动的日常管理，参与投融资方案等可行性研究。
   A. 投资部门　　B. 筹资部门　　C. 经理　　　　D. 财务部门

6. 下列选项中，不属于投资活动的主要风险的是（　　）。
   A. 投资与筹资在资金数量、期限、成本与收益上不匹配的风险
   B. 投资活动忽略资产结构与流动性的风险
   C. 无法保证支付筹资成本导致的风险
   D. 缺乏严密的授权审批制度和不相容职务分离制度的风险

7. 建立投资业务内部控制制度的目的是（　　）。
   A. 防范投资风险　　　　　　　　　B. 获取高额回报
   C. 保护投资资产的安全与完整　　　D. 提供真实投资状况的财务信息

8. 下列关于资金活动的概念说法正确的是（　　）。
   A. 资金活动是指企业筹资活动
   B. 资金活动是指企业投资活动
   C. 资金活动是指企业资金营运活动
   D. 资金活动是指企业筹资、投资和资金营运等活动的总称

9. 下列货币资金内部控制的关键环节中，存在重大缺陷的是（　　）。
   A. 财务专用章由专人保管，个人名章由本人或其授权人员保管
   B. 对大额货币资金的支付业务，实行集体决策
   C. 现金收入及时存入银行，经主管领导审查批准可坐支现金
   D. 指定专人定期核对银行存款账户，编制银行存款余额调节表

10. 按照不相容岗位分离的要求，不需要进行岗位分离的人员是( )。
   A. 现金支出审批人员和支票保管人员
   B. 出纳员和会计稽核、会计档案保管人员
   C. 制作会计凭证的人员和登记账簿的人员
   D. 负责编制银行存款余额调节表的人员和负责登记银行存款日记账的人员

11. 执行采购业务流程的终点是( )。
   A. 物料合格入库　　　　　　　　B. 付款
   C. 采购业务后评价　　　　　　　D. 退货

12. 采购、验收人员与相关会计记录人员分离，这种安排属于( )。
   A. 职责分工与授权批准设计　　　B. 授权制度与审核批准制度设计
   C. 采购与验收控制设计　　　　　D. 付款控制设计

13. 建立严格的退货管理制度，对退货条件、退货手续、货物出库和退货货款回收作出明确规定，及时收回退货货款，这种安排属于( )。
   A. 职责分工与授权批准设计　　　B. 采购与验收控制设计
   C. 付款控制设计　　　　　　　　D. 授权制度与审核批准制度设计

14. 相关会计记录与相关采购记录、仓储记录不一致，属于采购业务( )环节的主要风险。
   A. 会计控制　　　B. 请购　　　C. 确定采购价格　　　D. 验收

15. 供应商选择不当，导致采购物资质次价高，甚至出现舞弊行为，属于采购业务( )环节的主要风险。
   A. 会计控制　　　　　　　　　　B. 选择供应商
   C. 确定采购价格　　　　　　　　D. 验收

16. 运输方式选择不合理，属于采购业务( )环节的主要风险。
   A. 会计控制　　　　　　　　　　B. 选择供应商
   C. 确定采购价格　　　　　　　　D. 管理供应过程

17. 未按合同约定及时支付采购货款，导致企业资金信用受损，属于采购业务( )环节的主要风险。
   A. 会计控制　　　　　　　　　　B. 选择供应商
   C. 确定采购价格　　　　　　　　D. 付款

18. 执行采购业务流程的起点是( )。
   A. 询价　　　　　　　　　　　　B. 付款
   C. 编制采购计划或物资需求计划　D. 退货

19. 请购商品或劳务时，应填写( )。
   A. 采购计划　　　B. 请购单　　　C. 入库单　　　D. 采购订单

20. 编制需求计划时，主要参与部门不包括( )。
   A. 需求部门　　　　　　　　　　B. 采购部门
   C. 货管部门　　　　　　　　　　D. 会计部门

21. 企业应建立固定资产清查制度，至少( )一次全面清查，保证固定资产账实相符、及时掌握资产盈利能力和市场价值。
   A. 三年　　　　　B. 二年　　　　　C. 每年　　　　　D. 半年

22. 存货、固定资产和无形资产业务中共有的风险控制点是（　　）。
　　A. 出库　　　　　　B. 维护　　　　　　C. 投保　　　　　　D. 验收

23. 企业应当限制未经授权人员直接接触技术资料等无形资产；对技术资料等无形资产的保管及接触应保有记录；对重要的无形资产应及时申请法律保护。该行为属于（　　）。
　　A. 授权控制　　　　　　　　　　　　B. 不相容职务分离控制
　　C. 会计记录控制　　　　　　　　　　D. 财产保护控制

24. 企业定期对存货进行盘点，这属于（　　）。
　　A. 授权控制　　　　　　　　　　　　B. 不相容职务分离控制
　　C. 会计记录控制　　　　　　　　　　D. 财产保护控制

25. 企业应当设置相应的会计记录或凭证，如实记载各环节业务开展情况，及时传递相关信息，确保固定资产业务全过程得到有效控制。这属于（　　）。
　　A. 授权控制　　　　　　　　　　　　B. 不相容职务分离控制
　　C. 会计记录控制　　　　　　　　　　D. 资产保护控制

26. 企业应当规定固定资产业务经办人的职责范围和工作要求。严禁未经授权的机构或人员办理固定资产业务。这属于（　　）。
　　A. 授权控制　　　　　　　　　　　　B. 不相容职务分离控制
　　C. 会计记录控制　　　　　　　　　　D. 资产保护控制

27. 固定资产取得、处置业务的执行与相关会计记录由不同岗位处理，这属于（　　）。
　　A. 授权控制　　　　　　　　　　　　B. 不相容职务分离控制
　　C. 会计记录控制　　　　　　　　　　D. 资产保护控制

28. 企业应由（　　）对当月的折旧费用，尤其是上月新增固定资产本月折旧费用以及计提了减值准备的固定资产，进行合理性复核并编制折旧和摊销分析报告。
　　A. 生产部门　　　　B. 采购部门　　　　C. 财务部门　　　　D. 管理部门

29. 关于企业重大固定资产处置，应由（　　）。
　　A. 集体决策审批　　　　　　　　　　B. 保管部门决定
　　C. 管理部门决定　　　　　　　　　　D. 销售部门决定

30. 《企业内部控制应用指引第8号——资产管理》指引所称资产，是指企业拥有或控制的存货、固定资产和（　　）。
　　A. 产品　　　　　　B. 存货　　　　　　C. 固定资产　　　　D. 无形资产

31. 销售业务控制中最关键的是（　　）。
　　A. 保证销售收入的真实性　　　　　　B. 保证产品的安全和完整
　　C. 保证销售收入的合法性　　　　　　D. 货款收回的控制

32. 销售、发货人员与相关会计记录人员分离，这种安排属于（　　）。
　　A. 职责分工与授权批准设计　　　　　B. 授权制度与审核批准制度设计
　　C. 采购与验收控制设计　　　　　　　D. 付款控制设计

33. 企业在设计销售业务会计控制制度时，适当的销售退回控制措施为（　　）。
　　A. 在退货方考虑附加条件
　　B. 对责任人实施退货损失惩罚
　　C. 必须经销售主管审批方可执行
　　D. 设立独立于销售部门的退货争议处理机构

34. 企业应当建立逾期应收账款催收制度,应当负责应收账款催收的是( )。
A. 销售部门　　　　B. 会计部门　　　　C. 仓库部门　　　　D. 信用管理部门

35. 企业在设计销售与收款业务的内部控制制度时,销售与收款业务的不相容岗位是指( )。
A. 销售货款的确认、回收与办理发货岗位
B. 销售货款的确认、回收与合同审批岗位
C. 销售货款的确认、回收与相关会计记录岗位
D. 销售货款的确认、回收与销售合同签订岗位

36. 销售业务从( )开始。
A. 销售计划(或预算)制订　　　　B. 销售审批
C. 发货　　　　　　　　　　　　　D. 销售合同订立

37. 企业销售计划表的制订部门是( )。
A. 预算部门　　　　B. 销售部门　　　　C. 财务部门　　　　D. 仓储部门

38. 客户开发与信用管理,是要确定( )。
A. 坏账风险　　　　B. 客户　　　　　　C. 客户资信状况　　D. 售价

39. 销售收款的依据不包括( )。
A. 销售发票　　　　B. 销售合同　　　　C. 出库单　　　　　D. 入库单

40. 销售退货时,主要参与部门不包括( )。
A. 销售部门　　　　B. 财务部门　　　　C. 货管部门　　　　D. 预算部门

41. 应当在财务分析和利用工作中发挥主导作用的是( )或分管会计工作的负责人。
A. 董事长　　　　　B. 总经理　　　　　C. 总会计师　　　　D. 财务主任

42. 企业编制财务报告,应当重点关注会计政策和( )。
A. 会计计量　　　　B. 会计准则　　　　C. 会计方法　　　　D. 会计估计

43. ( )对财务报告的真实性、完整性负责。
A. 财务主管　　　　B. 总会计师　　　　C. 销售主管　　　　D. 企业负责人

44. 编制财务报告的依据是( )。
A. 销售部门的资料
B. 会计部门的资料
C. 仓库部门的资料
D. 登记完整、核对无误的会计账簿记录和其他有关资料

45. 中期财务报表是以中期为基础编制的财务报表,不包括( )财务报表。
A. 月度　　　　　　B. 季度　　　　　　C. 半年度　　　　　D. 年度

46. 对内报表是由企业根据自身的经营特点和管理要求自行规定、自行设计的会计报表,实务中不包括( )。
A. 企业收支情况表　　　　　　　　B. 期间费用报表
C. 所有者权益变动表　　　　　　　D. 货币资金增减变动表

47. 在企业财务报表附注中,首先需要披露的是( )。
A. 是否遵循了财务报表的编制基础和企业会计准则
B. 采用的会计政策和会计估计
C. 对财务报表重要项目作进一步披露
D. 未在会计报表中列示但十分有用的信息

48. 下列会计报表设计时,对基本格式、编报方法、编报时间、计量单位没有统一要求的是（　　）。

　　A. 资产负债表　　　　　　　　　B. 利润表

　　C. 现金流量表　　　　　　　　　D. 销货日报表

49. 企业应当重视财务报告分析工作,（　　）召开财务分析会议。

　　A. 非定期　　　B. 年末　　　C. 季末　　　D. 定期

50. 财务分析报告结果应当及时传递给（　　）。

　　A. 董事会　　　　　　　　　　　B. 股东大会

　　C. 财务部门　　　　　　　　　　D. 企业内部有关管理层级

二、多项选择题

1. 筹资业务内部控制的要求有（　　）。

　　A. 保证筹资业务会计核算资料准确可靠　　B. 保证筹资业务合规合法

　　C. 保证筹资业务计算准确　　　　　　　　D. 注重筹资的安全性

　　E. 确保企业战略发展目标对资金的需求

2. 为审核筹资活动对未来净收益增加的可能性及筹资方式的合理性,企业应聘请的共同审核人有（　　）。

　　A. 总经理　　　B. 财务总监　　　C. 财务经理　　　D. 财务顾问

　　E. 法律顾问

3. 投资业务应遵循职责分离制度,须予分离的不相容岗位包括（　　）。

　　A. 对外投资的决策与执行　　　　B. 对外投资计划的编制与审批

　　C. 对外投资处置的审批与执行　　D. 参与投资交易活动与有价证券的盘点

　　E. 证券保管与投资交易的账务处理

4. 下列做法中符合银行存款内部控制要求的是（　　）。

　　A. 企业内设管理部门自行开立银行账户

　　B. 不得签发没有资金保证的票据或远期支票

　　C. 每年核对一次银行存款余额调节表

　　D. 由出纳人员进行银行存款余额调节表的编制

　　E. 出纳人员不得从事银行对账单的获取工作

5. 资金活动应关注的风险包括（　　）。

　　A. 筹资决策不当,引发资本结构不合理或无效融资,可能导致企业筹资成本过高或债务危机

　　B. 投资决策失误,引发盲目扩张或丧失发展机遇,可能导致资金链断裂或资金使用效益低下

　　C. 资金调度不合理、营运不畅,可能导致企业陷入财务困境或资金冗余问题

　　D. 资金活动管控不严,可能导致资金被挪用、侵占、抽逃或遭受欺诈

　　E. 资金使用不当,未达到资金使用预期目标的风险

6. 货币资金业务的不相容岗位有（　　）。

　　A. 货币资金支付的审批与执行　　B. 货币资金的保管与盘点清查

　　C. 货币资金的会计记录与审计监督　　D. 库存现金实物的收付与保管

　　E. 现金收付与出纳备查簿的登记

7. 货币资金支出的控制程序一般包括（　　　　）环节。
   A. 支付申请　　　　　　　　　　B. 支付审批
   C. 支付复核　　　　　　　　　　D. 支付办理
   E. 支付记账

8. 资金活动中的主要风险有（　　　　）。
   A. 以验收单替代入库单
   B. 无形资产使用和管理不善，可能导致损失和浪费
   C. 消费者满意度不足
   D. 资金活动管控不严，可能导致资金被挪用、侵占、抽逃
   E. 资金预算不合理，导致资金短缺，影响投资经营活动；或资金盈余，资金使用效率低下

9. 筹资活动的内部控制对企业筹资的影响有（　　　　）。
   A. 决定企业能不能顺利筹资生产经营
   B. 决定企业以什么样的筹资资本筹集资金
   C. 决定企业以什么样的筹资风险筹集资金
   D. 决定企业筹集资金的多少
   E. 决定企业向谁筹资

10. 企业为加强运营资金风险管控，应做的工作包括（　　　　）。
    A. 强化资金预算管理　　　　　　B. 保证资金整体平衡
    C. 灵活调度资金　　　　　　　　D. 加大资金管控力度
    E. 协调配套投资与筹资活动

11. 企业应当建立采购业务后评估制度，应当对（　　　　）方面进行评估、分析。
    A. 采购价格　　B. 采购质量　　C. 采购渠道　　D. 采购成本
    E. 供应商管理

12. 企业请购风险有（　　　　）。
    A. 缺乏采购申请制度　　　　　　B. 请购未经适当审批
    C. 请购是超越授权的审批　　　　D. 根据采购计划和实际需要进行采购申请
    E. 采购定价机制不科学

13. 退货管理，应由（　　　　）共同办理。
    A. 采购部门　　B. 财务部门　　C. 预算部门　　D. 货管部门
    E. 投资部门

14. 对验收合格的物资，应办理的业务手续有（　　　　）。
    A. 填制入库凭证，加盖物资"收讫章"　　B. 登记实物账
    C. 及时将入库凭证传递给财会部门　　　D. 立即支付货款
    E. 核对应付货款

15. 要以最优"性价比"采购到所需物资，需要采取的措施有（　　　　）。
    A. 健全采购定价机制
    B. 研究重要物资的市场构成，根据价格变动确定采购执行价格或参考价格
    C. 对有些物资采用招标、联合谈判等公开、竞争方式签订框架协议
    D. 建立采购价格数据库定期对重要物资进行分析
    E. 立即支付货款

16. 采购业务要使用的原始凭证有（　　　　）。

A. 请购单　　　　B. 询价单　　　　C. 验收单　　　　D. 入库单

E. 购货发票

17. 采购价格环节的主要风险有（　　　　）。

A. 采购定价机制不科学

B. 采购定价方式选择不当

C. 缺乏对重要物资品种价格的跟踪监控，引起采购价格不合理

D. 采购合同中的价格低于采购计划价格

E. 以验收单替代入库单

18. 编制需求计划和采购计划环节的主要风险有（　　　　）。

A. 需求或采购计划不合理

B. 不按实际需求安排采购或随意超计划采购

C. 与企业生产经营计划不协调，造成停工

D. 过量采购，造成资源浪费

E. 采购定价方式选择不当

19. 验收环节的主要风险有（　　　　）。

A. 验收标准不明确

B. 验收程序不规范

C. 对验收中存在的异常情况不作处理

D. 验收不合格的物资未及时办理退货手续

E. 采购定价方式选择不当

20. 采购与付款业务不相容岗位至少包括（　　　　）。

A. 请购与审批　　　　　　　　　　B. 询价与确定供应商

C. 采购合同的订立与审批　　　　　D. 采购与验收

E. 采购验收与相关会计记录

21. 资产的特点有（　　　　）。

A. 种类繁多　　　　　　　　　　　B. 形态各异

C. 价值易波动　　　　　　　　　　D. 无形资产难以确认和计量

E. 未来需偿付

22. 无论是生产企业还是商品流通企业，其存货业务流程的共有环节有（　　　　）。

A. 验收入库　　　　B. 仓储保管　　　　C. 生产加工　　　　D. 销售发出

E. 盘点清查

23. 企业内部除存货管理部门及仓储人员外，其余部门和人员接触存货时，应由相关部门特别授权。这体现了（　　　　）活动。

A. 授权控制　　　　B. 会计记录控制　　　　C. 财产保护控制　　　　D. 定期轮岗控制

E. 预算控制

24. 关于固定资产处置，以下说法中正确的有（　　　　）。

A. 固定资产的处置申请应由固定资产管理部门或使用部门提出

B. 固定资产处置方式、处置价格应报经企业授权部门或人员审批后确定

C. 对于重大固定资产的处置，应当考虑聘请具有资质的中介机构进行资产评估

D. 对于重大固定资产的处置,应当采取集体合议审批制度,并建立集体审批记录机制

E. 固定资产处置损益影响营业利润

25. 固定资产内部控制的关键环节包括（　　　）。

A. 职责分工、权限范围和审批程序应当明确规范,机构设置和人员配备应当科学合理

B. 固定资产取得依据应当充分适当,决策过程应当科学规范

C. 固定资产取得、验收、使用、维护、处置和转移等环节的控制流程应当清晰严密

D. 固定资产的确认、计量和报告应当符合国家统一的会计准则制度的规定

E. 固定资产投保制度要健全,能有效防范资产损失风险

26. 无形资产业务应关注的风险有（　　　）。

A. 无形资产业务未经适当审批或超越授权审批,可能因重大差错、舞弊、欺诈而导致损失

B. 无形资产购买决策失误,可能导致不必要的成本支出

C. 无形资产使用和管理不善,可能导致损失和浪费

D. 无形资产处置决策和执行不当,可能导致企业权益受损

E. 无形资产业务摊销年限不合理,可能影响报告期的成本费用

27. 企业资产管理至少应当关注的风险有（　　　）。

A. 存货积压或短缺,可能导致流动资金占用过量、存货价值贬损或生产中断

B. 固定资产更新改造不够、使用效能低下、维护不当、产能过剩,可能导致企业缺乏竞争力、资产价值贬损、安全事故频发或资源浪费

C. 无形资产缺乏核心技术、权属不清、技术落后、存在重大技术安全隐患,可能导致企业法律纠纷、缺乏可持续发展能力

D. 资产管理人员能力不足

E. 资产管理制度不健全

28. 批准对存货进行处置的人员应独立于（　　　）人员。

A. 存货采购　　　　　　　　　B. 存货账务处理

C. 存货实物管理　　　　　　　D. 存货销售

E. 存货预算

29. 无形资产包括（　　　）。

A. 企业内部产生的品牌　　　　B. 专利权

C. 企业自创的商誉　　　　　　D. 土地使用权

E. 专有技术

30. 固定资产业务不相容岗位至少包括（　　　）。

A. 固定资产投资预算的编制与审批　　B. 固定资产投资预算的审批与执行

C. 固定资产验收与保管　　　　　　　D. 固定资产处置的审批与执行

E. 固定资产的记录与计提折旧

31. 销售业务的主要环节有（　　　）。

A. 销售审批和订立销售合同　　B. 销售计划管理

C. 销售收款　　　　　　　　　D. 客户服务

E. 会计系统控制

32. 销售与收款业务不相容岗位至少包括（　　　）。

A. 客户信用管理与销售合同或协议的审批、签订

B. 销售合同或协议的审批、签订与办理发货
C. 销售货款的确认、回收与相关会计记录
D. 销售退回货品的验收、处置与相关会计记录
E. 销售业务经办与发票开具、管理

33. 以下各项中,属于企业销售业务流程的内容有(　　　)。
   A. 销售计划管理　　　　　　　　B. 客户开发与信用管理
   C. 销售定价　　　　　　　　　　D. 会计系统控制
   E. 销售谈判

34. 以下各项中,属于客户开发在信用管理环节可能出现的风险有(　　　)。
   A. 现有客户管理不足,可能导致客户丢失
   B. 潜在市场需求开发不够可能导致客户丢失或市场拓展不利
   C. 客户档案的不健全,可能导致客户选择不当
   D. 缺乏合理的资信评估,可能导致销售款项不能收回
   E. 消费者满意度不足

35. 收款环节主要面临的风险包括(　　　)。
   A. 企业信用管理不到位导致销售款项不能收回
   B. 结算方式选择不当导致销售款项不能收回
   C. 票据管理不善导致销售款项不能收回
   D. 收款过程中存在舞弊,使企业经济利益受损
   E. 现有客户管理不足,可能导致客户丢失

36. 销售业务要使用的原始凭证有(　　　)。
   A. 销售报价单　　　B. 退货单　　　C. 托运凭证　　　D. 出库单
   E. 销售发票

37. 销售授权控制的相关措施有(　　　)。
   A. 赊销业务经过审批后才办理发货
   B. 赊销未经批准的一律不准发货
   C. 对于与既定销售政策和信用政策不合的特殊销售业务,应采用集体决策方式
   D. 未经授权,不得订立销售合同
   E. 销售预算不合理,废除预算

38. 客户服务环节的主要风险有(　　　)。
   A. 客户服务水平低　　　　　　　B. 消费者满意度不足
   C. 影响公司品牌形象　　　　　　D. 不能及时收款
   E. 未按合同要求进行发货

39. 销售定价环节的主要风险有(　　　)。
   A. 价格过高或过低、销售受损　　B. 价格未经恰当审批,或存在舞弊
   C. 销售发货人员与记账人员未分离　D. 销售折扣和折让政策不当
   E. 结算方式选择不当导致销售款项不能收回

40. 销售会计系统控制环节的主要风险有(　　　)。
   A. 销售定价不当
   B. 销售收入确认政策不当

C. 企业账实不符、账证不符、账账不符或者账表不符

D. 客户流失

E. 价格未经恰当审批,或存在舞弊

41. 企业编制、对外提供和分析利用财务报告,至少应当关注的风险有(　　)。

A. 企业财务报告的编制违反会计法律法规和国家统一的会计准则制度,导致企业承担法律责任、遭受损失和声誉受损

B. 企业提供虚假财务报告,误导财务报告使用者,造成报告使用者的决策失误,干扰市场秩序

C. 企业不能有效利用财务报告,难以及时发现企业经营管理中的问题,还可能导致企业财务和经营风险失控

D. 会计政策变动风险

E. 会计估计不准确的风险

42. 财务报告编制的要求有(　　)。

A. 内容完整　　　B. 数字真实　　　C. 计算准确　　　D. 不得漏报

E. 不得随意进行取舍

43. 专门反映企业成本费用的报表包括(　　)。

A. 产品生产成本的报表(按产品品种)

B. 产品生产成本的报表(按成本项目)

C. 主要产品单位成本报表

D. 制造费用明细表

E. 利润表

44. 现金流量表包括(　　)。

A. 经营活动现金净流量　　　　B. 投资活动现金净流量

C. 筹资活动现金净流量　　　　D. 现金及现金等价物期初余额

E. 现金及现金等价物期末余额

45. 以下各项中,属于财务报告分析的内容有(　　)。

A. 资产分布、负债水平和所有者权益结构

B. 各项收入、费用的构成及其增减变动情况

C. 分析现金流量的运转情况

D. 分析企业的盈利能力和发展能力

E. 企业对外提供的财务报告应当及时整理归档,并按有关规定妥善保存

46. 企业在编制年度财务报告前,应当进行的主要工作有(　　)。

A. 必要的资产清查　　　　B. 减值测试

C. 债权债务核实　　　　　D. 内部控制有效性的测试

E. 进行内部审计

47. 由于委托关系中的悖逆矛盾,企业对外部提供的财务报告,会出现的风险有(　　)。

A. 编制财务报告违反相关法规的,可能导致企业承担法律责任和声誉受损

B. 提供虚假财务报告,会误导财务报告使用者,造成决策失误

C. 提供虚假财务报告,可能干扰市场秩序

D. 不能有效利用财务报告,可能导致财务和经营风险失控

E. 被出具非标准审计报告

48. 财务报告流程由（　　　　）所组成。
A. 财务报告审计流程　　　　　　　B. 财务报告编制流程
C. 财务报告对外提供流程　　　　　D. 财务报告分析利用流程

49. 关于资产负债表编制要求，下列说法中正确的有（　　　　）。
A. 企业选择各项资产计价方法应前后一致，不得随意变更
B. 企业不得提前、推迟或不确认负债
C. 严禁虚增或虚减负债
D. 所有者权益由实收资本和资本公积构成
E. 资产＝负债＋所有者权益

三、判断题

1. 筹资决策失误，引发盲目扩张，可能导致资金链断裂。（　　）
2. 经过批准，企业出纳人员可以将空白支票借给其他企业使用。（　　）
3. 企业在营运过程中出现临时性资金短缺的，可以通过短期融资等方式获取资金。资金出现短期闲置的，在保证安全性和流动性的前提下，可以通过购买国债等多种方式，提高资金效益。（　　）
4. 投资活动内部控制的目标包括投资收益最大化。（　　）
5. 投资与筹资在资金数量、期限、成本与收益上存在不匹配的风险。（　　）
6. 投资方案无论金额大小都不需要进行可行性论证。（　　）
7. 重大筹资方案，应当按照规定的权限和程序实行集体决策或者联签制度。（　　）
8. 企业办理资金收付业务，应当遵守现金和银行存款管理的有关规定，不得由一人办理货币资金全过程业务，严禁将办理资金支付业务的相关印章和票据集中给一人保管。（　　）
9. 办理支付业务的印章要与空白票据分管，财务专用章与企业法人章分管。（　　）
10. 资金活动中可能存在的风险无一不是重要风险，一旦成为现实，危害重大。（　　）
11. 物品采购、存储、使用人同时担任账务的记录工作，付款审批人和付款人同时办理确定供应商与采购谈价业务，采购业务中不应该出现不相容职务未分离的情况。（　　）
12. 生产部门根据市场需求进行存货采购。（　　）
13. 管理供应过程中有可能遇到的风险有运输方式不合理、忽视运输过程中的保险风险、可能导致采购物资损失或无法保证供应等。（　　）
14. 验收部门应使用连续编号的验收凭证办理验收业务。（　　）
15. 重大的采购业务，可以授权由采购部门负责人审批。（　　）
16. 应对拟入库存货的交货期进行检验，确定外购货物的实际交货期与订购单中的交货期是否一致。（　　）
17. 请购是指企业生产经营部门根据采购计划和实际需要，提出的采购申请。（　　）
18. 合同对方主体资格、履约能力等未达要求的，也可与对方签订采购合同。（　　）
19. 采购要在生产和销售计划的指导下进行。（　　）
20. 采购业务控制与货币资金控制密切相关。（　　）
21. 存货主要包括原材料、在产品、产成品、半成品、商品及周转材料等；企业代销、代管、代修、受托加工的存货虽不归企业所有，也应纳入企业存货管理范畴。（　　）
22. 盘点清查环节的主要风险是：存货盘点清查制度不完善、计划不可行，可能导致工作流于形式、无法查清存货真实状况。（　　）

23. 对于重大的固定资产投资项目,应当考虑聘请独立的中介机构或专业人士进行可行性研究与评价,并由企业实行集体决策和审批。   （   ）
24. 企业员工可以在未经授权的情况下,自行办理无形资产业务。   （   ）
25. 公司应制定固定资产保险的有关制度,明确规定价值较大或风险较高的固定资产投保财产保险的相关政策和程序。   （   ）
26. 固定资产更新改造不够,可能造成企业产品线老化、缺乏市场竞争力。   （   ）
27. 企业代销、代管存货,委托加工、代修存货不属于存货范围。   （   ）
28. 企业无形资产摊销方法应根据实际情况随时变更。   （   ）
29. 由存货实物管理的人员根据盘点情况清查存货盘盈、盘亏产生的原因,并编制存货盘点报告。   （   ）
30. 应对拟入库存货的交货期进行检验,确定外购货物的实际交货期与订购单中的交货期是否一致。   （   ）
31. 不得由同一部门或个人办理销售与收款业务的全过程。   （   ）
32. 坏账准备的计提与审批、坏账的核销与审批,可由同一人办理。   （   ）
33. 企业应当指定专人通过函证等方式,不定期与客户核对应收账款、应收票据、预收账款等往来款项。   （   ）
34. 企业对核销的坏账应当进行备查登记,做到账销案存;已核销又回收时及时入账,防止形成账外资金。   （   ）
35. 重大的销售业务,可以授权销售部门负责人审批。   （   ）
36. 对于超过单位既定销售政策和信用政策规定范围的特殊销售业务,应当实行集体决策,防止个人决策失误而造成严重损失。   （   ）
37. 与客户谈判过程中,应以已经批准的销售价格、信用政策、发货及收款方式作为谈判的底线。重大的销售业务谈判要吸收财会、法律等专业人员参加,征询会计、法律等专业性人员的意见,谈判过程要有完整的书面记录。   （   ）
38. 未经授权发货或发货不符合合同约定,可能导致货物损失或客户与企业的销售争议、销售款项不能收回。   （   ）
39. 企业要按照国家统一的会计准则规定计提坏账准备,并按照权限范围和审批程序进行审批。   （   ）
40. 销售业务采用的会计政策可以随意变更。   （   ）
41. 总会计师或分管会计工作的负责人负责组织领导财务报告的编制、对外提供和分析利用等相关工作,并对财务报告的真实性、完整性负责。   （   ）
42. 财务报告,是指反映企业某一特定日期财务状况和某一会计期间经营成果、现金流量的文件。   （   ）
43. 财务报告附注中首先应披露采用的会计政策和会计估计。   （   ）
44. 上市公司向外提供的财务报表至少应当包括资产负债表、利润表、所有者权益变动表、现金流量表、财务状况分析表。   （   ）
45. 企业财务报告编制完成后,应当装订成册,加盖公章,由总会计师或分管会计工作的负责人、财会部门负责人签名并盖章。   （   ）
46. 财务报告内部控制目标是规范企业财务报告,保证财务报告的真实、完整。   （   ）
47. 企业编制财务报告,应当充分利用信息技术,提高工作效率和工作质量,减少或避免

编制差错和人为调整因素。（   ）
48. 企业集团可以不编制合并财务报表。（   ）
49. 上市公司的年度财务报告可以不经审计对外报送。（   ）
50. 企业编制财务报告，应当重点关注会计政策和会计估计，对财务报告产生重大影响的交易和事项的处理应当按照规定的权限和程序进行审批。（   ）

四、简答题

1. 简述筹资业务内部控制制度设计中的岗位分工和授权审批制度的设计要点。
2. 简述投资业务内部控制制度设计中的岗位分工和授权审批制度的设计要点。
3. 简述货币资金业务内部控制制度设计中的岗位分工和授权批准制度的设计要点。
4. 简述筹资活动的主要风险。
5. 简述投资活动的主要风险。
6. 简述资金营运活动的主要风险。
7. 简述采购业务中的不相容岗位。
8. 简述采购业务的主要业务环节。
9. 简述采购业务中的主要风险。
10. 简述采购业务的主要参与部门、主要任务和相应的控制单据。
11. 简述存货内部控制制度设计中的岗位分工和授权批准制度的设计。
12. 简述固定资产内部控制制度设计中的岗位分工和授权批准制度的设计。
13. 简述无形资产内部控制制度设计中的岗位分工和授权批准制度的设计。
14. 简述存货管理的主要风险和验收入库环节的风险控制措施。
15. 简述固定资产管理的主要风险和取得验收环节可采取的风险控制措施。
16. 简述无形资产管理的主要风险和验收环节可采取的风险控制措施。
17. 简述销售业务内部控制制度中的不相容岗位。
18. 简述销售业务中的主要风险。
19. 简述销售业务的主要参与部门、主要任务和相应的控制单据。
20. 简述财务报告的构成。
21. 简述财务报告分析的主要内容。
22. 简述企业对外提供财务报告应当关注的主要风险和管控措施。
23. 简述企业编制、对外提供和分析利用财务报告应当关注的主要风险。

五、案例分析题

【案例1】A大型企业集团公司（以下简称A公司）为加强内部控制制度建设，聘请某会计师事务所在年报审计时对公司所属B全资子公司内部控制制度的健全性和有效性进行检查与评价。检查中发现B公司对外投资决策失控事项，该项投资发生于2012年6月，当时B公司董事长谭某经朋友介绍认识了自称是境外甲金融投资公司（以下简称甲公司）总经理的廖某，双方约定，由B公司向甲公司投入1 000万元，期限1年，收益率20%。考虑到这项投资能给本公司带来巨额回报，为避免错失良机，谭某指令财会部先将1 000万元资金汇往甲公司，之后再向董事会补办报批手续、补签投资协议。财会部汇出资金后向对方核实是否收到汇款时却始终找不到廖某。后经查实，甲公司系子虚乌有。

要求：从内部控制角度，分析并指出B公司投资内部控制中存在哪些薄弱环节，并简要说明理由。

【案例2】某上市企业为加大资本运作力度,在充分研究论证的基础上,决定报经董事会或股东大会批准以下投资决策事项:①兼并重组境外的上游零部件供应商和部分下游销售平台,更好地整合当地资源;②利用境外较为成熟的金融市场,大力开展衍生金融产品投资,以获取投资收益。

要求:请对上述投资决策进行分析评价。

【案例3】王美担任某企业出纳,负责现金、银行存款的收付,并掌握空白支票和企业在银行预留的办理支付业务的所有印章,并负责直接获取银行对账单与银行对账。最初王美的男友买车缺钱,怂恿王美偷开了一张7万多元的支票为男友买车,这7万多元在月末对账前一直未还回账上。月末王美取回银行对账单后,将挪用7万多元的事实作为未达账项,填制了银行存款余额调节表交给会计复核,会计也未索取银行对账单进行核对。起初王美提心吊胆了一个多月,发现挪用公款的事实未被领导和同事发现。于是男友变本加厉,胃口越来越大,王美胆子也越来越大,在前后不到一年的时间里,共8次用同样的手段挪用公款近120万元。直至男友携款外逃,王美才如梦初醒,自知违反了《中华人民共和国会计法》等国家有关法律法规的规定,走投无路之下不得不向公安机关投案自首。

要求:分析该企业货币资金内部控制制度中存在哪些问题,并为该企业货币资金内部控制制度提出优化措施。

【案例4】2014年,某商场出纳李某利用职务便利,分136次从单位银行账户提现共计204.5万元,被立案并逮捕。根据调查发现,2010年5月15日至2014年8月26日,李某在担任商场出纳期间,利用管理单位现金支票的便利,将部分空白现金支票私自留存,并偷盖了单位财务专用章和法定代表人印章。据李某交代,这些款项中,130万元用于炒股,70万元用于个人消费。

要求:分析该商场在货币资金管理中存在的问题,并针对该商场存在的货币资金管理问题提出相应的解决措施。

【案例5】某单位在采购业务内部控制制度中规定:①当库存水平较低时,授权采购部门直接购买。②验收不合格的物资,由采购部门直接退货即可。③强化采购申请制度,明确相关部门或人员的职责权限及相应的请购和审批程序。对于超预算和预算外采购项目,无论金额大小,均应在办理请购手续后,按程序报请具有审批权限的部门或人员审批。

要求:找出上述采购业务内部控制制度中的问题并进行分析评价。

【案例6】瑞鑫实业股份有限公司的采购内部控制制度执行中有以下情况:
(1)验收部门根据订购单的要求验收货物,并编制一式多联的未连续编号的验收单。
(2)会计部门审核了采购部门填制的付款凭单后,支付采购款项。
(3)付款制度中规定,要到每月20日,才受理采购付款凭单,办理采购付款业务。
(4)采购业务授权规定:100万元(不含)以下的采购业务由采购部经理审批,超过100万元的采购业务由经理办公会审批。为了节约采购时间,采购人员将一批标的150万元的物资采购合同,拆成80万元和70万元金额的同一供应商供货的两个合同,以规避经理办公会的集体审批。

要求:请分析该企业采购与付款业务的内部控制制度在设计与运行方面存在的问题,并提出改进建议。

【案例7】A会计师事务所在2018年度接受委托对D公司内部控制制度的健全性和有效性进行检查与评价。检查中发现:D公司重大设备采购控制不严。

2018年5月,D公司决定从国外引进两台具有世界领先水平的生产设备。经某客户推荐和联系,D公司指派一位副总经理带队赴国外丙公司实地考察。考察期间,考察团仅观看了所要采购设备的图片和影视资料,未进行实地考察和技术测试。双方代表经过谈判,并经各自公司授权批准,签订了采购合同。6月15日,D公司按照合同约定一次性支付了设备款。8月初,两台设备运抵D公司,并在启封、安装后立即投入生产。但在生产过程中,这两台设备多次出现故障。后经专家鉴定,这两台设备系国外淘汰多年的旧机器,丙公司仅仅更换了一些零部件、重新喷涂了油漆就将其出售给了D公司,其实际价值不及售价的十分之一。

要求:从内部控制角度,分析并指出D公司采购业务和固定资产管理内部控制中存在的薄弱环节。

【案例8】某企业为制糖公司,糖袋(包装物)因积压时间长,塑料已出现碎裂现象。机械热磨浆板一年多时间仅投入生产10吨,出现2 000吨的积压。因长期闲置且风吹日晒,浆板出现潮湿返黄、破溶、溶烂。无法使用的备品备件及零配件,积压三年以上的比例达80%。蔗渣、原煤等大宗原材料的成本核算基础薄弱,部分验收入库的蔗渣、原煤未在收料单上填写实际的原材料数量、供应商名称等信息,也未登记入账。以上存货的取得、使用和期末计价,均采用实际成本法。

要求:分析该企业存货业务的内部控制缺陷,并进行修正设计。

【案例9】甲公司是一家外资企业。从2009年到2014年每年的出口创汇位居全市第三,年销售额达8 300万元左右。2015年以后该企业的业绩逐渐下滑,亏损严重,2017年破产倒闭。这样一家中型的企业,从鼎盛到衰败,探究其原因,不排除是市场同类产品的价格下降、原材料价格上涨等客观因素的变化所致。但内部管理的混乱,仍是其根本的原因,在税务部门的检查中发现下列现象:

(1)董事长常年在国外,材料的采购由董事长个人掌握,材料到达入库后,仓库的保管员按实际收到材料的数量和品种入库,实际的采购数量和品种保管员无法掌握,也没有合同等相关的资料。财务入账不及时,会计自己估价入账,发票几个月甚至有的长达一年以上才回来。发票上的数量和实际入库的数量不一致,不进行核对,造成材料的成本不准确,忽高忽低。

(2)期末仓库的保管员自己盘点,盘点的结果与财务核对不一致的,不去查找原因,也不进行处理,使盘点流于形式。

(3)材料的领用没有建立规范的领用制度,车间在生产中随用随领,没有计划,多领不办理退库的手续。生产中的残次料随处可见,随用随拿,浪费现象严重。

要求:分析该企业存货业务的内部控制中存在的问题,并提出改进建议。

【案例10】M公司为一服装生产企业,服装以出口为主。当年其他应付款——外协加工费余额1 000万元,占公司当年利润的65%。外协加工费当年累计发生额占销售成本的22%。

M公司内控现状:

(1)由生产部经理负责是否委托、对外委托和验收。

(2)财务部门对外委托的外协加工情况一无所知,财务对委托过程失去控制。

(3)发生退货时,直接报生产部经理备案,生产部未设备查账簿,全凭生产部经理一人控制,财务部门同样失去监督能力。

要求:分析该企业委托加工业务存在的问题,并进行相应制度设计上的改进。

【案例11】在某公司内部控制审计中,审计人员发现下列情况:

(1)信用调查制度。在商品销售环节,销售经理应对客户的信用状况作充分评估,并在确认符合条件后经审批签订销售合同。

(2)该公司内部控制制度规定,为提高经营效率和缩短货款回收周期,指定商品的销售人员可以直接收取货款,公司审计部门应当定期或不定期派出监督人员对该岗位的运行情况和有关文档记录进行核查。

要求:指出该公司销售业务的内部控制是否恰当,并说明理由。

【案例12】某企业在集中清收货款过程中,发现一些新开发客户签发的银行承兑汇票是假票据。经核查发现,涉及的假票据全部由业务员转交,该业务员提供虚假商品信息,并擅自决定采用票据结算。

要求:分析该企业销售与收款业务存在的问题,并进行销售业务内部控制制度设计上的改进。

【案例13】某企业在繁华的步行街设立了一个产品专卖店,主要从事产品零售业务。李某是该专卖店的店长兼会计。自2016年以来,他采用截留销售款、账内做假账等方式,将单位公款用于赌博,造成企业直接经济损失五十余万元。

李某挪用公款主要有两种手段,一是直接挪用销售款,二是做假账。李某自2016年担任店长起,多次从专卖店销售款中直接取走现金,几年的时间里挪用三十多万元去赌博;在兼任会计期间,他又利用负责清理收回销售网点外单位欠款的机会,将收回的外单位欠款数10万元输在赌桌上并做坏账处理。与此同时,利用自己既是店长又是会计的便利,王某又采取账内做假账的方式来掩盖其舞弊行为。企业每年对他的经营情况进行审计,但只是简单地核对账目,走形式。

要求:
(1)根据上述资料,指出该企业销售与收款业务内部控制制度存在的主要问题。
(2)指出该专卖店销售与收款业务流程设计的控制要点。

【案例14】K公司系上海证券交易所上市的一家股份有限公司,为开拓市场、提高效率、增加利润、提升品牌形象,企业召开董事会会议作出8项改革措施:

(1)按照国家有关规定,对董事会、监事会和经理层的职责权限、任职条件、议事规则和工作程序等予以明确。规定以下职务可以由同一人担任:可行性研究和执行、决策审批与执行。

(2)公司为提高市场占有率,决定依靠企业强大的人力资源加大研发力度,提高产品的科技含量,在研发上大量投入,力争在较短时间内有所突破。

(3)公司的发展离不开强大的人力资源,公司决定面向社会大量招聘具有管理专长和技术专长的员工,以提高企业整体的管理水平和技术水平,同时辞退不符合要求的员工。

(4)公司为增加销售量,需要大量的资金,因此需进行筹资。公司为提高财务杠杆效应,降低综合资金成本,决定新增资金全部通过发行长期债券解决,此筹资方案未经专家论证。

(5)强化内部管理,特别是提高审计委员会和内部审计机构的职能作用,审计委员会应当主要由执行董事、高层管理人员组成。

(6)公司为促进并购重组的顺利开展,对被并购方的员工加强文化建设,尽快使被并购方的员工对其原有的文化进行抛弃,进而接受公司的新文化,使其有归属感。

(7)某产品(健身器材)市场供不应求,为扩大销量,公司决定在不影响产品基本功能的情况下,适当降低检验标准。

(8)为扩大市场,公司决定有偿给主要经销商提供担保以扩大产品销售能力。

要求：

根据财政部、证监会、审计署、原银监会、原保监会联合发布的《企业内部控制基本规范》和《企业内部控制配套指引》，逐项识别华夏公司董事会决议中(1)至(8)项改革措施所面临的主要风险；同时，针对识别出的主要风险，逐项设计相应的控制措施。

六、技能强化训练

实训任务：分析长虹集团的实际情况（见【做中学4-13】案例），为长虹集团提供主要业务的内部控制制度的建设方案。

实训要求：请根据《企业内部控制应用指引第6号——资金活动》《企业内部控制应用指引第7号——采购业务》《企业内部控制应用指引第8号——资产管理》《企业内部控制应用指引第9号——销售业务》《企业内部控制应用指引第14号——财务报告》的要求，根据情境引例的资料和上网查阅的长虹集团经营管理情况，收集公司主要业务管理的相关信息，分析长虹集团主要业务内部控制中可能存在的风险，完成长虹集团主要业务内部控制方案的设计。

实训目标：能通过团队协作完成《长虹集团筹资活动内部控制建设方案》《长虹集团投资活动内部控制建设方案》《长虹集团货币资金内部控制建设方案》《长虹集团采购业务内部控制建设方案》《长虹集团销售业务内部控制建设方案》《长虹集团存货管理内部控制建设方案》《长虹集团固定资产管理内部控制建设方案》《长虹集团无形资产管理内部控制建设方案》《长虹集团财务报告内部控制建设方案》的设计。

实训资料：长虹集团背景材料。

实训组织：实训分组，以团队形式完成实训任务。

实训展示：实训方案要做成可供电子展示的形式，分组展示实训方案，由组内成员讲解方案设计的思路、步骤、预期效果等，师生共同点评各组设计方案。

建设思路示例：

存货管理内部控制制度建设方案

根据《企业内部控制应用指引第8号——资产管理》中对存货管理的要求，制定本存货内部控制制度建设指导方案。

一、总目标

存货内部控制的总目标是合理保证企业经营管理合法合规、资产安全、财务报告及相关信息真实完整，提高经营效率和效果，促进企业实现发展战略。

二、适用范围

适用于存货管理的各类企事业单位。

三、存货管理中存在的主要风险

(1) 具体采购计划不合理，可能导致存货积压或短缺。

(2) 验收程序不规范、标准不明确，可能导致数量不足、以次充好、账实不符。

(3) 存货仓储保管方法不适当、监管不严密，可能导致损坏变质、价值贬损、资源浪费、失窃流失。

(4) 存货领用发出审核不严格、手续不完备，可能导致货物流失。

(5) 存货盘点清查制度不完善、计划不可行，可能导致工作流于形式、无法查清存货真实状况。

(6) 存货报废处置责任不明确、审批不到位，可能导致企业利益受损。

四、存货内部控制制度建设方案

（一）建立岗位分工和授权批准制度

《企业内部控制应用指引第8号——资产管理》第六条规定：企业应当建立存货管理岗位责任制，明确内部相关部门和岗位的职责权限，切实做到不相容岗位相互分离、制约和监督。

企业内部除存货管理、监督部门及仓储人员外，其他部门和人员接触存货，应当经过相关部门特别授权。

1. 建立存货管理的岗位责任制

存货管理的不相容岗位至少包括：

（1）存货的请购与审批，审批与执行。存货的请购与审批不能由同一部门担任。存货的请购必须由存货使用部门及存货仓储部门提出，由仓储部门汇总提出存货请购申请，而请购申请的审批按照授权审批管理制度办理。

（2）存货的采购与验收、付款。询价与采购不能由同一部门人员担任，询价人员不能确定供应商。采购与验收、付款岗位要分离。

（3）存货的保管与相关会计记录。

（4）存货发出或处置的申请与审批。

（5）存货发出或处置的执行与会计记录。

（6）保管员不得记录盘点表。年终由内审部门、财务部门、仓储部门组成盘点小组对库存存货进行实物盘点，将盘点工作记录于盘点报表上，盘点过程中保管员不得记录盘点表，参与清查的人员应在盘点表上签字，以示负责。

企业应当配备合格的人员办理存货业务。办理存货业务的人员应当具备良好的业务知识和职业道德，遵纪守法，客观公正。企业要定期对员工进行相关的政策、法律及业务培训，不断提高他们的业务素质和职业道德水平。

2. 建立存货管理活动的授权批准制度

企业应当对存货管理活动建立严格的授权批准制度，明确审批人对存货业务的授权批准方式、权限、程序、责任和相关控制措施，规定经办人办理存货业务的职责范围和工作要求。

审批人应当根据存货授权批准制度的规定，在授权范围内进行审批，不得超越审批权限。

经办人应当在职责范围内，按照审批人的批准意见办理存货业务。

企业内部除存货管理部门及仓储人员外，其余部门和人员接触存货时，应由相关部门特别授权。如存货是贵重物品、危险品或需保密的物品，应当规定更严格的接触限制条件，必要时，存货管理部门内部也应当执行授权接触。

（二）建立存货管理的单据控制办法

存货管理涉及进、销、存、生产等各个环节，应完善单据控制，明确工作流程和工作职责。具体的单据也可分为存货入库类单据、出库类单据、保管清查类单据、生产成本计算类单据、确认存货的发票和收据等。要制定出单据样式和单据使用说明。

（三）分析存货管理环节的具体控制目标和应采取的控制措施

与存货相关的内部控制涉及被审计单位供、产、销各个环节，包括采购、验收入库、仓储、加工、运输等方面，具体包括：采购环节内部控制；验收环节内部控制；仓储环节的内部控制；领用环节的内部控制；加工或生产环节内部控制；装运出库环节的内部控制；存货数量的盘存制度。

根据《企业内部控制应用指引第8号——资产管理》第七条至第十二条的要求，按存货管理流程进行控制目标、控制风险和相应的控制措施分析。

1. 取得存货(请购与采购)环节

控制目标：

建立存货采购申请管理制度，合理制订采购计划，进行请购与采购控制。

控制措施：

(1) 根据各种存货采购间隔期和当前库存，综合考虑企业生产经营计划、市场供求等因素，充分利用信息系统，合理确定存货采购日期和数量，确保存货处于最佳库存状态。

(2) 取得存货还涉及采购业务、全面预算指引。根据全面预算和采购预算，办理存货采购业务。

2. 验收入库环节

控制目标：

建立验收入库管理制度，保证所有收到的货物都已得到记录且记录准确。

控制措施：

(1) 企业应当重视存货验收工作，规范存货验收程序和方法，对入库存货的数量、质量、技术规格等方面进行查验，验收无误方可入库。

(2) 外购存货的验收，应当重点关注合同、发票等原始单据的信息与存货的数量、质量、规格等核对一致。涉及技术含量较高的货物，必要时可委托具有检验资质的机构或聘请外部专家协助验收。

(3) 自制存货的验收，应当重点关注产品质量，通过检验合格的半成品、产成品才能办理入库手续，不合格品应及时查明原因、落实责任、报告处理。

(4) 其他方式取得存货的验收，应当重点关注存货来源、质量状况、实际价值是否符合有关合同或协议的约定。

3. 仓储保管环节

控制目标：

建立存货保管制度，加强存货的日常保管工作，保证存货的安全完整。

控制措施：

(1) 记录方面：仓储部门应当详细记录存货入库、出库及库存情况，做到存货记录与实际库存相符，并定期与财会部门、存货管理部门进行核对；存货在不同仓库之间流动时，应当办理出入库手续；对于进入仓库的人员应办理进出登记手续，未经授权人员不得接触存货。

(2) 存储方面：按照仓储物资所要求的储存条件妥善贮存，并健全防火、防洪、防盗、防潮、防病虫害、防变质等管理规范；生产现场的在加工原料、周转材料、半成品等要按照有助于提高生产效率的方式摆放，同时防止浪费、被盗和流失；对代管、代销、暂存、受托加工的存货，应单独存放和记录，避免与本单位存货混淆。

(3) 保险方面：结合企业实际情况，加强存货的保险投保，保证存货安全，合理降低存货意外损失风险。

4. 领用发出环节

控制目标：

建立严格的存货领用和发出制度，确保存货出库无误。

控制措施：

(1) 根据自身业务特点，确定适用的存货发出管理模式，制定严格的存货准出制度和领用流程，明确存货发出和领用的审批权限，健全存货出库手续，加强存货领用记录。

(2)仓储部门应当根据经审批的销售(出库)通知单发出货物。

5. 盘点清查环节

控制目标：

保证存货账实相符。

控制措施：

(1)企业应当建立存货盘点清查制度，结合本企业实际情况确定盘点周期、盘点流程、盘点方法等相关内容，定期盘点和不定期抽查相结合，分类盘点和全面清查相结合，至少应当于每年年度终了开展全面盘点清查。

(2)拟定详细盘点计划；盘点清查结果形成书面报告(包括发现的账实不符和存货跌价)；盘点中发现的存货盘盈、盘亏、毁损、闲置以及需要报废的存货，应当查明原因、落实并追究责任，按照规定权限批准后处理。

6. 存货处置环节(存货因变质、毁损、报废等进行的处置，不包括对外销售)

控制目标：

存货报废处置责任明确、授权清晰、审批到位。

控制措施：

企业应定期对存货进行检查，及时、充分了解存货的存储状态，对于发现的存货变质、毁损、报废或流失，要分清责任、分析原因，编制存货处置单，报经批准后予以处置。

五、存货管理的会计控制

存货的会计处理，应当符合国家统一的会计制度的规定。发出存货计价方法的选择，应当反映存货的特点及企业内部存货流转的管理方式，防止通过人为调节存货计价方法操纵当期损益。

存货发出的计价方法包括先进先出法、加权平均法或个别计价法等。企业应当结合自身实际情况，确定存货计价方法。计价方法一经确定，未经批准，不得随意变更。

仓储部门与财会部门应结合盘点结果对存货进行库龄分析，确定是否需要计提减值准备。经相关部门审批后，方可进行会计处理，并附有关书面记录材料。

企业可以根据业务特点及成本效益原则选用计算机系统和网络技术实现对存货的管理和控制，但应注意计算机系统的有效性、可靠性和安全性，并制定防范意外事项的有效措施。

存货应定期或不定期进行盘点，填写盘点表，编制《盘盈盘亏报告》。对于存货盘亏，按照规定的程序和权限报经批准后，及时根据批示作出相应账务处理。

六、存货管理活动评价与责任追究

建立存货管理活动评价与责任追究制度，监督评价存货管理活动全过程，对存货管理活动中的违规人员，追究其相应的法律责任。

企业应当结合本系统的业务特点编制存货年度、季度和月份的采购、生产、存储、销售预算，并按照预算对实际执行情况予以考核。

七、存货管理内部控制制度的验收标准

以内部控制的五要素和企业具体管理要求，作为存货管理内部控制制度的验收标准。

项目五　企业内部控制评价

职业能力目标

能够运用内部控制评价方法,按程序进行内部控制评价;能够判断相关内部控制缺陷的"重要程度";能够编制内部控制评价工作底稿和编写内部控制评价报告。

典型工作任务

1. 熟悉企业内部控制评价的主体、对象、内容、程序、原则、方法。
2. 掌握企业内部控制缺陷认定。
3. 熟悉企业内部控制评价对外报告的编制。

任务一　企业内部控制评价概述

> **引例**
>
> **华宁有限公司开展年度内部控制评价工作通知**
>
> 公司各部门：
>
> 　　为加强内部控制建设，保障内部控制设计和运行的有效性，公司决定组织开展年度内部控制评价工作，现将有关事项通知如下：
>
> 　　一、评价目标
>
> 　　查找、分析内部控制存在的缺陷，制定整改措施，保障内部控制健康有效运转。
>
> 　　二、评价依据及范围
>
> 　　公司各部门依据《年度内部控制自我评价方案》及内部控制评价底稿，对本部门年度内部控制设计及运行情况进行评价。
>
> 　　三、评价内容
>
> 　　评价的主要内容包括：内部控制设计是否全面科学且适当；内部控制运行是否持续有效；设计和运行过程中是否存在缺陷；是否因缺陷给企业造成损失；针对以前年度及本期发现缺陷进行改进的情况及措施等。
>
> 　　四、工作要求
>
> 　　（1）加强组织领导。高度重视内部控制评价工作，部门负责人要对本部门内部控制自我评价工作开展情况进行督导检查，保证评价工作落实。
>
> 　　（2）保证评价报告真实准确。自我评价时应编制评价底稿，详细记录评价工作内容，包括填写评价主体表、抽样检查情况记录表及问题汇总表。各部门要严格按照评价模板对企业内部控制设计及运行情况进行评价，真实反映企业的实际情况，保证评价底稿、评价报告的真实性和准确性。
>
> 　　（3）加强整改落实。自我评价中发现的缺陷，各部门要分析并制定整改措施，以提升企业管理水平。
>
> 　　（4）评价报告报送。各部门必须在12月20日前完成自我评价工作，并将工作底稿报政企部。
>
> 　　**问题与任务**：研读公司的通知，分析如何开展该公司内部控制评价。

【知识准备与业务操作】

一、内部控制评价的含义

内部控制评价，是指企业董事会或类似权力机构对内部控制的有效性进行全面评价、形成评价结论、出具评价报告的过程。

（一）内部控制评价的主体是董事会或类似权力机构

董事会或类似的权力机构是内部控制设计和运行的责任主体。董事会可指定审计委员会来承担对内部控制评价的组织、领导、监督等职责，并通过授权内部审计部门或独立的内部控制评价机构执行内部控制评价的具体工作。但董事会仍对内部控制评价承担最终的责任，对内部控制评价报告的真实性负责。对内部控制的设计和运行的有效性进行自我评价并对外披露是管理层解除受托责任的一种方式。董事会可以聘请会计师事务所对其内部控制的有效性进行审计,但其承担的责任不能因此减轻或消除。

(二)内部控制评价的对象是内部控制的有效性

内部控制评价的对象是内部控制的有效性。内部控制的有效性,是指企业建立与实施内部控制对实现控制目标提供合理保证的程度。

1. 从控制过程的角度看

从控制过程的角度看,内部控制的有效性可分为内部控制设计的有效性和内部控制运行的有效性。

(1) 内部控制设计的有效性,是指为实现控制目标所必需的内部控制程序都存在并且设计恰当,能够为控制目标的实现提供合理保证。评价内部控制设计的有效性,可以考虑三个方面:

① 内部控制的设计是否做到以内部控制的基本原理为前提,以《企业内部控制基本规范》及其配套指引为依据。

② 内部控制的设计是否覆盖了所有关键业务与环节,对董事会、监事会、经理层和员工具有普遍的约束力。

③ 内部控制的设计是否与企业自身的经营特点、业务模式以及风险管理要求相匹配。

(2) 内部控制运行的有效性,是指在内部控制设计有效的前提下,内部控制能够按照设计的内部控制程序正确地执行,从而为控制目标的实现提供合理保证。评价内部控制运行的有效性,可从三个方面着手:

① 相关控制在评价期内是如何运行的。

② 相关控制是否得到了持续一致的运行。

③ 实施控制的人员是否具备必要的权限和能力。

内部控制运行的有效性离不开设计的有效性,如果内部控制在设计上存在漏洞,即这些内部控制制度能够得到一贯的执行,也不能认为其运行有效。

由于受内部控制固有局限(如评价人员的职业判断、成本效益原则)的影响,内部控制评价只能为内部控制目标的实现提供合理保证,而不能提供绝对保证。

2. 从控制目标的角度看

从控制目标的角度来看,内部控制的有效性可分为合规目标内部控制的有效性、资产目标内部控制的有效性、报告目标内部控制的有效性、经营目标内部控制的有效性、战略目标内部控制的有效性。

合规目标内部控制的有效性,指相关的内部控制能够合理保证企业遵循国家相关法律法规,不进行违法活动或违规交易。资产目标内部控制的有效性,指相关的内部控制能够合理保证资产的安全与完整,防止资产流失。报告目标内部控制的有效性,指相关的内部控制能够防止、发现并纠正财务报告的重大错报。经营目标内部控制的有效性,指相关的内部控制能够合理保证经营活动的效率和效果,及时为董事会和经理层所了解或控制。战略目标内部控制的有效性,指相关的内部控制能够合理保证董事会和经理层及时了解战略定位的合理性、实现程度,并适时进行战略调整。

(三)内部控制评价是一个过程

内部控制评价要遵照一定的流程来进行。内部控制评价是一个动态的过程,其涵盖计划、实施、编报等多个阶段,包含多个步骤。

进行内部控制评价,应解决好以下几个问题:①确定内部控制评价程序;②编制内部控制评价工作实施方案;③准备内部控制评价工作的工作底稿;④明确企业内部控制缺陷的认定办法;⑤明确企业内部控制报告应当包括的内容。

二、内部控制评价的原则

企业应当根据评价指引,结合内部控制设计与运行的实际情况,制定具体的内部控制评价办法,规定评价的原则、内容、程序、方法和报告形式等,明确相关机构或岗位的职责权限,落实责任制,按照规定的办法、程序和要求,有序开展内部控制评价工作。企业董事会应当对内部控制评价报告的真实性负责。

企业实施内部控制评价应当遵循下列原则:

(一) 全面性原则

评价工作应当包括内部控制的设计与运行,涵盖企业及其所属单位的各种业务和事项。内部控制评价的范围应覆盖与整体控制目标相关的企业内部控制活动的全过程及主要的经营场所、部门及岗位和相关业务流程。对实现控制目标的各个方面进行全面、系统、综合的评价。

(二) 重要性原则

评价工作应当在全面评价的基础上,关注重要业务单位、重大业务事项和高风险领域。以风险为导向,根据风险发生的可能性及其对实现控制目标的影响程度,确定需要评价的重要业务单位、重大业务事项和高风险领域。

(三) 客观性原则

评价工作应当准确地揭示经营管理的风险状况,如实反映内部控制设计与运行的有效性。内部控制评价应以事实为基础,以法律法规、监管要求为准则,结合企业的行业环境、发展阶段、经营规模、业务特点等经营实际,以事实为依据,客观公正,实事求是。评价结果应当有充足且适当的证据支持。

(四) 风险导向原则

内部控制评价应当以风险评估为基础,根据风险发生的可能性和对企业单个或整体控制目标造成的影响程度来确定需要评价的重点业务单元、重要业务领域或流程环节。

(五) 独立性原则

内部控制评价机构的确定及评价工作的组织实施应当保持相应的独立性。内部控制评价应由具有相对独立性的内部机构或受托的独立中介组织来执行。该原则是确保内部控制评价结果客观和公正的基础,相比而言,独立中介组织比内部机构有更大的独立性。

(六) 一致性原则

内部控制评价的准则、范围、程序和方法等应保持一致,以确保评价过程的准确性及评价结果的客观性和可比性。

(七) 成本效益原则

内部控制评价应当以适当的成本实现科学有效的评价。

(八) 及时性原则

内部控制评价应按照规定的时间间隔持续进行,当经营管理环境发生重大变化时,应及时调整内部控制的评价体系和办法,并及时进行重新评价。

三、内部控制评价的内容

《企业内部控制评价指引》要求同时对财务报告内部控制和非财务报告内部控制进行评价。企业应当根据《企业内部控制基本规范》、应用指引以及本企业的内部控制制度,围绕内部环境、风险评估、控制活动、信息与沟通、内部监督等要素,确定内部控制评价的具体内容,对内部控制设计与运行情况进行全面评价。

(一)内部环境评价

企业组织开展内部环境评价,应当以组织架构、发展战略、人力资源、企业文化、社会责任等应用指引为依据,结合本企业的内部控制制度,对内部环境的设计及实际运行情况进行认定和评价。其中,组织架构评价可以重点从组织架构的设计和运行等方面进行;发展战略评价可以重点从发展战略的制定合理性、有效实施和适当调整三方面进行;人力资源评价应当重点从企业人力资源引进结构合理性、开发机制、激励约束机制等方面进行;企业文化评价应从建设和评估两方面进行;社会责任可以从安全生产、产品质量、环境保护与资源节约、促进就业、员工权益保护等方面进行。

(二)风险评估机制评价

企业组织开展风险评估机制评价,应当以《企业内部控制基本规范》有关风险评估的要求,以及各项应用指引中所列主要风险为依据,结合本企业的内部控制制度,对日常经营管理过程中的风险识别、风险分析、应对策略等进行认定和评价。

(三)控制活动评价

企业组织开展控制活动评价,应当以《企业内部控制基本规范》和各项应用指引中的控制措施为依据,结合本企业的内部控制制度,对相关控制措施的设计和运行情况进行认定和评价。

(四)信息与沟通评价

企业组织开展信息与沟通评价,应当以内部信息传递、财务报告、信息系统等相关应用指引为依据,结合本企业的内部控制制度,对信息收集、处理和传递的及时性、反舞弊机制的健全性、财务报告的真实性、信息系统的安全性,以及利用信息系统实施内部控制的有效性等进行认定和评价。

(五)内部监督评价

企业组织开展内部监督评价,应当以《企业内部控制基本规范》有关内部监督的要求,以及各项应用指引中有关日常管控的规定为依据,结合本企业的内部控制制度,对内部监督机制的有效性进行认定和评价,重点关注监事会、审计委员会、内部审计机构等是否在内部控制设计和运行中有效发挥监督作用。

四、内部控制评价的程序

内部控制评价程序,就是内部控制评价工作从开始到结束的基本过程。内部控制评价流程因评价主体和内容的不同而不同。比如,管理层自我评估和审计机构评价流程会略有不同,基于财务报告内部控制评价和基于全面内部控制评价的流程也不可能完全一样。

《企业内部控制评价指引》要求企业应当按照内部控制评价办法规定的程序,有序开展内部控制评价工作。内部控制评价程序一般包括:制定评价工作方案、组成评价工作组、实施现场测试、认定控制缺陷、汇总评价结果、编报评价报告等环节,如图 5-1 所示。这是我国企业内部控制评价工作的法定程序,是必须要执行的最基本的程序。

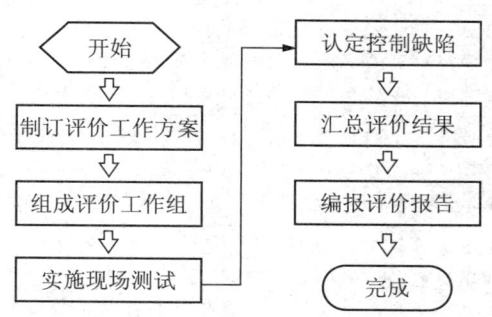

图 5-1　内部控制评价程序

基本规范及评价指引要求企业授权内部审计机构或者专门机构作为内部控制评价机构,负责内部控制评价的具体实施工作:拟订评价工作方案,明确评价范围、工作任务、人员组织、进度安排和费用预算等相关内容,报经董事会或其授权机构审批后实施。在设置内部控制评价机构的基础上,还要求根据经批准的评价方案成立专门的评价工作组,接受内部控制评价机构的领导,具体承担内部控制评价工作的组织。评价工作组应当吸收企业内部相关机构熟悉情况的业务骨干参加。评价工作组成员对本部门的内部控制评价工作应当实行回避制度。

企业也可以委托中介机构实施内部控制评价,但为企业提供内部控制审计服务的会计师事务所,不得同时为同一企业提供内部控制评价服务。

【延伸阅读】

某公司的内部控制评价实施方案包含的主要内容如表 5-1 所示。

表 5-1　　某公司内部控制评价实施方案包含的主要内容

序　号	主要内容
1	内控评价的目的
2	内控评价的标准
3	内控评价的范围及内容
4	内控评价的组织机构及其职责
5	内控评价的流程与方法
6	内控评价的评分规则
7	时间安排
8	人员安排
9	评价要求

该公司的内部控制评价总体流程如表5-2所示。

表 5-2　　　　　　　　　某公司内部控制评价总体流程

基本流程	主要步骤	具 体 工 作
评价准备	组建评价组	组建评价组要考虑组成人员的专业背景和能力； 评价组应有的职业道德和谨慎态度执行评估工作； 评价组在工作中坚持独立性原则,熟悉《内部控制评价办法》的内容和方法
	制订评价实施方案	实施方案应明确评估的目的、范围、时间安排和相应的资源配置； 内控评价工作领导小组根据评估工作的要求和人员情况,对评估工作进行合理分工,并明确分工后相关人员的工作职责
	评价资料准备	评价调查问卷； 抽样计划； 被评价机构的内部控制体系文件和相关记录等
	评价工作动员会	组织内部控制评价工作动员会； 对评价人员进行培训
评价实施	了解内部控制体系	了解公司内部控制体系的基本情况； 确认评估范围； 通过询问、查阅、观察、流程图等方法初步确定公司内部控制体系的健全程度,然后决定实施测试所采取的方法
	评价内部控制设计有效性	通过调查、访谈、查阅等方法初步判断公司内部控制在健全性和合理性上是否存在缺陷； 记录评价过程,特别是对发现设计缺陷的内部控制,进行缺陷记录
	评价内部控制执行有效性	通过收集与测试相关的各项实施记录作为评估的证明性资料,对照测试模板检查各项内部控制实施的有效性； 记录评价过程,特别是对发现存在运行缺陷的内部控制,进行缺陷记录
认定缺陷	汇总评价结果,认定内部控制缺陷	汇总评价工作结果,认定内部控制缺陷； 根据缺陷认定结果编制相应的整改计划； 将缺陷认定结果和整改计划提交公司董事会批阅
评价报告	编制评价报告和整改落实	根据董事会批准的缺陷认定结果,出具评价结论,编制评价报告,报送董事会批准后报出； 落实董事会批阅的整改计划； 进行整改的再测试和补充测试

五、内部控制评价的方法

《企业内部控制评价指引》要求内部控制评价工作组应当对被评价单位进行现场测试,综合运用个别访谈、调查问卷、专题讨论、穿行测试、实地查验、抽样和比较分析等方法,充分收集被评价单位内部控制设计和运行是否有效的证据,按照评价的具体内容,如实填写评价工作底稿,研究分析内部控制缺陷。

评价方法的选择应当有利于保证证据的充分性和适当性。证据的充分性是指获取的证据能够为形成内部控制评价结论提供合理保证；证据的适当性是指获取的证据与相关内部控制的设计与运行有关,并能可靠地反映内部控制的实际状况。

(一) 个别访谈法

个别访谈法主要用于了解企业及其所属单位内部控制的基本情况。评价人员在访谈前应根据内部控制评价目标和要求形成访谈提纲,如有必要可先提供被访谈人员进行准备,被访谈人员主要为单位领导、相关机构负责人或一般岗位员工。评价人员在访谈工作结束后应撰写访谈纪要,如实记录访谈的内容。

(二) 调查问卷法

调查问卷法常见于内部环境评价。调查问卷一般包括填列项目、控制描述和支持性文档等内容。其中,"填列项目"基于企业实际情况,明确被评价单位或对象需要填列的内部控制评价内容;"控制描述"是指被评价单位或对象针对评价内容,考虑是否存在相关的控制,并如实填写相关控制的设计与运行情况;"支持性文档"要求被评价单位或对象列示相关控制所涉及的支持性文档,如对领导层是否重视内控工作进行评价,需要列示有关会议纪要、审阅记录等文档;对企业文化进行评价,需要列示企业文化手册、员工行为守则等文档。

(三) 专题讨论法

专题讨论法通常用于控制活动评价,是指通过召集与业务流程相关的管理人员就业务流程的特定环节或某类具体问题进行讨论及评估的一种方法。专题讨论法既是一种常见的控制评价方法,也是形成缺陷整改方案的重要途径。对于同时涉及财务、业务、信息技术等方面的控制缺陷,往往需要由内部控制专职机构组织召开专题讨论会议,综合内部各机构、各方面的意见,研究确定缺陷整改方案。

(四) 穿行测试法

穿行测试法是指在内部控制系统中任意选取一笔交易作为样本,追踪该笔交易从最初起源直到最终在财务报表或其他经营管理报告中反映出来的过程,即该流程从起点到终点的全过程,以此来了解整个业务流程状况,识别出其中的关键控制环节,评估相关控制设计与运行的有效性。

(五) 实地查验法

实地查验法是指企业对财产进行盘点、清查,以及对存货等实物资产的出入库环节进行现场查验,主要用于对资产安全性目标的实现情况所作的评价。实地查验法通常应与抽样法结合运用。企业对财产进行实地查验,需要制定统一的测试工作表,并从特定的样本库中抽取若干测试样本,与业务记录、财务单证等进行核对验证,以此判断与资产安全目标相关的各项控制的有效性。

(六) 抽样法

抽样法是指企业针对具体的业务流程,按照业务发生频率及固有风险的高低,从确定的样本库中抽取一定比例的业务样本,对业务样本的控制水平进行判断,进而对整个业务流程的内部控制有效性作出评价。抽样法是控制测试的常用方法,分为随机抽样和其他抽样。随机抽样是指按随机原则从样本库中抽取一定数量的样本;其他抽样是指人工任意选取或按某一特定标准从样本库中抽取一定数量的样本。应用抽样法时应注意样本库须包含符合测试要求的所有样本,测试人员首先应对样本库的完整性进行确认。

(七) 比较分析法

比较分析法是指通过分析、比较数据间的关系、趋势或比率等来取得评价证据的方法。企业可以将评价过程中取得的数据与历史数据、行业标准数据或最优数据等进行比较,找出其中异常波动的情形,并重点对异常区间的内部控制有效性进行检查评价。

【引例解析】

公司年度内部控制评价,以董事会及类似权力机构为主体,通过授权内部审计部门或独立的内部控制评价机构执行内部控制评价的具体工作。评价工作需要遵循全面性、重要性、客观性、风险导向、独立性、一致性、成本效益、及时性原则,按照"制订评价工作方案—组成评价工作组—实施现场测试—认定控制缺陷—汇总评价结果—编报评价报告"的工作程序,运用个别访谈、调查问卷、专题讨论、穿行测试、实地查验、抽样和比较分析等方法,从内部环境、风险评估、控制活动、信息与沟通、内部监督等方面对内部控制的有效性(包括设计有效性和运行有效性)进行评价,最终出具内部控制评价报告。

【工作任务 5-1】

熟悉企业内部控制评价的主体、对象、内容、程序、原则、方法

红兴公司系境内外同时上市的公司,根据财政部等五部委联合发布的《企业内部控制基本规范》及其配套指引的要求,红兴公司组织相关人员对2018年度的内部控制有效性进行自我评价。2019年2月20日,红兴公司召开董事会会议,就对外披露的2018年度内部控制评价报告的相关事项进行专题研究,决议要点如下:

1. 关于内部控制评价的原则和内容

经理层对企业内部控制设计与运行的有效性实施评价工作,评价范围应该涵盖企业及其所属单位的所有业务和经济事项,从内部环境、风险评估、控制活动、信息与沟通、内部监督等要素入手,结合企业自身的业务特点和管理要求,确定内部控制评价的具体内容。

2. 关于内部控制评价的程序和方法

企业授权内部审计部门负责内部控制评价的具体实施工作,内审部门根据企业的业务特点以及管理要求,分析经营管理过程中的高风险领域和重要业务事项,制订科学合理的评价工作方案,经总经理批准后开始实施。成立评价工作组,入驻被评价单位,实施现场测试,形成的现场评价报告直接提交内部控制评价部门。内部审计部门将编制的内部控制评价报告报送经理层、董事会和监事会,由股东大会最终审定后对外披露。在开展内部控制检查评价工作的过程中,综合运用个别访谈、调查问卷、专题讨论等方法,广泛收集被评价单位内部控制设计和运行是否有效的证据。

操作要求:根据《企业内部控制基本规范》及其配套指引的要求,逐项判断红兴公司董事会决议中的1至2项内容是否存在不当之处;对存在不当之处的,分别指出不当之处,并逐项说明理由。

任务分析:

1. 第一项工作存在不当之处。

不当之处:(1)经理层对企业内部控制设计与运行的有效性实施评价工作。

理由:企业董事会或类似机构应当定期对内部控制的有效性进行全面评价、形成评价结论、出具评价报告。

(2)评价范围应该涵盖企业及其所属单位的所有业务和经济事项。

理由：不符合重要性原则。或者说，企业应该在全面评价的基础上，以风险为导向，根据风险发生的可能性及其对实现控制目标的影响程度，确定需要评价的重要业务单位、重大业务事项和高风险领域。

2. 第二项内容存在不当之处。

(1) 制订科学合理的评价工作方案，经总经理批准后开始实施。

理由：制订科学合理的评价工作方案，经董事会批准后开始实施。

(2) 成立评价工作组，入驻被评价单位，实施现场测试，形成的现场评价报告直接提交内审部门。

理由：评价工作组将评价结果及现场评价报告向被评价单位进行通报，由被评价单位相关责任人签字确认后，提交企业内部控制评价部门。

(3) 内部审计部门将编制的内部控制评价报告报送经理层、董事会和监事会，由股东大会最终审定后对外披露。

理由：内部审计部门将编制的内部控制评价报告报送经理层、董事会和监事会，由董事会最终审定后对外披露或以其他形式加以合理利用。

任务二　内部控制缺陷的认定

引例

M公司的内部控制缺陷

M公司2001年在上海证券交易所上市，是国内化妆品行业首家上市企业，拥有国内同行业中最大的生产能力。2014年3月，按照内控基本规范要求，首次披露内控自评报告和内控审计报告。其2013年内部控制评价报告认定了其在涉及关联交易、销售返利和运输费用核算、财务人员培训领域方面的三个内部控制缺陷。普华永道中天事务所对M公司出具了否定意见的内控审计报告。然而M公司前任董事长发声暗指公司内控管理本身并不存在重大缺陷，是某些内控之外的人为因素导致内控被判不合格。有观点认为，目前对于内控缺陷认定标准本身模糊，实际操作时管理层或审计师的弹性很大，除非内控缺陷已造成非常严重的财务错报事实，否则仅以错报的"潜在影响程度"确实受人为主观判断因素影响非常大，出现争议并不奇怪。

问题与任务：引例中的争议围绕内部控制缺陷展开，什么是内部控制缺陷，内部控制重大缺陷的认定标准是什么？

【知识准备与业务操作】

一、内部控制缺陷的概念

内部控制缺陷是评价内部控制有效性的负向维度，如果内部控制的设计或运行无法合理保证内部控制目标的实现，即意味着存在内部控制缺陷。内部控制缺陷包括设计缺陷和运行缺陷。企业对内部控制缺陷的认定，应当以日常监督和专项监督为基础，结合年度内部控制评价，由内部控制评价部门进行综合分析后提出认定意见，按照规定的权限和程序进行审核后予以最终认定。

内部控制缺陷按不同的分类方式分为：设计缺陷和运行缺陷；财务报告内部控制缺陷和非财务报告内部控制缺陷；重大缺陷、重要缺陷和一般缺陷。

（一）设计缺陷和运行缺陷

内部控制缺陷按其成因分为设计缺陷和运行缺陷。设计缺陷是指内部控制设计不科学、不适当，即使正常运行也难以实现控制目标。运行缺陷是指内部控制设计比较科学、适当，但在实际运行过程中没有严格按照设计意图执行，导致内部控制运行与设计相脱节，未能有效实施控制、实现控制目标。

（二）财务报告内部控制缺陷和非财务报告内部控制缺陷

财务报告内部控制缺陷，是指在会计确认、计量、记录和报告过程中出现的，对财务报告的真实性和完整性产生直接影响的控制缺陷，一般可分为财务（会计）报表缺陷、会计基础工作缺陷和与财务报告密切关联的信息系统控制缺陷等。非财务报告内部控制缺陷，是指虽不直接影响财务报告的真实性和完整性，但对企业经营管理的合法合规、资产安全、营运的效率和效果等控制目标的实现存在不利影响的其他控制缺陷。

（三）重大缺陷、重要缺陷和一般缺陷

企业在日常监督、专项监督和年度评价工作中，应当充分发挥内部控制评价工作组的作用。内部控制评价工作组应当根据现场测试获取的证据，对内部控制缺陷进行初步认定，并按其影响程度分为重大缺陷、重要缺陷和一般缺陷。

重大缺陷，是指一个或多个控制缺陷的组合，可能导致企业严重偏离控制目标。

重要缺陷，是指一个或多个控制缺陷的组合，其严重程度和经济后果低于重大缺陷，但仍有可能导致企业偏离控制目标，须引起企业重视和关注。

一般缺陷，是指除重大缺陷、重要缺陷之外的其他缺陷。

重大缺陷、重要缺陷和一般缺陷的具体认定标准，由企业根据上述要求自行确定。

二、内部控制缺陷的认定标准

（一）财务报告内部控制缺陷的认定标准

财务报告内部控制缺陷的认定标准由该缺陷可能导致财务报表错报的重要程度来确定，这种重要程度主要取决于两方面因素：①该缺陷是否具备合理可能性导致内部控制不能及时防止、发现并纠正财务报表错报；②该缺陷单独或连同其他缺陷可能导致的潜在错报金额的大小。

1. 重大缺陷

如果一项内部控制缺陷单独或连同其他缺陷具备合理可能性导致不能及时防止、发现并纠正财务报表中的重大错报，就应将该缺陷认定为重大缺陷。合理可能性是指大于微小可能性（几乎不可能发生）的可能性，对合理可能性的理解涉及评价人员的职业判断，且这种判断在不同评价期间应保持一致。重大错报中的"重大"，涉及企业确定的财务报表的重要性水平。

一般而言，企业可以采用绝对金额法（如规定金额超过 10 000 元的错报应当认定为重大错报）或相对比例法（如规定超过净利润 5% 的错报应当认定为重大错报）来确定重要性水平。

如果企业的财务报告内部控制存在一项或多项重大缺陷，就不能得出该企业的财务报告

内部控制有效的结论。

2. 重要缺陷

如果一项内部控制缺陷单独或连同其他缺陷具备合理可能性导致不能及时防止、发现并纠正财务报表中虽然未达到和超过重要性水平，但仍应引起董事会和经理层重视的错报，就应将该缺陷认定为重要缺陷。

重要缺陷并不影响企业财务报告内部控制的整体有效性，但是应当引起董事会和经理层的重视。

对于这类缺陷，应当及时向董事会和经理层报告，因此也称为"应报告情形"。

3. 一般缺陷

不构成重大缺陷和重要缺陷的财务报告内部控制缺陷，应认定为一般缺陷。

（二）非财务报告内部控制缺陷的认定标准

企业可以根据自身的实际情况，参照财务报告内部控制缺陷的认定标准，合理确定非财务报告内部控制缺陷的定量和定性认定标准。

1. 定量标准

这是对事物进行数量测定和量化处理。既可以根据缺陷造成直接财产损失绝对金额的制定，也可以根据缺陷的直接损失占本企业资产、销售收入或利润等的比率确定。

2. 定性标准

可以根据缺陷潜在负面影响的性质、范围等因素确定。

非财务报告内部控制缺陷认定标准一经确定，必须在不同评价期间内保持一致，不得随意变更。

（三）常见的内部控制重大缺陷情形

当有确凿证据表明企业在评价期末存在下列情形之一时，通常应认定为内部控制重大缺陷：企业财务报表已经或者很可能被注册会计师出具否定意见或者拒绝表示意见；企业审计委员会和内部审计机构未能有效发挥监督职能；企业董事、监事和高级管理人员已经或者涉嫌舞弊，或者企业员工存在串谋舞弊情形并给企业造成重要损失和不利影响；企业在财务会计、资产管理、资本运营、信息披露、产品质量、安全生产、环境保护等方面发生重大违法违规事件和责任事故，给企业造成重要损失和不利影响，或者遭受重大行政监管处罚。

上述控制缺陷如果对企业财务报表的真实可靠性产生影响，则为财务报告内部控制重大缺陷；如果不影响财务报表的真实可靠性，则为非财务报告内部控制重大缺陷。

企业内部控制评价工作组应建立评价质量交叉复核制度，评价工作组负责人应当对评价工作底稿进行严格审核，并对所认定的评价结果进行签字确认后，提交企业内部控制评价部门。

内部控制评价部门应当编制内部控制缺陷认定汇总表，结合日常监督和专项监督发现的内部控制缺陷及其持续改进情况，对内部控制缺陷及其成因、表现形式和影响程度进行综合分析和全面复核，提出认定意见，并以适当形式向董事会、监事会或经理层报告。重大缺陷应当由董事会予以最终认定。

对于认定的重大缺陷，还应及时采取应对策略，切实将风险控制在可承受度之内，并追究有关机构或相关人员的责任。内部控制缺陷的定义及认定标准如表5-3所示。

表 5-3　　　　　　　　　　内部控制缺陷认定标准

缺陷	定义	认定标准	
		定量标准	定性标准
重大	指一个或多个控制缺陷的组合，可能导致企业严重偏离控制目标	财务报表的错报金额落在如下区间： 错报≥利润总额的 5%； 错报≥资产总额的 3%； 错报≥经营收入总额的 1%； 错报≥所有者权益总额的 1%	缺乏民主决策程序； 决策程序导致重大失误； 违反国家法律法规并受到处罚； 中高级管理人员和高级技术人员流失严重； 媒体频现负面新闻，涉及面广； 重要业务缺乏制度控制或制度体系失效； 内部控制重大或重要缺陷未得到整改
重要	指一个或多个控制缺陷的组合，其严重程度和经济后果低于重大缺陷，但是仍有可能导致企业偏离控制目标	财务报表的错报金额落在如下区间： 利润总额的 3%≤错报<利润总额的 5%； 资产总额的 0.5%≤错报<资产总额的 3%； 经营收入总额的 0.5%≤经营收入总额的 1%； 所有者权益总额的 0.5%≤错报<所有者权益总额的 1%	民主决策程序存在但不够完善； 决策程序导致的一般失误； 违反企业内部规章，形成损失； 关键岗位业务人员流失严重； 媒体出现负面新闻，波及局部区域； 重要业务制度或系统存在缺陷； 内部控制重要或一般缺陷未得到整改
一般	除重大缺陷、重要缺陷之外的其他控制缺陷	财务报表的错报金额落在如下区间： 错报<利润总额的 3%； 错报<资产总额的 0.5%； 错报<经营收入总额的 0.5%； 错报<所有者权益总额的 0.5%	决策程序效率不高； 违反内部规章，但未形成损失； 一般岗位业务人员流失严重； 媒体出现负面新闻，但影响不大； 一般业务制度或系统存在缺陷； 一般缺陷未得到整改； 存在其他缺陷

（四）内部控制缺陷的报告和整改

企业内部控制评价部门应当编制内部控制缺陷认定汇总表，结合日常监督和专项监督过程中发现的内部控制缺陷及其持续改进情况，对内部控制缺陷及其成因、表现形式和影响程度进行综合分析和全面复核，提出认定意见，按照规定的权限和程序进行审核后予以最终认定。

1. 内部控制缺陷报告

内部控制缺陷报告应当采取书面形式。对于一般缺陷和重要缺陷，通常向企业经理层报告，并视情况考虑是否需要向董事会及其审计委员会、监事会报告；对于重大缺陷，应当及时向董事会及其审计委员会、监事会和经理层报告。如果出现不适合向经理层报告的情形，如存在与经理层舞弊相关的内部控制缺陷，或存在经理层凌驾于内部控制之上的情形等，应当直接向董事会及其审计委员会、监事会报告。企业应根据内部控制缺陷的影响程度合理确定内部控制缺陷报告的时限，一般缺陷、重要缺陷应定期报告，重大缺陷应即时报告。

2. 内部控制缺陷整改

企业对于认定的内部控制缺陷，应当制订内部控制缺陷整改方案，按规定权限和程序审批后执行,即明确内部各管理层级和单位整改的职责分工,确保内部控制设计与运行的主要问题和重大风险得到及时解决和有效控制。对于认定的重大缺陷,还应及时采取应对策略,切实将风险控制在可承受度之内,并追究有关机构或相关人员的责任。董事会应负责重大缺陷的整改,接受监事会的监督。经理层负责重要缺陷的整改,接受董事会的监督。内部有关单位负责一般缺陷的整改,接受经理层的监督。内部控制缺陷整改方案一般包括整改目标、内容、步骤、措施、方法和期限等,整改期限超过一年的,还应在整改方案中明确近期目标和远期目标以及对应的整改工作任务等。

三、内部控制缺陷的认定流程

企业内部控制评价部门应当编制内部控制缺陷认定汇总表,结合日常监督和专项监督发现的内部控制缺陷及其持续改进情况,对内部控制缺陷及其成因、表现形式和影响程度进行综合分析和全面复核,提出认定意见,并以适当的形式向董事会、监事会或者经理层报告,按照规定的权限和程序进行审核后予以最终认定。重大缺陷应当由董事会予以最终认定。

企业对于认定的重大缺陷,应当及时采取应对策略,切实将风险控制在可承受度之内,并追究有关部门或相关人员的责任。

内部控制缺陷认定的基础:管理层测试、地区公司自我测试评价发现的例外事项。

内部控制缺陷认定程序如图 5-2 所示。

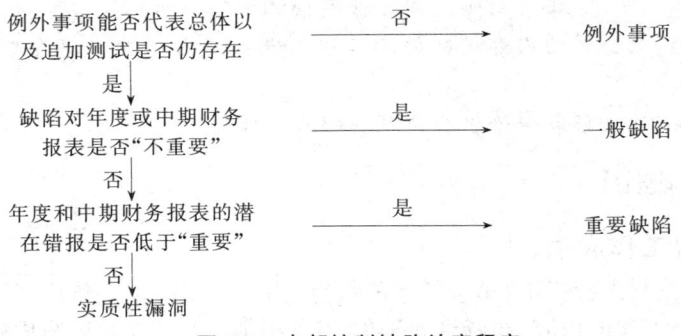

图 5-2 内部控制缺陷认定程序

【引例解析】

M 公司财务报告在关联交易、销售返利和运输费用核算、财务人员培训三个方面出现重大错报,普华永道中天事务所对 M 公司出具了否定意见的审计报告,说明 M 公司在这三个方面的内部控制设计或运行没有合理保证内部控制目标的实现,即存在内部控制缺陷。

按规定"企业财务报表已经或者很可能被注册会计师出具否定意见或者拒绝表示意见"通常应认定为内部控制重大缺陷。普华永道中天事务所对 M 公司出具了否定意见的审计报告,说明 M 公司在关联交易、销售返利和运输费用核算、财务人员培训方面存在三项内部控制缺陷,导致不能及时防止、发现并纠正财务报表中的重大错报,因此应将该缺陷认定为重大缺陷。

【工作任务 5-2】

掌握企业内部控制缺陷认定

丁公司为加强内部管理、提高生产率、完善内部控制体系,拟定期或不定期对内部控制系统有效性进行评估。公司规定内部控制缺陷报告应当采取书面形式,对于一般缺陷、重要缺陷和重大缺陷,都及时向董事会及其审计委员会、监事会报告。

操作要求:请根据《企业内部控制评价指引》,逐项判断丁公司实施方案中的工作安排是否存在不当之处,如存在不当之处,请指出不当之处,并说明理由。

任务分析:

此项工作安排存在不当之处。

不当之处:对于一般缺陷、重要缺陷和重大缺陷,都及时向董事会及其审计委员会、监事会报告。

理由:对于一般缺陷和重要缺陷,通常向企业经理层报告,并视情况考虑是否需要向董事会及其审计委员会、监事会报告;对于重大缺陷,应当及时向董事会及其审计委员会、监事会和经理层报告。

任务三 内部控制评价工作底稿与报告

引 例

华宁有限公司工作底稿和评价报告

接任务一引例,该公司的内部控制评价工作已进入到内部控制评价工作底稿和内部控制评价报告编制阶段。

任务与问题:工作底稿和评价报告应包括哪些内容?

【知识准备与业务操作】

一、内部控制评价工作底稿

按照《企业内部控制评价指引》第十一条的规定,内部控制评价工作应当形成工作底稿,详细记录企业执行评价工作的内容,包括评价要素、主要风险点、采取的控制措施、有关证据资料以及认定结果等。评价工作底稿应当设计合理、证据充分、简便易行、便于操作。

在实际工作中,评价底稿一般是通过一系列的评价表格来实现的。一般来说,评价底稿包括控制要素评价表、内部控制评价汇总表、业务流程评价表三个层次。其中,业务流程评价表形成控制要素评价表的"控制活动要素评价"部分,控制要素评价表连同内部控制缺陷汇总表一起构成内部控制评价汇总表,内部控制评价汇总表是形成内部控制报告的直接依据。

(一)控制要素评价表

控制要素评价表包括内部环境评价表、风险评估评价表、控制活动评价表、信息与沟通评价表、内部监控评价表。其中,内部环境评价表、风险评估评价表、信息与沟通评价表、内部监控评价表都是根据现场评价结果直接形成的,而控制活动评价表是在对各业务流程评价表的基础上汇总而成的。内部控制要素评价表的内容包括评价指标、评价标准、评价结果、评价得分等。

(二)内部控制评价汇总表

内部控制评价汇总表包括以下几个部分：内部环境评价及其评分；风险评估评价及其评分；控制活动评价及其评分；信息与沟通评价及其评分；内部监控评价及其评分；缺陷的认定；综合评价得分。内部控制评价汇总表是在内部控制五大要素评价表的基础上汇总形成的，并将缺陷的认定单列项目，作为最后评价得分的减项。为了更清楚地了解缺陷的基本情况，应分类反映缺陷数量、等级等项目。

(三)业务流程评价表

企业的经营活动涉及多个业务流程，包括采购业务流程、销售业务流程、工程项目流程、担保业务流程等。企业应根据其自身业务特点，设计合理的业务流程模块，由相对独立的评价小组对每个业务流程进行测试与评价，形成业务流程评价表。各类业务流程评价应包括设计有效性和运行有效性。各业务流程评价表应包括评价指标（对控制点的描述）、评价标准（检查是否符合控制要求）、评价证据（如某规定、实施办法或抽取的样本对应的凭证号）、评价结果（评价得分）、未有效执行的原因等。

内部控制评价是一个过程，要遵照一定的流程来进行。内部控制评价工作是一个涵盖计划、实施、编报等多个阶段、包含多个步骤的动态过程。

【延伸阅读】

1. ××公司内部控制调查问卷

××公司存货管理内部控制调查问卷如表5-4所示。

表5-4 存货管理内部控制调查问卷

被测试单位：
测试期间：

控制环节及控制点调查内容	被调查人	回答			评注（请将可以佐证相关答案的文件、资料的名称填入，以便复核）
		是	否	不适用	
一、职责分工					
1.是否建立存货业务的岗位责任制，明确内部相关部门和岗位的职责、权限？					
2.办理货币资金业务的不相容岗位是否相互分离、制约和监督？					
……					
二、授权审批					
1.是否对存货业务建立授权批准制度？					
2.授权批准制度是否明确授权批准方式、权限、程序、责任和相关控制措施等？					
……					
三、存货请购与采购					
1.是否建立存货采购申请管理制度，明确请购相关部门或人员的职责权限及相应的请购程序？					

续　表

控制环节及控制点调查内容	被调查人	回答 是	回答 否	回答 不适用	评注（请将可以佐证相关答案的文件、资料的名称填入，以便复核）
2.是否指定专人预测材料需要量以及安全存货水平和经济采购批量，尽可能降低库存或实现零库存？					
……					
四、存货入库与验收					
1.仓储部门收到材料时，是否对数量、质量进行检验查收，并填制入库通知单？					
2.填制的入库单，是否事先连续编号，并由交接双方签字确认？					
……					
五、存货领用及发出					
1.是否建立严格的存货领用和发出制度？					
2.企业生产部门、基建部门领用材料，是否持有生产管理部门及其他相关部门核准的领料单？					
……					
六、存货减值准备管理					
1.是否设有专人管理产成品，并定期进行检查，对短缺、毁损、呆滞存货进行处理？					
2.企业是否重视生产现场的材料、低值易耗品、半成品等物资的管理控制，以防止浪费、被盗和流失？					
……					
七、存货盘存制度					
1.是否建立存货清查盘点制度，并定期或不定期地对存货进行盘点？					
2.仓储部门保管账与会计部门存货明细账是否定期进行核对？					
……					
八、存货处置					
1.存货的计价方法是否符合企业会计制度，并且前后期保持一致？					
2.是否结合盘点结果对存货进行库龄分析，对因存货变质、过时等原因造成的存货减值，是否予以合理估计并正确地进行记录？					
……					

2. ××公司内部控制测试程序表

××公司人力资源业务流程内控测试程序表的部分内容如表5-5所示。

表5-5　　　　　　　　人力资源业务流程内控测试程序表(部分)

被测试单位名称		编制人及日期		索引号	
会计报表属期		复核人及日期		页　次	
测　试　程　序			实际测试描述及测试结果		底稿索引号
(1) 明确各岗位人员,特别是与风险和内部控制有关的人员的适任条件,明确有关教育、工作经历、培训和技能等方面的要求,确保相关人员能够胜任(1分)					
健全性					
公司是否建立了健全的人力资源配置及招聘规定					
合理性					
获取相关规定,检查公司人力资源配置及招聘规定是否合理,包括:					
① 是否要求定期根据工作需要对人力进行规划					
② 是否要求根据人力资源规划制订招聘计划					
③ 是否明确各岗位人员,特别是与风险和内部控制有关的人员的适任条件,明确有关教育、工作经历、培训和技能等方面的要求,并在招聘过程中充分考虑相关要求					
④ 是否要求对新员工工作背景进行调查,以确保有效防止录用了有违反职业道德历史的员工,或者录用了不具备公司企业文化所规定要求的职员等					
有效性					
获取公司人力资源规划和员工招聘记录为样本库抽取样本,对部分相关员工进行访谈、检查					
……					

3. ××公司内部控制评价访谈表

××公司内部控制评价访谈记录表如表5-6所示。

表 5-6　　　　　　　　　××公司内部控制评价访谈记录表

评价单位（部门）：

日　期					
地　点					
被访谈人	姓名：		访谈人	姓名：	
	职务：			职务：	
	岗位：			岗位：	
内控评估点					
访谈记录	主要风险点：				
	控制目标：				
	控制措施：				
	控制时间和频率：				
	控制方式：				
	控制人员或岗位：				
双方签字	访谈人：			被访谈人：	

4．××公司内部控制缺陷认定

××公司内部控制缺陷汇总表如表 5-7 所示。

表 5-7　　　　　　　　　××公司内部控制缺陷汇总表

所属控制要素	控制点	薄弱环节描述	风险分析	薄弱环节的重要性	建议整改措施
内部环境					
风险评估					
控制活动					
信息与沟通					
内部监督					

二、内部控制评价报告

企业应当根据《企业内部控制基本规范》《企业内部控制应用指引》《内部控制评价指引》的要求，设计内部控制评价报告的种类、格式和内容，明确内部控制评价报告编制程序和要求，按照规定的权限报经批准后对外报出；企业应当根据年度内部控制评价结果，结合内部控制评价工作底稿和内部控制缺陷汇总表等资料，按照规定的程序和要求，及时编制内部控制评价报告。

（一）内部控制评价报告的内容

内部控制评价报告应当分别就内部环境、风险评估、控制活动、信息与沟通、内部监督等要素进行设计，对内部控制评价过程、内部控制缺陷认定及整改情况、内部控制有效性的结论等

相关内容作出披露。内部控制评价报告是内部控制评价工作的结论性成果,一般包括下列内容:

1. 董事会对内部控制报告真实性的声明

声明董事会及全体董事对报告内容的真实性承担个别及连带责任,保证报告内容不存在任何虚假记载、误导性陈述或重大遗漏。

2. 内部控制评价工作的总体情况

明确企业内部控制评价工作的组织形式、领导体制、进度安排和汇报途径等。

3. 内部控制评价的依据

说明企业开展内部控制评价工作所依据的法律法规和规章制度,一般包括《企业内部控制基本规范》《企业内部控制应用指引》《企业内部控制评价指引》以及企业制定的内部控制制度和内部控制评价办法等。

4. 内部控制评价的范围

描述内部控制评价所涵盖的被评价单位,以及纳入评价范围的业务事项。内部控制评价的范围应当包括企业经营管理的主要方面,不存在重大遗漏。

5. 内部控制评价的程序和方法

描述内部控制评价工作遵循的基本流程,以及评价过程中采用的主要方法。

6. 内部控制缺陷及其认定

描述适用本企业的内部控制缺陷具体认定标准,并声明与以前年度保持一致;根据内部控制缺陷认定标准,确定评价期末存在的重大缺陷、重要缺陷和一般缺陷。

7. 内部控制缺陷的整改情况

针对评价期末存在的内部控制缺陷,阐明企业拟采取的整改措施及预期效果。对于评价期间发现、期末已完成整改的重大缺陷,说明企业有足够的测试样本显示,与该重大缺陷相关的内部控制目前保持了有效的设计与运行。

8. 内部控制有效性的结论

对不存在重大缺陷的情形,出具评价期末内部控制有效结论;对存在重大缺陷的情形,不得作出内部控制有效的结论,并须描述该重大缺陷的成因、表现形式及其对实现相关控制目标的影响程度。自内部控制评价报告基准日至内部控制评价报告发出日之间发生重大缺陷的,企业须责成内部控制评价部门予以核实,并根据核查结果对评价结论进行相应调整。

(二) 内部控制评价报告的编制

1. 编制时间

企业应当根据年度内部控制评价结果,结合内部控制评价工作底稿和内部控制缺陷汇总表等资料,按照规定的程序和要求,及时编制内部控制评价报告。内部控制评价报告按照编制时间的不同,分为定期报告和不定期报告。定期报告是指企业至少每年进行一次内部控制评价工作,编制评价报告,并由董事会对外发布或以其他方式加以合理利用。年度内部控制评价报告以 12 月 31 日作为基准日。不定期报告是指企业出于特定目的或针对特定事项而临时开展内部控制评价工作并编制评价报告。不定期报告的编制时间和编制频率由企业根据实际情况确定。

2. 编制主体

内部控制评价报告的编制主体包括单个企业和企业集团的母公司。单个企业内部控评价报告是指某一企业以自身经营业务和管理活动为基础编制的内部控制评价报告；企业集团内部控制评价报告是企业集团的母公司以母公司及控股子公司的经营业务和管理活动为基础编制的内部控制评价报告，是对企业集团内部控制设计与运行有效性的总体评价。

3. 编制程序

内部控制评价部门对工作底稿进行复核，根据认定并按照规定的权限和程序审批确定的内部控制缺陷，判断内部控制的有效性。

内部控制评价部门搜集整理编制内部控制评价报告所需的相关资料，同时应根据有关资料撰写内部控制评价报告。

内部控制评价报告上报经理层审核、董事会审批后确定。

（三）内部控制评价报告的报送

内部控制评价报告报经董事会批准后对外披露或报送相关主管部门。上市公司年度内部控制评价报告必须向社会公开披露，接受社会监督，为投资者和社会公众决策提供依据；非上市企业的内部控制评价报告须按规定报送财政等监管部门，接受政府的监督检查。内部控制评价报告通常应于基准日后4个月内报出。

企业内部控制审计报告应当与内部控制评价报告同时对外披露或报送。

企业应当建立内部控制评价工作档案管理制度。内部控制评价的有关文件资料、工作底稿和证明材料等应当妥善保管。

（四）内部控制评价报告的使用

内部控制评价报告的使用者包括政府监管部门、投资者及其他利益相关者、中介机构和研究机构等。

1. 政府监管部门

政府监管部门根据内部控制评价报告可以了解《企业内部控制基本规范》及其三个配套指引的实施情况，通过不同企业、不同行业内部控制评价报告的分析比较，可以发现内部控制相关法律法规实施中存在的问题，作为进一步健全内部控制法律法规体系、优化内部控制执行机制的重要依据。

2. 投资者及其他利益相关者

投资者及其他利益相关者根据内部控制评价报告可以了解企业内部控制水平，评估企业抗风险能力和持续经营实力，从而为投资决策和正确行使相关权利奠定基础。必要时，投资者及其他利益相关者还可依据内部控制评价报告，有的放矢地进行调查研究和实地考察，促进企业持续完善内部控制系统。

3. 中介机构和研究机构

中介机构和研究机构可以通过研究分析内部控制评价报告，知悉企业内部控制发展现状，在综合运用比较分析、趋势分析等方法的基础上形成并发布内部控制研究报告，服务于监管部门、投资者和社会公众。

内部控制评价是企业董事会对本企业内部控制有效性的自我评价，具有一定的主观性，因此，在此基础上形成的内部控制评价报告只能作为有关方面了解企业内部控制设计与运行情况的途径之一。在使用内部控制评价报告时，还应注意与内部控制审计信息、内部控制监管信息、财务报告信息等相关信息结合使用，切实做到全面分析、综合判断、相互验证。

内部控制评价报告体例示例如下：

××股份有限公司20××年度内部控制评价报告

  董事会全体成员保证本报告内容真实、准确和完整,没有虚假记载、误导性陈述或者重大遗漏。

××股份有限公司全体股东:

  ××公司董事会(以下简称"董事会")对建立和维护充分的财务报告相关内部控制制度负责。

  财务报告相关内部控制的目标是保证财务报告信息真实完整和可靠、防范重大错报风险。由于内部控制存在固有局限性,因此仅能对上述目标提供合理保证。

  董事会已按照《企业内部控制基本规范》的要求对财务报告相关内部控制进行了评价,并认为其在20××年××月××日(基准日)有效(或在以下方面存在重大缺陷:对重大缺陷的说明)。公司已对该缺陷采取(或拟对该缺陷采取)如下整改措施:

  ……

  我公司聘请的(会计师事务所名称)已对公司财务报告相关内部控制有效性进行了审计,出具了审计意见。

  我公司在内部控制自我评价过程中关注到的与非财务报告相关的内部控制缺陷情况包括(具体缺陷情况)。

董事长:(签名)
××股份有限公司
20××年××月××日

【引例解析】

  公司内部控制评价工作底稿的内容包括:控制要素评价表、内部控制评价汇总表、业务流程评价表。

  内部控制评价报告的内容包括:董事会对内部控制报告真实性的声明、内部控制评价工作的总体情况、内部控制评价的依据、内部控制评价的范围、内部控制评价的程序和方法、内部控制缺陷及其认定、内部控制缺陷的整改情况、内部控制有效性的结论。

【工作任务5-3】

熟悉企业内部控制评价对外报告的编制

任务分析:

为华宁有限公司编写一个内部控制评价报告

操作步骤:

(1)熟知内部控制评价报告的主要内容。

(2)编写内部控制评价报告。

项目小结

  本项目主要讲述企业内部控制评价业务。从内部控制概念入手,介绍了内部控制评价的原则、内部控制评价程序、内部控制评价方法。确定了财务报告内部控制缺陷重大缺陷、重要缺陷与一般缺陷的认定标准,内部控制评价工作应当形成工作底稿,详细记录企业执行评价工作的内容,企业应当根据年度内部控制评价结果,结合内部控制评价工作底稿和内部控制缺陷汇总表等资料,按照规定的程序和要求,及时编制内部控制评价报告。

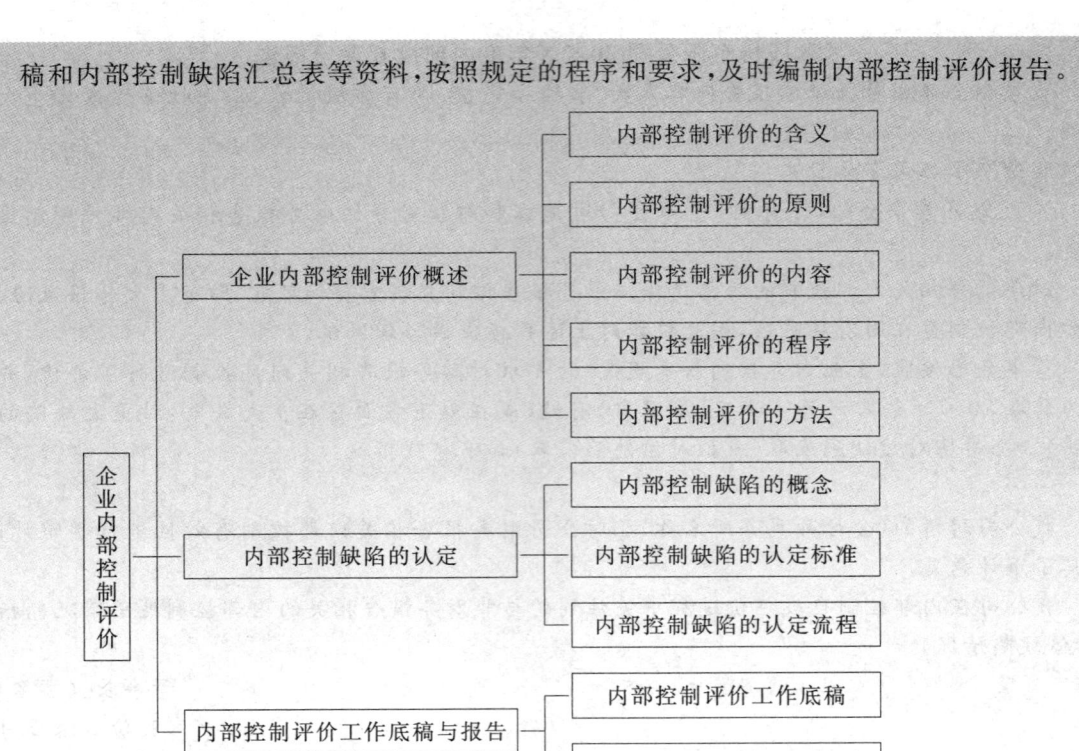

习 题

一、单项选择题

1. 企业内部控制评价的主体是（   ）。
A. 政府机关   B. 会计师事务所
C. 董事会或类似权力机构   D. 财务部门

2. 企业内部控制评价的对象是（   ）。
A. 内部控制规章制度   B. 内部控制有效性
C. 财务报告的公允性   D. 内部控制环境

3. 对内部控制评价承担最终责任的内部控制评价责任主体是（   ）。
A. 董事会   B. 经理层
C. 监事会   D. 审计委员会

4. 企业内部控制评价工作的起点是（   ）。
A. 明确内部控制目标   B. 制定内部控制评价方案
C. 组成评价工作组   D. 确定评价方法

5. 内部控制评价工作的最终表现为（   ）。
A. 财务报告   B. 审计报告
C. 内部控制评价工作底稿   D. 内部控制评价报告

6. 适当分离内部控制设计部门与内部控制评价部门是为了保证内部控制评价工作的（   ）。
A. 全面性   B. 重要性   C. 客观性   D. 独立性

7. 通过数据分析,识别评价关注点的内部控制评价方法是(　　)。
   A. 个别访问法　　　B. 穿行测试法　　　C. 比较分析法　　　D. 实地查验法
8. 企业年度内部控制评价报告报出的时限是基准日后(　　)。
   A. 一个月　　　B. 二个月　　　C. 三个月　　　D. 四个月
9. 审议内部控制评价报告,对董事会建立与实施内部控制进行监督的机构是(　　)。
   A. 经理层　　　　　　　　　　B. 各专业部门
   C. 监事会　　　　　　　　　　D. 企业所属单位

二、多项选择题

1. 企业对内部控制评价至少应当遵循的原则包括(　　)。
   A. 全面性原则　　B. 重要性原则　　C. 客观性原则　　D. 有效性原则
   E. 时效性原则
2. 内部控制评价的内容主要包括(　　)。
   A. 内部环境评价　　　　　　　B. 风险评估评价
   C. 控制活动评价　　　　　　　D. 信息与沟通评价
   E. 内部监督评价
3. 内控制评价方法包括(　　)。
   A. 个别访问　　B. 调查问卷　　C. 观察　　D. 抽样
   E. 实地查验
4. 《企业内部控制评价指引》第十五条规定,内部控制评价工作组对被评价单位进行现场测试时,可以单独或者综合运用的方法有(　　)。
   A. 个别访问　　B. 调查问卷　　C. 专题讨论　　D. 穿行测试
   E. 实地查验
5. 按照内部控制缺陷的性质即影响内部控制目标实现的严重程度分类,内部控制缺陷分为(　　)。
   A. 重大缺陷　　B. 重要缺陷　　C. 一般缺陷　　D. 设计缺陷
   E. 运行缺陷
6. 可认定为内部控制存在运行缺陷的情况有(　　)。
   A. 由不恰当的人执行　　　　　B. 未按设计的方式运行
   C. 运行的时间或频率不当　　　D. 没有得到一贯有效运行
   E. 制度设计存在漏洞
7. 内部控制缺陷的分类,按其成因分为(　　)。
   A. 重大缺陷　　B. 重要缺陷　　C. 一般缺陷　　D. 设计缺陷
   E. 运行缺陷
8. 企业对于认定的内部控制缺陷,应当制订内部控制缺陷整改方案,按规定权限和程序审批后执行,下列说法正确的是(　　)
   A. 对于认定的重大缺陷,还应及时采取应对策略,切实将风险控制在可承受度之内,并追究有关机构或相关人员的责任
   B. 内部有关单位负责一般缺陷的整改,接受经理层的监督
   C. 董事会应负责重大缺陷的整改,接受监事会的监督
   D. 经理层负责重要缺陷的整改,接受董事会的监督

9. 从控制目标的角度来看,内部控制的有效性可分为(　　　　)。
   A. 合规目标内部控制的有效性
   B. 资产目标内部控制的有效性
   C. 报告目标内部控制的有效性
   D. 经营目标内部控制的有效性
   E. 战略目标内部控制的有效性
10. 企业在内部控制评价报告中披露的内容包括(　　　　)。
    A. 董事会声明
    B. 内部控制评价工作的总体情况
    C. 内部控制评价的依据
    D. 内部控制缺陷及其认定
    E. 内部控制缺陷的整改情况
11. 出现(　　　　)的迹象之一,则通常表明财务报告内部控制可能存在重大缺陷。
    A. 企业决策失误,导致并购不成功
    B. 董事、监事和高级管理人员舞弊
    C. 管理人员或技术人员纷纷流失
    D. 媒体负面新闻频现
    E. 企业更正已公布的财务报告
12. 关于企业内部控制规范体系实施中的相关问题,下列说法中正确的是(　　　　)。
    A. 查找并纠正企业内部控制缺陷,是开展企业内部控制评价的一项重要工作
    B. 关于内部控制缺陷的认定标准已经出台了统一规定
    C. 企业在确定内部控制缺陷的具体认定标准时,应当从定性和定量的角度综合考虑
    D. 只有重大缺陷需要向董事会、监事会或管理层报告,其他类的缺陷不需要汇报
    E. 内部控制缺陷一经发现,应立即整改,纠正之后无须对外披露

三、判断题

1. 内部控制评价能为内部控制目标的实现提供绝对保证。(　　)
2. 董事会可以聘请会计师事务所对其内部控制的有效性进行审计,但其承担的责任不因此减轻或消除。(　　)
3. 注册会计师对内部控制的了解可以代替对控制运行有效性的测试。(　　)
4. 只有当询问、观察和检查程序结合在一起仍无法获得充分的证据时,注册会计师才考虑通过重新执行来证实控制是否有效运行。(　　)
5. 观察可为控制运行的有效性提供可靠的证据。(　　)
6. 内部控制的设计应覆盖所有关键业务与环节,但是对董事会、监事会、经理层和员工不具有普遍的约束力。(　　)
7. 企业内部控制缺陷认定一般可采用绝对金额法或者相对比例法确定重要性水平和一般水平,以此作为判断缺陷类型的临界值。(　　)
8. 对于自内部控制评价报告基准日至内部控制评价报告报出日之间发生的影响内部控制有效性的因素,内部控制评价部门可以不予关注。(　　)
9. 内部控制缺陷的严重程度并不取决于该控制不能及时防止或发现并纠正潜在缺陷的可能性,而是取决于是否实际发生了错报。(　　)
10. 内部控制缺陷一旦认定为重大缺陷,内总部控制评价报告将会被出具"否定意见"。(　　)
11. 为节省成本,为企业提供内部控制审计的会计师事务所,可以同时为同一家企业提供内部控制评价服务。(　　)

四、简答题

1. 企业内部控制评价的内容是什么?

2. 企业内部控制评价的原则有哪些？

3. 内部控制缺陷有几种类型？

4. 财务报告内部控制缺陷的认定标准是什么？

5. 内部控制缺陷认定的步骤有哪些？

6. 根据《企业内部控制基本规范》及其评价指引，内部控制评价报告的内容与格式有哪些具体要求？

五、案例分析题

【案例1】B公司由审计部人员与被评估业务单元的管理人员共同组成评价小组，在外部咨询顾问——德勤会计师事务所的指导下，协同事业部管理部，从内部控制特别是控制环境和业务流程入手，关注岗位设置有无牵制、业务模式有无缺陷、执行者是否了解遵循制度、有没有超越授权范围、有没有不在会计报告和公开的业务台账上反映的违规违法业务等高风险环节，帮助各业务单元自发提出切实可行的改善建议，并明确责任人和改善时间。

B公司是按以下步骤实施内部控制自我评价的：

（1）前期计划工作。在取得管理层的支持后，公司选择了德勤会计师事务所的风险管理部作为合作方，由其在工作方法和智库方面提供帮助；组织了评价小组，并对事业部中高级管理者和评价小组成员进行了讲解和培训。

（2）风险初步确定。通过访谈和穿行测试，确定了内部控制评价范围，设计并发放调查问卷。通过反馈的问卷，分析内部控制的薄弱环节，列入研讨会讨论重点。

（3）研讨会的组织与召开。确定参加人员和会议时间，提前通知参加人员并提供讨论大纲。使用独立的会议室，使用电子投票设备或其他匿名投票方式以最大程度保证与会人员的意见不受他人影响。每次研讨会，评价小组都指定一位会议主席，主持研讨会，并安排书记员及时记录，所提的问题和讨论应紧紧围绕高风险的内部控制薄弱环节。会议主席应让所有与会人员充分发表意见，独立思考，并针对内部控制的缺失提出建设性的改善建议。会议主席还应控制会议进程，避免跑题和陷入互相指责、争吵的混乱局面。

（4）出具内部控制自我评估报告。评价小组把讨论的问题归类整理，认真分析，并适当作出中肯的评论。

（5）落实整改措施。落实整改是内部控制持续完善的关键一步，也是开展内部控制评价的最终目的。审计部在业务人员实施整改后安排后续追踪。同时还运用调查问卷的方法了解员工对内部控制评价的认知度，以及对本次内部控制评价的看法和建议，以便在下次评价活动中进一步完善工作方法。

要求：B公司在内部控制评价过程中运用了哪些方法？

【案例2】根据财政部等五部委联合发布的《企业内部控制基本规范》和《企业内部控制评价指引》的相关要求，在境内外同时上市的甲公司组织人员对2019年度内部控制有效性进行自我评价。公司在风险管理与内部控制规范工作领导小组的领导下，由风险管理与内部控制规范工作办公室牵头，开展内部控制测试评价工作，由公司内部审计部门具体负责测试评价工作的实施。评价活动结束后编制内部控制评价报告。以下是关于甲公司2019年度内部控制评价活动的相关情况。

（1）关于内部控制评价的责任界定。董事会对内部控制评价报告的真实性负责。公司董事会保证内部控制报告内容不存在任何虚假记载、误导性陈述或重大遗漏，并对报告内容的真实性、准确性和完整性承担个别及连带责任。建立健全并有效实施内部控制是公司董事会的责任;监事会对董事局建立与实施内部控制进行监督;管理层负责组织领导公司内部控制的日常运行。

(2) 关于内部控制评价的程序。为确保测试评价工作顺利、有序地开展,公司内部审计部门编制了《甲公司2019年度内部控制测试评价工作方案》,并经过公司董事会审议通过。公司从2019年12月3日起,先后在四家分公司和公司总部开展了年度测试评价工作的现场测试。按照《企业内部控制基本规范》《企业内部控制评价指引》及其相关配套文件要求,各测试评价小组对各单位的主要业务流程、关键控制点及高风险领域开展了全面测试,认真编制了测试工作底稿,并将测试发现的内控设计与执行层面的例外事项汇编形成了《例外事项汇总表》。各单位对发现的例外事项制订了整改计划,并及时整改。

(3) 关于内部控制评价的缺陷认定。甲公司结合年度测试发现的问题和日常监督情况,由公司内部控制测试评价工作小组按照甲公司内部控制缺陷认定标准开展缺陷评价工作;并根据各例外事项评价结果,协助公司管理层、董事会对最终内控缺陷程度进行逐一认定,形成公司2019年度《内部控制缺陷认定汇总表》,确认公司2019年度内部控制缺陷与等级。

(4) 关于内部控制评价报告的编制和披露。2020年2月起,公司风险管理与内控规范工作办公室根据本年度内控测试评价工作整体情况及结论,按照财政部有关内部控制实施规范解释文件要求,编制公司2019年度内部控制自我评价报告,并报送公司董事会审议。本次内部控制测试评价业务涵盖的期间为2019年1月1日至2019年12月31日,并以2019年12月31日为内部控制体系是否有效的基准日编制内部控制评价报告。公司年度内部控制评价报告根据深圳证券交易所有关信息披露的工作要求,与《财务报告审计报告》《内部控制审计报告》同时对外披露并公告。

要求:

(1) 结合情况(1)描述甲公司内部控制评价的组织结构。

(2) 结合情况(2)试述企业内部控制评价的一般程序。

(3) 结合情况(3)分析什么是内部控制缺陷,内部控制缺陷有几种类型,财务报告内部控制缺陷的认定标准是什么。

(4) 结合情况(4)说明内部控制评价对外报告的编制要求。

项目六　企业内部控制审计

职业能力目标

理解内部控制审计概念；掌握内部控制审计人员素养要求；熟悉企业内部控制审计程序；掌握内部控制审计报告类型。

能够区分内部控制审计与内部控制评价的关系；能够区分内部控制审计与财务报表审计的关系；能把握完成审计工作阶段工作要点；能够就实际案例，判定应出具内部控制审计报告类型；能够撰写简单的内部控制审计报告。

典型工作任务

1. 掌握内部控制审计概念。
2. 熟悉内部控制审计程序规范。
3. 熟悉内部控制审计报告编写。

任务一　内部控制审计概述

> **引例**
>
> **甲公司内部控制审计**
>
> 甲公司董事会建议聘请具有期货资质的会计师事务所对企业的内部控制评价进行审计。
>
> **问题与任务：** 根据《企业内部控制基本规范》及其配套指引，分析判断甲公司管理层存在哪些不当之处，并简要说明理由。

【知识准备与业务操作】

一、内部控制审计的定义

内部控制审计，是指会计师事务所接受委托，对特定基准日内部控制设计与运行的有效性进行审计。

二、内部控制审计与内部控制评价、财务报表审计的关系

（一）内部控制审计与内部控制评价的关系

1. 内部控制审计与内部控制评价的区别

内部控制审计属于注册会计师外部评价，内部控制评价属于企业董事会自我评价，两者有着本质的区别。

（1）两者的责任主体不同。建立健全和有效实施内部控制，评价内部控制的有效性是企业董事会的责任；在实施审计工作的基础上对内部控制的有效性发表审计意见是注册会计师的责任。

（2）两者的评价目标不同。内部控制评价是企业董事会对各类内部控制目标实施的全面评价；内部控制审计是注册会计师侧重对财务报告内部控制目标实施的审计评价。

（3）两者的评价结论不同。企业董事会对内部控制整体有效性发表意见，并在内部控制评价报告中出具内部控制有效性的结论；注册会计师仅对财务报告内部控制的有效性发表意见，对内部控制审计过程中注意到的非财务报告内部控制的重大缺陷，在内部控制审计报告中增加"非财务报告内部控制重大缺陷描述段"予以披露。

2. 内部控制审计与内部控制评价的联系

虽然内部控制审计与内部控制评价具有上述区别，但两者往往依赖同样的证据、遵循类似的测试方法、使用同一基准日，因此也必然存在一些内在的联系。在内部控制审计过程中，注册会计师可以根据实际情况对企业内部控制评价工作进行评估，判断是否利用企业内部审计人员、内部控制评价人员和其他相关人员的工作以及可利用程度，从而相应减少本应由注册会计师执行的工作。

（二）内部控制审计与财务报表审计的关系

1. 内部控制审计与财务报表审计的区别

内部控制审计是对内部控制的有效性发表审计意见，并对内部控制审计过程中注意到的

非财务报告内部控制重大缺陷进行披露;财务报表审计是对财务报表是否在所有重大方面按照适用的财务报告编制基础编制,发表审计意见。虽然内部控制审计和财务报表审计存在多方面的共同点,但财务报表审计是对财务报表进行审计,重在审计"结果",而内部控制审计是对保证财务报表质量的内部控制的有效性进行审计,重在审计"过程"。发表审计意见的对象不同,使得两者存在区别。

2. 内部控制审计与财务报表审计的联系

内部控制审计与财务报表审计的联系主要体现在以下五个方面:

(1) 两者的最终目的一致。虽然两者各有侧重,但最终目的均为提高财务信息质量,提高财务报告的可靠性,为利益相关者提供高质量的信息。

(2) 两者都采取风险导向审计模式,注册会计师首先实施风险评估程序,识别和评估重大缺陷(或错报)存在的风险。在此基础上,有针对性地采取应对措施,实施相应的审计程序。

(3) 两者都要了解和测试内部控制,并且对内部控制有效性的定义和评价方法相同,都可能用到询问、检查、观察、穿行测试、重新执行等方法和程序。

(4) 两者均要识别重点账户、重要交易类别等重点审计领域。注册会计师在财务报告审计中,需要评价这些重点账户和重要交易类别是否存在重大错报;在内部控制审计中,需要评价这些账户和交易是否被内部控制所覆盖。

(5) 两者确定的重要性水平相同。注册会计师在财务报告审计中确定重要性水平,旨在检查财务报告中是否存在重大错报;在财务报告内部控制审计中确定重要性水平,旨在检查财务报告内部控制是否存在重大缺陷。由于审计对象、判断标准相同,因此两者在审计中确定的重要性水平也相同。

【引例解析】

甲公司管理层存在以下不当之处。

不当之处:建议聘请具有期货资质的会计师事务所对企业的内部控制评价进行审计。

理由:内部控制审计不是对内部控制评价进行审计,而是对特定基准日内部控制设计与运行的有效性进行审计。

【工作任务 6-1】

掌握内部控制审计概念

D公司为专门从事证券经营业务的上市公司。甲会计师事务所在对D公司内部控制有效性进行审计的过程中发现:D公司策略交易系统的某模块存在重大技术设计缺陷,但该重大缺陷不影响D公司财务报表的真实可靠。假定不考虑其他因素。

操作要求:根据资料,针对D公司策略交易系统某模块存在的重大技术设计缺陷,说明甲会计师事务所在内部控制审计报告中应当如何处理。

任务分析:

甲会计师事务所应当将D公司策略交易系统某模块存在的重大技术设计缺陷作为非财务报告内部控制重大缺陷,在审计报告中通过增加描述段的方式予以披露。

任务二 内部控制审计的程序

> **引例**
>
> **乙公司内控审计程序**
>
> 乙公司为一家非国有控股主板上市公司,自2019年1月1日起全面实施《企业内部控制基本规范》及其配套指引,乙公司就此制定了内部控制规范体系实施工作方案。该方案要点如下:公司拟聘用A会计师事务所为公司2019年内部控制自我评价工作提供咨询服务;同时,委托该会计师事务所提供内部控制审计服务。A会计师事务所的咨询部门和审计部门相互独立,各自提供服务,人员不交叉混用。
>
> 要求:根据《企业内部控制基本规范》及其配套指引的要求,分析判断乙公司是否存在不当之处。

【知识准备与业务操作】

一、计划审计工作

注册会计师需恰当地计划内部控制审计工作,配备具有专业胜任能力的项目组,并对助理人员进行适当的督导。

(一)计划审计工作时,注册会计师应当评价有关事项对内部控制及其审计工作的影响

(1)与企业相关的风险。

(2)相关法律法规和行业概况。

(3)企业组织结构、经营特点和资本结构等相关重要事项。

(4)企业内部控制最近发生变化的程度。

(5)与企业沟通过的内部控制缺陷。

(6)重要性、风险等与确定内部控制重大缺陷相关的因素。

(7)对内部控制有效性的初步判断。

(8)可获取的、与内部控制有效性相关的证据的类型和范围。

(二)注册会计师应当充分认识风险评估在计划审计工作中的作用

以风险评估为基础,选择拟测试的控制,确定测试所需收集的证据。内部控制的特定领域存在重大缺陷的风险越高,给予该领域的审计关注应越多。

在进行风险评估以及确定必要的程序时,注册会计师应当考虑企业组织结构、经营单位或流程的复杂程度可能产生的重要影响和作用。企业组织结构、经营单位或流程的复杂程度可能影响企业实现控制目标的方式。企业的规模和复杂程度也可能影响错报风险以及应对该风险所需实施的控制。注册会计师应当根据企业情况调整工作范围,以获取充分、适当的证据,支持发表的意见。

(三)注册会计师应当在计划审计阶段对企业董事会的内部控制评价工作进行评估

内部审计人员在实施现场审查之前,可以要求被审计单位提交最近一次的内部控制自我评估报告。内部审计人员应当结合内部控制自我评估报告,确定审计内容及重点,实施内部控制审计。

判断是否在内部控制审计工作中利用企业内部审计人员、内部控制评价人员和其他相关人员的工作以及可利用的程度，相应减少可能应由注册会计师执行的工作。注册会计师利用企业内部审计人员、内部控制评价人员和其他相关人员的工作，应当对其专业胜任能力和客观性进行充分评价。一般而言，与某项控制相关的风险越高，他人工作的可利用程度就越低，注册会计师应当更多地对该项控制亲自进行测试。需要强调的是，注册会计师对发表的审计意见独立承担责任，其责任不因为利用企业内部审计人员、内部控制评价人员和其他相关人员的工作而减轻。

二、实施审计工作

注册会计师按照自上而下的方法实施审计工作，自上而下的方法是注册会计师识别风险、选择拟测试控制的基本思路。注册会计师在实施审计工作时，可以将企业层面控制和业务层面控制的测试结合进行。

（一）测试企业层面控制

注册会计师测试企业层面的控制，在把握重要性原则的基础上，一般关注：与内部环境相关的控制；针对董事会、经理层凌驾于控制之上的风险而设计的控制；企业的风险评估过程；对内部信息传递和财务报告流程的控制；对控制有效性的内部监督和自我评价。

（二）测试业务层面控制

注册会计师测试业务层面的控制，在把握重要性原则的基础上，结合企业实际、内部控制相关法律法规要求和企业层面控制的测试情况，重点对企业生产经营活动中的重要业务与事项的控制进行测试。注册会计师需关注信息系统对内部控制及风险评估的影响。

（三）测试与舞弊风险相关的控制

注册会计师在测试企业层面控制和业务层面控制时，应评价内部控制是否足以应对舞弊风险。舞弊风险因素是指注册会计师在了解被审计单位及其内部环境时识别的、可能表明存在舞弊动机、压力或机会的事项或情况，以及被审计单位对可能存在的舞弊行为的合理化解释。与舞弊风险相关的控制通常包括：针对重大的非常规交易的控制；针对关联方交易的控制；与管理层的重大会计政策和会计估计相关的控制；针对期末财务报告中编制的分录和作出的调整的控制；能够减弱管理层伪造或不恰当操纵财务结果的动机及压力的控制等。注册会计师应当根据舞弊风险评估结果，对上述控制实施有针对性的测试。

（四）测试内部控制设计与运行的有效性

如果某项控制由拥有必要授权和专业胜任能力的人员按照规定的程序与要求执行，能实现控制目标，表明该项控制的设计是有效的；如果某项控制正在按照设计运行，执行人员拥有必要授权和专业胜任能力，能够实现控制目标，表明该项控制的运行是有效的。

（五）获取内部控制有效设计与运行的证据

注册会计师在测试内部控制设计与运行的有效性时，可综合运用询问适当人员、观察活动、检查相关文件、穿行测试和重新执行等方法，获取充分、适当的证据以支持审计结论。与内部控制相关的风险越高，注册会计师需要获取的证据越多。为确保证据的充分性和适当性，注册会计师通常需对测试时间安排进行权衡，既要尽量在接近企业内部控制自我评价基准日实施测试,又要保证实施的测试能够涵盖足够长的期间。注册会计师对于内部控制运行偏离设计的情况(即控制偏差),应确定该偏差对相关风险评估、需要获取的证据以及控制运行有效性结论的影响。在连续审计中,注册会计师有必要考虑以前年度执行内部控制审计时了解的情况,以合理确定测试的性质、时间安排和范围。

三、评价控制缺陷

注册会计师在对内部控制设计与运行的有效性进行测试的基础上,需评价其识别的各项内部控制缺陷的严重程度,以确定这些缺陷单独或组合起来,是否构成重大缺陷并影响其审计结论。在确定一项内部控制缺陷或多项内部控制缺陷的组合是否构成重大缺陷时,注册会计师还应评价补偿性控制(替代性控制)的影响。

(一) 财务报告内部控制缺陷

表明企业财务报告内部控制可能存在重大缺陷的迹象,主要包括:
(1) 注册会计师发现董事、监事和高级管理人员舞弊。
(2) 企业更正已经公布的财务报表。
(3) 注册会计师发现当期财务报表存在重大错报,而在内部控制运行过程中未能发现该错报。
(4) 企业审计委员会和内部审计机构对内部控制的监督无效。

(二) 非财务报告内部控制缺陷

注册会计师对在审计过程中注意到的非财务报告内部控制缺陷,应区别一般缺陷、重要缺陷和重大缺陷予以处理。

四、完成审计工作

(一) 取得书面声明

注册会计师完成审计工作后,需取得经企业签署的书面声明。书面声明通常包括下列内容:
(1) 企业董事会认可其对建立健全和有效实施内部控制负责。
(2) 企业已对内部控制的有效性作出自我评价,并说明评价时采用的标准以及得出的结论。
(3) 企业没有利用注册会计师执行的审计程序及其结果作为自我评价的基础。
(4) 企业已向注册会计师说明识别出的所有内部控制缺陷,并单独说明其中的重大缺陷和重要缺陷。
(5) 企业对于注册会计师在以前年度审计中识别的重大缺陷和重要缺陷,是否已经采取措施予以解决。
(6) 企业在内部控制自我评价基准日后,内部控制是否发生重大变化,或者产生对内部控制具有重要影响的其他因素。

企业如果拒绝提供或以其他不当理由回避书面声明,注册会计师应将其视为审计范围受到限制,解除业务约定或出具无法表示意见的内部控制审计报告。

(二) 沟通控制缺陷

注册会计师应与企业沟通审计过程中识别的所有控制缺陷,重大缺陷和重要缺陷须以书面形式与董事会和经理层沟通。注册会计师认为企业审计委员会和内部审计机构对内部控制监督无效的,应以书面形式直接与董事会和经理层沟通。书面沟通需在注册会计师出具内部控制审计报告之前进行。

(三) 形成审计意见

注册会计师对获取的证据进行评价,形成对内部控制有效性的意见,出具审计报告。

【引例解析】

引例中乙公司存在不当之处:委托 A 会计师事务所的咨询部门和审计部门分别为公司提供内部控制咨询服务和内部控制审计服务的表述不当。

理由:无法保证内部控制审计工作的独立性;或者说,为企业提供内部控制咨询服务的会计师事务所,不得同时为同一企业提供内部控制审计服务。

【工作任务 6-2】

熟悉内部控制审计程序规范

为加强和规范企业内部控制,提高企业经营管理水平和风险防范能力、促进企业可持续发展,D公司于 2019 年初聘请甲会计师事务所的注册会计师对企业的 2018 年 12 月 31 日的内部控制运行有效性进行审计。

注册会计师应当进行风险评估,并判断是否在内部控制审计工作中利用企业内部审计人员、内部控制评价人员和其他相关人员的工作以及可利用程度,相应减少可能由注册会计师执行的工作。对相关人员工作的利用可以减轻注册会计师对审计意见的责任。

操作要求:请根据《企业内部控制审计指引》的要求,分析、判断该公司在上述内部控制审计的执行过程中是否存在不当之处,并简要说明理由。

任务分析:

此项工作安排存在不当之处。

不当之处:对相关人员工作的利用可以减轻注册会计师对审计意见的责任。

理由:注册会计师对发表的审计意见独立承担责任,其责任不因为利用企业内部审计人员、内部控制评价人员和其他相关人员的工作而减轻。

任务三 内部控制审计报告

引 例

丙公司内部控制审计报告

丙公司为一家从事机械装备制造的股份制集团企业。自 2015 年起,丙公司积极参与国家"一带一路"建设,将"一带一路"沿线国家作为境外业务拓展的重点。为更有效地管理境外经营的风险,丙公司于 2017 年年初聘请 A 会计师事务所提供 2017 年度内部控制审计服务。有关资料如下:

A 会计师事务所在实施丙公司 2017 年度内部控制审计工作中,发现下列事项:

(1) 丙公司的境外子公司 M 公司在合同执行方面存在内部控制缺陷。注册会计师执行有效程序后认定,该缺陷导致集团层面的财务报表产生重大错报,达到了财务报告内部控制重大缺陷的认定标准。

(2)丙公司的境外子公司 N 公司在机械工程项目管理环节存在员工串谋舞弊的可疑迹象,可能导致集团层面的财务报表产生重大错报。N 公司管理层对注册会计师申请商务工作签证未给予必要协助,致使注册会计师无法计划进行现场审计,且不配合注册会计师执行替代程序。截至内部控制审计报告日,注册会计师无法取得进一步审计证据。

任务与问题:假定不考虑其他因素。根据《企业内部控制基本规范》及其配套指引的要求,指出资料中 A 会计师事务所出具内部控制审计报告时发表审计意见的类型,并简要说明理由。

【知识准备与业务操作】

一、标准内部控制审计报告要素

注册会计师在完成内部控制审计工作后,应当出具内部控制审计报告。标准内部控制审计报告应当包括下列要素:
(1)标题。
(2)收件人。
(3)引言段。
(4)企业对内部控制的责任段。
(5)注册会计师的责任段。
(6)内部控制固有局限性的说明段。
(7)财务报告内部控制审计意见段。
(8)非财务报告内部控制重大缺陷描述段。
(9)注册会计师的签名和盖章。
(10)会计师事务所的名称、地址及盖章。
(11)报告日期。

二、内部控制审计报告类型

(一)无保留意见

符合下列所有条件的,注册会计师应当对财务报告内部控制出具无保留意见的内部控制审计报告:
(1)企业按照《企业内部控制基本规范》《企业内部控制应用指引》《企业内部控制评价指引》以及企业自身内部控制制度的要求,在所有重大方面保持了有效的内部控制。
(2)注册会计师已经按照《企业内部控制审计指引》的要求计划和实施审计工作,在审计过程中未受到限制。

(二)增加强调事项段的无保留意见

注册会计师认为财务报告内部控制虽不存在重大缺陷,但仍有一项或者多项重大事项需要提请内部控制审计报告使用者注意的,应当在内部控制审计报告中增加强调事项段予以说明。

注册会计师应当在强调事项段中指明,该段内容仅用于提醒内部控制审计报告使用者关注,并不影响对财务报告内部控制发表的审计意见。

(三) 否定意见

注册会计师认为财务报告内部控制存在一项或多项重大缺陷的,除非审计范围受到限制,应当对财务报告内部控制发表否定意见。

注册会计师出具否定意见的内部控制审计报告,还应当包括下列内容:
(1) 重大缺陷的定义。
(2) 重大缺陷的性质及其对财务报告内部控制的影响程度。

(四) 无法表示意见

注册会计师审计范围受到限制的,应当解除业务约定或出具无法表示意见的内部控制审计报告,并就审计范围受到限制的情况,以书面形式与董事会进行沟通。

注册会计师在出具无法表示意见的内部控制审计报告时,应当在内部控制审计报告中指明审计范围受到限制,无法对内部控制的有效性发表意见。

注册会计师在已执行的有限程序中发现财务报告内部控制存在重大缺陷的,应当在内部控制审计报告中对重大缺陷作出详细说明。

《企业内部控制审计指引》指出,注册会计师对在审计过程中注意到的非财务报告内部控制缺陷,应当区别具体情况予以处理:

一是注册会计师认为非财务报告内部控制缺陷为一般缺陷的,应当与企业进行沟通,提醒企业加以改进,但无需在内部控制审计报告中说明。

二是注册会计师认为非财务报告内部控制缺陷为重要缺陷的,应当以书面形式与企业董事会和经理层沟通,提醒企业加以改进,但无需在内部控制审计报告中说明。

三是注册会计师认为非财务报告内部控制缺陷为重大缺陷的,应当以书面形式与企业董事会和经理层沟通,提醒企业加以改进;同时应当在内部控制审计报告中增加非财务报告内部控制重大缺陷描述段,对重大缺陷的性质及其对实现相关控制目标的影响程度进行披露,提示内部控制审计报告使用者注意相关风险。

四是在企业内部控制自我评价基准日并不存在、但在该基准日之后至审计报告日之前(以下简称期后期间)内部控制可能发生变化,或出现其他可能对内部控制产生重要影响的因素。注册会计师应当询问是否存在这类变化或影响因素,并获取企业关于这些情况的书面声明。注册会计师知悉对企业内部控制自我评价基准日,内部控制有效性有重大负面影响的期后事项的,应当对财务报告内部控制发表否定意见。注册会计师不能确定期后事项对内部控制有效性的影响程度的,应当出具无法表示意见的内部控制审计报告。

三、记录审计工作

注册会计师应当按照《中国注册会计师审计准则第 1131 号——审计工作底稿》的规定,编制内部控制审计工作底稿,完整记录审计工作情况。

注册会计师应当在审计工作底稿中记录下列内容:
(1) 内部控制审计计划及重大修改情况。
(2) 相关风险评估和选择拟测试的内部控制的主要过程及结果。
(3) 测试内部控制设计与运行有效性的程序及结果。
(4) 对识别的控制缺陷的评价。
(5) 形成的审计结论和意见。
(6) 其他重要事项。

四、内部控制审计报告的参考格式

(一) 无保留意见内部控制审计报告

××股份有限公司全体股东：

按照《企业内部控制审计指引》及中国注册会计师执业准则的相关要求,我们审计了××股份有限公司(以下简称××公司)20××年×月×日的财务报告内部控制的有效性。

1. 企业对内部控制的责任

按照《企业内部控制基本规范》《企业内部控制应用指引》《企业内部控制评价指引》的规定,建立健全和有效实施内部控制,并评价其有效性是企业董事会的责任。

2. 注册会计师的责任

我们的责任是在实施审计工作的基础上,对财务报告内部控制的有效性发表审计意见,并对注意到的非财务报告内部控制的重大缺陷进行披露。

3. 内部控制的固有局限性

内部控制具有固有局限性,存在不能防止和发现错报的可能性。此外,由于情况的变化可能导致内部控制变得不恰当,或对控制政策和程序遵循的程度降低,根据内部控制审计结果推测未来内部控制的有效性具有一定风险。

4. 财务报告内部控制审计意见

我们认为,××公司按照《企业内部控制基本规范》和相关规定在所有重大方面保持了有效的财务报告内部控制。

5. 非财务报告内部控制的重大缺陷

在内部控制审计过程中,我们注意到××公司的非财务报告内部控制存在重大缺陷(描述该缺陷的性质及其对实现相关控制目标的影响程度)。由于存在上述重大缺陷,我们提醒本报告使用者注意相关风险。需要指出的是,我们并不对××公司的非财务报告内部控制发表意见或提供保证。本段内容不影响对财务报告内部控制有效性发表的审计意见。

××会计师事务所　中国注册会计师：×××(签名并盖章)

(盖章)中国注册会计师：×××(签名并盖章)

中国××市 20××年×月×日

(二) 带强调事项段的无保留意见内部控制审计报告

××股份有限公司全体股东：

按照《企业内部控制审计指引》及中国注册会计师执业准则的相关要求,我们审计了××股份有限公司(以下简称××公司)20××年×月×日的财务报告内部控制的有效性。

"1. 企业对内部控制的责任"至"5. 非财务报告内部控制的重大缺陷"参见标准内部控制审计报告相关段落表述。

6. 强调事项

我们提醒内部控制审计报告使用者关注(描述强调事项的性质及其对内部控制的重大影响)。本段内容不影响已对财务报告内部控制发表的审计意见。

××会计师事务所　中国注册会计师：×××(签名并盖章)

(盖章)中国注册会计师：×××(签名并盖章)

中国××市 20××年×月×日

(三)否定意见内部控制审计报告

××股份有限公司全体股东：

按照《企业内部控制审计指引》及中国注册会计师执业准则的相关要求,我们审计了××股份有限公司(以下简称××公司)20××年×月×日的财务报告内部控制的有效性。

"1. 企业对内部控制的责任"至"3. 内部控制的固有局限性"参见标准内部控制审计报告相关段落表述。

4. 导致否定意见的事项

重大缺陷,是指一个或多个控制缺陷的组合,可能导致企业严重偏离控制目标。

指出注册会计师已识别出的重大缺陷,并说明重大缺陷的性质及其对财务报告内部控制的影响程度。

有效的内部控制能够为财务报告及相关信息的真实完整提供合理保证,而上述重大缺陷使××公司内部控制失去这一功能。

5. 财务报告内部控制审计意见

我们认为,由于存在上述重大缺陷及其对实现控制目标的影响,××公司未能按照《企业内部控制基本规范》和相关规定在所有重大方面保持有效的财务报告内部控制。

6. 非财务报告内部控制的重大缺陷

(参见标准内部控制审计报告相关段落表述)

6-1 内部控制审计报告实例

　　　　　　　　　××会计师事务所　中国注册会计师：×××(签名并盖章)
　　　　　　　　　　(盖章)中国注册会计师：×××(签名并盖章)
　　　　　　　　　　　　　中国××市20××年×月×日

(四)无法表示意见内部控制审计报告

××股份有限公司全体股东：

我们接受委托,对××股份有限公司(以下简称××公司)20××年×月×日的财务报告内部控制进行审计。

"1. 企业对内部控制的责任"至"3. 内部控制的固有局限性"参见标准内部控制审计报告相关段落表述。

4. 导致无法表示意见的事项

(描述审计范围受到限制的具体情况)

5. 财务报告内部控制审计意见

由于审计范围受到上述限制,我们未能实施必要的审计程序以获取发表意见所需的充分、适当证据,因此,我们无法对××公司财务报告内部控制的有效性发表意见。

6. 识别的财务报告内部控制重大缺陷(如在审计范围受到限制前,执行有限程序未能识别出重大缺陷,则应删除本段)。

重大缺陷,是指一个或多个控制缺陷的组合,可能导致企业严重偏离控制目标。

尽管我们无法对××公司财务报告内部控制的有效性发表意见,但在我们实施的有限程序的过程中,发现了以下重大缺陷：

指出注册会计师已识别出的重大缺陷,并说明重大缺陷的性质及其对财务报告内部控制的影响程度。

有效的内部控制能够为财务报告及相关信息的真实完整提供合理保证,而上述重大缺陷使××公司内部控制失去这一功能。

7. 非财务报告内部控制的重大缺陷

参见标准内部控制审计报告相关段落表述。

××会计师事务所　中国注册会计师：×××（签名并盖章）
（盖章）中国注册会计师：×××（签名并盖章）
中国××市 20××年×月×日

【引例解析】

引例中财务报告内部控制存在一项或多项重大缺陷的，除非审计范围受到限制，注册会计师应对财务报告内部控制发表否定意见。审计范围受限的，注册会计师应当解除业务约定或出具无法表示意见的内部控制审计报告。M公司和N公司都可能导致集团层面的财务报表产生重大错报，并且N公司管理层不配合、协助注册会计师的工作，致使注册会计师审计范围受到限制，无法对内部控制有效性发表意见，所以应当出具无法表示意见的审计报告。

理由：在已执行的有效程序中发现注册会计师审计范围受到限制的，应当出具无法表示意见的内部控制审计报告，并在"无法表示意见"的审计报告中对已发现的重大缺陷作出详细说明。

【工作任务6-3】

熟悉内部控制审计报告编写

宁东股份有限公司按照《企业内部控制基本规范》《企业内部控制应用指引》《企业内部控制评价指引》以及企业自身内部控制制度的要求，在所有重大方面保持了有效的内部控制，注册会计师已经按照《企业内部控制审计指引》的要求计划和实施审计工作，在审计过程中未受到限制。

操作要求：请为宁东股份有限公司编写一份内部控制审计报告

任务分析：

宁东股份有限公司内部控制审计报告实例

宁东股份有限公司全体股东：

按照《企业内部控制审计指引》及中国注册会计师执业准则的相关要求，我们审计了宁东股份有限公司（以下简称"宁东公司"）2019年12月31日的财务报告内部控制的有效性。

一、企业对内部控制的责任

按照《企业内部控制基本规范》《企业内部控制应用指引》《企业内部控制评价指引》的规定，建立健全和有效实施内部控制，并评价其有效性是宁东公司董事会的责任。

二、注册会计师的责任

我们的责任是在实施审计工作的基础上，对财务报告内部控制的有效性发表审计意见，并对注意到的非财务报告内部控制的重大缺陷进行披露。

三、内部控制的固有局限性

内部控制具有固有局限性，存在不能防止和发现错报的可能性。此外，由于情况的变化可能导致内部控制变得不恰当，或对控制政策和程序遵循的程度降低，根据内部控制审计结果推测未来内部控制的有效性具有一定风险。

四、财务报告内部控制审计意见

我们认为，宁东公司于 2019 年 12 月 31 日按照《企业内部控制基本规范》和相关规定在所有重大方面保持了有效的财务报告内部控制。

　　　　　　　　　　　　　　　　　　　　　　_____ 会计师事务所
　　　　　　　　　　　　　　　　　　　中国注册会计师　　中国____市
　　　　　　　　　　　　　　　　　二〇二〇年四月十七日　中国注册会计师

项目小结

本项目主要讲述企业内部控制审计业务，从企业内部控制审计概念入手，剖析了内部控制审计与财务报表审计以及内部控制评价之间的关系。通过计划审计工作阶段、实施审计工作阶段、评价控制缺陷工作阶段、完成审计工作阶段，注册会计师完成评价有关事项对内部控制及其审计工作的影响，进行企业层面控制测试、业务层面控制测试，并对控制缺陷进行评价。通过与管理当局必要沟通后，注册会计师对获取的证据进行评价，形成对企业内部控制有效性的意见，完成企业内部控制审计报告撰写。

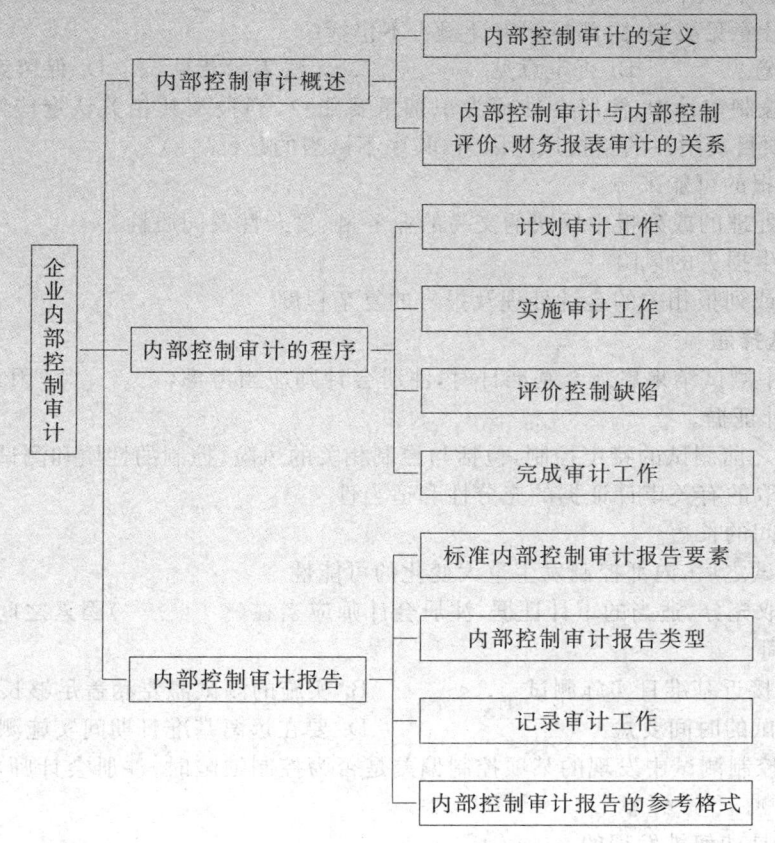

习　题

一、单项选择题

1. 下列选项中,属于内部控制审计根本目的的是(　　)。
　A. 保证报表的可靠性　　　　　　　　B. 保证报表的相关性
　C. 保证报表的独立性　　　　　　　　D. 保证报表的主观性

2. 注册会计师应当采用(　　)方法选择拟测试的控制。
　A. 自上而下　　　B. 自下而上　　　C. 自左向右　　　D. 自右向左

3. 注册会计师测试控制有效性实施的程序,按提供证据的效力,由弱到强排序是(　　)。
　A. 询问、观察、检查和重新执行　　　B. 观察、询问、检查和重新执行
　C. 询问、观察、重新执行和检查　　　D. 询问、检查、观察和重新执行

4. 内部控制审计和财务报告审计存在差异的方面不包括(　　)。
　A. 两者确定的重要性水平不同
　B. 内部控制测试范围存在区别
　C. 内部控制测试结果所要达到的可靠程度不完全相同
　D. 两者对控制缺陷的评价要求不同

5. 按照审计意见类型,内部控制审计报告不包括(　　)。
　A. 无保留意见　　　B. 否定意见　　　C. 无法表示意见　　　D. 保留意见

6. 在内部控制审计中,注册会计师为识别重要账户、列报及其相关认定应当从下列方面评价财务报表项目及附注的错报风险因素,其中不恰当的是(　　)。
　A. 潜在错报的可能来源
　B. 账户中处理的或列报中反映的交易的业务量、复杂性及同质性
　C. 账户发生损失的风险
　D. 与账户或列报相关的会计处理及报告的复杂程度

二、多项选择题

1. 在将期中测试结果更新至基准日时,注册会计师应当考虑(　　)因素以确定需要获取的补充审计证据。
　A. 基准日之前测试的特定控制,包括与控制相关的风险、控制的性质和测试的结果
　B. 期中获取的有关审计证据的充分性和适当性
　C. 剩余期间的长短
　D. 期中测试之后,内部控制发生重大变化的可能性

2. 为了获取充分、适当的审计证据,注册会计师应当在(　　)因素之间作出平衡,以确定测试的时间。
　A. 尽量在接近基准日实施测试　　　　B. 实施的测试需要涵盖足够长的期间
　C. 实施测试的时间要短　　　　　　　D. 要在远离基准日期间实施测试

3. 在评价控制测试中发现的某项控制偏差是否为控制缺陷时,注册会计师可以考虑的因素有(　　)。
　A. 该偏差是如何被发现的
　B. 该偏差是与某一特定的地点、流程或应用系统相关,还是对被审计单位有广泛影响
　C. 就被审计单位的内部政策而言,该控制出现偏差的严重程度
　D. 与控制运行频率相比,偏差发生的频率大小

4. 下列因素会影响连续审计中与某项控制相关的风险的有（　　）。

A. 以前年度审计中所实施程序的性质、时间安排和范围

B. 以前年度对控制的测试结果以及以前年度发现的缺陷是否得以整改

C. 上次审计之后，控制或其运行所处的流程是否发生变化

D. 该项控制拟防止或发现并纠正的错报的性质和重要程度

三、判断题

1. 财务报告审计是为了提高财务报告的可信度，重在审计"过程"，而内部控制审计是对保证企业财务报告质量的内在机制的审计，重在审计"结果"。（　　）

2. 内部控制审计是一项区别于财务报告审计的独立业务，企业应就该项业务与会计师事务所签订单独的业务约定书。（　　）

3. 企业可以授权内部审计机构具体实施内部控制有效性的定期评价工作。（　　）

4. 会计师事务所在受聘为企业提供有关内部控制咨询或审计服务时，应坚持独立性原则，严格遵守《中国注册会计师职业道德守则》要求，不得同时为同一企业提供内部控制咨询和审计服务。（　　）

5. 与控制相关的风险越高，注册会计师需要获取的审计证据就越少。（　　）

四、案例分析题

【案例1】 B会计师事务所在实施甲公司2019年度内部控制审计工作中，发现下列事项：

（1）甲公司的境外子公司M公司在合同执行方面存在内部控制缺陷。注册会计师执行有效程序后认定，该缺陷导致集团层面的财务报表产生重大错报，达到了财务报告内部控制重大缺陷的认定标准。

（2）甲公司的境外子公司N公司在机械工程项目管理环节存在员工串谋舞弊的可疑迹象，可能导致集团层面的财务报表产生重大错报。N公司管理层对注册会计师申请商务工作签证未给予必要协助，致使注册会计师无法计划进行现场审计，且不配合注册会计师执行替代程序。截至内部控制审计报告日，注册会计师无法取得进一步审计证据。

要求：根据《企业内部控制基本规范》及其配套指引的要求，指出资料中B会计师事务所出具内部控制审计报告时发表审计意见的类型，并简要说明理由。

【案例2】 根据《企业内部控制基本规范》及其配套指引的要求，在境内外同时上市的甲公司组织人员对2019年度内部控制有效性进行自我评价，并聘用A会计师事务所对2019年度内部控制有效性实施审计。2020年2月15日，甲公司召开董事会会议，就对外披露2019年度内部控制评价报告和审计报告相关事项进行专题研究，形成以下决议：

（1）关于内部控制评价和审计的责任界定，董事会对内部控制评价报告的真实性负责；A会计师事务所对内部控制审计报告的真实性负责。为提高内部控制评价报告的质量，董事会决定委托A会计师事务所对公司草拟的内部控制评价报告进行修改完善，并支付相当于内部控制审计费用20%的咨询费用。

（2）关于内部控制评价的范围，甲公司于2019年4月引进新的预算管理信息系统，并于2019年5月1日起在部分子公司试点运行。由于该系统至今未在甲公司范围内全面推广，董事会同意不将与该系统有关的内部控制纳入2019年度内部控制有效性评价的范围。

（3）关于内部控制审计的范围，董事会同意A会计师事务所仅对财务报告内部控制有效性发表审计意见，A会计师事务所在审计过程中发现的非财务报告内部控制一般缺陷、重要缺陷和重大缺陷，不在审计报告中披露，但应及时提交董事会或经理层，作为甲公司改进内部控

制的重要依据。

(4) 关于内部控制审计意见,甲公司销售部门于2020年2月初擅自扩大销售信用额度,预计可能造成的坏账损失占甲公司2020年全年销售收入的30%,董事会责成销售部门立即整改。鉴于上述事项发生在2019年12月31日之后,董事会讨论认为,该事项不影响A会计师事务所对本公司2019年度内部控制有效性出具审计意见。

(5) 关于内部控制评价报告和审计报告的披露时间,由于部分媒体对上述甲公司销售部门擅自扩大销售信用额度并可能造成重大损失事项进行了负面报道,为逐步淡化媒体效应和缓解公众质疑,董事会决定将内部控制评价报告和审计报告的披露日期由原定的2020年4月15日推迟至5月15日。

(6) 关于变更内部控制审计机构,为提高审计效率,董事会决定自2020年起将内部控制审计与财务报告审计整合进行。董事会建议聘任为甲公司提供财务报告审计的B会计师事务所对本公司2020年度内部控制有效性进行审计。董事会要求经理层在与B会计师事务所签订2020年财务报告审计业务约定书时,增加内部控制审计业务事项,以备股东大会讨论审议。

要求:逐项判断甲公司董事会决议中的(1)—(6)项内容是否存在不当之处;对存在不当之处的,分别指出不当之处,并逐项说明理由。

【案例3】丁公司为上海证券交易所主板上市公司,主营钢铁制造。由于外部经济环境越来越复杂,企业经营风险不断加大,丁公司决定进一步发挥内部控制在企业经营中的作用,2020年对内部控制建设提出了如下工作要点:

(1) 企业层面控制方面。

① 关于人力资源控制。内部控制建设应该以人为本,为解决企业内部控制专业人才紧缺状况,集团公司将抽调财会、审计和生产管理等业务骨干开展内部控制管理工作,同时将有计划地培养内部控制专业人才。

② 关于审计监督控制。公司董事会下设审计委员会,负责领导内部审计工作。鉴于集团公司采购业务属于腐败的高发地,公司决定在每一个采购招标小组中,由内部审计人员兼任副组长,全程监督招标业务。

③ 关于发展战略控制。公司董事会下设战略委员会,负责企业集团战略规划的调查研究,形成发展战略方案。发展战略方案经董事会严格审议通过后,由公司经理层负责实施。

④ 关于社会责任控制。钢铁生产是高污染、高能耗行业。由于本集团建厂时间长,设备老化,污水排放无法达标、粉尘污染严重,对形成雾霾产生了重大不利影响。为履行社会责任,集团公司提出要不惜一切代价进行治污,以实现零排放、零污染。

(2) 业务层面控制方面。

① 关于资金活动控制。为了筹集10亿元技术改造资金用于污染治理,财务部专门成立了筹资小组,通过对国内外各种融资方式、融资成本进行比较分析后,提出了可行性融资方案。鉴于该筹资方案重大,由公司财务总监亲自进行了审批。

② 关于工程项目控制。在工程立项环节,公司指定了专门机构编制了可行性研究报告,按照规定程序和权限,由董事会进行了审批;立项完成后,采取公开招标方式,择优选择了具有相应资质的承包单位和监理单位;在建设过程中,实行了严格的概预算管理,切实做到了及时备料、科学施工、保障资金、落实责任,确保工程项目达到设计要求;企业收到承包单位的工程竣工决算报告后,由于环境治理时间紧迫,公司先办理了竣工决算验收手续,再适时补办竣工

决算审计。

③ 关于财务报告控制。公司对筹集的资金及其款项支付,按照国家统一的会计准则制度的规定,依据原始凭证进行了相应的会计记录;根据登记完整、核对无误的会计账簿记录和其他有关资料编制财务报告;财务报告编制完成后,由企业负责人、分管会计工作负责人、财会部门负责人签名并盖章,及时对外提供了财务报告。

(3) 关于内部控制评价。

① 关于内部控制评价组织机构。由于公司内部审计部门人员不足以承担繁重的内部控制评价工作,公司决定聘任 A 会计师事务所实施内部控制评价。A 会计师事务所为本公司出具了多年的财务报表审计报告,经验丰富,业务水平高,对本公司情况也熟悉,委托该所实施内部控制评价有利于提高效率。

② 关于内部控制评价范围。A 会计师事务所承接了内部控制评价业务后,在上半年即着手内部控制评价工作,组成阵容强大的评价小组进驻丁公司,从内部环境、风险评估、控制活动、信息与沟通、内部监督五要素入手,对内部控制设计与运行进行评价。在确认内部控制评价范围时,根据全面评价、关注重点的原则,鉴于套期保值业务不经常发生而且本身就是风险管理的工具,暂不列入内部控制评价范围。

③ 关于内部控制评价报告。A 会计师事务所实施现场测试后,发现了企业内部控制设计与运行中的若干缺陷,根据这些缺陷对生产经营的影响程度,从定性和定量方面进行了分析判断,认定为一般缺陷和重要缺陷,经与公司董事会沟通达成共识后,由 A 会计师事务所出具了丁公司评价基准日内部控制有效的结论,并及时对外发布了内部控制评价报告。

(4) 关于内部控制审计。

① 关于聘请内部控制审计师。丁公司经讨论研究,决定聘请 B 会计师事务所为本公司出具 2020 年内部控制审计报告。B 会计师事务所在全国排名中居于前列,专业水平高,敬业精神好。经了解,B 会计师事务所与 A 会计师事务所在不同企业集团存在主审所和参审所等业务合作关系。

② 关于审计测试。B 会计师事务所接受丁公司委托,组成精干审计小组进驻审计现场。B 会计师事务所在审计过程中对丁公司内部控制评价工作进行了评估,认为评估重点把握比较恰当,工作底稿规范,所以大量利用丁公司内部控制评估工作成果,以达到减少本应由注册会计师执行的工作、提高审计工作效率以及减轻审计责任的目的。

③ 关于出具内部控制审计报告。注册会计师在严格履行审计程序,获取充分、适当的证据后,对丁公司内部控制整体有效性发表了无保留意见审计报告。

要求:逐项判断资料(1)—(4)项内容是否存在不当之处;对存在不当之处的,分别指出不当之处,并逐项说明理由。

参考文献

[1] 中华人民共和国财政部.企业会计准则[M].上海:立信会计出版社.2019.

[2] 财政部会计资格评价中心.高级会计实务[M].北京:经济科学出版社,2019.

[3] 张远录.企业内部控制与制度设计[M].2版.北京:中国人民大学出版社,2018.

[4] 高丽萍.企业会计制度设计[M].2版.北京:高等教育出版社,2016.

[5] 方红星,池国华.内部控制学[M].3版.大连:东北财经大学出版社.2017.

[6] 孙军正.筹资业务岗位责任制度[EB/OL]. http://www.jiangshi.org/522229/blog_895823.html,2016-01-20.

[7] 孙军正.投资业务岗位责任制[EB/OL]. http://www.jiangshi.org/522229/blog_895907.html,2016-01-20.

[8] 孙军正.资金岗位责任制度[EB/OL]. http://www.jiangshi.org/522229/blog_895970.html,2016-01-20.

郑重声明

高等教育出版社依法对本书享有专有出版权。任何未经许可的复制、销售行为均违反《中华人民共和国著作权法》，其行为人将承担相应的民事责任和行政责任；构成犯罪的，将被依法追究刑事责任。为了维护市场秩序，保护读者的合法权益，避免读者误用盗版书造成不良后果，我社将配合行政执法部门和司法机关对违法犯罪的单位和个人进行严厉打击。社会各界人士如发现上述侵权行为，希望及时举报，本社将奖励举报有功人员。

反盗版举报电话　（010）58581999　58582371　58582488
反盗版举报传真　（010）82086060
反盗版举报邮箱　dd@hep.com.cn
通信地址　北京市西城区德外大街4号　高等教育出版社法律事务与版权管理部
邮政编码　100120

高等教育出版社

教学资源索取单

尊敬的老师：
　　您好！
　　感谢您使用蒋淑玲等编写的《内部控制与风险管理》。为便于教学，本书另配有课程相关教学资源，如贵校已选用了本书，您只要加入会计教师论坛 QQ 群，或者添加服务 QQ 号 800078148，或者把下表中的相关信息以电子邮件方式发至我社即可免费获得。

我们的联系方式：
（以下 3 个"会计教师论坛"QQ 群，加任何一个即可享受服务，请勿重复加入）
QQ3 群：473802328　　　　　QQ2 群：370279388　　　　　QQ1 群：554729666

联系电话：(021)56961310/56718921　　地址：上海市虹口区宝山路 848 号　　邮编：200081
电子邮箱：800078148@b.qq.com　　　　　　　　　服务 QQ：800078148（教学资源）

姓　　名		性　别		出生年月		专　　业	
学　　校				学院、系		教 研 室	
学校地址						邮　　编	
职　　务				职　　称		办公电话	
E-mail						手　　机	
通信地址						邮　　编	
本书使用情况	用于＿＿＿＿学时教学，每学年使用＿＿＿＿册。						

您对本书有什么意见和建议？

您还希望从我社获得哪些服务？
☐ 教师培训　　　　　☐ 教学研讨活动
☐ 寄送样书　　　　　☐ 相关图书出版信息
☐ 其他＿＿＿＿＿＿＿＿＿＿＿＿＿＿＿＿＿＿＿＿＿＿＿＿